明清破局

向敬之 著

上海三联书店

目 录

引

子

1644 年天有三日，
皇帝们是怎么过春节的？

对于中国而言，1644 年的甲申巨变，无疑是最重大的历史烙印。

尤其是农历三月十九至四月二十六，金碧辉煌的紫禁城在短短的三十七天内，换了三任主人。

这样的易主频率，是最高的。

即便二十四年前的万历四十八年（1620）七月，神宗驾崩，皇太子朱常洛八月即位，当了一个月天子便一命呜呼，换了皇太孙朱由校登基，中间也因国丧、博弈，拖延了不少时间。

然而甲申巨变，不但易主频率高，而且创造了易代更快的中国奇迹。第三任主人，名义上是顺治帝，事实上是摄政睿亲王多尔衮——当时清廷的实际统治者。六岁多的顺治帝，只是一个危坐在龙椅上的傀儡。

这些变迁，学者们多有叙述。而这 年春节，天有三日的中国，各个皇帝怎么度过这个难熬的元旦之日呢？

先说当时还是王朝正朔的明朝崇祯皇帝。

崇祯已在紫禁城的太和殿龙椅上坐了十六年，进入了第十七个年头。时值壮年的他应该算是一个成熟的皇帝，然而，他却过了人生中最难受的一个春节。

这天一大早，崇祯帝比往日视朝时间要早。虽说一天之计在于晨，一年之计在于春，但崇祯帝已被内忧外患折磨得极为痛苦，很有可能患有严重的失眠，然而他还是希望做最后一搏力挽狂澜。

当他兴高采烈地走进太和殿时，他惊呆了——偌大的朝堂，只有一个锦衣卫在值班。

当时，新年朝会的钟声已经结束，却不见一个大臣前来，当然也不见首辅陈演和破格骤升的东阁大学士魏德藻的身影。

执勤的锦衣卫见到皇帝，赶紧致以新春的祝福，同时报告：大臣们都没到，应该是没有听到钟鼓声，以为皇上今天还没出来，而住得远的大臣就更加迟缓了。

看到崇祯一脸尴尬，侍卫赶紧请求再敲一遍钟，打开紫禁城的东西门，好让大臣们听到后赶紧前来。

崇祯应其所请，命太监们再次鸣钟。

钟声长鸣，宫门大开，但过了很久仍不见一个大臣来。

似乎大臣们约定好了，都不提前来给崇祯朝贺新春。

今天，崇祯起得太早了。

早到什么时候？明高启《早至阙下候朝》诗云："月明立傍御沟桥，半启宫门未放朝。"明朝官员冬天早朝，未见熹微，借光上朝，没人举灯照明。明末曾发生了一起高官在冬天误跌御河溺死的事。《天咫偶闻》记载，明代紫禁城皆有路灯照明，天启（1621—1627）时太监魏忠贤当权。这个非正常的人，玩权玩到了极致。他下令尽废路灯，方便黄夜出入。百官"戊夜趋朝，皆暗行而入，相遇非审视不辨"，"追尾"之事常有发生。一住得离皇宫较远的官员，某天晚起了一点，一路小跑，因刚下了大雨路滑，慌乱中没辨清方向，失足跌入御河，命丧黄泉。

早到的崇祯一脸无奈，决定先去拜谒太庙，再来接受朝贺。

拜太庙，按规矩应该准备驾舆马和立仗马一百多匹，御马监的太监们又没有提前准备，只好去长安门外把外朝早到的官员所乘马匹悉数赶入端门。

外马临时征用，没有接受过训练，顿时大乱。太监只有奏请停止外征马匹。

崇祯很不高兴，于是传谕：先朝会，再去拜庙。他返回太和殿，坐在金龙椅上，等大臣们来朝贺。

大臣们陆陆续续来了，见到皇帝耷拉着脸，不敢从中门入，怕与天颜对视，结果该站在东边的文臣站到了西边的武班，该站在西边的武将挤满了东边的文班。

依据明朝定制，文臣都住在西城，而朝班则要站在东边；武将都住在东城，而朝班须站在西边。站错了朝班是违反礼制，是要受惩罚的，而且是严惩。文武大臣们赶紧蹲俯着换位。

新科榜眼宋之绳的父亲宋劼，本来是以召对称旨，被崇祯宠任作为兵部特别事务顾问，"职方赞画，品最高洁"（计六奇《明季北略》卷二十《元旦文武乱朝班》），也像乌龟一般龟缩在文臣朝班。

一朝乱象，一堂浑浊。

大臣们山呼万岁，朝贺新禧，崇祯自然没了心思。崇祯十七年（1644）正月第一天的元旦朝会草草收场。然后，崇祯带着六品以上的官员去拜太庙，六品以下的官员不在陪祭之列，但是他们的马却窜入了拜庙的序列。

乱象还在继续。

拜庙还未结束，大风起霾，震屋扬沙，咫尺不见人。

崇祯大惊，赶紧找人问吉凶，占卜者说："风从乾起，主暴兵至，城破。"（计六奇《明季北略》卷二十《风变地震》）

占卜者送给崇祯新春寄语：兵乱城破。

不日，凤阳守陵太监谷国珍送来凤阳地震的报告，剿闯前线也给崇祯帝送来一个噩耗：李自成于正月初一日在西安称王，建国大顺，改元永昌，造甲申历，铸永昌钱，规定军制，平抑物价，减免赋税。

新年的第一天，占领陕西全境的奉天倡义文武大元帅李自成，已不甘心只做一个新襄王，而要正式组建新政权。在崇祯帝为没过好新春元旦耿耿于怀时，李自成成了大顺国的永昌国王。

李自成改西安为西京，以牛金星为丞相，宋献策为军师，以五等爵位大封功臣，并组建了六政府。其左辅天佑阁大学士牛金星为明朝举人出身，而吏政府尚书宋企郊、户政府尚书杨建烈、兵政府尚书喻上猷、礼政府尚书巩焴、刑政府尚书陆之祺、工政府尚书李振声都是崇祯大臣降闯者。

是日，李自成颁发讨明诏书，谴责："兹尔明朝，久席泰宁，浸弛纲纪。君非甚暗，孤立而炀蔽恒多；臣尽行私，比党而公忠绝少。贿通官府，朝端之威福日移；利擅宗绅，闾左之脂膏殆尽。肆昊天毙穷乎仁爱，致兆民爱苦乎祲灾。朕起布衣，目击憔悴之形，身切痌瘝之痛。念兹普天率土，咸罹困穷；讵忍易水、燕山，未苏汤火。躬于恒冀，绥靖黔黎。犹虑尔君若臣未达帝心，未喻朕意。是以质言正告：尔能体天念祖，度德审几，朕将加惠前人，不吝异数。如杞如宋，享祀永延。"（计六奇《明季北略》卷二十三补遗《李自成伪诏》）

两天后，过了一个开心春节的李国王，派遣汝侯刘宗敏、亳侯李过率兵两万为前锋，东征崇祯帝，自己则亲率五十万大军殿后。

朱由检和李自成在 1644 年春节一悲一喜，而远在关外的清国小皇帝福临正式改元顺治。

虽然太宗皇太极崩逝只过了四个多月，但新春伊始，清廷仍在都城盛京举行了大规模的朝贺之礼。

顺治帝福临先至祭土谷神之所——堂子——行礼，然后返宫上朝受贺，除和硕礼亲王代善免拜外，其他亲王贝勒、文武大臣在摄政睿亲王多尔衮和辅政郑亲王济尔哈朗的带领下，向年仅六岁的小皇帝行叩拜礼。

朝鲜国王李倧也派遣使者前来致书祝贺元旦。顺治帝少不更事，多尔衮和济尔哈朗站出来，说：过去你们常送礼来，在送给我皇一份的同时，也送给诸王各一份。现在我们辅理国事，与你们并无私交，此等馈送，永行禁止。

他们不但如此要求朝鲜国使，同时与诸王贝勒议定，今后除了皇帝外，诸王贝勒不得收受外国馈送礼物。他们要突出小皇帝是唯一的主人。

当然，此时的顺治帝，既没有明朝崇祯帝的愁绪，也没有大顺李自成称王的狂喜。只有他才真正享受着春节的快乐。

皇帝们的春节，过得各有花样，各有悲欢，各有形式。而作为中国正朔的大明王朝的官员们，如何度过这个大变局中的春节，史料未载，但是我想，此时的他们，正在为自己盘算新的出路：

或借故逃离。

或慷慨殉国。

或择木而栖。

毕竟，他们即将迎来明清两重天。

上
篇

范文程：
不是贰臣的贰臣

1

二十世纪二三十年代，孟森与萧一山无疑是中国清史学研究的开山鼻祖。

萧一山在其代表作《清代通史》卷上第三篇之六十二《开国之勋臣·概说》中有云："运筹策画，经略四方，管理机要，创制规模者，如范文程、洪承畴、金之俊、冯铨辈，虽以汉人投效，行节有亏，史书所载，黜之贰臣；然经营勤劳，亦不失为开国之良辅。"

范、洪等人，为清王朝"开国之良辅"，但也是大明朝投效满人的"汉人"。

这是不可改变的历史。

这些"行节有亏，史书所载，黜之贰臣"的"汉人"，为大清由偏安一隅的地方政权发展成为大一统中央王朝，可谓立下了汗马功劳，与多尔衮之摄政、多铎等之征伐，相得益彰，缺一不可。

萧一山将范文程视作汉人投效，气节有亏，为清朝第一贰臣。

即便如此，萧氏还是说："福临入关，宣力文臣，必以文程居首，历事四朝，首定大计，诏敕谕檄，皆出其手，经营草昧，弼成丕业，盖亦清之厚幸也！"（《清代通史》卷上第三篇之六十二《开国之勋臣·辅佐之大臣》）

清朝之大幸，却是明朝之大不幸。

功过是非，只有跨越族群，才能有另外一种看法。

在萧一山给予高度评价的这些贰臣中，范文程是归附后金—清朝最早的。

后金天命三年（1618）四月十三日，努尔哈赤发布著名的"七大恨"，正式向他曾经死皮赖脸祈求龙虎将军军职的大明朝宣战。

《满文老档》第六册记载，努尔哈赤发八旗兵十万征明。真有这么多兵吗？

半为将士半民夫。

虚实掩映玩声势。

中国古代行军作战，爱搞夸大其词的"号称"。

当年，曹操曾号称率八十三万大军下江南，声势浩大，但在赤壁战前，东吴主帅周瑜说，曹阿瞒打着挟天子以令诸侯的旗帜，有效兵力不足二十万。

来者不惧，更何况少年周郎找来了神机妙算的诸葛亮。

孔明之来，不是一旁助拳，而是协同作战。

传说中爱读《三国演义》的努尔哈赤，想必在学曹丞相。

两天后，他亲率大军抵达抚顺城下，致书迫降驻守抚顺的明游击李永芳。

努尔哈赤先是利诱，再是威逼："汝勿战！汝若战，则吾兵所发之矢，岂有目能识汝乎？倘中则必死矣。力既不支，虽战死亦无益。若出降，吾兵亦不入城，汝所属军民皆得保全。假使吾兵攻入城中，老幼必惊散，尔之禄位亦卑薄矣。"（《满洲实录》卷四）

太祖承诺，李永芳归降，保证不再杀戮归顺的平民，并禁止部下强占其妻女，同时对李永芳许以皇家婚姻、高官厚禄。

后金大军只发动了一次进攻，李永芳便率城中军民开门出降，其中便有范文程与其兄范文寀等一批辽东士大夫。

当然，范文程投效后金的带头大哥，李永芳是当仁不让的。

抚顺之战，努尔哈赤千方百计诱惑的李永芳，虽然能力一般，却随之找来了后来帮助大清一统的关键性人物——范文程。

范文程跟李永芳不一样，他没有考上明朝的公务员，但他是根正苗红的官N代。

祖辈为明朝兵部尚书、沈阳卫指挥同知的范氏兄弟,当时都是秀才出身。他们玩过科考,于是主动觐见清太祖,只要太祖欣赏他们,他们就有机会在宦海冲浪。

果然,太祖称他们为名臣之后,要善待之,尤其与范文程一番对答后,知其熟谙当世时势,便安排在身边当谋士。此后,太祖取沈阳,度三岔,攻西平,下广宁,范文程都跟从出征,参与指挥谋划的事宜。

范文程参谋帷幄,但在天命一朝职务都不高,至天聪三年(1629)十月,皇太极统率满蒙大军五万余人,从喜峰口突入塞内,入蓟门,克遵化,范文程还是清太宗的文馆职员(书房秘书),并没有正式官衔。

范文程虽没有名正言顺的官位,但为皇太极出谋划策都殚精竭虑,甚至披挂上阵,率先力战,率领枪炮手,斩杀很多明军。

这次,皇太极挺慷慨的,直接赏了他一个游击的职位。这是个武职,属于清朝从三品。

品级不高,但权重。

范文程一直工作在大汗的身边,是最高领导人的大秘。

可以说,范文程对于大清朝第一个称帝的皇太极而言,有诸葛亮般的智囊作用。

2

范文程常言:"天下治安,惟在得贤。"(郭则沄《十朝诗乘》卷二)

此语貌似范文程的原创,可见他是一个熟读古代政书的、有准备的人。

唐代史学家吴兢《贞观政要》卷七《择官》有云:"贞观十三年,太宗谓侍臣曰:'朕闻太平后必有大乱,大乱后必有太平。大乱之后,即是太平之运也。能安天下者,惟在用得贤才。'"

当然，吴先生这句话，也能在更早的古书中找到根据。他还在《择官》一卷开卷便说："《书》称：'任官惟贤才。'"

古往今来，能成大事者，须解放思想、科学用人。后金政权起于奴隶制的小部落，能迅速发展成为成熟的封建政权，公然叫板他们曾顶礼膜拜的大明天朝皇帝，集贤聚能可谓是一大法宝。

范文程积极为皇太极集贤聚能，归根结底就是招降纳叛，千方百计地挖大明朝的墙脚。

结果，在明朝名不见经传的小人物，夤缘而上，在辽东这一片土地上成长为撼动天朝的大人物。

后金天聪三年（明崇祯二年）五月，蓟辽督师袁崇焕矫诏以十二款可斩之罪，杀了割据东江的悍将毛文龙。袁崇焕虽然对毛氏部将做了重新安排，但不能改变数万劲旅滋生的二心。

果然，毛文龙的养孙孔有德、部将耿仲明这一对结拜兄弟，很快发起吴桥兵变。登莱之乱爆发，两人的队伍在明军的围追堵截中杀出了一条叛明投金的血路。

范文程及时建议皇太极，收下这一支曾让太祖父子吃了大亏的悍兵。

天聪七年三月，孔有德、耿仲明前来归降。皇太极命范文程率人拿着汗谕前去谈判，并陪孔、耿来到盛京。

这是一起机密行动，皇太极以范文程为特使，不但要聪明地获取投诚者的信任，让他们觉得受到了重视，还要委婉地传递要敬畏主子这一暗示。

虽然此时的范文程，还只是被皇太极赏赐游击世职的书馆秀才，但是，他对皇太极天聪三年十月突过喜峰口突袭京师，天聪五年八月围攻大凌河重创明军，天聪六年四月征讨蒙古察哈尔林丹汗，不但有献计献策之功，而且有率军拼杀之绩。

其中，在大凌河之战中，他单骑前往西山劝降，晓之以理，动之以情，少不了以自己叛国被优待为经典案例，顺利收服大量守军、民众和牲口。皇太极大喜，将范文程靠一张嘴巴游说来的战利品，悉数赏赐于他，既是嘉奖，也是笼络。

他是皇太极的首席智囊，率团迎降，也让孔有德、耿仲明受宠若惊。

听闻孔、耿到来，皇太极纡尊降贵，亲至都门迎接，三年后都封亲王，可见重视程度之高。皇太极让范文程带队前去洽谈，无疑对他寄予厚望。

只是让他们没有想到的是，四十一年后，即康熙十三年（1674）三月，耿仲明之孙耿精忠起兵响应吴三桂造反，以范文程次子、福建总督范承谟祭旗。此为后话。

天聪七年，八旗设置都统，王公大臣众议首推范文程。

皇太极说："范章京才诚胜此，然固山职一军耳，朕方资为心膂。其别议之。"（钱仪吉《碑传集》卷四《开国宰辅·范文程》）

都统为八旗行政长官，位高权重。皇太极虽然高度肯定汉臣范文程之能，但在分割权力上，有些舍不得，或者说对这个汉人还是设了防。

当然，也可以看出皇太极不愿意放出建有功业的范文程，还需要他掌管枢密，运筹帷幄，继续助力皇太极与诸贝勒夺权争利。

崇德元年（1636），皇太极称帝，将文馆改为内国史院、内秘书院、内弘文院，即内三院。范文程被任命为内秘书院大学士，职掌与外国往来书札的撰写，录各衙门奏疏、辩冤词状、皇上敕谕、文武各官敕书并告祭文庙谕、祭文武官员祭文。

清朝宣谕各国的敕书，都出自范文程之手。

郭则沄《十朝诗乘》卷二说："国初宣力文臣，范文肃居首。王师西征，首定大计，诏敕檄谕，胥出其手。"文肃，即康熙五年八月范文程所得谥号。

范文程荣膺这个伟大的任务，盖因他摸透了皇太极的帝王心术。

范文程也是一个爱惜人才又深有城府之人。萧一山在《清代通史》卷上第三篇之六十二《开国之勋臣·辅佐之大臣》中说："于直臣善类，尤多保全。器量宏深，人莫测其喜怒也。"

清沿明制，不设宰相，代之以大学士。内三院大学士的权力很大，参加议定军政大计，掌握国家机要，取代了太祖后期以来八和硕贝勒共议国政的体制。范文程，一个拿着明朝低学历的汉人，却成了胸怀宏图大略的清太宗的首辅，极受宠信。

皇太极在文馆基础上建置的内三院，还只是清朝内阁的前身，只是皇权系统内的决策参议机构，明显仿效明朝内阁制度的形式，但权力上还不具备前朝实质：大学士对臣工奏议不具备票拟权。

也就是说，范文程等充斥的内三院，不具有政府职能，只是皇帝的智库。

范文程却很享受这个没有实权但位居中枢的虚职。

皇太极每次商议军国大事，都要听取他的意见；每次召见范文程，必留下他单独商议很长一段时间，有时他还没来得及吃饭就被召进宫商谈。

满汉合作，君臣契合。

范文程殚精竭虑，操劳国事，先后疏言废除连坐法，奏准更定部院官制，六部各设满洲承政一员。

范文程被皇太极倚为心腹重臣。

范氏感恩图报，在缓解高度集权的皇太极与统兵作战的诸王公之间的矛盾中，起到了润滑剂的作用。

崇德六年三月，睿亲王多尔衮率诸王公统军围攻锦州，离城远驻，又私自派遣部分官员兵丁返家，以至于明朝守兵得以出城运粮入内。

皇太极获悉后，勃然大怒，立即遣内秘书院大学士范文程、希福、刚林等，携谕严厉斥责主帅多尔衮和肃亲王豪格等，谕令他们自议其罪。

皇十四弟多尔衮自议死罪，皇长子豪格亦上奏死罪，皇侄杜度、皇兄阿巴泰请削爵为民，全部没收户口奴仆，从征将领三十余人将分别议死、革职、籍没。

若按这些自议之罪执行的话，清廷的主要战将都会被处死。

执拗的皇太极为体现自己的绝对权威，金口玉言，坚持要罚，这必然将大清的支柱连根拔起，范文程意识到了事态的严重性。

范文程为了打破僵局，偕大学士刚林、学士额色黑奏称：国中诸王贝勒大臣，半皆获罪，不许入署，不准晋谒皇上，他们回家日久，又将去锦州更替郑亲王，对明作战。各部事务，及攻战器械，一切机宜俱误，望皇上息怒，令其入署办事。皇太极允准，诸王贝勒大臣"遂各赴署办事"。

一个折中的办法，解决了十字路口的关键问题。

这既顾及了皇太极的皇权威严，又保住了大清国的征战实力。

皇太极少不了感激。

太宗在位十八年，范文程作为最受皇太极重任的汉臣，位极人臣，宠冠朝野。

皇太极收服洪承畴，使用的解裘暖心之计，就出于范文程。只是在民间传说中，范文程给皇太极出的主意，又变成了命永福宫庄妃玩美人计劝降洪承畴。

可见，皇太极对范文程是言听计从、引为知己的。

<h1 style="text-align:center">3</h1>

天聪八年八月初九日，皇太极暴卒。

世祖福临，冲龄继位，济尔哈朗与多尔衮联合摄政。范文程仍为内秘书院大学士，但连续遭遇清朝亲贵的欺辱。

先是郡王阿达礼和贝子硕托等议立睿亲王失败，代善大义灭亲，联合多尔衮，以扰政乱国的叛逆罪，将阿达礼、硕托处死。范文程虽居高位，但因隶属硕托主旗的镶红旗，受到牵连。范文程被划拨镶黄旗，侥幸躲过杀身之祸。

一难刚过，又逢一劫。

刚过三十岁的豫郡王多铎，打起了范文程妻子的主意。

当时，范文程已年近五十岁，其妻也该年纪不小。多铎要抢夺范妻，无疑是要羞辱范文程。

太宗崩逝，多铎最初拥立胞兄多尔衮，不获允准时要多尔衮改立自己，结果遭多尔衮反对。

范文程是保皇子派的核心人物，应该为制衡睿王兄弟、力挺福临继立出了不少主意。一向任性爽直的多铎遂以夺妻的形式，要让范文程受辱难堪。

范文程在旗只是属民，而在朝是实权等同宰相，德高望重，而多铎是主旗王爷，却非直管范氏家族。

范氏迫于淫威也不想让，就把此事闹到了朝堂之上。

多尔衮是摄政王之一，在朝局未稳且有代善、济尔哈朗、豪格等政敌重围的情势下，只能来一个帮理不帮亲，判了多铎罚银一千两、夺牛录十五个。

短短几个月间，位居文臣之首的范文程，因为靠山皇太极的崩逝，而接连遭遇故主遭戮、爱妻受辱的两次事变。

他是一个聪明人，精于权谋，置身多个山头争衡的朝堂，谨小慎微，为报先帝幼子，而表现出很强的大局观念。在多尔衮将统兵伐明前夕，为之分析"明之受病，已不可治"（《清史列传·范文程传》）的天下形势，提出如何安民治国的多项主张，敦促摄政睿亲王兼奉命大将军的多尔衮"申严纪律，秋毫勿犯，复宣谕以昔日不受内地之由，及今进取中原之意"。

范文程还建议："兵者，圣人不得已而用之。国家止欲帝关东，当攻掠兼施。欲统一区夏，非又安百姓不可。"（钱仪吉《碑传集》卷四《开国宰辅·范文程》）

多尔衮统帅率进军，范文程扶病从征，严明军纪，禁止妄杀，并打出旗号：我们是一支义兵，挺进关内，是要为你们复君父仇，而不是祸害老百姓，我们今天所诛杀的只是"闯贼"。如果官员前来归顺，我们复其官职；如果百姓前来归附，我们复其产业。王师素来纪律严明，一定不侵害百姓。

清兵趁火打劫，却扮成了正义之师。

范氏自诩清军是入关清剿义军的义军，契合北京城里某些大臣议借兵后金击溃农民义军的主张。但是，八旗清军入关成功，赶走了曾占京师的义军后，自然不会拱手相让。

他们为了这一天，早在努尔哈赤起兵统一辽东时，便在盘算如何破关入主中原。只是当时实力尚弱，又有八旗亲贵掣肘，故而几次挑战都以失败告终。

皇太极边打边看，还用范文程的计谋，玩各种各样的反间计、热情计，连续拔掉了袁崇焕、洪承畴等明朝驻扎辽东的守门神。

清朝皇帝最终坐上了紫禁城里的龙椅，摄政睿亲王总成其事、揽权行政，而范文程运筹策划、创制规模。

清军进入北京城，范文程建议多尔衮，备礼厚葬明崇祯帝及皇后、公主，笼络人心。崇祯自缢煤山，虽死于李闯王破城时，但与范文程力劝皇太极、多尔衮连续进攻明朝之情势，也有着极大的关联。

同为中国清史研究的两大奠基者，孟森与萧一山对范文程为大清开国之功，各有褒词。

孟森说："清饶天幸，以多尔衮入关成大功，其明达是以听纳正论。然其时能持论者，实无几人，旧人中唯文程，降臣中唯洪承畴为有见地。"多尔衮接受范、洪建议，入关破京，"以军事咨洪承畴，承畴上启，略如文程指，皆为清有天下之大关键"，"而其最大之献纳，莫如范文程"（《清史讲义》第二编《各论·开国·世祖》）。

萧一山说："使清无多尔衮之摄政，无范洪诸人之运筹，无多铎等之征伐，则清之一统，未可必也。"（《清代通史》卷上第三篇之六十二《开国之勋臣·辅佐之大臣》）

萧先生将范文程的运筹之功，与多尔衮的摄政主国、多铎等的征战讨伐，等同视之。而孟先生更干脆，将范文程推至献策最多者。

4

范文程以太宗首辅，置身权力中枢，励精图治，成绩卓著，但随着太宗中途崩殂，他连遭政治厄运，如：受旗主硕托谋立罪牵连，妻子被多铎觊觎欺辱。

尤其是进入北京城后，摄政睿亲王多尔衮权欲急剧膨胀，初晋叔父摄政王，将信义辅政叔王济尔哈朗排挤出朝堂，再接连发力，强迫顺治帝尊其为皇父摄政王，擅权自专，功高震主，也权重逼主。这让有心为故主太宗辅佐幼主世祖的范文程，陷入了权力倾轧不断的危险境地。

大学士刚林、祁充格诏附多尔衮，将《太祖实录》中大福晋阿巴亥被迫殉葬改为其自愿殉葬，凸显其对太祖情深。范文程对此也没提出反对意见，算是对睿亲王示好。但范文程蒙受太宗特恩殊宠，知恩图报，在为多尔衮率军挺进中原、取代明朝出谋划策的同时，誓死不忘故主，竭力效忠幼主。

范文程坚持原则，多尔衮对此不悦，表现出对刚林、冯铨、祁充格三位大学士更为信任，而将范文程逐渐排除于议政之列。

范文程见朝政日变，睿王势大，爱弟意切，又封多铎为辅政叔王，于是不得不强抑政治雄心，无可奈何地远离朝局是非之地，免得多尔衮多铎兄弟恃权复仇，于是托疾家居，只是没有辞职，仍以首席大学士的虚职做保护伞。

顺治七年（1650）十二月，多尔衮病逝，顺治帝亲政。第二年闰二月，刚林、祁充格被以附逆多尔衮罪，处以死刑。范文程亦系同改之人，刑部拟议革职、解任、籍没其家，诸王大臣复议，拟令其革职折赎留任。

但是，顺治帝批示：范文程曾效力太宗朝，在盛京时不曾参与贝子硕托谋立罪，后知睿王所行悖逆，托疾家居，众亦共知。睿王重任刚林时，以范文程不合其意，故不重任。范文程着革职，本身折赎，仍留原任。前所行情罪已结，今后于委任职掌，当矢忠报效。

不久，范文程即复官，复进世职为一等子，授议政大臣，后加少保兼太子太保，再次成为顺治后期的重臣，退休后特进太傅兼太子太傅。

5

范文程由偏隅辽东的大学士，成为"君临天下"的大学士，官事多了，权力大了。

他以"治天下在得民心，士为秀民，士心得则民心得矣"（《清史列传·范文程传》），几次出任会试主考官，为清朝治理中国，从满、蒙、汉不同民族中选拔人才。

满人入关立国，激化了民族矛盾。范文程自许"我大明骨，大清肉耳"，以明朝秀才的身份，为清廷收买人心，在政治上敦促多尔衮下令"勿杀无辜，勿掠财物，勿焚庐舍"，打破民族界限，开科纳才，为清廷在入主中原未稳的情势下，舒缓了汉族中心被破坏之后产生的民族矛盾，吸收了一大批真诚报国的书生士子。

范文程在清廷崇满抑汉的国策之下，大胆地提出，治理天下首先在于会用人。

顺治十年，范文程专门向世祖请旨，以最高指示下令部院三品以上官员举贤任能："不论满汉，不拘资格，不计亲疏，取正直才守之人，堪任何官，列疏奏闻。一官可举数官，数官可举一官！"（《清史列传·范文程传》）

对于使用称职者，朝廷给予推荐者嘉奖，但，如果被推荐者才疏学浅、庸碌无为，朝廷将进行追查连坐，按罪之大小，进行论罪。

这样的人才人事制度的出台，对于清朝这个经历长期战事、国都新建、疆域未稳又发生过几次宫廷政变的政权，无疑是一针强心剂。新的制度，为半开化的满人入主中原，重建久受儒家礼制影响的中华社会秩序之帝国，聚集到更多的、不同民族的、不同出身的优秀人才，对于清廷崇满抑汉、任人唯亲、大搞宗派、族群歧视的人事弊政，也起到了一定的清洗作用。

范文程强调，治国安邦得天下，关键在集贤聚能而善任，对待出身于不同民族的各种官员要凸显其才。

顺治帝一改太祖、太宗二朝崇满抑汉的既定祖制，不惜与以孝庄太后为首的保守派发生激烈冲突，积极使用汉族杰出人才，抑制恃宠骄纵的亲贵，应该是受了范文程的不少影响。

著名清官于成龙，顺治十八年已四十五岁，以明经谒选清廷吏部，被授以广西柳州罗城县知县。此后仕途二十三年，三次被举"卓异"，以卓著的政绩和廉洁刻苦的一生，深得百姓爱戴，被康熙帝赞誉为"天下廉吏第一"（《清史稿·于成龙传》）。虽然他是以"我辈虽无科第分，上古之皋、夔、稷、契，岂尽科目中人耶？我此行绝不以温饱为志，誓勿昧天理良心"（《于成龙集·外集》武祗遹《跋〈于山奏牍〉后》）的政治抱负，接受清廷官职和重任，但他仕途的最初起点，只是前明崇祯十二年还不算中举的副榜贡生，距进士还有一段差距。

而其能够顺利进入官场，靠的是执政为民、廉正奉公的正能量，当然也依赖于始于范文程献策的顺治朝"不论满汉，不拘资格，不计亲疏，取正直才守之人"（《清史列传·范文程传》）的人才国策。

6

明末内外战事频仍，天启、崇祯二朝，内外军费激增，国家机构臃肿，而国库空虚，入不敷出，故而国家所定的、宦官私定的、地方增加的赋税额度不断增长，导致关内的农民军将明末的官府饷册通通烧毁，只剩下万历年间的旧册。

范文程入京之后，即召集各部胥吏，征求册籍。

有人建议于地方搜寻明季新册，范文程拒绝其议，说："即此为额，尤恐病民，岂可更求。"（《清史列传·范文程传》）范文程以赋税较宽松的万历旧册为依据，清除了天启、崇祯时期诸多增加部分，制定了清朝新的赋税政策。

这一点与民休养生息，是难能可贵的，对于长期遭战争破坏的社会秩序的重建、人类本性的回归，起到了举足轻重的作用。单就此以民为本的思想，范文程无愧为满人清国顺利成为中华帝国的第一功臣。

如果要评选开国功臣，范文程较之于汉初的萧何、明初的李善长，不遑多让。

顺治元年七月十七日谕告全国官吏军民，宣布废除三饷："前朝弊政，厉民为甚者，莫如加派辽饷，以致民穷盗起，而复加剿饷，再为各边抽练，而复加练饷。惟此三饷，数倍正供，苦累小民，剥脂刮髓，远者二十余年，近者十余年，天下嗷嗷，朝不及夕。更有召买粮料，名为当官平市，实则计亩加征……兹哀尔百姓困穷，夙害未除，恫瘝切体。微天之灵为尔下民请命，自顺治元年为始，凡正额之外，一切加派，如辽饷、剿饷、练饷，及召买米豆，尽行蠲免。各该抚按，即行所属各道府州县军卫衙门，大张榜示，晓谕通知，如有官吏朦胧混征暗派者，察实纠参，必杀无赦。"（《清世祖实录》卷六，顺治元年七月庚子）

十月初十日，顺治帝定鼎燕京，颁行即位诏，又以万历年间的会计录为据，再次宣布："地亩钱粮，俱照前朝会计录原额，自顺治元年五月初一日起，按亩征解，凡加派辽饷、新饷、练饷、召买等项，悉行蠲免。"（《清世祖实录》卷九，顺治元年十月甲子）

这样的抚民政策，正是范文程提出的建议，并得到了清廷最高权力核心层的肯定和执行。

有清一代，田赋基本上没有加派，实奠基于此。电视剧《鹿鼎记》就曾设计顺治帝出家后，还让韦小宝给康熙帝带回"永不加赋"四字。

其实，康熙帝亲政后，改革徭役，下令永停圈地，准许壮丁"出旗为民"，又奖励垦荒，蠲免钱粮，任用靳辅、陈潢治理黄河，并在康熙五十一年二月壬午颁发了著名的"滋生人丁，永不加赋"诏令。这才是"永不加赋"的来历。

但不论此制改革为顺治还是康熙所言，内心深处都是受了范文程的影响。

就凭此点，利在百姓，范文程厥功至伟。

他投效满洲、反攻故国，自然要背负有亏民族气节的耻辱和骂名，但还是有人将范文程喻为汉初张良、明初刘基，这是因为他为清朝统一中国做出了不小的历史贡献。

明清之际的大学者顾炎武评价范文程是"士大夫之耻，是为国耻"，而对于他的历史功绩，太宗、世祖的后继之君是感激的。顺治帝以范文程为"祖宗朝旧臣，有大功于国家，礼遇甚厚：文程疾，尝亲调药饵以赐；遣画工就第图其像，藏之内府"（《清史稿·范文程传》）。

康熙五年，七十岁的范文程病逝，圣祖为其赐葬立碑；四十七年后，即康熙五十二年，又为之御书"元辅高风"匾额，悬挂其祠。

再过几十年，乾隆帝将从明朝走过来的汉臣，如同样建有大功的洪承畴、金之俊等定为贰臣，但没有丑化同样从明朝走过来的范文程。

即便多铎曾夺其妻而羞辱之，即便多尔衮因其不先请示而怪罪之，但是范文程服务清初太祖、太宗、世祖和圣祖四朝皇帝，历时近五十年，诸多皇帝对其"宠锡优异"，尤其是太宗将他引为知己智囊，因其形貌高大，为他所赐衣服冠帽皆为特制，诸王公大臣只称其官位而不呼其姓名，以示尊重。

乾隆把最佳贰臣奖
颁给了一对父子

1

顺治元年（1644）四月二十二日，大顺永昌皇帝李自成与前明宁远总兵吴三桂在山海关展开厮杀。

大清国摄政睿亲王多尔衮虽在七天前接受了吴三桂"将裂土以酬"（《清世祖实录》卷四，顺治元年四月庚申）的联合剿闯请求，但为了使妄图并立的吴三桂彻底屈服，曾长时间作壁上观，最终迫使不敌李自成的吴三桂不得不降。

李吴缠斗，睿王获利。

李自成的大军摆好战阵，就在其顶住吴三桂军的反复冲击，胜券在握时，左翼突然遭到清军的猛烈进攻。大顺军阵地失守，李自成向西溃逃。

大获全胜的多尔衮和吴三桂，兵合一处。虽然多尔衮对吴三桂客客气气，但是吴三桂事多尔衮则有君臣之分。

明亡之后，吴三桂率先成为贰臣。

与李自成有着夺妾之辱、杀父之仇、亡国之恨、灭门之耻的吴三桂，请为前驱，将在紫禁城里正式做了一天皇帝的李自成打得落荒而逃。

不仅如此，最终李自成的覆灭、张献忠的惨败、南明国的结束，吴三桂都是倾尽全力，厥功至伟。

如果不是吴三桂带着一帮前明贰臣降将为清朝卖力，大清洪业恐难以实现。多尔衮曾经哀叹"何言一统？但得寸则寸，得尺则尺耳"（张怡《谀闻续笔》卷一）。

要知道，多尔衮统军入关时，其麾下的满洲、蒙古和汉军实力，将士加民夫，充其量不过十七八万人马，无论是与李自成、张献忠和前明残余单兵较量，还是合力决战，都是不能抗衡的。

若干年后，实现了天下一统的康熙帝，极力标榜"自古得天下之正莫如我朝"，又言："太祖、太宗初无取天下之心，尝兵及京城，诸大臣咸云当取，太宗皇帝曰：明与我朝素非和好，今欲取之甚易，但念系中国之主，不忍取也。后流贼李自成攻破京城，崇祯自缢，臣民相率来迎，乃翦灭闯寇，入承大统。"（《清圣祖实录》卷二百七十五，康熙五十六年十一月辛未）

胜利了的康熙，自然不说先人的实力不济，但历史还是留下了多尔衮借力贰臣的事实。

多尔衮对吴三桂兑现了"封以故土，晋以藩王"（《清世祖实录》卷四，顺治元年四月癸酉）的承诺，也算是承认了吴三桂作为清军入关第一贰臣的地位。但是，事与愿违。

吴三桂最终成了第一逆臣。当然，这也是后话。

在吴三桂功崇业广之时，多尔衮被亲政后的顺治帝彻底清算。

在乾隆帝还未给"奉世祖入都成一统之业，功劳最著"（《清高宗实录》卷一千零四十八，乾隆四十三年正月辛未）的多尔衮平反时，乾隆帝于乾隆四十一年（1776），钦定《明季贰臣传》，特地分了"甲乙二编，俾优者瑕瑜不掩，劣者斧钺凛然"（《清高宗实录》卷一千零五十一，乾隆四十三年二月乙卯）。

孰优孰劣，乾隆皇帝心中有杆秤。

以忠君为标准，去论定前明降官谁重谁轻、谁忠谁奸、谁好谁坏、谁先谁后。

他对乙编中的人是不齿的。即便是不失为顺治朝良辅的金之俊、冯铨，都被认为是毫无建树的不忠者。而能入选甲编者，则对清朝是尽忠的，是做了不少贡献的。

像洪承畴，在明崇祯十五年（清崇德七年，1642 年）松锦大战中失败被俘后，清太宗皇太极想尽一切办法，礼待有加，迫使他最终臣服。顺治元年，洪承畴随摄政睿亲王入关，入内阁总理军务，献策"不屠人民，不焚庐舍，不掠财物"（《清世祖实录》卷四，顺治元年四月庚午），"布告各府州县，有开门归降者，官则加升，军民秋毫无犯。若抗拒不符者，城下之日官吏诛，百姓仍予安全"，拉拢前明民心，发布"首倡内应立大功者，则破格封赏"，因此使得坐拥重兵的吴三桂屈膝，成为清统一全国的主要智囊。他在消灭南明唐王、鲁王、桂王政权及镇压大顺、大西农民军余部的过程中，立下了汗马功劳。乾隆帝认为洪承畴"宣力东南，颇树劳伐"，虽于前明大节有亏，"不克终于胜国"，但"实能效忠于本朝"（《清高宗实录》卷一千零五十一，乾隆四十三年二月乙卯）。

像李永芳，在明万历四十六年（清天命三年，1618 年）努尔哈赤起兵伐明，进攻抚顺时被迫投降，成为明朝在职官员中降清的第一人，被授为三等副将，并娶贝勒阿巴泰之女。此后，他忠心耿耿，为后金的军事行动出谋划策，多次随努尔哈赤伐明，攻取清河、铁岭、辽阳、沈阳，功勋卓著，被授为三等总兵官，并拒绝明朝辽东巡抚王化贞的招降。努尔哈赤为嘉奖李永芳，赐他"免死三次"的特权。其子孙亦为清军的重要将领和官员，深得历代皇帝的信任。乾隆曾加封李永芳四世孙李侍尧为满洲都统，驳斥吏部"满官不授汉军"的理由之一就是"李永芳孙，安可与他汉军比也？"修《贰臣传》时，李侍尧任武英殿大学士、军机大臣，兼两广总督、云贵总督，是乾隆帝的心腹重臣。但对李永芳降清一事，乾隆既肯定其"屡立战功，功劳并为昭著"，但"律有死无贰之义，不能为之讳"（《清高宗实录》卷一千零五十一，乾隆四十三年二月乙卯）。

乾隆帝大张旗鼓地纂修此书，打着"我朝开创之初，明末诸臣望风归附"（《清高宗实录》卷一千零二十二，乾隆四十一年十二月庚子）的旗幡，为之招魂，歌颂先人"开创大一统之规模，自不得不加录用，以靖人心而明顺逆"，却殊不知没有这些贰臣，哪有他为之骄傲的大清王朝？

一再讲究敬天法祖的乾隆，回避了先人林林总总的威逼利诱的手段，冠冕堂皇地为献策助拳的贰臣重新盖棺论定。

他要钦定君为臣纲的政治规矩。

论资排辈讲功劳，吴三桂因为挑起三藩之乱，被打入同时纂修的《逆臣传》之首。而洪承畴是顺治帝的恩师与大忠臣，李永芳是努尔哈赤的爱将兼孙女婿，应该是《贰臣传》精英榜上当之无愧的领军人物。

但乾隆帝却将最佳贰臣奖，颁给了一对战功一般、名声不显的父子。

父亲刘良臣，位居榜首。儿子刘泽洪，名列第二。

刘良臣降清，在吴三桂之前，即于天聪五年（1631）在大凌河之战中，随主帅祖大寿投降。

刘泽洪，则是顺治二年，随伯父刘良佐率兵十万降清。

无疑，刘氏父子，都是从降者，都是小人物。

2

北直隶人刘良臣，初为明朝游击，隶属辽东前锋总兵、挂征辽前锋将军印的祖大寿。

刘良臣在明军中不出名，但他有一个著名的哥哥，名叫刘良佐。崇祯年间，刘良佐官拜总兵官，镇压义军，曾协同作战击溃罗汝才部将摇天动二十万人马，甚至把彪悍善战的大人物张献忠也打成了手下败将。他爱骑一匹杂色马，因而有一个"花马刘"的绰号。当然，他最著名的历史作为，莫过于明亡后，接受凤阳总督马士英的劝说，与刘泽清、黄得功、高杰形成四镇势力，联合拥立福王朱由崧，迫使南京兵部尚书史可法立潞王朱常淓的计划落空。

此为后话。

而祖大寿，曾随袁崇焕在宁远大战中击溃天命汗努尔哈赤，在宁锦一役中击败天聪汗皇太极。崇祯二年（后金天聪三年），皇太极借道科尔沁，越过长城，突袭京畿，又是祖大寿奉袁崇焕之命，率关宁军迅速回师，解了己巳之变中的京师危局，继而收复了后金军占领的滦州、永平，打得后金三号人物阿敏弃城而逃。

袁崇焕因己巳之变，被崇祯帝追究擅杀毛文龙、与后金谋和及箭射满桂等罪行，下狱议罪。忠于袁氏的祖大寿，也在己巳之变中，被人诬陷箭射满桂、三日之后逼反，并有负气率部而走的事实。但是，崇祯帝起用天启帝师孙承宗，后者以东阁大学士、辽东督师原职兼任兵部尚书的身份从中调停，请求身陷囹圄的袁崇焕写信给祖大寿，将其召回。

后袁崇焕被磔杀于市，而祖大寿获孙氏重用。

崇祯四年七月，祖大寿奉孙承宗之命，修复大凌河城，以便将关宁防线前推。没过半月，城墙雉堞还没修完，皇太极已率大军，推着大炮，将大凌河城包围。

祖大寿因临时视察修缮情况，被后金重兵围困在大凌河城中。

没有提前囤积粮草。

祖大寿派人突围，行动受阻，只能困守孤城。

孙承宗带着四万步骑前来救援，惨遭皇太极身先士卒的率部奇袭，战败而返。

监军兵备道张春和祖大寿的妹夫、总兵吴襄（吴三桂的父亲），以及宋纬等再次组织四万步骑、百余战将，渡过小凌河，向大凌河城进逼，多有斩获。不料，皇太极命佟养性率新组建的炮队猛烈攻击，加之风向突变，明军落败，张春被俘。

而奉登莱巡抚孙元化之命，率八百骑兵赶来救援的孔有德，本是死于非命的毛文龙养孙兼心腹，憋了一肚子怨气，又因沿途官府不提供给养，加上遇到一场大雪，造成部队内讧，于是接受部下李久成的建议，发动吴桥兵变，回师登州。

死守大凌河的祖大寿，援绝粮尽。

于是，先杀战马食之，继而以人肉充饥。

明军已深陷危境，走投无路，开始了有计划的杀人为食。

有人越城而降，皇太极调整战略，派随张春投降的明官员劝降。当然，皇太极也对祖大寿施以利诱和承诺。

崇祯四年（后金天聪五年）十月，祖大寿被迫诈降，后逃往锦州城对抗清军。

其部将刘良臣则留在了清营。

《清太宗实录》胪列的降将名单上，刘良臣并不重要："明总兵祖大寿，副将刘天禄、张存仁、祖泽润、祖泽洪、祖可法、曹恭诚、韩大勋、孙定辽、裴国珍、陈邦选、李云、邓长春、刘毓英、窦承武，参将游击吴良弼、高光辉、刘士英、盛忠、祖泽远、胡宏先、祖克勇、祖邦武、施大勇、夏得胜、李一忠、刘良臣……今以大凌河城降。"（《清太宗实录》卷十，天聪五年十月辛卯）

三年后，皇太极以刘良臣投诚有功，封三等轻车都尉，隶属镶黄旗汉军。

此后，刘良臣未建寸功，至顺治元年才封为三等参领。

这是一个多大的官？

三等参领，相当于现代军衔中的团职军官。

清军向西追捕李自成，攻城略地。刘良臣做了一年山西宁武关副将后，被升为甘肃总兵，加都督同知。此时的清廷，还在沿用明代军事职官名称。刘良臣成了二品大员。

刘良臣在甘肃任上，结合刚收复未稳、路途遥远的州县实情，向朝廷建议"将饷银早发"（《清史列传·刘良臣传》），还深入庄浪、凉州及甘州考察官兵驻守情况，提出"移防卫要，不必加兵增饷，防守皆得实用"的方针。这件算是他最出色的工作成绩，却没有被写入《贰臣传》。

《贰臣传》只写到他曾参加攻掠山西的战役，此外就无其他战功或者战绩了。

顺治五年，原为明朝驻防甘州军官的米喇印，素有勇略，在清朝统一甘肃后，任甘肃巡抚张文衡标下副将，驻守甘州。时清廷在各地推行剃发令，并严令军中剃发，自军官始。

剃发，这是满洲统治者对汉族及其他民族的民族征服恶政之一。

米喇印对清廷的民族压迫政策深为愤怒，于是利用剃发令激发甘肃降清各族将士的不满。此外，清廷再次调遣甘州兵前往四川清剿残留的大西军，引发军心浮动，他便与从明朝一起过来的老战友丁国栋设计诱杀张文衡等，占据甘州，集结兵力十万，号称百万。

在这一场著名的米喇印、丁国栋起义中，刘良臣被擒，被处死。

他不是第一个死于战场的贰臣。第一个是降清五月即死的王鳌永。

王鳌永为前明佥都御史、通州巡抚，于李自成攻陷北京时被抓下狱，输银得释。他于顺治元年五月降清，升户部侍郎兼工部侍郎，派至青州任山东总督，招抚山东、河南，招降明德王朱由㭏、衡王朱由㰒。

是年十月，山东乱军并起，青州空虚，李自成裨将赵应元趁机假降，占领青州，王鳌永骂不绝口，被杀，史称青州之变。

最早"尽节死难"的王鳌永，功劳要比刘良臣大，却没有拿到乾隆帝的最佳贰臣奖。刘良臣幸运，他的牌位在雍正八年（1730）被移入了昭忠祠。

雍正二年诏令于京师立昭忠祠，为跟随太祖太宗创业之臣、守土之官及没身为国者，"立祠京邑，世世血食。其偏裨士卒殉难者，亦附祀左右。褒崇表阐，俾远近观听，勃然可生忠义之心，并为立传垂永久"（《清史稿》卷八十七《礼志六·吉礼六》）。第二年，循序定位，刘良臣与顺治二年随左良玉之子左梦庚降清的郝效忠、康熙年间陕西凉州总兵康海，作为总兵代表，入祀昭忠祠西末龛。

刘良臣降清的带头大哥祖大寿，以及留清的主要代表张存仁、祖泽洪，榜上无名。

刘良臣是作为大凌河降将集团的代表，被雍正帝安排入祀昭忠祠的。

虽然乾隆帝清洗了雍正帝留下的不少新政政策和倚重大臣，但昭忠祠却直接影响了乾隆帝，使他将刘良臣钦定为《贰臣传》甲编第一名。

《贰臣传》甲编中，有不少是死于清朝战场上的，如孙定远、孔有德、王鳌永、王正志、徐一范、徐勇、郝效忠、马得功，均在前列。马氏之后，才是李永芳。乾隆帝破格推崇这些变节之后的殉国者，也是为了将他们作为一批好的榜样，来激励当时平定大小金川的清军：只要忠君不怕牺牲，即便曾经有污点，也可得荣耀。

3

刘良臣之子刘泽洪，因被附骥其父后，而捡了二号贰臣的殊荣。

刘泽洪的履历很简单：明副将，顺治二年随其伯父刘良佐投诚。顺治五年，受二等轻车都尉世职。顺治九年，袭其父所遗三等轻车都尉，并为二等男爵。康熙三十四年（1695）病逝。

履历简单，都不在显位，甚至连实职都不明确，无疑是成绩一般所致。

入榜贰臣，虽在甲编，也有死忠的荣耀，但还是被乾隆帝认为有过不忠。不忠之人，即便投诚新主，给新主、给世人、给历史的印象，也都是大节自亏，建了再大的功业都是不如敬终如始的绝对忠诚。

刘泽洪沾了其父刘良臣的光，但作为他的引路人的刘良佐，却被乾隆帝打上了"贰臣"不忠的烙印，录入乙编。

刘良佐曾为南明江北四镇统帅之一，因参与拥立福王而被封为广昌伯。顺治二年，豫亲王多铎兵临城下，刘良佐迫于局势，率十万官兵投诚，曾劝降南明大将黄得功。得功中箭骤逝，良佐以功隶汉军镶黄旗，并封二等子爵，授江南江安提督，加总管衔，不久改升为直隶提督，官至左都督（一品）。

但刘良佐最初在雁北参加了义军，是李自成的得力干将。李自成的第二任夫人邢氏，与李的手下大将"翻山鹞"高杰私通。高杰惧怕奸情败露，于是投降明将贺人龙。刘良佐给李自成守根据地外营，见护卫内营的高杰降明，于是借机率队归明，为游击将军，后统兵在宿松、庐州、六安一带同义军作战，升总兵官。

一个翻覆变节的人，不论最后能高居怎样的尊位，都是让人看不起的。刘良佐带着刘泽洪降清，声名却不如小喽啰。而刘良臣随祖大寿降清，坚定赴死，要好过降而复叛。

一场贰臣口水战，
淹死了悍将孙定辽

1

辽阳人孙定辽的名字取得好，"定辽"颇有袁崇焕曾宣扬的"五载复辽"之感。

确乎，孙氏本为明朝大凌河副将，于崇祯六年（天聪七年，1633）大凌河之战失利后，随带头大哥祖大寿降金。祖大哥降而复叛，而孙小弟在接受了皇太极的银币和鞍马等后，欣然领受后金汗国副都统之虚衔，还被安排了一个汉军镶红旗的新户籍。

初降时，他的两个随从逃跑。有人密报，这是孙定辽暗通款曲、欲返明营的征兆。皇太极虽然没有追查，但此后并不像对其老战友张存仁、祖可法那般委以重任。无疑，他被设防，皇太极要防止其效仿祖大寿一去不返。

松锦大捷后，祖大寿被再次降服。孙定辽再也坐不住了，赶紧向皇太极上疏自辩清白："臣……自知十二年来负此大罪，荷恩不问。今松山、锦州既克，正臣心可白之日。逃去二人，未曾在臣家。如他处查获，亦可严鞫实情。"（《清史列传·孙定辽传》）

也就是说，皇太极将孙定辽冷落了十二年之久，也监视了十二年之久。好在他是一个坚忍之人，没有轻举妄动，从而换得了出头之日。

顺治元年（1644），清军倾巢出动，逐鹿中原。没了故国的孙定辽，被安排随军征山西，取太原，继而随和硕豫亲王、定国大将军多铎攻取扬州、江阴，平定江南。

顺治三年五月，孙定辽获授骑都尉世职，两月后出任湖广提督，成为一方军事大员。

2

好景不长，在他的防区内，郧阳总兵王光恩与郧阳抚院潘士良闹矛盾。抚院者，即巡抚，清袭明制，各省巡抚例兼都察院右副都御史或右佥都御史衔，故而称之。

王、潘二人，都是前明过来的贰臣。

潘士良是万历四十一年（1613）进士，御史出身，崇祯元年（1628）出任大理寺卿、南京刑部侍郎，顺治二年由山东总督王鳌永荐举，降清入仕，以兵部右侍郎兼右佥都御史抚治郧阳，曾与王光恩携手击溃来犯的李自成余部"一只虎"李锦，收降三千余众。但是，出身精英阶层的潘抚院，始终看不起"流寇"出身的王总兵。

王总兵在前明末年就镇守郧阳，但他比潘抚院多一道身份：他曾是张献忠的裨将，还有一个威武的雅号"小秦王"。

工光恩的真名不好听，谐音"忘光恩"。

《明史·高斗枢传》记载："光恩者，均州降渠小秦王也。初与张献忠、罗汝才辈为贼，献忠、汝才降而复叛，均州五营惧见讨自疑。又以献忠强，虑为所并，光恩敛众据要害以拒献忠。居久之，乃有稍稍飔去者，光恩亦去，已而复降。光恩善用其下，下亦乐为之用。斗枢察其诚，招入郡守。"

高斗枢于崇祯十四年以按察使移驻郧阳。孙定辽为了自保势力，不惜背叛反明首领张献忠，投至高斗枢与郧阳知府徐起元麾下。

史书云，高氏善谋，徐氏善守，孙氏善战。三人配合默契，不但将张献忠数万人马挡在城外，而且两次击溃李自成大顺军的猛烈围攻。顺治二年，清军攻入湖北，明封湖广巡抚的高斗枢隐居乡里，而王光恩则不理会明室恩惠，随也是明朝任命的郧阳抚院徐起元一同向先期进入湖广的吴三桂投诚，得以原官留镇。

徐起元被调至京城，出任都察院右副都御史。王光恩与继任抚院潘士良共事，在御敌上有默契，而在权力上有争斗，结果给了郧襄道李之纲弹劾的机会。

李之纲以王光恩勾结土贼陈蛟的种种不法行为为据，弹劾王光恩。

清廷震怒，迅速派人将王光恩逮捕进京。

李之纲何许人也？他履历不详，倒是在计六奇《明季北略》卷十九《李自成擅号设官》中有如下记载：崇祯十六年四月，李自成"修襄王宫殿，设官分职……防御则孟长庚、陈莨、李之纲……"李之纲为襄京防御使，附闯前为郏县秀才，后降清。顺治二年七月己未，摄政睿亲王多尔衮批准吏部奏议，以"投诚伪官李之纲为湖广按察使司佥事"（《清世祖实录》卷十九）。

弹劾王光恩勾结土匪的郧襄道李之纲，就是曾在李自成麾下的襄京防御使李之纲。他们最初都是反明干将，分隶张献忠、李自成两个阵营。王光恩一个三姓家奴，却因抵御住张献忠与李自成的强攻猛打，扶摇直上，官拜总兵，远比只是道员的李之纲高了四个品级。

李之纲是心中不服，还是对王光恩抵抗故主李自成部有不少怨恨，要借助清廷猜忌而打击其捍卫者以资"敌"？史料未载，不好猜测，姑且存疑。

而这一场降臣的口水战引发的后果，对于清廷而言不啻一次警示和殷鉴。

清修《钦定八旗通志》卷二百零八有说法："先是襄阳总兵王光恩与郧襄道李之纲互讦赃私，下抚按会核。光恩获罪，逮问其弟。光泰遂纠众作乱据郧阳。"

李之纲、王光恩相互以贪纵枉法弹劾对方。

此时正值大顺军一只虎、刘二虎等再次攻打荆州等地，虽被顺承郡王勒克德浑自江宁移师击溃之，但反清势力犹盛。

本是拒顺悍将的王光恩却被带走，有司还逮问其弟王光泰，并调南阳副总兵杨文富署理襄阳总兵，漆尚友任右营副将，企图改编王光恩兄弟的军队。

王光泰曾是反明义军，随兄投明后降清，此次见大哥不保，不情愿接受调查，于是采取武力对抗政府的态度，伙同其弟王昌，拥众数千人反清。

清廷意识到事态的严重性，意图释放王光恩以平息叛乱，但为时已晚。王光泰自称明镇武伯，劫掠襄阳，杀荆南道甘文奎、守道刘开文、襄阳知府杨矿、郧阳知府董有声等一大批府县官员，打出反清复明的旗号，并联系南明督师何腾蛟和反清悍将贺珍、武大定等人为援。

清廷迅速将王光恩斩杀。

无罪也是有罪。诬陷逆转大罪。

3

作为湖广地区的军区司令官，孙定辽在武昌闻变，率兵援救，想即时将治下军分区的反叛事件平息。

双方在安阳口遭遇，孙定辽力战不敌，退走河湾。叛军穷追猛打，孙定辽"且济且战，中流矢，马蹶，没于河"（《清史列传·孙定辽传》）。这位大凌河降将，原来是只旱鸭子，落马溺水而死。

此所谓：李自成、张献忠的悍将降清，大闹一场口水战，结果淹没了前明大将。

清廷震惊，急遣满洲镶黄旗署副都统喀喀穆率大军，自河南进剿，收复郧阳。王光泰兄弟逃亡四川，最后也成为著名的反清武装夔东十三家之一。

一场降臣的口诛笔伐，挑起了一场惊心动魄的战祸，也注定了主要涉事者的不同历史命运。

被诬陷的王光恩，因为弟弟们的武装抗拒，落了个身首异处。清廷知道他是替罪羊，没有将他纳入逆臣之列。但是，被迫铤而走险的王光泰们，则被清廷视为"反贼"。

弹劾他的李之纲不知所踪，想必被追查处理了。他的支持者潘士良，很快被湖广总督罗绣锦弹劾，称其优柔寡断、才力不及，被免去郧阳府治之职，解任回籍，不久死于家中。乾隆年间编纂《贰臣传》，他被纳入乙编。

而溺死的孙定辽，则是忠烈。总督罗绣锦与巡按曹协卜先后上书孙定辽事迹，清廷追赠其左都督，晋三等世职轻车都尉，以其兄子孙登高袭爵。雍正三年（1725），孙定辽入祀昭忠祠，则为乾隆将其定入贰臣甲编、排名第三作了权威性的注脚。

他在贰臣榜靠前，靠的不是功劳卓著。论战功，他远不及孔有德、尚可喜之辈的攻城略地，甚至不如翻覆的王光恩的固守坚城；比政绩，与他在大凌河一同降清的张存仁、祖可法可谓为皇太极集权树威、伐明问鼎殚精竭虑，而孙只是被闲置十二年后昙花一现。但是，乾隆仍将其钦定前列，该是想以其悲壮殉国的形象打造出一个忠烈的榜样吧。

当然，稍微靠后的王鳌永在"青州之变"中死得更早，死得更惨，死后虽有招抚著劳、尽节死难之名，却无孙定辽借侄袭爵、入祀昭忠之实。

4

在《贰臣传》甲编中，能像刘泽洪、张存仁、洪承畴一般寿终正寝者不少，但靠前者基本上是孙定辽、王鳌永这类对他们屈膝投降的大清王朝尽节死难者（排名第二者刘泽洪，则因其父刘良臣死于非命，而附骥其后）。

甘肃总兵加都督同知刘良臣，顺治五年镇压当地回民叛乱时被杀。

定南王孔有德，顺治九年遭南明大将李定国围困，被迫自杀于桂林。

户部右侍郎王正志，巡视延绥，顺治五年遇大同总兵姜瓖叛乱，守城月余，力竭城陷，不屈禁之，与其子王麟等俱被叛军绞杀。死于姜瓖叛乱的，还有新任大同左卫兵备道徐一范，被擒遇害。王、徐二人同年死，也是同年考中崇祯元年进士，降清前，王累官至户部左侍郎，徐官至河南巡按。

辰州总兵加左都督徐勇，顺治九年死于南明悍将白文选破城后的巷战，妻儿亲属四十余人遇难。湖南右路总兵加都督佥事郝效忠，顺治八年同孙可望力战被擒，不屈，遭其斩首。此二人，原为左良玉部将，顺治二年随左梦庚降清。

镇江总兵马得功缚献南明弘光帝朱由崧降清获赏，尔后斩杀南明瑞昌王朱谊泓，升福建右路总兵加都督佥事、福建提督，进三等侯，康熙二年（1663）在进攻台湾的海战中阵亡，获追一等侯。乾隆十四年（1749），朝廷确定各侯、伯的封号，以马得功为顺勤侯。

他们皆因明朝覆灭而屈节改换门庭，注定了他们不可改变的贰臣历史角色，但他们又是清朝大肆渲染的"殉节"者。

殉节者与寿终正寝者、功成身退者、死于任上者、致仕病逝者、立功自赎者等等，在贰臣榜上的位置分了先后。

与马得功一同出卖弘光帝的前明总兵田雄，亦是靠捕杀南明王族、征讨郑氏政权而晋级二等侯的，死后追赠太傅，定号顺义侯。但与马得功不同的是，马在贰臣榜甲编中跻身前十，而田雄忝居末席。这等"殊荣"，即便是成为皇亲国戚的李永芳、贾汉复之流，也不能与此等殉节者相媲美。

袁崇焕杀毛文龙
疏漏了一文盲

1

崇祯二年（1629）五月，蓟辽督师袁崇焕以阅兵为由，赴双岛视察。

袁帅此行，是带着目的而来的，即除掉毛文龙。

毛文龙，官拜平辽总兵，后被加了左都督衔，正一品。他的资历老，万历三十三年（1605）就被人举荐到辽东老大、宁远伯李成梁帐下，并取得辽东武举第六名的好成绩，被封为百户，迅速升迁，历千总、守备、都司，受辽东巡抚王化贞喜欢，因此被晋升为总兵官。

但是，时任蓟辽督师熊廷弼不喜欢他，因为他与王化贞走得近。

天启五年（1625），广宁惨败，熊廷弼因未及时救援而被追究主要责任，并传首九边。不战而逃、该负主要责任的王化贞，因为抱上了魏忠贤的粗腿，仅下狱待罪。

毛文龙没有受到影响，还被逐渐加升至左都督，这是明朝武官序列中的最高级别。不但如此，他还因军功受赏将军印、尚方宝剑。他恃功骄纵，是一个不好合作的军阀，唯有向来以大局为重的登莱巡抚袁可立能与之搭配，绝佳组合，相得益彰。

好景不长，袁可立为毛文龙向朝廷索要巨额军费，被朝臣进言，调离登莱。毛文龙割据一方，武夫治镇，无人能御。

崇祯即位后，重新起用曾取得宁远大捷和宁锦大捷的袁崇焕，任命其为兵部尚书兼右副都御史，督师辽东，兼督登莱、天津军务。袁也有书生意气，对老前辈毛文龙恃功装老大、听宣不服管、要钱不卖命的做法，很是恼火。

于是，就有了袁帅视察、意在拔毛的一场戏。

袁崇焕以酒宴套近乎，玩请君入瓮。

时机一到，袁崇焕拍案而起，为毛文龙总结了杀降冒功、私通敌国、轻取南京、组织家军、劫掠百姓、强娶民女等罪行："尔有十二斩罪，知之乎？"（《明史·袁崇焕传附毛文龙传》）

尤其是"送大量金银进京，拜魏忠贤为父，在岛上为之塑像加冠冕"，这是崇祯帝刚处死魏忠贤、大兴除阉政治运动时的最大忌讳。

虽然其中不乏夸大其词，但毛文龙屁股也不干净，遂"丧魂魄不能言，但叩头乞免"。

双岛是毛文龙的地盘，却被袁崇焕客场行凶。

这里有一个疑问：毛文龙为何不临危反击，杀了袁崇焕？这是因为：

一、袁崇焕身为辽东督师兼兵部尚书、右副都御史，以阅兵的名义来到双岛。虽然毛文龙割据一方，不喜朝廷派人来到自己地盘指手画脚，但袁崇焕是他的顶头上司，故而以上宾之礼接待，为之安排酒席和行乐。毛文龙还寄望袁督师能及时如量地补给粮饷。

二、虽然袁崇焕为督师兼尚书，加太子太保，不过正二品实职加从一品虚衔，而毛文龙是左都督衔的总兵官，军功卓著，有直赐尚方宝剑，加之在自己的地盘，但毛没有料到经常同他饮酒至深夜的袁崇焕另有阴谋。袁崇焕提出改革营制，设立监司，惹得毛文龙不悦，但毛文龙也不曾料到袁崇焕有备而来，早生杀机。

三、袁崇焕欲杀毛文龙，是深知毛文龙恃势骄纵，但不会谋逆反明的。他假借崇祯帝名义宣布毛文龙所谓十二款可斩之罪时，虽然没有有力的证据，但毛文龙确实不干净，自知理亏，遂磕头求饶，直接给了袁崇焕迅速斩杀毛文龙的借口。并且袁崇焕决计斩杀毛文龙时，布置了有效兵力，并禁止毛文龙的部下入帐。

四、袁崇焕带着皇帝的圣旨，这是毛文龙最大的顾忌。毛文龙虽然骄纵跋扈，但他还是忠于大明王朝，不想事态扩大，牵连家族。崇祯新近即位，能够铁腕处死魏忠贤和打击势强人众的阉党集团，也足见其不无手段。

当然，在毛的防区袁崇焕也顾忌，于是玩障眼法："请旨曰：'臣今诛文龙以肃军。诸将中有若文龙者，悉诛。臣不能成功，皇上亦以诛文龙者诛臣。'遂取尚方剑斩之帐前。"（《明史·袁崇焕传附毛文龙传》）

袁帅虽是毛帅的顶头上司，但论品级，却低了一个档次。

明末尚方宝剑太多，相互对抗，相互角力，狭路相逢快者胜！

袁崇焕纯属未经请示擅权矫杀，但他打出了皇帝的旗号。

毛文龙骄恣浮夸的同时，还是忠于大明王朝的。传说他有七封写给皇太极的媾和信，那是后人的捏造。封建专制时代，即便皇权式微，但是君要臣死，臣也不得不死。

况袁崇焕为毛文龙胪列的罪状，还是有一定的蛛丝马迹，更有私通敌国、觊觎陪都、投效阉党、加魏冠冕，都是株连九族的大逆之罪。所以当袁帅抬出皇帝的追责时，部将们惧怕受牵连，唯恐避之不及。

他们不知道，袁帅也是壮着胆子，矫诏行事。

袁崇焕杀了毛文龙，还得稳定军心，用心安抚毛文龙的部众，继续外强中干地做出新的人事安排，任命副将陈继盛代理统辖，并说不搞牵连：皇上只杀罪大恶极的文龙，其他人无罪。

毛文龙麾下健校悍卒数万，忌惮袁大帅的虎威，更忌惮他手把尚方、口称圣旨地假借皇威。

2

书生报国的袁崇焕，成功斩杀了能征惯战的毛文龙。

然而，袁崇焕不想解散毛文龙这支部队，毕竟正是这支部队对后金军的有效牵制，使得他在宁远大战、宁锦大战中，击溃后金政权前后两任一号首长，从而获得大明王朝最高领导人的简任崇隆。

袁崇焕以蓟辽督师兼兵部尚书的名义发号施令，将原属毛文龙的两万八千人分为四协，任命毛文龙的儿子毛承祚、副将陈继盛、参将徐敷奏、游击刘光祚分别统领。

袁崇焕善待毛文龙的儿子，继续重用他这个副将，意思很明确，他只是代行皇帝旨意，杀了骄纵枉法的毛文龙。君要臣死，臣不得不死，那是封建帝制时代君为臣纲的铁血定律。袁崇焕善待毛承祚，就是安抚毛旧部。毛承祚也会因为朝廷只杀一人，不祸及一门，而感念皇恩浩荡。

但是，他也要防备毛承祚为父复仇，拥兵割据。于是，他在安排四协负责人时，将毛承祚排名第一，却安排位列其次的陈继盛代替总兵。

不过，此事并未平息。

继任总兵陈继盛，是毛的副将，也是毛的亲信，资历老，威望高，他转而上疏为毛大帅鸣冤。

即便袁崇焕承诺，会请旨将其扶正。但是，老陈鸣冤，就是对袁崇焕执行的旨意不服。他并没有因为代行军权，而消除对袁大帅的怀疑。

这算是新形式合作。

袁崇焕还忽视了铁岭矿工出身的参将孔有德。孔有德称，他不足以同陈共事，于是率部出走，投奔登莱巡抚孙元化。

袁崇焕不改双岛建制的想法，被孔有德的不满打破了。

孔有德虽是大字不识的赳赳武夫，但"骁勇善斗，临阵先登，为诸将冠"(《东江遗事·定南王传》），深得毛文龙的喜欢。毛文龙收他为养孙，还赐名永诗。

袁崇焕杀毛，对于孔有德而言，算是一笔血仇。

毛文龙生前，小孔人人敬畏，如今老毛不在，袁崇焕给小孔换了新主人，自然不会被他买账。

小孔认为毛无罪而横受屠戮，非常痛心，老袁不露声色地扳倒了供其乘凉的大树。孔有德感激干爷爷毛文龙的知遇之恩，铭感于心，就算后来成为清朝的藩王，只要谈及关于毛文龙的往事，便满面戚容。

这是一段真感情！这是后话，在此不述。

孔有德投靠的孙元化，是内地来的儒将，跟大科学家徐光启学过西洋火器法，是一个开明人士。他抚登时，认为辽人可用，向崇祯极力推荐孔有德为步兵左营参将。

如此看来，孔有德也是有真本事的人，不但骄纵的毛文龙视作爱孙，就是谨慎的孙元化亦倚为心腹。

崇祯四年（后金天聪五年）八月，皇太极率兵攻大凌河，将总兵祖大寿围于城内。督师大学士孙承宗亲率大军救援失败，继而召集各地组织有效兵力支援祖大寿，孙元化也奉命令孔有德以八百骑赶赴前线增援。

孔有德抵达吴桥时，由于沿线军民不喜欢登莱的兵，政府不支持给养，而部队给养本就不足，又遇到初冬的一场大雪，温饱问题更是无法解决，于是士兵四处劫掠。孔有德处决了挑事者，但士兵哗变仍在继续。孔有德有心治军，但知归来也是罪责难逃。

毛文龙旧部参将李九成因奉命买马，耗尽银两无果，担心追责被诛，于是伙同其子李应元煽动孔有德，在吴桥发动叛乱。

吴桥兵变后，孔有德杀回山东半岛，攻陷陵县、临邑、商河等多座城池，直逼登州。孙元化命副将张焘率辽兵驻守登州城外，与总兵官张可大两路合击。

张焘是孙的朋友，也与孔是旧识，他的兵卒临阵倒戈，加入孔有德行列，大败张可大部。登州中军耿仲明、陈光福等与孔也是旧交，里应外合，攻破登州，俘获孙元化。

孙元化对孔有德等晓以利害，明以大义。

袁崇焕已于崇祯三年八月被磔杀于市，孔有德的怨恨消解了许多，他请求招安。

孙元化通过山东巡抚余大成向朝廷求情，获准戴罪招抚，但极力主讨伐的山东巡按王道纯藏匿了招抚书。

孙元化再次说服孔有德要冷静，请求放他回朝陈明真相。孙元化返京之际，王道纯率兵袭击叛军，事态进一步恶化。孙元化、余大成等人被逮至京师镇抚司，为政敌余应桂、李梦辰、路振飞所陷害。孙元化有口难辩，被崇祯以祸乱之首判处死刑。

孔有德心中还有一个无法解开的结，那就是崇祯帝把矫诏擅杀毛文龙当作袁崇焕的一大罪状，但是并不对冤死的毛文龙平反。

明清之际史学家计六奇《明季北略》卷五《逮袁崇焕》记载：崇祯二年十二月，"上问杀毛文龙、致敌兵犯阙及射满桂三事，崇焕不能对"，于是，崇祯下令将袁崇焕讯问下狱，第二年四月磔杀于市。

崇祯不给毛文龙平反，也就是说他不认为袁崇焕杀错了毛文龙。毛文龙虽然抗击后金有功，但在皮岛割据，自成军阀，每年向朝廷索要一百二十万两银子，这让崇祯帝感到毛已成一根鸡肋。毛文龙不死，是防守后金进犯的有效兵力，同时却有与后金贸易，销售违禁品的事实。毛文龙死了，袁崇焕与赵率教、祖大寿、何可纲等重新预算军费，辽东四镇确实能节省一百二十万两银子。

"五载复辽"计划的空洞，加之皇太极借道科尔沁偷袭京师发生"己巳之变"，让崇祯帝感觉到袁崇焕在背着自己与金谋和，再有袁崇焕的政敌、魏忠贤的余党进谗言，三方面因素共同作用，迫使崇祯帝不明真相地杀了袁崇焕。

不明真相的不仅是崇祯帝，就是计六奇也认为：袁崇焕"捏十二罪，矫制杀文龙,与秦桧以十二金牌,矫诏杀武穆,古今一辙"(《明季北略》卷五《钟万里解梦》)。

计六奇把毛文龙视作大忠臣,如同南宋尽忠报国却被秦桧冤杀的岳飞。但是在崇祯那里,毛文龙被杀,只是他要杀袁崇焕的一个借口。

孔有德、耿仲明等发动吴桥兵变,与明王朝进行对抗,也是害怕皇恩不浩荡,对其救援不利且遗祸一方进行严厉追责。

于此,孔有德渐行渐远,孙元化无力回天。

3

孙元化报国乏术。孔有德悔过无门,召集自己的故交和毛文龙旧部,拥兵作乱。

孔有德一干人等的叛国已然成了事实。他们成了第三股势力。

他们最初想自立称王,孔有德认为称王尚早,故只是称都元帅。

他们游离在大明与后金之间,悍然称王,必然树大招风,两边夹击。

他们建立官署制度,成了一个有组织的土匪部队。对于他们这种背叛自立的行为,朝廷坚决不姑息,在关内大败农民军的夹缝里,还腾出手来攻击孔有德。

明朝派出名将祖大弼和吴襄。两军交战,孔部损失惨重,于是想到了降清。

孔有德在乞降书中,以"总提兵大元帅孔有德、总督粮饷总兵官耿仲明"之名,痛斥"朱朝至今,主幼臣奸,边事日坏,非一日矣",极口颂扬皇太极是"明汗","网罗海内英豪,有尧、舜、汤、武之胸襟,无片甲只矢者",表示希望投入皇太极的怀抱(萧一山《清代通史》卷上第一篇之二十五《汉人之归降与沿海之征服·孔耿之降金》)。

为了把自己卖一个好价钱,孔有德不忘充分胪列自己的实力:"有甲兵数万,轻舟百余,大炮火器俱全";表达投效的诚意:"与明汗同心协力,水陆并进,势如破竹，天下又谁敢与汗为敌？此出于一片真热心肠，确实如此"。且愿为前驱，鼓动皇太极进攻大明王朝："汗如听从，大事立就，朱朝之天下转瞬即汗之天下。"

卖了自己便助敌，攻击母国反为荣。

孔有德叛明降金的政治目的，就是期待"是时明汗授我何职，封我何地，乃本帅之愿也"。但迫于明军的围追堵截，他投降的心是急切的："特差副将刘承祖、曹绍中为先客，汗速乘此机会，成其大事，即天赐汗之福，亦本帅之幸也！若汗不信，可差人前看其虚实如何。本帅不往别地，独向汗者，以汗之高明，他日为成大事，故效古人弃暗投明也。希详察之。"

天聪七年（明崇祯六年）四月，孔有德率部向济尔哈朗、阿济格、杜度诸贝勒投降。

孔有德和耿仲明带来了副将、参将、游击等将官一百零七人，精壮官兵三千六百四十三人，家属七千四百三十六人；水手壮丁四百四十八人，家属六百二十四人。

孔有德在投降书中，自许"本帅现有甲兵数万"，但总人数也就一万二千二百五十八人，而有效兵力只四千多人，但这是一支特殊的部队，很多人是毛文龙留下的身经百战的精锐。

自孙元化招抚大计失败后，大学士周延儒等又提议招抚，但主战派的部队不时追击孔有德，明朝廷也下旨给朝鲜王，令其派兵联合对孔有德进行围剿堵截。

孔有德率部来降，皇太极高度重视。

虽然孔有德将家属壮丁混为甲兵，将四千人称为数万，但是皇太极不以为意。

他在下旨接洽孔有德之降时，自然对他的情况已经掌握。

后金发展壮大，需要明军来降，也亟须明朝民众的归顺。

努尔哈赤生前曾经多次对自愿投诚的汉人或强制俘获的壮丁采取民族歧视、民族压迫政策，推出合户制，即令汉人与女真人合户。他纵容女真人奴役汉人，命汉族男人承担全部体力劳动，女人充当女真人的奴婢。终于，在天命八年（1623），汉人忍无可忍，爆发了一系列反击女真人事件，如在食物、饮水中投毒，焚烧房舍，杀死哨兵。努尔哈赤因此颁布命令，控制汉人，清洗反抗者，禁止汉人持有兵器。

皇太极即位后，为了从八旗王公手中夺权，积极重用汉族大臣充任高级参谋和军政顾问，如范文程，如鲍承先，且逐步推行缓和民族矛盾的一系列政策。虽然汉官士大夫向大汗或皇帝奏事时自称臣，不似满臣自称奴才与皇帝那般亲近，但皇太极的对汉政策还是有所改变了。

皇太极对历尽艰辛来降的孔有德大肆彰显仁君魅力，命他们先在东京（今辽宁辽阳）休息好。与此同时，皇太极派文馆要员范文程等向孔有德、耿仲明传旨，由他们"统领旧部，驻扎东京，号令、鼓吹、仪从，俱仍其旧。惟用刑、出兵二事，当来奏闻。所属人民，俱住盖州、鞍山，如或不愿，令住东京邻近地方。"（《清太宗实录》卷十四，天聪七年五月庚子）

皇太极对努尔哈赤的满汉合户制进行改革，实行满汉分屯别居政策。

继而，皇太极派出文馆儒臣龙什、爱巴礼、范文程、敦多惠等来东京，召请孔、耿及其官属赴沈阳会面。

在孔有德一行前往沈阳之前，皇太极特地发出一道谕旨，严厉地告诫女真贵族和八旗将士："向者我国将士于辽民多所扰害，至今诉告不息。今新附之众，一切勿得侵扰。此辈乃攻克明地，涉险来归，求庇于我，若仍前骚扰，实为乱首，违者并妻子处死，必不姑恕！"（《清太宗实录》卷十四，天聪七年六月壬戌）

这是一份为孔有德公开发出的保护令：他们不再是敌人，而是自己人。

孔有德、耿仲明抵达后金都城沈阳。皇太极闻讯，率诸贝勒大臣出德盛门十里，来到浑河岸边，举行盛大的欢迎仪式：中间设一座黄色大帐篷，左右各设五座青色帐篷。

皇太极与代善等诸贝勒率孔有德、耿仲明及各官首先行谢天礼，三跪九叩，然后就座，讨论接见孔有德一行的礼节。

皇太极想以女真人最隆重的礼仪——抱见礼接见，欲以一种博大的胸襟将孔有德纳入怀抱，成全他乞降时的梦想。

而诸贝勒提出：大汗不宜抱见，以礼相待就可以了。

但皇太极说："昔张飞尊上而陵下，关公敬上而爱下，今以恩遇下，岂不善乎！元帅、总兵曾取登州，攻城略地，正当强盛，而纳款输诚，遣使者三，率其兵民，航海冲敌，来归于我，功孰大焉？朕意当行抱见礼，以示优隆之意。"（《清太宗实录》卷十四，天聪七年六月癸亥）

皇太极主意已定。

皇太极厚礼而待，孔有德等顶礼膜拜。

孔、耿率各官以次序立，二人先行汉礼，复至御座前叩头，双手抱太宗膝，接着与代善诸贝勒一一抱见。随后，各官上前行三跪九叩礼。

孔、耿献上金银及金玉诸器、衣物等，皇太极亦赏赐蟒袍、貂裘、撒袋、鞍马等。

皇太极让孔、耿分坐在御座旁边，亲捧金厄向他们斟酒。

六月十三日，皇太极派贝勒多尔衮、萨哈廉，敕封孔有德为都元帅，耿仲明为总兵官，赐给敕印，并宴会庆贺，席间向孔有德宣读敕文："朕惟任贤使能，崇功尚德，乃国家之大典；乘机遘会，达变通权，诚明哲之芳踪。尔元帅孔有德原系明臣，知明运之倾危，识时势之向背，遂举大众，夺据山东，残彼数城，实为我助。且又全携军士官民，尽载甲胄器械，航海来归，伟绩丰功，超群出类，朕深嘉尚，用赞王猷给都元帅敕印，功名富贵，远期奕世之休，带砺河山，永无遗弃之义，凡有一切过犯，尽皆原宥，尔宜益励忠勤，恪共乃职，勿负朕命。钦哉！"（《清太宗实录》卷十四，天聪七年六月辛未）

这是对当初孔有德乞降要求的正式回应，虽没有封其藩地，但授其要职。

这样的待遇，孔有德在明朝是很难得到的。即便毛文龙战功卓著，官拜正一品，也不曾想。他在明朝不过一个正三品的武官，希望见到皇帝，难度都不啻登天。但他成功叛逃，成了一个榜样，赢得了后金大汗皇太极的万般垂青。

虽然能力更强、带来更多的孔有德，没有像抚顺游击李永芳那样，成为爱新觉罗大汗家的乘龙快婿，但是，因为皇太极的亲汉政策，他彻底奴颜婢膝了。

孔有德自请为向导，随贝勒岳托、德格类率军攻打旅顺。旅顺守将为曾追剿孔有德的总兵黄龙，此次屡战屡败，最后走投无路，自杀殉城。

明朝在辽东半岛的最后一个据点丧失，其统治势力完全被逐出辽东半岛。

孔有德投顺后金，首立大功。

4

皇太极厚遇孔有德及耿仲明，无疑学了古人千金市骨那一招。

皇太极的政治意图很明确，就是要以顶级厚礼，吸引更多的明朝降将和民众投入自己的怀抱。

此前，努尔哈赤优待李永芳，为的是拿下一座城。而今，皇太极厚遇孔有德，为的是引进一群人。

爱新觉罗家族能够从当初建州女真几十个部落中一个部众不过几十人的小部发展壮大，一统女真，成为辖地广阔、臣民众多的女真之主，并跃跃欲试问鼎中原，靠的就是灵活变通的人才战略。

果然，四月后，明朝广鹿岛副将尚可喜率广鹿、长山、石城三岛数千名官兵和百姓叛明来归。尚可喜与孔有德、耿仲明都曾是毛文龙的部下，彼此交往很密切。

皇太极厚待投降者孔、耿，让尚可喜看到了发迹的机会。

崇德元年（1636）四月，改汗称帝的皇太极叙功封赏，封孔有德为恭顺王、耿仲明为怀顺王、尚可喜为智顺王，史称"三顺王"。三顺王，顾名思义，归顺之意。

崇德二年，三顺王联手，攻破皮岛，明将沈志祥杀监军投降，成为清朝的续顺公。

《清史稿》卷二百三十四，为这些明朝降将及其家族树碑立传，说："有德、仲明，毛文龙部曲；可喜，东江偏将；志祥又文龙部曲之余也。文龙不死，诸人者非明边将之良欤？……明兵能力援，残疆可尽守也。太宗抚有德等，恩纪周至，终收绩效。……推诚以得人，节善以励众，其诸为兴王之度也欤！"

这些人，在毛文龙手下不过中级军官，却被清太宗拔高尊崇，封王封公。他们感恩戴德，甘为攻城略地的走狗鹰犬，为新主不辞辛劳、殚精竭虑地灭故国。

十多年后，他们的王爵封号发生了变化，如孔有德定南王、耿仲明靖南王、尚可喜平南王，却为后世所不齿。

明朝遗老屈大均《皇明四朝成仁录·西宁死事传》说："崇祯间有三叛臣，其首恶为孔有德。以先降得为稗王，国变后道经曲阜，欲入谒先圣庙林，孔氏宗人阖门弗纳，且叱其冒称圣裔。"

孔有德自称孔子后裔，经过曲阜，想拜谒孔庙、孔林，遭孔氏族人拒之门外！他把降清作为形势所迫，援引前辈贤达为祖宗，是自容，亦是自愧。

拒绝他入内的人呵斥：你没有辱没先圣，不过毛文龙部下一走卒耳！只是妄自以为圣人后裔也。

好为圣裔者，不止他一人耳。孔门亦多有屈膝为帝王贴金者。

于明朝而言，孔有德无疑是叛国之首恶。但在清朝，孔有德常年浴血沙场，打得数十万大顺军残余和南明永历帝落荒而逃。

值得注意的是，皇太极死后，睿亲王做了摄政王，多尔衮统兵入关，问鼎燕京，灭掉李闯王后，曾对孔有德为首的前明降王，采取了疏远和抑制的态度。

《清世祖实录》卷二十一记载，顺治二年（1645）十月戊申记载，朝廷赏赐豫亲王多铎为首的西征李闯王团队中的孔有德、耿仲明貂裘、蟒缎、朝衣各一袭，黄金各一百两，白银各一万两，马各两匹后，特发专谕："命恭顺王孔有德、怀顺王耿仲明还盛京。"

孔有德还镇盛京。第二年秋，清廷推行剃发、圈地、逃人等恶政，激化了民族矛盾，汉族民众踊跃反抗。李自成留下的大顺军余部和张献忠领导的大西军打出了联明抗清的旗号，多尔衮不得不重新起用孔有德等。

孔有德被封为平南大将军，偕耿仲明、尚可喜统兵，进取湖南，次定赣南，再入广东。清廷许了一张大大的空头支票，让他们去鏖战活跃在南方的反清势力。

顺治六年五月，孔有德被改封定南王，率兵两万西进，携家驻防广西。初，清廷拟定孔有德镇守福建，尚可喜镇守广西，但尚可喜认为广西地处偏僻、情况复杂，因而推辞，孔有德毅然迎难而上。

顺治九年六月，孔有德几乎占领广西全境时，在桂林一役遭遇从张献忠阵营转至南明麾下的西宁王李定国重兵围攻，被迫纵火王府，自缢死忠清廷。

临死前，孔有德留下一句："城亡与亡，大义也！"（《清史列传·孔有德传》）而此"大义"，是以他背明降清为代价的。

虽然他在桂林城破时，具有额中暗箭不下阵的勇猛，但还是难逃举家一百二十余口几乎悉数被杀的结局。他唯一的儿子孔廷训被李定国俘虏后戕害，女儿孔四贞逃至京城，成为孝庄的养女，差点成了顺治帝的东宫女主。

5

此中有曲折。

顺治十一年六月，孔四贞扶棺还京，顺治帝下旨：三品以上大臣郊迎，四五品京官守灵一昼夜，并赐孔四贞白银万两，作为日用开支。

第二年四月，顺治帝"以定南武壮王孔有德建功颇多，以身殉难，特赐其女食禄，视和硕格格，护卫仪从俱仍旧"（《清世祖实录》卷九十一，顺治十二年四月癸未）。顺治封谥孔有德为武壮，在京城阜成门外建定南武壮王祠，春秋遣太常卿致祭。

再过一年，紫禁城东西路后妃居所建成。孝庄太后命两黄旗大臣、领侍卫内大臣鳌拜、遏必隆、索尼等奏请顺治帝，乾清、坤宁等宫殿俱已告成，妃嫔尚未册立，敦请顺治帝按规矩行册立之事。

顺治帝原来有皇后，但他在顺治十年八月将来自蒙古科尔沁母家的第一位皇后博尔济吉特氏废除，降为静妃，不久遣还娘家。十三年五月，孝庄太后又从娘家为顺治帝选了两个老婆，意思是皇后必须从她博尔济吉特氏中选择。顺治帝为了将十八岁的大龄女董鄂氏选入掖庭，加之他的废后之举已导致满蒙政治联姻关系濒临破裂，故而只好在六月十六日再次册立博尔济吉特氏为皇后。

一个即孝惠后，一个是淑惠后。都是顺治帝的表侄女，都没有得到顺治帝的爱。

她们是政治联姻的祭品。

同时，孝庄太后为他准备了另一个政治联姻的女人，即孔四贞。

孝庄要进行满汉联姻。

就在顺治第二次册后的第十天，他谕知礼部："奉圣母皇太后谕，定南武壮王女孔氏，忠勋嫡裔，淑顺端庄，堪翊壸范，宜立为东宫皇妃。尔部即照例备办仪物，候旨行册封礼。"（《清世祖实录》卷一百〇二，顺治十三年六月癸卯）

虽然对孔四贞的评价，不无客套话，不无程式语。但是，圣母皇太后孝庄用心良苦，为了加深孔四贞与顺治帝的感情，命她在顺治下朝后去随侍，陪同顺治外出行围。孝庄之意，纳孔四贞为妃，入主东宫之首的承乾宫，为的是稳定还驻扎在广西的孔有德部将线国安等，以加强朝廷与孔有德余部的联系，实现清朝统治者对广西统治的扩大化。

顺治帝自然明白孝庄的政治用心，虽有不甘，但为了江山社稷，少不了要委屈自己所爱的董鄂氏屈居其下。

孔四贞奉旨行事，无疑是接受孝庄的安排的。但是，由于懿靖大贵妃唯一亲子、十六岁的和硕襄亲王博穆博果尔突然去世，顺治帝对册立孔四贞之礼一拖再拖。顺治帝为了拖延，不但不行册封礼，就连自己从位育宫移居乾清宫的朝贺礼也免了。

孔四贞随侍顺治，却得不到重视，而顺治对董鄂妃宠爱正隆，少不了伤孔之心。于是，孔四贞说，其父生前已将她许配给了偏将孙龙之子孙延龄。

孝庄指婚时孔四贞不说，待到顺治拖延时再说已有婚约。这明显是欺君，明显是托词，本是大罪，但顺治巴不得，孝庄也无奈。

严惩必然得罪孔有德余部，不如给个顺水人情。孔四贞成为太后义女、皇帝的义妹，声势浩大地嫁给了一个首鼠两端的孙延龄。

孙延龄捡漏，娶了没成为第二夫人的孔四贞，夤缘而上，装出一副妻管严的样子，终于在康熙四年（1665），通过孔四贞的进京活动，受封上柱国、光禄大夫，世袭一等阿思尼哈番、和硕额驸、镇守广西等处将军。

孙延龄携妻南下，虽是志大才疏，却想甩开孔四贞，拥兵自重。夫妻关系恶化。孔有德的旧部只知有小姐，不知有姑爷，对孙延龄的拉拢并不感冒。

康熙十二年，吴三桂挑起三藩之乱，拉拢孙延龄。孙氏既接受康熙的抚蛮将军一职，又芥蒂于康熙意欲起用线国安为都统，于是在第二年二月举兵响应吴三桂，杀了都统王永年，拘禁巡抚马雄镇，自称安远王，公然反清。

孔四贞苦劝无效，孙延龄肆意妄为。康熙十四年九月，孔四贞为了逼孙延龄尽快反正，联合孔氏旧部发动兵变，杀了孙延龄的兄长孙延基，勒令孙延龄交出兵权。孔四贞将兵权交与佯附吴三桂、实忠大清朝的傅弘烈，成就了傅弘烈，使其获授广西巡抚兼灭蛮大将军。

最后，孙延龄与孔四贞的独子死于吴三桂侄孙吴世琮之手，孔四贞被吴三桂俘获。为笼络孔氏旧部，吴三桂将孔四贞拘于昆明，软禁了六年之久。直至康熙二十一年，清军攻陷昆明，结束三藩之乱，孔四贞才被接回京师。

在康熙朝的平藩大战后，孔四贞孑然一身，长伴青灯古佛三十余年，最后于康熙五十二年苍凉而逝。

康熙帝虽然给了孔四贞一个隆重的丧礼，但也无法改变孔有德父女荣哀兼半的命运。

有好事者安排孔四贞与康熙帝、纳兰容若上演了一场虐心的三角恋，那是偷换了孔四贞差点成为顺治帝东宫妃的事实。孝庄命孔四贞入主东宫时，康熙还在襁褓之中。

往事如烟，嫁接与杂糅是现代艺术工作者的匠心独具。但是，历史不会因孔四贞誓死不叛清朝、孔有德最后的悲壮及留给后世的感伤，而改变对孔有德虽名武壮却是贰臣的角色定位。

力挺崇祯印钱的重臣
死在大清的战场

1

崇祯帝的遗产,是富可敌国,还是捉襟见肘?

众说纷纭。

崇祯十七年(1644)四月二十九日(崇祯皇帝已于四十天前,在紫禁城后面的煤山找了一棵树,以身许国。这一年,天下有四个年号,一个是至此没有主子的崇祯十七年,一个是辽东大清的顺治元年,一个是大顺政权的永昌元年,还有一个是即将昭告天下的南明弘光元年),大顺国的永昌皇帝李自成东征吴三桂,一时处于上风。大清摄政王多尔衮挥师参战,突袭李闯王。李自成惨遭明清联军夹击,在山海关一战大败,仓皇退至京师,在武英殿正式表演了一回登基大典。

邮递员出身的李自成是不幸的,但他又是幸运的。他是唯一一位在紫禁城里把玩江山的农民皇帝,做了四十天的紫禁城主人,临走前日重新登基,虽只有短短一天,但也成就了一位伟大的农民在紫禁城里的最后荣光。

为了感谢左辅兼天佑阁大学士牛金星精心操练了一个月的登基仪式,李自成特地将专属自己的祭天特权,让给了一直激励他成就大业的老牛。

当然,老牛和吏政府尚书宋企郊等人,为他从前明三千降官中遴选出了九十二位大臣。前明复社成员、崇祯十六年进士、翰林院庶吉士周钟,为李自成早早地准备好了《劝进表》,大肆痛斥崇祯"独夫授首",而极口颂扬李自成"四

海归心,比尧、舜而多武功,迈汤、武而无惭德!"(徐鼐《小腆纪传》卷十九《周钟传》)

而此时的李自成,无心享受牛金星安排的庄严大典,也无心赏析周钟搜肠刮肚的谀辞,而是有更重要的事情要做。

准备逃。

他不会丢弃他从崇祯后宫捡来的美娇娘——窦美仪,这是他趁高夫人留守大本营时正儿八经纳的皇妃,自然是要带走的。

同时,他还得把抢来的、搜刮来的大明王朝的钱,悉数带走。

于是,李自成派人抓了数百名银匠,将所掠的金银,熔铸成大砖,组织骡马骆驼,驮往陕西大本营。

到底有多少,史料有争议。

其实,就在进城的前一天,李自成曾派先期归降的崇祯心腹太监杜勋,为崇祯帝送来退兵条件:

一、准他做一个逍遥自在的西北王。

二、送给他一百万两银子作慰问金。

礼尚往来,是中华民族的传统美德。没读过书的李自成也是仁义之人,特地弄了一个附加条件:

"闯既受封,愿为朝廷内遏群寇,尤能以劲兵助剿辽藩。"(徐鼐《小腆纪年附考》卷四)

李自成强调不奉诏、不觐见,但信誓旦旦:只要崇祯满足他的需求,他就亲率大军调转矛头去为崇祯平定内乱和抗击后金。

这是一本万利的买卖。

崇祯帝赶紧召开紧急会议,却没有通过。

新任首辅不久的魏德藻,伏在地上不作声,把屁股撅得老高,就是坚决不答应。

崇祯帝想答应，但自己拿不出钱。

受尽崇祯恩宠的魏大学士，不作声，不退让，不表态。

这次君臣会商，是大明王朝最后一次最高国务会议，以特殊的政治意义留在了血染的历史之中。

崇祯帝上吊了。李自成找到他的尸体，给予了帝王级别的葬礼。

魏德藻被刘宗敏严刑拷打五昼夜，最后落了个脑袋开花。

同时代的民间史学家计六奇在《明季北略》卷二十中，说李自成逃离京城时，光是"旧有镇库金积年不用者三千七百万锭，锭皆五伯两，镌有'永乐'二字，每驮两锭，不用包裹"。

"五伯"就是五百。虽是特殊的规制，但也是重量不轻、价值不菲。即便短斤少两，也能如数充值。

这是一笔惊天财富，富得计六奇认真拨了一次算盘，计算出需要一千八百五十万匹骡马才能完成，大呼："斯言不可信也！"

同时代另一位民间史学家谈迁对此也是满腹狐疑："三千七百万锭，损其奇零，即可两年加派，乃今日考成，明日搜括，海内骚然，而扃钥如故，岂先帝未睹遗籍耶？不胜追慨矣。"

光其零头，都可抵全国两年的加派赋税。

看来远在江南的计六奇写错了字，将"两"讹作"锭"了。这笔史无前例也震惊后世的巨款，足以支付李自成进城前提出的和谈赔款数额。

崇祯真有这么多钱吗？

要知道，崇祯为了应对长城内外两场仗，在正常税收之外加征形形色色的税，如辽饷、剿饷和练饷，还曾逼死了几个皇亲国戚，还导致年幼的皇六子朱慈灿误中流言，死于非命。

李自成索要仅一百万两的保命钱、救国钱，他都拿不出，又怎会留给亡其国、丧其命的李自成一笔惊天巨款呢？

计六奇不信！谈迁不信！

哪怕已在煤山上吊的崇祯皇帝还阳，也不会相信。

哪怕传闻铸银传之子孙的永乐大帝重生，也会大喊：朕的钱，都用在了北征残元、郑和下西洋，以及修建紫禁城上！

2

李自成"毡笠缥衣，乘乌驳马"（计六奇《明季北略》卷二十《李自成入北京内城》）从德胜门进入京城后，从内库搜出了永乐朝留给崇祯的巨大遗产，数以亿计，无疑是一个传说。

就在亡国的前一年秋天，崇祯帝决定去内廷府库清点下银子，大概想做个表率，拿出部分钱慰劳辽东前线抗清的将士。

他传唤守门人，却被负责人一再推托，说要走烦琐的程序找钥匙。

崇祯急了，金口一开，直接砸锁。他把一切程序都简化了。

锁砸了，门开了。崇祯大开的眼睛里，只是空空如也的巨大库房，和一个装着几张发黄的借条的小箱子。

国库的银子去了哪儿？

也是在这一年，崇祯帝指令兵部给辽东将士拨发四万两兵饷，又暗中派人查核，结果收到的报告让他惊诧万分：目的地连装银子的箱子都没看到！

皇帝的银子去了哪儿？

宫里的十二监，为皇家控制着朝廷的税收和国库，管理着国家专营的盐业和铜业，征收着皇庄田地的收入，本是捞足了油水，但还不忘克扣索拿皇帝在危难之际、存亡之秋发出的专项资金。

各级官员当然也不肯放弃这个机会，利益均沾，哪还管皇帝会暗查下拨情况。

元朝民间传唱着一首叫《醉太平·讥贪小利者》的散曲小令："夺泥燕口，削铁针头。刮金佛面细搜求，无中觅有。鹌鹑嗉里寻豌豆，鹭鸶腿上劈精肉，蚊子腹内剜脂油。亏老先生下手！"那是比喻百姓苦的状态，没想到明末的官员阉竖们，对他们的主子皇帝老儿，也是想方设法地割肉刮油。

皇帝无奈。崇祯帝在最后一次上朝时，不见一个大臣来，不由发出哀鸣："诸臣误朕也！国君死社稷，二百七十七年之天下，一旦弃之，皆为奸臣所误，以至于此！"（抱阳生《甲申朝史小记》卷一）

他却忘了，他最后悲愤的"奸臣"，原来都是他的"忠臣"、他的"爱卿"。

虽然，李自成带走的那笔所谓亿万巨富，是民间传闻，是道听途说，但让人可信的是"三千七百万两"，而输资者该是当初舍不得公家支付一百万两的明朝最后一任文渊阁大学士魏德藻们。李自成的爱将们，对他们展开了一场史无前例的财产清查运动。

本来李自成想做一个好皇帝，喝止新形式的割肉刮油，孰料爱将们一句"皇帝之权归汝，拷掠之威归我，无烦言也"，堵得想像大唐开国皇帝一样接管京师的李自成哑口无言。

这其中，有李闯王最倚重的刘宗敏兄弟，也有李自成最信任的侄儿李锦。他们私设刑堂，严刑拷掠，敲了官员又劫掠百姓，抢了财宝又哄抢衣物，哪还想得到民间传唱的"迎闯王，不纳粮"。

李自成只能做一个"马上天子"（张怡《谀闻续笔》卷一），做不了治平皇帝。

而做不了马上天子的崇祯帝，本一心想做好治平皇帝，做好大明的尧舜，却制造了一个君昏臣贪的局面。

如果不是崇祯帝的破格擢升，魏德藻又怎能在四年间，由一个新科状元变为一任内阁首辅？

崇祯帝曾把魏德藻当作救国的"异才"（《明史·魏德藻传》），但魏德藻不情愿帮助崇祯帝，却信心满满地准备效力李自成的新朝廷。他自恃是中央政府内阁首揆、全国状元，认为无论是理政经验还是学识水平，自己都不会在只有举人学历的大顺左辅牛金星之下。

在李自成的行政机构"六政府"中，不仅牛金星在天启朝拿过大明的举人证书，还有不少要员曾题名崇祯朝的金榜，如：吏政府尚书宋企郊为崇祯元年进士，礼政府行侍郎巩煜为崇祯四年进士，工政府尚书李振声为崇祯七年进士。但他们仅仅是进士而已，而他魏德藻，则是崇祯十三年第一甲第一名，不但学富五车，而且理政经验丰富。

让踌躇满志的魏德藻没有料到的是，逆天而起的李自成见到这位大明首辅，不但不给好脸色，就连说话的机会也不给，劈头一句：你为何不死忠先帝？！

这是新的最高领导人的态度。

魏德藻在劫难逃。

大顺国二号首长、权将军刘宗敏当即下令，将以他为首的明臣团队抓捕下狱。

刘宗敏只有一个要求，要他献出家中资产，美其名曰：捐款助饷。

刘宗敏规定：像魏德藻这样一级的内阁中堂捐款十万两，部院京堂锦衣七万、五万、三万两不等，道科吏部五万、三万两，翰林三万、二万或一万两，部属以下则各以千计，皇亲国戚无定数。

为了实现目标，刘宗敏特地制作了五千具夹棍，"木皆生棱，用钉相连，以夹人无不骨碎"（赵士锦《甲申纪事》）。

在武力支持的淫威之下，前明降官们禁不住拷夹，纷纷输资数万。

魏藻德、方岳贡、丘瑜、李遇知等前朝重臣，冉兴让、张国纪、徐允桢、张世泽等朱家勋戚，至少有八百人被追赃助饷。

被魏德藻取代的前首辅陈演——曾经是周延儒之后崇祯帝最倚信的人——在几个月前还因为舍不得家产而使崇祯帝的南迁计划流产，这不，迫于刘宗敏的淫威，主动交了四万两银子买来偷生。让陈演更意想不到的是，他的四万两银子，只换了四天苟活，时间一到，刘宗敏的屠刀就挥来了。

在被夹棍夹断十指的威逼下，魏藻德交出了白银数万两。刘宗敏绝不相信一个内阁首辅仅有几万两白银家底，硬是将他折磨了五天五夜，让魏藻德惨死狱中。

谈迁在《枣林杂俎》中说，刘宗敏的拷掠酷刑致使一千六百多人丧命。

此前不久，崇祯帝为筹集军费，曾向朝中权贵和皇亲国戚借款。善于辞令和辩才的魏德藻，慷慨激昂地说家无余财，其翻箱倒柜只能凑齐五百两银子。

当初，崇祯为了向国丈周奎借银十万两，先升其为嘉定侯。哪知多方动员后，周国丈才很不情愿地捐出一万两银子。崇祯希望他再捐一万两，他就跑到女儿皇后那里摆哭脸。周后为给父亲充面子，拿出崇祯奖励的私房钱，给了他五千两，结果周奎只捐了三千两，将其余两千两揣进了腰包。京师陷落，周奎全家都被捉，妻子、媳妇被迫自缢，长子被打死，自己禁不住严刑拷打，交出了三百万两白银和全部家产。

明末，国家危在旦夕，权贵不肯捐款救国。而在李自成、刘宗敏血腥的刀光剑影中，大明王朝金字塔上的顶层人物，争先恐后地交出了数量惊人的钱财和家产。

加上刘宗敏为首的将士们抢掠百姓钱财所得，以及在紫禁城里挖地三尺搜出的珠宝。区区"三千七百万两"，还是能凑得齐的。

美国史学家魏斐德在《洪业：清朝开国史》第四章《北京的陷落》中说："北京的市民很快创造出'淘物'一词来形容这种抢劫行径。大顺士兵成群结伙，任意闯门入户，后来者总是要把前面一伙漏掉的东西再'淘'一遍；他们起初只抢钱财珠宝，后来又抢衣服，最后连食物都在搜刮之列。"其注释曰："一条当时的记载指出，李自成的部下从京师百姓手下强取的财物值银七千万两。"

七千万两？那可远不止"三千七百万两"。

就是三千七百万两，也是一个大数目。如按计六奇所言，即便铸成五百两一块的大锭，一匹骡马驮两锭，也需数万匹骡马和大量兵士负责运输。

李自成的六万大军东征归来，仅剩三万多人。真金白银运输起来，远比银票麻烦得多。

更何况吴三桂和多尔衮的联军已经兵临城下，而原来对义军望眼欲穿的京中百姓，在死生门中对李闯王恨得咬牙切齿，潜在视若仇雠。

3

崇祯十六年六月，作为大明王朝最高领导人的崇祯皇帝，为了找钱，竟然做了一件搬起石头砸自己脚的荒唐事。

关外，他已有八镇人马、十三万精锐，跟着蓟辽督师洪承畴，在松锦一线陷入了大清国皇帝皇太极的重重包围中，补给供不上。而在关内，李自成、张献忠两股疯狂东进的义军，让他在金碧辉煌的龙椅上，如坐针毡。

他想到了扩军调兵。但国库空虚，他拿不出钱。

几个月后，李自成从京师驮走亿万财产，那只是后来的传说，或者是劫掠的"战利品"。

国用不足，内帑空虚，是崇祯巡查国库的真相。

腹背受敌，急需兵饷，是崇祯必须面对的窘况。

户部尚书倪元璐做下一年的军费预算，支出超过两千一百万两，而全国财赋收入预计不足一千六百万两。

为了解决这一巨大的缺口，朝廷多次派科道言官四出督促加派征税。倪元璐认为扰民无益，停止了这种敲骨吸髓的害民政策，继而建议扩大官盐买卖、卖官鬻爵，改刑罚为收赎金，以补不足。

此时，倪元璐推荐的桐城秀才蒋臣，引起了崇祯的关注。当初，倪元璐专门给崇祯帝打报告："有安庆府学生员，今保举考中知县蒋臣者，博学名通，究心世事二十余年，即问之可知百事，其人方以谒选入都，固可延而致之也。臣闻此言若赏，臣从文章议论之间知蒋臣久。"（倪元璐《倪文贞奏疏》卷七《荐举裹计疏》）

蒋臣是崇祯九年诏征的贤良，主管官员发出策问，蒋臣即明辨其一讹、五误、十三谬后，一时名声大震，进京后撰写《足国三议》，被崇祯召对于平台，侃侃数千言以对，被授户部司务。

崇祯十六年六月，崇祯皇帝御中左门听政，再次召见蒋臣。天子亲自接见一个从九品官员，足以让蒋大人感激涕零、感恩戴德、感叹唏嘘了好一阵子。

司务，掌管本衙门的抄目、文书收发、呈递拆件、保管监督使用印信等内部杂务，说明白点，就是有点身份的普通科员，其下就是不入流了。这种官职，是户部专属，户部专设了一个司务厅。这个厅，可不是厅局级，就是一个中心罢了。

看来人才济济的大明王朝，朝堂上却是人才匮乏，或者埋没人才，直到覆亡前夕，才找到一个"救国大才"。

蒋臣提出重启宝钞法，将正德年间废止发行的纸币恢复，鼓吹与金属货币一样，价值多少都由朝廷决定，朝廷定多少就是多少。

蒋臣的计划是：每年印发纸钞三千万贯，一贯为一两，一年就是三千万两银子。

蒋氏不但有印刷蓝图，而且有强制手段："经费之条，银、钱、钞三分用之。纳银卖钞者，以九钱七分为一金。民间不用，以违法论。"（计六奇《明季北略》卷十九《蒋臣奏行钞法》）

尤其是蒋臣一句"不出五年，天下之金钱尽归内帑矣"，弄得正为空虚的内帑因付不起昂贵的经费而大伤脑筋的崇祯，激情澎湃，信心满满。

他感谢蒋臣找来了一本万利的买卖，能帮助他解决财政窘困而军费短缺的现实问题，于是擢户部主事。

这是年财政收入的两倍。在户部主管金融的右侍郎王鳌永，第一个点了大大的赞。

王鳌永"以钞为必可行"，力赞行钞之法，"且言初年造三千万贯，可代加二千余万以瞻穷民，此后岁造五千万贯可得五千万金，所入既多，将金与土同价，除免加外，每省直发百万贯分给地方各官，以佐养廉之需"。（孙承泽《春明梦余录》卷三十八）

有了分管领导的支持，蒋臣请于内府或户部制钞，纸墨、工本、印色等费用，计算成本为五厘一张，则没有不精巧的。同时，他提出，为防止市肆不行倒换之法，上层人物使用而底层百姓不用，必须强调一律使用宝钞，扩大宝钞在流通过程中的需求量，使得民间不得不倒换于官。每钞一贯纳银九钱七分，以为如此便可使官民趋之若鹜，加之瞻赋与成本，则内府最终可得四千三百万。

狂喜的崇祯下令：特设内宝钞局，昼夜督造，还派太监去全国各地搜集桑树纤维作为纸币原料。同时下旨，广募钞商，欲速将宝钞发卖民间。但无人肯接受。

崇祯召开国务会议讨论发行方案，户部尚书兼文渊阁大学士蒋德璟站出来，第一个强烈反对："民虽愚，谁肯以一金买一张纸？"（《明史·蒋德璟传》）

他只是没直接说：没有国家信用的支撑，纸币一钱不值。再多的纸币，也是一堆废纸。

蒋德璟主户部，是蒋臣和王鳌永的顶头上司，同时又是刚上任不久的内阁首辅。他深谙通货膨胀的危害，力陈滥印纸钞祸国殃民之咎。国内日益恶化的通货膨胀，已经严重地危害了老百姓的日常生活。

时过不久，蒋德璟又上揭帖对比宋、元及明初钞法称："惟今当久废之后骤欲督之行使，恐愚民不可虑始，徒法亦难自行。"（孙承泽《春明梦余录》卷三十八）

他一语中的。

崇祯我行我素，将蒋臣建议于第二年三月开始发行的宝钞，提前到当年底强制推行，募商发卖，无一应者，反而引起京城商人强烈抵制，一片骚然。一些绸缎商铺关门，公开以罢市来对抗崇祯的新政策。

蒋德璟秉公持正，丝毫不给王侍郎和朱皇帝面子，极力反对自己主管部门的官员引诱皇上疯狂印刷毫无信誉度的钞票，直言不讳皇帝这种急功近利的做法，是涸泽而渔，是害多利少，是自寻死路。

反对者不止蒋德璟一人，给事中马嘉植、御史白抱一等纷纷上疏叫停。

就连当初鼎力推荐蒋臣，认为"尚书范景文、冯元飚、抚臣史可法等并言其人真用世才"（倪元璐《倪文贞奏疏》卷七《荐举裹计疏》）的倪元璐，也给崇祯提交了《钞法难于遽行事》《钞法窒碍疏》二疏，表达并不反对的态度，但劝诫他控制宝钞流通水平，借以稳定钞价，"宁徐勿骤"。

崇祯认为这一切都是首席阁臣蒋德璟拆他的台，于是派人拟谕将他罢免。

崇祯固执，一是穷疯了、穷怕了，他要应对大明劫，必须有大量的钱，二是王鳌永作为全国金融专业人士，对他鼎力支持。

其实在此之前，天启年间，东林党领袖人物、刑科给事中惠世扬曾建议印纸币；崇祯八年，刑科给事中何楷也曾提出行钞建议，但皆不果。

蒋臣并非无才学，并非宵小之辈，且"为人端直"（倪元璐《倪文贞奏疏》卷七《荐举裹计疏》），只是太为皇帝考虑了。他不知道皇帝不但家底早空了，而且信誉早没了。

或许他知道，但为报圣上的纡尊降贵，也愿意肝脑涂地，背负骂名。

当然，面临着亡国之灾的崇祯，也想钱想疯了，疯到又要罢黜首辅。

好在蒋德璟资历老，声望高，职没罢成。既然他不倒，那么支持崇祯帝印纸币救国难的王鳌永，就必须调出户部。

谈迁《国榷》崇祯十五年十一月丁丑记载"王鳌永为右佥都御史，出镇通州"。明制，户部右侍郎为正三品，右佥都御史为正四品。毋庸置疑，王鳌永身为户部高官，因头痛医头、割肉补疮地鼓吹印钱，被降了两级。

外任就是一种惩罚。

4

崇祯亡国前夕的一场狂印纸币之战，席卷了分崩离析的大明王朝。

作为支持方的代表人物，分管金融的户部右侍郎王鳌永，被降级外任通州巡抚。

他支持最高领导人，却得罪了顶头上司。

崇祯帝气急败坏，想罢免正直的蒋德璟不成，只能牺牲王侍郎。作为替罪羊，王被赶出了朝廷。

没钱养兵，也没钱退敌。

崇祯帝上吊了，一了百了，虽然留下"朕自登极十七年，逆贼直逼京师，虽朕薄德藐躬，上干天咎，然皆诸臣之误朕也。朕死无面目见祖宗于地下，去朕冠冕，以发覆面，任贼分裂朕尸，文武可杀，但勿劫掠帝陵，勿伤百姓一人"（张怡《谀闻续笔》卷一）的一纸遗书，但是，感慨万分的李自成管不住抢钱抢美女的刘宗敏，文武要杀，百姓也要伤害。

在此之前，蒋德璟找了一个借口跑了，不能力挽狂澜，也要亡羊补牢。

蒋臣倒是有骨气，趁乱跑回江南，找了一个寺庙做了和尚。

而王鳌永不死不跑也不出家，想成为新朝的高官，殊不知刘宗敏不看中他的人，只看中他的钱。

《清史列传·王鳌永传》记载："流贼李自成陷京师，鳌永被拷索，输银乃释。"

山东淄博人王鳌永，为天启五年（1625）进士，在李自成攻陷京师前，以佥都御史出任通州巡抚。虽然仅仅管辖一个州，按明朝职官制度，巡抚有实权而无品级，佥都御史也不过是正四品官员，却相当于一个知府的品秩。

管一个州，却有知府的品秩，也算是高配。但通州，为直隶州，相当于省辖市，规格同府。

王鳌永被外放，虽不是做断崖式降级，而按他出任前所担任的户部右侍郎来看，他属于正三品，比知府高了两个等级，属于副部级堂官之列。

按刘宗敏规定的助饷数额，王鳌永至少要缴纳五万两银子。

王鳌永能交足赎金，看来他的腰包还是挺充实的。

毕竟他曾是为崇祯帝负责钱钞印制与发行的主管官员。

穷怕了就揭竿而起的下岗邮递员李自成，可不理会王侍郎为崇祯帝背了黑锅，更不理会崇祯帝为救大明朝的难处。崇祯十六年底，李自成改襄阳为襄京、自称新襄王，在郏县一战斩首明军四万有余，继而攻破潼关，杀死了明朝最后一根救命稻草孙传庭。

关内危急！

关外也危急。

但关外的这一场危急，不是针对明朝的，而是清政权内部出现了一场激烈的夺位大战。

皇太极打赢了松锦大战，拿下整个关外后，遽然而逝。军功卓著的睿亲王多尔衮和肃亲王豪格，一个是皇弟，一个是皇子。清政权还没实行汉人王朝的嫡长子皇位继承制，太祖朝所实施的汗位推选制也没有被皇太极废止，因此导致多尔衮和豪格这一对叔侄为争皇位互不相让。

八旗纷争，较劲倾轧，一度使得明朝东北压力稍缓。

清国皇位之争，却没有延缓明朝皇权受到的威胁。"传庭死，明亡矣。"（《明史·孙传庭传》）张献忠在四川建立大西政权，李自成在西安自称大顺皇帝。

大明王朝的疆域上，同时出现了几个皇帝。

东北危急。西部危急。明朝危急。

其实，王鳌永与印钱反对派的领袖、内阁首辅兼户部尚书蒋德璟之间，曾经有一段战友情。他们俩圈子的交集人物是：杨嗣昌。

可以说，曾任郧阳巡抚的王鳌永在驻守江陵、抗击张献忠时，曾反对任性跋扈的杨嗣昌贻误战机，赢得了后来入阁拜相的蒋德璟的重用。

崇祯十三年，张献忠惨遭左良玉两次击溃后，又受到湖广军、四川军和陕西军的追击堵截，连受重创，退居兴安归州山中。

主管全国军事的东阁大学士杨嗣昌推行的"攘外必先安内"的和谈计划流产，皇太极派兵大举入塞。因洪承畴、孙传庭调入京师勤王，"十面张网"的围剿战略已成一张破网。杨嗣昌迫于压力和言官追责，自请督师，去前线补救。

杨嗣昌到了军前，却不能处理好诸将关系，左良玉和贺人龙两员骁将不肯听命，陕西总督郑崇俭对他阳奉阴违，同时四川巡抚邵捷春与他闹矛盾。

杨嗣昌自恃阁部督师、崇祯宠臣，刚愎自用，每失机宜。

王鳌永不像左良玉们那样，与杨嗣昌离心离德。他还是书生报国，经常规劝杨嗣昌不得胡来。

忠言逆耳。

杨嗣昌不但不听，反而奏请崇祯帝罢免了王鳌永。

王鳌永上疏，为自己做无罪辩护："嗣昌用兵一年，荡平未奏，此非谋虑不长。正由操心太甚。天下事总挈大纲则易，独用万目则难。况贼情瞬息更变，今举数千里征伐机宜，尽出嗣昌一人，文牒往来，动逾旬月，坐失事机；无怪乎经年不战也。臣愚以为陛下之任嗣昌，不必令其与诸将论功罪，但责其提衡诸将之功罪。嗣昌驭诸将不必人人授以机宜，但核其机宜之当否；则嗣昌心有余闲，自能办贼。"（《清史列传·王鳌永传》）

这段文字翻译出来，即：杨嗣昌督师一年来，没有上奏荡平流寇的捷报，这并不是没有谋略，而是操心太多、用心太苦。天下大事，总领大纲容易，面面俱到就困难。况且敌情瞬息万变，而朝廷征伐的所有机宜，全凭杨嗣昌一人调度，文书往返动辄超过十天半月，坐失歼敌的时机，难怪过了数月没有获胜的战斗。

王鳌永为全局考虑，希望崇祯任用杨嗣昌，不一定让他跟各将一样同论功罪，而是看他考核诸将功罪。他请求崇祯帝责成杨嗣昌驾驭各总兵督抚，不定要向每个人面授机宜，只审定他们的作战计划即可。那么杨嗣昌就不至于操劳过度，自然能够出奇制胜了。何至于拖延时间，拖垮了军队又浪费粮饷啊！

王鳌永因良言相劝而被罢职，但在说明问题时，并未弹劾杨嗣昌刚愎自用、大包大揽，而是真诚地希望他掌控全局，与诸将分工协作。遗憾的是，他用心良苦写的真心话，却被内阁杨嗣昌的政治盟友压住，没有及时报给崇祯帝。

崇祯不知情，自然调理不了杨嗣昌与左良玉等人的矛盾，结果导致战局上下掣肘，进退失据，一片混乱，逆势无法扭转。

杨嗣昌固执己见，终于病倒，临死前两月还在向崇祯上疏感慨"此身之忧劳瘁，日呕痰血，夜不得眠，奄奄垂毙，不敢言矣！更兼襄库饷无半文，督臣移咨可骇，臣愈增忧愤，不知死所"（《杨嗣昌集》卷四十二《贼奔旧路臣渐东移疏》）。

忠于崇祯帝的杨嗣昌死了，张献忠破城后，"心恨嗣昌，发其七世祖墓。焚嗣昌夫妇柩，断其尸见血"（《杨嗣昌诗文辑注·建平杨氏家谱》）。

而在朝堂上，崇祯下诏充分肯定杨嗣昌"志切匡时，心存许国，入参密勿，出典甲兵，方期奏凯还朝，麟阁铭鼎，讵料乘箕谢世，赍志深渊，功未遂而劳可嘉，人已亡而瘁堪悯。爰颁谕祭，特沛彝章，英魂有知，尚其祗服"（《杨嗣昌诗文辑注·建平杨氏家谱》），认为杨氏并无守城之责，而是败于诸将矛盾，死得壮烈，死得悲惨，故加太子太保，赐祭酒一坛。但还未入阁的蒋德璟，并没有因为崇祯以辅臣之礼安葬了杨嗣昌而放弃对杨嗣昌的追责。

《明史·蒋德璟传》记载："（崇祯）十四年春，杨嗣昌卒于军，命九卿议罪。德璟议曰：'嗣昌倡聚敛之议，加剿饷、练饷，致天下民穷财尽，胥为盗，又匿失事，饰首功。宜按仇鸾事，追正其罪。'"

崇祯帝虽然没有批准这份秋后算账的奏请，但不久擢蒋德璟为内阁首辅。王鳌永也被复职，安排到蒋德璟主管的户部做侍郎。

明朝大厦将倾，蒋德璟借请罪辞职，离京回家，最后力保南明，吞金而死。他曾重用，后不愿同谋的王鳌永，先屈节臣服李闯王，继而向破关的多尔衮投诚。

5

顺治元年（1644）六月，摄政睿亲王命王鳌永以户部侍郎兼工部侍郎衔，招抚山东、河南。

王鳌永自亏投效，为形势所迫，虽非道义所许，亦符合儒家士大夫为了实现政治梦想而甘愿合作的想法。他的仕清，变成了另一种忠诚。他积极向多尔衮献计献策，如何针对筹饷困难的清军进行合理分兵驻扎，怎样调度有效兵力进剿李自成。

多尔衮对他是赏识的，将其推荐的前明大学士谢陞命为建极殿大学士兼吏部尚书，入内院与诸大学士共理机务；同时安排曾与他外出办差的方大猷为山东巡抚。

王鳌永总督山东军政，竭诚卖力，先后招降前明德王朱由弼、衡王朱由棷。

明山东防海总兵刘泽清旧部杨威盘踞登莱，自称前锋恢剿副总兵，四处劫掠焚烧。王鳌永向朝廷请兵，大军未至，王氏先期在青州筹饷。此时高密张舆自称总镇大元帅起义，王鳌永命胶州副将柯永盛率青州防兵进剿。青州空虚，李自成裨将赵应元趁机假降，占领青州，擒获鳌永。

赵应元骂他苟且偷生，不惜屈膝卖国。而他的国，早已被赵应元的主人李自成给灭了。丢了故国的王鳌永，不想背弃新朝，骂不绝口，被一刀毙命。

青州之变，把王鳌永变成了享身后哀荣的户部尚书，其子获授骑都尉世职，隶汉军镶蓝旗。

乾隆十五年（1750），皇帝将此前王氏后世停袭的爵禄，改为世袭罔替，但不久还是将建功得荫的王鳌永正式定为贰臣。乾隆有嘲讽之意，但王鳌永的被迫屈膝，留给历史的直臣、贰臣、干臣、忠臣等多重身份，也是各有阶段性。

他的经历充分体现出，明清鼎革之际，不少优秀人物在夹缝中寻生，寻找更多政治合作的现实机会，而不是虚幻的民族英雄主义和暂时的道义不安。

他们的妥协，及时帮助了清朝统治者吸收大批汉人士大夫和前明官员，按照儒家方式统治中国，使得这个饱受战争摧残、灾荒折磨和天花威胁的东方大国，很快恢复元气，走出世界性贸易危机。

徐勇：
满门殉清血祭忠节二字

1

清军入关后，强制推行民族征服和民族压迫政策，使民族矛盾激化为社会主要矛盾。

被清军倾力击溃的大顺军、大西军，在各自的带头大哥李自成、张献忠牺牲后，慢慢走上了联合南明抗清之路。

南明永历政权，成了联合抗清的一面大旗。

但大旗之下，农民军保持着自己的独立性，表现出只联合而非隶属的事实。

大顺军将领在给永历帝具疏时，仍称李自成为先帝，在营中称高夫人为太后。而以孙可望为首的大西军余部，不但找文人修撰《大西国史》，还"称张献忠为太祖高皇帝，作太祖本纪，比崇祯为桀纣"（《旅滇闻见随笔》）。

此时的农民军，虽然奉永历帝为共主，但南明君臣还得看农民军的脸色。作为大西军余部带头大哥的孙可望，在成功逼封秦王后掌握大权，不仅将永历帝软禁于安龙，而且对包括大学士在内的官员任意诛杀，同时延揽部分廷臣为心腹。

据不知何人所撰、也不分卷的《旅滇闻见随笔》记载，孙可望任命的安龙知府范应旭造册登记皇室开支时，竟然写着"皇帝一员，后妃几口，月支银米若干"，在礼节上毫不尊重。

知府如此，遑论孙氏。

然而，因为义军的加盟，南明军不再望风而溃，而是屡次告捷。

顺治九年（南明永历六年，1652）春，清廷命定南王孔有德由桂林出河池，进攻贵州，命平西王吴三桂由嘉定出叙州，进攻川南，意图两路夹击大西军抗清基地。情势危急，孙可望接受李定国的建议，出兵湖广，粉碎围剿。

大西军也是兵分两路出击，北路军以刘文秀为主将，白文选、王复臣为副将，进攻四川；东路军以李定国为主将，马进忠、冯双礼为副将，进攻湖南。而孙可望则统率"驾前军"留守滇黔。

大西军开始了与清军主力的正面交锋。

既是抗清，也是复仇。

六月，孙可望从贵州出兵突入湖南。

湖南告急。

其实，湖南早已告急。

早在顺治六年十二月，前明降将、新任清朝湖广辰常总兵徐勇就在题本中说："逆贼畏满兵，而不怯南兵，南兵如云，何如满旗一旅也。"（《明清史料》丙编第八本《兵部揭帖·湖广辰常总兵徐勇题本》）把远在后面做观察员的满洲八旗兵，强拉硬拽带进了南方战场。

而此次，大西军余部倾力进攻湖南。顺治帝任命敬谨亲王尼堪为定远大将军，领军前去湖南讨伐。让尼堪没有想到的是，此次出征，让他遇到了李定国，他与定南王孔有德相继殒命于李定国之手，成就了李定国两蹶名王的辉煌战绩。

"逮夫李定国桂林、衡州之战，两蹶名王，天下震动，此万历戊午以来全盛之天下所不能有。"（黄宗羲《永历纪年》）直至第二年年底，顺治帝重新调兵遣将，敕令礼部尚书兼镶黄旗满洲固山额真陈泰为宁南靖寇大将军，会同固山额真蓝拜、济席哈，巴牙喇纛章京苏克萨哈等统兵出镇湖南，命与经略辅臣洪承畴协同进军时，还在感叹："前军失机，俟到日议处。我朝用兵，从无此失！"（《清世祖实录》卷七十九，顺治十年十二月丙寅）

此为后话。而尼堪前来送死时,清军尚在千里之外,孙可望趁机分兵据守宝庆、武冈和沅州,四处劫掠。

徐勇以三千兵士守辰州,防守甚严,使敌多次不能得手。两军胶着,持久不决。然而,声援未至,粮饷匮乏,孙可望多次致书诱降,皆被徐勇斩杀送信人。

交战不斩来使,素为传统。徐勇反其道行之,一是坚拒孙氏厚望,二是避免清廷猜忌。

徐勇决心死战!

当然,他也没有料到,他一封请兵信,也把大清亲王尼堪拖进了南明悍将李定国的包围圈。

2

顺治十一年八月十八日,经略大学士洪承畴一天给顺治帝提交了两份请功报告。

第一份是:"辰常总兵官徐勇,当黔寇狓猖之时,誓死固守,历有战功。逆贼遗书诱降,斩其来使,以示无贰。"(《清世宗实录》卷八十五,顺治十一年八月乙亥)

好一个"无贰"!

一百二十二年后,乾隆帝钦定贰臣榜,洪承畴榜上有名。而在顺治朝,洪承畴为辅臣经略,或曰经略大学士,官拜内翰林弘文院大学士、兵部尚书兼都察院右副都御史,佐理机务,兼任《清太宗实录》总裁官,同时以太保兼太子太师,经略湖广、广东、广西、云南、贵州五省,总督军务兼理粮饷。

他此时所报徐勇满门罹难之事,发生在两年前。

他要为以身殉国的辰常(辰州、常德,今湖南怀化、常德等地)总兵徐勇请功追赏。

所以，他要向远在紫禁城里的顺治帝尽情描述徐勇的壮烈：

徐勇驻守辰州（今怀化），"孤城莫援，贼将白文选率众围攻，城遂陷。勇督兵巷战，被枪堕马，犹立斩数贼；力竭不支，为贼所害。既死，犹握刀不释，贼截其手而去"（《清世宗实录》卷八十五，顺治十一年八月乙亥）。

不仅如此，徐勇死后，其全家不能幸免，阖门遇难者三十九人。

所以，作为徐勇的顶头上司，洪承畴向顺治帝请求对徐勇加以抚恤，激励大臣立节操。

十二年前，松锦一战，叛明降清的洪承畴，没有保住"臣节"，却在此处为被南明军杀死的大将请求赏赐。

徐勇死得悲壮，他的家人死得惨烈。

他们死于南明军与大西军的联合抗清。

顺治九年十一月初一日，早年追随张献忠起义的南明恢讨左将军白文选统领马、步兵五万，向辰州发起总攻。

徐勇督战北门城楼，指挥防守。

白文选驱动象阵，攻破东门。

徐勇率数骑，进行巷战，中创堕马，徒步手刃数人。

徐勇被擒杀，还握刀不放，被斩断手臂。

此战，徐、白兵力比较，近乎一比二十五。

徐勇明知兵力严重不济，仍坚持以少战多，最后死得悲壮，不失一代英雄气概！何其惨烈！

更惨烈者，为其妻曹氏、儿子祚泰及亲属已被白军擒获，遇害者三十九人。

洪承畴还向顺治帝报告了辰州城里发生的另两起惨遭灭门的恶性事件：

一、辰常道参议刘升祚，在辰州城陷时被擒，坚决不受伪职，辱骂不屈，惨遭凌迟，其全家男女全遭屠戮。

二、辰州府知府王任杞在城陷后，大骂激怒白军，被碎尸而死。其祖母和老娘俱自缢，一门男妇遇害者四十六人。

顺治下旨，对刘升祚、王任杞进行抚恤，同时嘉奖："徐勇屡着战功，忠节殉难，阖门受害，深可悯恻；着所司从优察恤。"

辰州一役，至少以上三家惨遭灭门。

灭门，抚恤是虚荣，也只能有旁系亲属接受。一百一十五年后，乾隆帝追念开国以来绿营官兵牺牲疆场者多，便于世职袭次满时，依照入旗之例赏给恩骑尉，世袭罔替。即便其中有徐勇在列，但这份身后哀荣，也只能是徐勇兄之子一脉袭爵。而徐勇世系，早在辰州一役中，落了个绝嗣的下场。

徐勇为辽东汉人，虽为自亏投降，但南明军伤及无辜，恶性屠戮，更是罪恶滔天。孙可望、白文选之辈，打着反清大旗，亦干尽了追权逐利的勾当。他们先是投诚于南明，后来仓皇之间投降清军。

3

抛开单纯的民族主义来看历史人物的政治，徐勇的节操还是要比孙可望、白文选之辈高尚些。

徐勇最初是明将，但他没有自主权。决定权都掌握在他的主人们手中。

他初为明巡抚何腾蛟裨将，后隶宁南侯左良玉部下做总兵。从裨将到总兵，虽只有一级之别，但徐勇还是立了不少战功。此功劳，主要是打击农民军而得。

左良玉早年追随曹文诏、侯恂时，与清军有过几次交锋，带队在松山、杏山下作战，功劳排在第一位。但从崇祯五年起，单独领兵的左良玉主要征战的对象，被朝廷改为了农民军。

左良玉的功劳越来越大，性情也越来越坏：骄纵自恣，拥兵自重，祸害百姓。杨嗣昌督师进剿张献忠失败，原因除刚愎自用外，还同左良玉等督抚重镇搞不好关系，且左良玉等人内讧倾轧，各自为战。最后，踌躇满志、意图东山再起的杨嗣昌兵败身亡。

崇祯十五（1642）年，久受牢狱之灾的侯恂，获释出任兵部侍郎督师，发帑五十万犒赏左良玉所部。左良玉与李自成会战于朱仙镇，不敌大败，退至襄阳。开封再战，左良玉不敢迎战。李自成遂攻打襄阳，左良玉撤至武昌。

左良玉向楚王朱华奎索要二十万人的粮饷，称为其保境。楚王不允（不是没钱，而是舍不得。几个月后，即崇祯十六年春，张献忠攻破武昌，将朱华奎塞进竹轿，抛入湖中溺死，自己则尽取楚王府中金银上百万，载车数百辆），左良玉遂掠夺武昌（包括漕粮盐舶），退至九江，拥兵二十万观望自保。

左良玉大撤退，四处劫掠奸淫，祸害无辜百姓，让江南人民感到他的军队比张献忠的义军更可怕。崇祯上吊后，福王在南京登基，视左良玉为一根救命稻草，晋升为宁南侯，把长江上游的事专门委托给他，加封太子太傅。

福王期待左良玉能为自己续命，而左良玉拥兵八十万，号称百万。左的百万之师，绝大多数来自李自成的大顺军余部。以马进忠为代表的大顺军，名义上加入南明，实则打着联明抗清的旗帜，独立成师。

左良玉本身是一个割据湖广而无心参与南明政务的军阀，弘光政权极力拉拢他，期待他成为抗击和围剿张献忠的大西军的一道坚固的屏障。

岁月不居，时节如流，强悍一时的左良玉终因老病缠身，又身陷马士英与东林党的争斗，几经考虑后，决心对抗南明擅权的马士英集团，举兵自武昌东下，号"清君侧"。

然为时已晚，曾率一群虎狼之师，见孱弱百姓就抢、遇强悍敌手就跑的左良玉，于清顺治二年四月苍凉地死去。各位将领秘不发丧，推选他的儿子左梦庚为军主。

左梦庚欲将乃父的倒马事业进行到底，率军东下，南明朝廷传令让黄得功渡江防守，剿灭叛军。清英亲王阿济格率军追李自成至九江，左梦庚遂率余部投降清朝。

左梦庚给清廷提交了一份率部投效的请示："部将卢光祖、李国英从入京师，余若张应祥、徐恩盛、郝效忠、金声桓、常登、徐勇、吴学礼、张应元、徐育贤俱奉英亲王调发防剿江西、湖广。诚恐诸将在外，踪迹未定，室家未安，讹惑之事，不可不筹。"（《清史稿·左梦庚传》）

徐勇作为左氏集团上层一个重要成员，被阿济格指定署九江总兵。

顺治二年，随幼主左梦庚投效的徐勇，被清廷分开使用，调至黄州代理总兵，负责社会维稳治安。

时李自成余部盘踞黄州东山四十八寨，联系商城、固始等地义军继续抗击清军。徐勇授计副将徐启仁联合九江总兵金世忠，擒获甚多，招降九十五个寨子。

第二年正月，南明隆武帝朱聿键与徐勇的故主、湖广督师何腾蛟给徐勇写信劝降，动之以情、晓之以义，当然也威之以力、诱之以利。

徐勇不为所动，不想做降而复叛的小人，于是杀了信使，报告朝廷，以证清白，继而击溃、擒获南明总兵欧应卫和周文江，立功正名。

4

在南明一系列皇帝、监国中，隆武帝朱聿键可以说是最不幸运的，但又是最有能耐的。

他生于皇族亲王家，为明太祖朱元璋第二十三子唐定王朱桱的八世孙，其父乃第八任唐王朱硕熿的世子朱器墭。不幸的是，以庶长子嗣位的朱硕熿不喜欢也是庶长子的朱器墭，惑于侍妾，神魂颠倒，准备另立此妾所生的幺儿为继，同时无情地将亲儿子朱器墭与十二岁的亲孙子朱聿键囚禁在承奉司内，一关就是十六年。直至朱器墭被侍妾所生子毒害，陕西布政使陈奇瑜前来凭吊，对朱硕熿一番据礼劝说，老唐王才将朱聿键放出，请旨立为王世孙，定作继承人。

朱聿键在囚笼中没有等死，而是熟读儒家典籍及朱明祖训。继立唐王后，他延揽人才，处事果断凌厉，不但处死了涉嫌毒死其父的两个亲叔叔，还对崇祯帝针对宗室换授等问题提出了反对意见。尤其是崇祯九年，清英郡王阿济格率军入塞，劫掠诸多州府，朱聿键在请旨勤王未获批准的情势下，枉顾"藩王不率兵"的祖制，私自组织护军千余人北上。

巡抚急忙上报，崇祯勃然大怒，勒令朱聿键返回，将其贬为庶人，并按祖制将他关进了监禁有罪宗室的凤阳高墙。这一关又是七年。太监索贿不成，对其百般折磨，使之身染顽疾，差点丢了性命。

福王南渡，建元弘光，朱聿键才因刘良佐奏请，获赦重见天日。南京礼部奏请恢复其唐王爵，弘光帝朱由崧不允，而封其为南阳王，迁居广西平乐府。

就在他去平乐途中，清军攻陷南京，叛将刘良佐将朱由崧俘虏，献予多铎，弘光朝结束。朱聿键逃亡至潞王朱常淓监国的杭州，有心辅佐，贡献方略，却不意这位曾让史可法等认为"贤藩"的潞王爷，竟比"在藩不忠不孝，恐难主天下"（计六奇《明季南略》卷一《南京诸臣议立福藩》）的朱由崧更混蛋，监国仅五天，就在浙江巡抚张秉贞，内奸总兵陈洪范的簇拥下，开门迎降。

皇帝死了，监国降了，南明的抗清运动还在继续。福建巡抚张肯堂、礼部尚书黄道周与总理福建抗清军务的前海盗头子、明封南安伯郑芝龙，将被郑芝龙、郑鸿逵兄弟带回福建的朱聿键拥为监国。二十日后，朱聿键即皇帝位，以明年为隆武元年（1645）。

南明史上的隆武小政权，就这样在清兵压境、风雨飘摇的福州出炉了。而临近的浙江，明兵部尚书张国维、行人张煌言等在绍兴，支持明鲁王朱以海监国，建起了浙东政权。

朱以海任监国的前一天，朱聿键已经成了隆武帝。隆武政权和浙东政权都打着抗清的旗号，但朱以海不甘屈居人下，不但杀了给其将士送来十万白银的隆武特使，还亲率大军进入福建攻城略地。

有志复明的朱聿键，一边抵抗着朱以海的同室操戈，一边慑服于郑芝龙而形同傀儡。好在李自成死后，其有意降清但不愿剃头的余部，在李过、高一功等的率领下，来到了隆武战旗下。

大顺军余部投效隆武政权，得到了隆武帝的重视，对将领们赐名、封爵、授官，就连李自成的遗孀高氏也被封为贞义一品夫人。隆武帝还差点接受了因母丧不受兵科给事中的名士金堡的建议："今日天子宜为将，不宜为帝。湖南有何腾蛟新抚诸营，皇上亲入其军，效光武铜马故事，此皆战兵可用。"（钱秉镫《所知录》卷二）

更始二年（24），刘秀发幽州十郡突骑，与占据河北州郡的铜马等农民军激战，迫降数十万铜马农民军，将其精壮之人编入军中，实力大增。金堡以此激励隆武帝，寄望他能效仿刘秀成为一千六百多年后的"光武帝"。

但是，朱聿键没有刘秀的胆识和威武，离不开郑芝龙撑着的保护伞。而具体接受金堡建议的，为当时驻长沙的南明督师何腾蛟。他最初不情愿与农民军平等合作，不但拒绝了同僚招抚农民军的建议，还授意长沙知府周二南与将领黄朝宣率铁骑营、燕子窝营出城攻击农民军。周二南被杀，农民军直下长沙城外，何腾蛟"急遣人招安，皆被杀"，最后不得不"以郑公福、汪伯立前往，改招安二字为合营"，才得到了农民军"乃允从而遂节制"（汪炜《希青亭集·湘上痴脱难实录》）。

何腾蛟先是招抚刘体纯、郝摇旗等，后又招来袁宗第、蔺养成、王进才、牛万才、田见秀、吴汝义等，将他们与自己的旧部设为荆湘十三镇，继而命暂理湖广巡抚的堵胤锡招安抵达常德的李过、高一功所部，将他们安置在荆州。

何腾蛟招抚大顺军有功，又报"罪魁祸首"李自成已死，被狂喜告庙的隆武帝封为东阁大学士兼兵部尚书，晋爵定兴伯，统率军队。

按弘光帝最初的诏令："有能擒斩李自成者，世爵国公，禄万石。"（王夫之《永历实录》卷七《何堵章列传》）朱由崧悬此重赏，名为崇祯复仇，实则也为平己恨，因为其父亦死于李闯王之手。隆武帝与弘光帝并非同气连枝，但为了获得天下人望，也尊崇弘光旧赏，证明自己在复君国之仇。不过，他又称部议"祖制文臣不得封公侯"，于是只给了何腾蛟一个所谓世袭的伯爵。况李自成被斩于九宫山，何腾蛟并未身临其境，没有真实凭证，他只是托称周二南死，使李自成首级不知所踪。

一团乱麻，死无对证。

至于何腾蛟究竟接受了多少大顺军，各有说法。

王夫之《永历实录》卷七《何堵章列传》载："诸贼失主，逭遽无所依，乃遣使就腾蛟降。高、李部号三十万，刘体纯、袁宗第、张光翠、牛万才、塔天豹部各数万，不下五十万人。""高、李"即高一功、李过。"号"，号称，就是夸大其词。故此"不下五十万人"，是有很大水分的。

《清世祖实录》卷十八根据负责追击李自成的阿济格奏报，对脱网南下的大顺军余部有一个统计：顺治二年闰六月"甲申，靖远大将军、和硕英亲王阿济格等疏报：流贼李自成亲率西安府马步贼兵十三万，并湖广襄阳、承天、荆州、德安四府所属各州县原设守御贼兵七万，共计二十万，声言欲取南京，水陆并进"。阿济格统兵追剿，不敢将逃脱者人数夸大其词。

李自成逃亡途中，并非如入无人之境，而是后有追兵、前有堵截，虽然将前明大将左良玉打出了武昌，却也因几次战败以及部下叛离，最后在探路西进时被当地民兵武装打死。其所剩十余万部众，再加上李过、高一功所率辗转南撤的大顺军后营，并沿途收集十余股残兵，也不过二十余万众。

这个数据，在何腾蛟的《逆闯伏诛疏》中有所证实："此二十余万之众，为侯为伯，不相上下。"

何腾蛟对农民军未及时整编，而是同另一个兵部尚书堵胤锡，竞相派心腹官员前往农民军中任监军，并为其将领请功封爵授官，都想着控制这支拼凑之师，作为争权夺利的筹码。这支部队能逃过清军和南明军多路大军的围追堵截，无疑是能征惯战的，尤其是李过、高一功所率的忠贞营，是以原大顺军后营精锐为基础建立起来的。

但是，李过、高一功，以及统领大顺军右营的刘体纯、袁宗第等，洞察了何腾蛟、堵胤锡的心思，只坚持"合师剿寇"（张岱《石匮书后集》卷五），即"联明抗清"，保持着自己的独立性，于是利用何腾蛟声称的饷银不足而纷纷自谋发展。

袁宗第、田见秀等夺船，由水路北上至荆州，与李过、高一功会合，只留下"王进才、郝永忠依腾蛟守长沙"（王夫之《永历实录》卷十三《高李列传》，"郝永忠"即郝摇旗）。

郝摇旗原来不过是驻湖北德安、沔阳一带大顺军将领白旺军中的旗手。白旺很有军事才能，治军严明，颇能服众，但因参加起义军较晚，只官拜扬武卫果毅将军，不在李自成襄阳定军阶的五营廿二将之列。不过李自成很信任他，命其镇守承天，负责东南方面的作战任务。他曾多次击溃左良玉的攻击。

李自成南撤，死于非命，内部诸营分裂。白部军中有个名叫王体中的"奇士"（吴伟业辑《绥寇纪略》卷九《通城击》），趁乱刺杀白旺，煽动部众降清。偏裨郝摇旗接管白旺不愿降清的余部，成为巨镇。

虽然大顺军嫡系大佬李过、高一功等看不起这个在内乱中捡漏逆袭的小人物，但他很快抱上了何腾蛟的大腿，被隆武帝赐名永忠，授督标忠兴龙营副总兵，加援剿左将军，封南安伯，与高一功所得爵位几乎等同。何腾蛟对农民军采取防范、打压的态度，但对郝摇旗特别器重，举为公侯，并对幕僚说："吾荐拔将帅至五等多矣，能为我效一臂者，郝南安一人而已。"（王夫之《永历实录》卷十一《陈友龙传》）

王进才最初的带头大哥，为"革里眼"贺一龙。崇祯十六年，李自成为统一指挥权，杀了贺一龙，王进才成了李自成麾下的杂号将军。郝摇旗将王介绍给何腾蛟，王深受何倚重，获授总兵官都督同知，但同样为李过等看不起。

顺治四年初，郝摇旗移防广西，参与组织南明官方主导的桂北保卫战。王进才则追随何腾蛟，负责镇守长沙城。二月，数万清兵在恭顺王兼平南大将军孔有德的统御下，进攻湖南。王进才扬言缺乏军饷，在当地大肆抢劫，一直抢到湘阴。正当王进才祸害当地时，清军兵围长沙，吓得王进才仓皇出逃。何腾蛟不能把守，单枪匹马逃往衡州。长沙失陷。

徐勇被调至长沙代理总兵，再立军功，加都督佥事衔，实授长沙总兵。他更加卖力，派副将李如龙在攸县一战，擒获南明总兵谢如香等，斩首三千。

5

徐勇是降将，亦为难得的悍将。李自成部将一只虎投降何腾蛟，纠众攻打长沙。

一只虎，何许人也？

明末义军首领和将领，喜欢弄一个响当当的绰号，以示威名。

李自成初号闯将，后改闯王。嗜血的张献忠，自称八大王。再如什么曹操（罗汝才）、老回回（马守应）、革里眼（贺一龙）、闯塌天（刘国能）、不沾泥（张存孟）……就连那位抢了李自成二夫人邢氏、后改投明朝的高杰，也弄过一个敏捷的外号：翻山鹞。

一只虎，真名叫李过，又名李锦，李自成的侄儿。李自成先后有四任老婆，但无一儿半女，骁勇善战的李过就是他的希望。他称王称帝后，封李过为制将军、亳侯，仅次于权将军、汝侯刘宗敏。李自成死后，李锦与李自成的内弟高一功听从永昌皇后高夫人的建议，联合何腾蛟、堵胤锡、瞿式耜等联合抗清。李过的部众，号称忠贞营。

顺治五年十一月，李过、高一功率军围攻长沙。长沙已成一座孤城。徐勇手下虽只三千多名兵丁，也是据城顽抗不服输。清廷虽已派出重兵来援，但远水解不了近渴。

徐勇为激励兵丁斗志，亲自站立在城头督战，被城下一箭射倒在城上。

这一箭，是谁射的？

曾任永历朝兵部右侍郎兼右副都御史的鲁可藻，在《岭表纪年》卷二中说：农民军迅速围城，"城内猝无以备，房镇徐勇立城上，赤心一箭中其骹。"骹，即腿。这个"赤心"，即一只虎李过。隆武帝赐其名为赤心，封兴国侯。

主将中箭，城墙崩塌，长沙城破在即。偏沅巡抚线缙在求援信中说："虽良、平复起，韩、白更生，不能措手矣。本院呼天抢地，无可奈何。"（《清代档案史料丛编》第六辑《吴达为长沙危急请发大兵救援事揭帖》）吴达为巡按湖北、湖南监察御史，为线缙请兵作证：此时的长沙，濒临绝境，纵有张良、陈平之谋，韩信、白起之能，也是措手不及。

但是，徐勇很快苏醒过来，扯下一条布裹住伤口，继而再战，愈战愈勇。

徐勇不负其名勇也。

强敌十倍于己，徐勇临危不惧。对手不断增兵，徐勇足够自信。他对对手何腾蛟的能力还是知根底的。

何腾蛟虽得了农民军帮助，但瞧不起农民军，担心李过的忠贞营一鼓作气拿下长沙城，功劳被忠贞营的监督人、南明兵部尚书兼东阁大学士堵胤锡抢走。

南明的军阀们，时刻表现出阻拦农民军、与同僚抢功之类愚蠢的做法。就是嘲讽何腾蛟与堵胤锡抢功的鲁可藻，也在农民军进入广西之初，奉永历敕令，"移镇梧州，防忠贞之入"（鲁可藻《岭表纪年》卷三）。不仅如此，他还支持了梧州总兵叶承恩、兵备道刘嗣宽突袭过境西进的农民军，狂箭扫射，大炮猛轰。

农民军强悍抗清，但南明大佬视若大敌，而与内缠斗不休。

当农民军攻取长沙指日可待之时，指挥部倾轧之战也起。

堵胤锡表现出自大：督辅失之，我为复之，不亦善乎？

他们本为湖广督抚，都因接受大顺军余部，而获隆武帝嘉奖、永历帝重视，但是，他们之间矛盾重重，相互倾轧。

何腾蛟闻言，很不高兴，认为堵胤锡瞧不起他，说：长沙是我丢失的，那么只能由我收复。你放心，湖南的城邑，尽在我的掌控之中。

前一年，清军攻长沙，被新立的永历帝朱由榔封作武英殿大学士的何腾蛟雀跃了一阵子，但终"不能守，单骑走衡州"（《明史·何腾蛟传》）。

如今，长沙守兵太少，而农民军攻势占优，何腾蛟突然发出督师大令，要求胜利在望的忠贞营撤出战斗，将他们调往江西。此时已是南明定兴侯、太师、上柱国之尊的何腾蛟，强制李过率部撤出胜券在握的围城战斗，命其与堵胤锡率忠贞营主力东救江西金声桓。

何氏自恃久经沙场，认为仅凭些战斗力不强的南明散勇攻打长沙，也信心满满，不仅如此，他还派兵进攻永州、宝庆、衡州，结果却为徐勇解了覆没之灾。

徐勇趁解围之机四出抢粮，加固城守，同时向朝廷紧急求援："长沙东西受敌，臣以兵三千当贼数万，即婴城固守，尚虞补足。请速益兵数千，以资攻城。"（《清史列传·徐勇传》）

还未成为顺治帝岳父的定南将军佟图赖，很快率兵赶至长沙城外，对何腾蛟的军队来了一个反包围。

何腾蛟抢功失败，被闻讯赶来的郑亲王济尔哈朗逼退，不久在湘潭被徐勇擒获。《明史·何腾蛟传》写道："大兵知腾蛟入空城，遣将徐勇引军入。勇，腾蛟旧部将也，率其卒罗拜，劝腾蛟降。腾蛟大叱，勇遂拥之去。绝食七日，乃杀之。"

自私与忠贞并存。狭隘和短识同在。

何氏无能，但有气节。

明清史大家顾诚在《南明史》第十八章之第三节《济尔哈朗进军湖南与何腾蛟被俘杀》中说："何腾蛟被俘后坚贞不屈，保持了民族气节，应当肯定。但纵观他的一生却是成事不足，败事有余。弘光时期他受制于左良玉，无所作为。

隆武时期，他伙同湖北巡抚章旷排挤大顺军余部，收罗一批散兵游勇充当嫡系，又无将相之能，造成刘承胤、曹志建、黄朝宣等割据跋扈的局面。……隆武帝遇难，他负有不可推卸的责任。反攻湖南之役取得节节胜利之际，作为全军统帅的何腾蛟却处处私心自用，唆使郝永忠偷袭反正来归的陈友龙部，挑起明军自相残杀，给清军以喘息之机；又悍然调走围攻长沙的忠贞营，一手断送了复湘援赣的战略大局，卒至以身予敌。”

徐勇是降官领兵，除了知道何腾蛟的能耐，本身还战斗力强，不在满洲八旗兵之下。

多尔衮摄政，给他加衔都督同知。顺治帝亲政，授其一等轻车都尉兼一云骑尉。

斗罢李自成余部和何腾蛟部众，徐勇遭受张献忠余部和永历帝部众的袭击。孙可望派人侵袭沅州等地，李定国在桂林射杀定南王孔有德。面对诸路强敌，徐勇督率将士渡江迎敌，誓约：“成败利钝，在此一举。倘有不测，勿复渡此江。”（《清史列传·徐勇传》）

徐勇率部奋勇迎战，多有斩获。顺治帝高兴地称赞他“誓死固守，忠壮可嘉”，“以孤军迎击巨寇，歼戮无算”，特加左都督衔，晋爵三等男，赐冠服、弓矢和鞍马。不意没过一月，徐勇全家惨死于白文选的刀下。

两年后，洪承畴为其请功，朝廷赠太子太保、晋爵二等男。最有趣的是，还给了他一个封谥，美其名曰：忠节。

忠节者，忠贞报国，殉节亡躯。

这纯为仕清而言，但对其故国前明，“忠节”者不忠节也。

《清史稿》论曰：“邦家新造，师行所至，逆者诛，顺者庸。虽其人叛故国，贼旧君，苟为利于我，固不能不以为功也。”

徐勇建功新朝，对前明覆灭并无政治责任，但终究背叛了复明大业和汉族大义。

辰州一役，誓死不屈的徐勇，遭际亡身灭门之灾，并未因为危险而降而反叛，是自亏投诚的真投降。他少了民族气节，但不失英雄气概。这比那些追名逐利之徒，以及明明心中有亏却骑墙望风乱摇摆的君子雅士们，如活命而降、少利复叛的钱谦益，还是要高尚得多。

乾隆拟定贰臣榜时，钱氏在内，徐勇与焉，但他自有区别之。

徐勇一门枉死，有人认为是无民族气节的该死，但他们的死也是一种坚定。

而比他早些时间投清的前明辽东将领马与进满门的集体自杀，更可视为汉人自亏的大荒唐。

马家悲剧发生在 1621 年，即明天启元年、后金天命六年。后金大军入侵，马与进积极参与辽东保卫战。其妻赵氏在辽阳听闻他的防区失守，惨遭敌军四处劫掠，于是率全家老小及仆人四十余人自杀成仁，欲成就马将军殉国的大义。这些自杀的生命，殊不知他们有权力选择死，却没法阻止他们所血祭的马与进已早早降敌。

徐氏灭门，是一种心甘情愿的无所畏惧。他们在道义不安的同时，早已默许了徐勇忠事清朝，演绎着另一种无可奈何，也该无怨无悔的忠节。

第一降将军功不大
却荫及子孙避祸

1

游击，明清为从三品武官。昭梿《啸亭杂录》卷二论"国初官制"，说："国初甫定辽沈，官职悉沿明制。其总摄国政者，有五大臣、十大臣之分，其余设总兵、副将、游击、备御之分，而皆阶以等级。"

李永芳投清前，就是明朝抚顺卫所的游击将军。

将军是喊的，游击为实职。

论官职，其上有总兵、副将和参将。游击顶多算个正师级干部，于今日已在高干之列，但明朝战时，不过一统兵的中层主管。

然而，努尔哈赤却对这个不大不小的军官极为重视，更让他直接做了皇亲国戚——天命汗的孙女婿。

后金天命三年（明万历四十六年，1618）四月，努尔哈赤以著名的"七大恨"告天，发出了向明朝天皇帝挑战的檄书。他把征明首战的地点，选择为李永芳镇守的抚顺。

努尔哈赤给李永芳写信，写得洋洋洒洒，像"七大恨"一样徜徉恣肆：

他开门见山声称师出有名：你们明朝发兵疆外保护叶赫，是我兴师来伐的缘故之一。

此时的努尔哈赤，不再偷偷摸摸、虚与委蛇了。他造了一顶天命汗的金冠，不再要明朝龙虎将军的铜帽子了，故旗帜鲜明地说，明朝帮我的敌人，就是我的敌人。

紧接着，努尔哈赤威慑李永芳：你抚顺所的一个小小游击，如果纵兵交战，必然不是我的对手。我现在招降于你："汝降，则我兵即日深入；汝不降，是汝误我深入之期也。"（《清太祖高皇帝实录》卷五，天命三年四月癸卯）

努尔哈赤的意思很明确，我此战势在必行。你给我方便，我也给你方便。你为难我，我结束你。

努尔哈赤威之以力，警告李永芳不得误事，又夸赞李永芳，诱之以利："汝素多才智，识时务人也。我国广揽人才，即稍堪驱策者，犹将举而用之，结为婚媾，况汝者有不更加优宠，与我一等大臣并列耶？"

努尔哈赤要许婚李永芳，封他为一等大臣，期待他做一个识时务的俊杰，充分肯定他是个了不起的人才，堪当大任。

行文至此，可以结束了，但努尔哈赤又绕到原点，再次发出更加严厉的警告：如果你投降，就让你官封原职，并对你进行恩养。如果你要战，那么我的箭不认人，必将你以乱箭射杀。

李永芳读到此处，不由打了一个冷战：素闻敌酋残忍，果不其然也。

努尔哈赤话锋一转：你既然无力取胜，死也是徒劳无益的，只要你出城投降，我保证兵不入城，保证你手下士卒的生命安全。

如此劝降，也是恩威并施，该结束了。孰料，努尔哈赤又一次话锋一转，扬言不投降就攻城：如果我的大军攻入城中，无论男女老幼，一律屠杀，到那时，你再投降，也为时已晚了。那你所能得的禄位也会很低下浅薄。

努尔哈赤名为招降，实为逼降，反反复复、绕来绕去说了一大通，归根结底就是要李永芳投降，要他领着"其城中大小官吏、兵民等献城来降"（《清太祖高皇帝实录》卷五，天命三年四月癸卯）。只要这样，他以刀不血刃的最大胜利者的高姿态保证："保其父母妻子以及亲族，俱无离散！"

他如此行文，翻来覆去，应该绞尽了脑汁，费尽了心机。

李永芳无力应战，也无心来战，看完努尔哈赤的劝降书兼逼降书，赶紧整肃衣冠，立于城南门上和后金使节谈投降事宜。

当然，李永芳也怕努尔哈赤出尔反尔，乘虚而入，偷偷地命兵士准备守城器械，枕戈待命，有备无患。但见后金大军树起的云梯不动时，他便单骑出城投降，在努尔哈赤的堂弟、侍卫阿敦的引导下，匍匐谒见一纸劝降书拿下一座城的天命汗。

努尔哈赤在马上答礼，命士卒勿杀城中百姓，禁止部下掳掠城中官兵百姓为奴，也没立即要求李永芳及其所属军民按满人要求剃发，改变原有的汉人习俗。

努尔哈赤还下令，将新收降的抚顺及东州、马跟单二城降民千户不分散，集中迁往兴京，仍如明制设大小官管理，悉数交予李永芳统摄。这是对李永芳率众投降的一种特别的回报。努尔哈赤不再将这批明朝的关外居民直接定为奖励功臣、使之奴役的汉族奴隶，而是接纳为后金汗国新属的汉族边民。

此前，努尔哈赤及其他女真贵族，四处攻城拔寨，干得最多的是抢夺和瓜分奴隶、牲畜、财务和粮草等战利品，对新扩张的城池和村庄似乎并未有多大的兴趣。此次，努尔哈赤不屠城，不毁城，只留下四千兵丁毁抚顺城墙，但不是毁城。

努尔哈赤将第七子阿巴泰的长女嫁给了李永芳。成为满族人额驸的汉族降将李永芳愿为前驱，引导着努尔哈赤的满洲八旗收降抚顺城中人及东州、马根单二城五百余寨，俘获汉人及畜牧数万而归。

广宁总兵张承荫、辽阳副将颇廷相、海州参将蒲世芳闻警，率兵一万来追。努尔哈赤回军相拒，突发大风，西向扬尘，直扑明营，后金军趁势掩杀，明军大败，张承荫等三位将军及游击梁汝贵一同战死。

李永芳成了第一个投降的明朝边将，带着抚顺实现了努尔哈赤一战打下第一座明朝边城的厚望。这是努尔哈赤厚待李永芳的政治意义！

2

努尔哈赤兑现了婚约，但在封其为一等大臣的承诺上，并没因李永芳自愿剃发而给予回报。

他先是授了李永芳三等副将，命他多次参与袭击铁岭、沈阳、辽阳的战役，因功擢升其为三等总兵。明巡抚王化贞及边将多次给李永芳写信利诱劝降，李永芳都是抓住信使交给努尔哈赤，以示事金的忠心和行动。

努尔哈赤感动了，特地赐敕免死三次。但始终没兑现那个一等大臣。

努尔哈赤的一等大臣，是难封的。

"国初太祖时，以瓜尔佳信勇公费英东、钮钴禄宏毅公额亦都、董鄂温顺公何和理、佟忠烈公扈尔汉、觉罗公安费扬古为五大臣，凡军国重务皆命赞决焉。"（昭梿《啸亭杂录》卷二《五大臣》）这些一等大臣，是随努尔哈赤打天下的后金开国五大臣，直接参与朝堂上军国大政的处理。

在努尔哈赤的汗廷，五大臣秉克公诚、励精图治、军功彪炳，可以左右朝局，地位不亚于任何征战的诸贝勒。努尔哈赤为了对他们表示友好，不惜将自己的幼女或嫡长子褚英的女儿，许给其中一些早已妻妾成群的老英雄做新老婆。

明万历四十四年（1616）正月，努尔哈赤在赫图阿拉建立后金政权，改元天命，设置费英东、额亦都、何和礼（何和理）、扈尔汉、安费扬古为议政五大臣，同听国政。凡军国大事，先由五大臣拿出处理意见，再交四大贝勒（代善、阿敏、莽古尔泰和皇太极）复核，最后由大汗努尔哈赤发布实施。

与努尔哈赤极为倚重、不会慢待的五大臣相比，新人李永芳虽是他好说歹说招降而来，成为后金皇亲国戚的第一个汉人，但他娶的是大汗庶子之女，同时于后金政权建设进程而言，也是明显资历不够、功劳不及、影响不行的。

3

其实，早在努尔哈赤开国前，李永芳就同这位曾对明朝廷驻辽东总兵"惟命是从"的左都督兼龙虎大将军，有过一面之缘。

万历四十一年，努尔哈赤在吞并哈达、辉发的基础上再灭乌喇，乌喇贝勒布占泰单骑逃至叶赫。努尔哈赤派人致书叶赫贝勒金台石、布扬古："昔我阵擒布占泰，赦其死而赡养之，又妻以三女，辄敢以恩为仇，是以问罪，往征削平其国。今投汝，汝其执之，以献使者。"（《钦定盛京通志》卷三十一）

努尔哈赤三次向叶赫索要布占泰，均遭金台石、布扬古严词拒绝。于是，努尔哈赤领兵四万攻打叶赫，连克大小城寨十九座，直逼叶赫东、西二城。

金台石、布扬古通过蒙古人向明朝求援："哈达、辉发、乌喇三国，满洲已尽取之。今复侵我叶赫，其意欲削平诸国，即侵取辽东以建国都，将使开原、铁岭为牧马之场矣。"（《钦定盛京通志》卷三十一）他们的言下之意：努尔哈赤灭了叶赫，下个目标就是明朝！

唇亡齿寒，辽东总兵官张承荫深谙此道，也不想努尔哈赤坐大，成为辽东真正的老大。虽然努尔哈赤在他面前唯唯诺诺，但他知道这位奴酋早找到了直通内廷的捷径，有着充裕的政治资本，足以貌视他。于是，他派游击马时楠、周大歧领兵千人，带火器进驻叶赫东、西二城。

努尔哈赤见叶赫有备，招来了明朝的外援，于是焚其庐舍，携降民返回建州。

努尔哈赤阴谋自立，阳谋诓明，遂修书说他之所以攻打叶赫、哈达、辉发等，是因为二十年前，叶赫等发动九部攻打建州，结果"我是以兴师御之，天厌其辜，我师大捷"（《清史列传·李永芳传》），斩了叶赫首领布寨、放回了乌喇贝勒布占泰，后来三部落刑马歃血盟誓，约为婚姻，不忘旧好。哪知叶赫悔婚另许、乌喇以德为仇，寻隙生事，挑动他与朝廷不和，故他要惩罚言而无信之人。

努尔哈赤冠冕堂皇地说：我与大明天朝无嫌无怨，没理由冒犯天威啊。

为了自证清白，他亲自将信送往抚顺所。李永芳出城三里外迎，努尔哈赤以礼相待，跟着他进入教场，郑重其事地将说明书呈给李永芳。

从二人见面地至教场，至少三里多路程，不免寒暄套近乎。五年后，已是天命汗的努尔哈赤成功劝降仍是小游击的李永芳，仅凭一纸便奏效，也许正是因为此次见面打下了基础吧。

4

努尔哈赤死后，李永芳聪明地成了天聪大汗令的坚决执行者。

天聪元年（1627），李永芳随贝勒阿敏、济尔哈朗等出征朝鲜，要彻底斩断朝鲜王对盘踞皮岛的明将毛文龙的支援。

皇太极的战略思想是，声讨为主，强攻为辅。

虽然有最高命令作为政治攻势，但在外的后金大军仍迅猛地攻城略地，势如破竹。

兵临城下。朝鲜国王李倧还没做好转换宗主的准备，迫于形势遣使赍书来迎，承诺会立即派亲信大臣前来谢罪誓盟。

金军驻扎在黄州，主帅阿敏召开联席会议，坚持要继续打下去。

李永芳提出反对意见：我们要遵从大汗的命令，要恩威并重，而不是武力占领。既然我们答应了朝鲜王的请求，如果还继续攻打，那就是"背前言不义！"

此言一出，得到了济尔哈朗等人的赞同。

但，别有意图的阿敏被激怒了："尔蛮奴，何得多言！我岂不能杀尔耶？"（《清史列传·李永芳传》）

堂侄女婿又怎样？阿敏是与大汗皇太极并坐听政的二贝勒，况此时的他不但是东征军的最高统帅，而且想做东方之主。汗位旁落老四，他心有不甘。虽同新汗南面并坐，也要唯汗为尊。

阿敏要做老大。

但是，碍于诸贝勒的求情，虽有便宜行事大权的阿敏最终没有拔刀斩杀李永芳，而他想留做朝鲜王的想法，也遭到了岳托、济尔哈朗、阿济格、杜度众贝勒的集体反对。

四年后，阿敏在永平屠城、滦州弃战，被皇太极一次性议罪十六款进行圈禁，其中有一款大罪就是当初李永芳强力制止阿敏图谋的在朝鲜自立。

皇太极给诸臣论功行赏，封李永芳为三等子爵，世袭罔替，理由是他"归诚最先"。

《清史稿》卷二百三十一论及李永芳，说："永芳归附最先，思忠为辽左右族，皆蒙宠遇，各有贤子，振其家声。"

确乎，他是明朝第一个投降后金——清朝的贰臣。后来成为皇太极重臣的大学士范文程，也是随其献城出降时屈节投效的。努尔哈赤重视李永芳，指婚为孙女婿，并非完全看重他的才智，而是要将他打造成一个贰臣忠诚获优待的政治标杆！

5

李永芳首降获益，而且子孙受尽宠遇：他们是天命汗的子孙，清朝皇帝的亲戚。

他的岳父阿巴泰，为太祖侧妃伊尔根觉罗氏所生，出身偏房，不能像历任大妃所生子代善、莽古尔泰、德格类、皇太极、阿济格、多尔衮、多铎那样，享受太祖之子的优待，甚至不如堂兄、侄子的待遇。

太祖对诸子，有嫡庶之分。他让嫡子们成为掌旗贝勒、执政贝勒，共治国政，而对也是亲子之一的阿巴泰仅分了六个牛录。

阿巴泰并非一个平庸的皇家贵胄。他屡立战功，在太宗继位时，阿巴泰作为响应代善之议的皇太极拥立者之一，被封贝勒。终太宗一朝，阿巴泰未被封郡王、亲王，仅是宗室爵位中的第三等贝勒。

然而，较之于后来太宗对三大贝勒及其他贝勒的犯错深究、违法严惩，阿巴泰先后十多次触怒、对抗太宗，甚至两次抗拒太宗对其女的指婚，引得皇太极深有不满，多次罚银罚物，却不曾有过一次降级或削爵的处罚。

崇德六年（1641），多尔衮率众王公贝勒征明，因为在离锦州三十里的地方扎营，以及遣士卒私自回家的罪过，主帅多尔衮、皇长子豪格被降为郡王，阿巴泰论罪该削爵，夺去所属户口，然太宗下诏宽恕，只象征性地罚了两千两银子。

阿巴泰所得的待遇貌似不公平，遭受诸多亲兄弟的排挤、歧视，这是不可改变的。毕竟从太祖开始，嫡庶分界突出了贵宠之列，诱发了太宗诸兄弟之间的权力之争，使得亲情有别。但政治上的不幸运，却使阿巴泰平安而终、显耀于后。这，不得不说是一种平衡。

某次，阿巴泰手痛，太宗曰："尔自谓手痛不耐劳苦。不知人身血脉，劳则无滞。惟家居佚乐，不涉郊原，手不持弓矢，忽尔劳动，疾痛易生。若日以骑射为事，宁复患此？凡有统帅之责者，非躬自教练，士卒奚由奋？尔毋偷安，斯克敌制胜，身不期强而自强矣。"（《清史稿·阿巴泰传》）太宗看似不通手足之情，但又不免压制多有莽言的阿巴泰，让他做一个自强而坚忍的人，不陷身于残酷的政治斗争中。细读阿巴泰的本传，他虽多次触碰太宗的底线，但不曾与其他亲王贝勒玩国权谋较量。

阿巴泰位卑而无力抗衡，无力争利，但使世系内外，得到数代皇帝的礼遇和重任。

李永芳的九个儿子，即阿巴泰的外孙们，隶正蓝旗汉军，后来大都做了高官。次子李率泰官至弘文院大学士、两广总督、闽浙总督。康熙五年（1666），李率泰病逝于任上，十六年后，即康熙二十一年九月，圣祖外家堂舅佟国瑶出任福建将军，圣祖特颁谕旨谈及督抚提镇之职责及其人员优劣，就以本家堂表兄李率泰作为激励的榜样之一："昔孟乔芳总督陕西、李率泰总督福建时，能洁己奉公，爱民恤士，秦闽人至今思之。"（《清圣祖实录》一百〇四，康熙二十一年九月己酉）

李永芳玄孙李侍尧则更加出名。昭梿《啸亭杂录》卷四《李昭信相公》载："李昭信相国侍尧，为忠襄公永芳四世孙。少以世荫膺宿卫。纯皇帝见曰：'此天下奇才也！'立授满洲副都统。部臣以违例尼之，上曰：'李永芳孙，安可与他汉军比也？'"

何以不能比？真正的原因是这个贰臣之后，为皇亲国戚耳！

乾隆不但违例封赏了这个远房表侄，还擢升其为武英殿大学士兼军机大臣。后来，李侍尧两次论罪，议斩立决，都被乾隆下旨弄了个斩监候，又让他做了更大的官。

乾隆帝厚待李侍尧，是真念及第一降将李永芳对清朝的情分，还是因为李侍尧与阿巴泰有亲属关系而与皇家沾亲带故，都只有他自己心里明白。

明朝的降将，
成了大清的廉吏

1

顺治十一年（1654）正月十一日，顺治帝来到内院，和内翰林秘书院大学士陈名夏、内翰林弘文院大学士吕宫进行了一番对话，很耐人寻味。

此事的缘起，是九天前，陕西总督、太子太保、兵部尚书兼都察院右副都御史孟乔芳病逝，奏报朝廷。

顺治帝有所感，特地来到内阁办公室，对陈、吕二人说："朕前闻总督孟乔芳病故，深用轸恻，不禁泪下。乔芳与朕，宁有姻戚哉？但以其为国忠勤效力故也！"（《清世祖实录》卷八十，顺治十一年正月壬寅）

明朝的总督，被清朝继承，但由虚衔变成了实官，当然也由动词变成了名词。明朝总督的正式名称为"总督某某等处地方提督军务粮饷兼巡抚事"，书作"兵部尚书兼都察院右都御史"，而至清朝则是"某某等省总督"。故而，顺治称孟乔芳，不是尚书，而是总督。

顺治在哀悼孟总督。陈、吕听着最高领导人的高度评价，心里揣摩着皇帝要给孟乔芳一个怎样的美评和追赠，盖棺论定，心里盘算着如何书写嘉奖令，但没料到，年仅十八岁的顺治帝话锋一转。

顺治说：连年来，我眷顾汉官，比满官要好很多。满官自太祖、太宗时，就宣力从征，出生入死，才得到今天的待遇。我优待汉官者，并不是因为你们有功才这样。汉官深受皇恩，我一直期待你们尽忠图报。但是，"今观汉官之

图报主恩者，何竟无一人耶！"（《清世祖实录》卷八十，顺治十一年正月壬寅）

顺治帝重视汉臣，名为延续多尔衮摄政时期的大政方略，缓和满汉矛盾，改善满汉关系，而在实质上，是有意借力打击以孝庄为首、两黄旗大臣为辅的满洲保守势力。就像他宠信原来隶属多尔衮正白旗的叛徒苏克萨哈，宠爱正白旗内大臣鄂硕之女董鄂妃一样，也是借力打力的政治用意。

当然，他没想到他同时不得不倚重的两黄旗大臣，已经为他记下了这一笔崇汉抑满的政治账。

"满洲诸臣或历世竭忠，或累年效力，宜加倚托，尽厥猷为。朕不能信任，有才莫展。且明季失国，多由偏用文臣。朕不以为戒，委任汉官，即部院印信，间亦令汉官掌管。以致满臣无心任事，精力懈弛，是朕之罪一也。"（《清世祖实录》一百四十四卷，顺治十八年正月丁巳）

崇汉抑满，是满洲统治集团最后给顺治帝总结的一大罪行。但在顺治乾纲独断时，他是我行我素的。就是在夹缝中施展拳脚，他也不惜与生母孝庄发生激烈的冲突。

虽然只有"偏私躁忌"的汉官刘正宗上了所谓顺治的罪己诏，但陈名夏——投降过李自成的前明翰林，劝过多尔衮自立为帝的大学士——也因写得一手好文章，而深得对汉人新事物感兴趣的顺治帝欢心。

陈名夏抹了一把冷汗，明白皇上这是重提上年二月任珍杀人后对处分不满一案。

当时，以"自治其家属淫乱，擅杀多人"（乾隆朝《钦定国史贰臣表传》）获罪的明降将任珍，遭婢女揭发：受罚在家，怨言不断，"出言不轨，并指奸谋陷诸丑行"（《清世祖实录》卷七十四，顺治十年四月甲辰），议罪论死。

顺治帝命刑部将任珍案情书写以满汉两式，命满汉大臣商议。

顺治也认为任珍擅杀妻妾，罪大可耻，但又有心从宽处理，于是召集朝臣发表意见。

满、汉官员对刑部议罪死刑的看法，分为两派：

满臣支持原判：处以极刑。

汉臣集体反对：证据不足。

署理吏部尚书的陈名夏，是二十七名汉官反对者的领袖人物，他坚持认为：任珍不承认婢女揭发的罪行，如果要定罪，就必须展开大讨论。

顺治有心饶任珍不死，而陈名夏等于法无据，却又认为应勒令他自尽，东拉西扯，惹得顺治帝很不满意，认为陈名夏等汉官不与满官和衷共济，拉帮结派、欺君妄为、文过饰非。

陈名夏想到当时群臣议定将任珍处死，被顺治网开一面，怕青年天子一时兴起秋后算账，赶紧回奏：皇上爱臣子，就像父母爱自己的孩子。我们如果不能承顺于皇上，就是孩子不承顺于父母啊。臣等岂无报效之心？我们时刻谨怀此心，只是皇上没有及时洞悉罢了。

陈名夏是在扮嫩、扮矮、扮小，他要年长顺治三十八岁，虽然比顺治之父皇太极小九岁，但比其生母孝庄年长近一轮，还恬不知耻地以父子喻君臣，说自己待君父敬终如始。

臣子视皇帝为君父，是惯例，是传统，是形式。陈名夏也是动之以情，曲线救命。

吕宫不说话。他是顺治四年的状元，以吏部侍郎超授大学士。平常他在内阁票拟政务，总是唯老陈马首是瞻，紧趋其后。

陈名夏不由打了一个冷战。

他是明朝走过来的降臣，为南方籍汉官的领袖人物。顺治亲政不久，御史张煊就曾弹劾时为吏部尚书的他，同大学士兼左都御史洪承畴和礼部尚书陈之遴在甄别御史的过程中，处置不公，特别举报他结党营私，有十罪二不法。老战友陈之遴为了择清与他的关系，也主动举报他"谄事睿亲王"。

顺治帝充分利用陈名夏等汉臣的才干，但对以陈名夏为首的"南人"与宁完我为首的"辽东旧人"(汉军旗官)、刘正宗为首的"北人"(北方籍汉官),以及冯铨、金之俊等大学士,自成集团,暗结成党,倾轧攻击,很是恼火。

前不久,顺治曾为此特至内院对诸臣发出警告:"满汉一体,毋互结党与。"《清史稿·陈名夏传》陈名夏强词夺理,遭到了顺治训诫:"尔勿怙过,自贻伊戚。"

顺治帝的意思很明确,就是你陈名夏若不真心悔过,就是自找麻烦。

所以,对于孟乔芳之死,顺治貌似感到一个真正用心任事的汉臣难觅,其实是对满汉大臣对立强烈不满,对于汉臣恃宠而骄心生怒火,于是小题大做,再次严厉地敲打陈名夏及其亲信大学士吕宫。

他不希望汉臣附和画诺,而是寄望汉臣真抓实干地成为自己集中和强化皇权、打击满洲保守势力的一柄利剑。

顺治帝说:多年来,你们不断地接受我的优宠,该开心升迁的得到升迁,不该升迁的也被越次简用,但全不思报,还昧着良心说这一切是自己凭本事所得。

陈名夏心里越是发虚便越想掩饰:皇上的厚恩,我们无时不思回报。只是臣等才庸识浅,导致有错失,故难免不出问题耳。

顺治帝说:出个错失又何妨?与其才能超群而不思报国,不如才智平庸而思报国。真是太过分了。如果明知这个道理,不思报效,还敢胡乱作为,一旦事发,我决不轻贷。到那时就不要怨我了,这是你们自找的烦恼。

顺治借疆臣孟乔芳之死,狠狠地敲打结党内讧的阁臣陈名夏之流,为此还特遣内大臣至孟府祭奠,赐谥忠毅,加赠太保,赐其家人千两白银、一所宅邸。

这银子和宅子,不是安葬之资,而是安家的费用和住所。在陕西总督任上为官十年的孟乔芳,一壶冰心,两袖清风,并没给家人留下多少实际好处。

孟乔芳的死让顺治感伤。而顺治帝也因为过分地善待、宽容缠斗不休的陈名夏等,死后还被以四辅臣为首的保守势力,弄出了一道著名的罪己诏。

2

清朝首任陕西总督孟乔芳的死，让青年天子顺治帝感叹唏嘘，更是难得！

孟乔芳本是前明副将，永平人，因事革职在家，成了大明王朝有污点的退伍军人。

孟氏在明朝军方是否有大作为，史料未载，只说他是犯事被贬黜为民。

明朝庞大的军队体系，主要分为三个兵种：京卫、上十二卫亲军和地方卫所。卫所是明太祖朱元璋尚未称帝前，模仿北魏隋唐的府兵制以及元代军制元素，为即将拉开序幕的大明王朝创建的军队主体。

随着时间的推移，卫所制度日见衰落，迄万历年间，著名首辅张居正曾支持戚继光、李成梁等组建私人武装。万历末年的辽东经略熊廷弼，也是在都察院官员的强烈反对声中提出，承认和鼓励军官组建私人武装，是稳定边防的唯一办法。

他们之所以这样坚持，乃是因为明末，世袭军户越来越少，而军官却不断增加。原本能支持庞大的军费开支的太仓府库，日益见底。万历四十六年(1618)，后金大汗努尔哈赤向明朝发起挑战，率兵一万，攻占抚顺。明朝兵部出现了赤字，万历帝不得不从供自己个人用度的东御府中拿出五十万两储银填补亏空。

广宁总兵张承荫率辽阳副将颇相廷、海州参将蒲世芳和士兵一万支援抚顺，遭到努尔哈赤回军相拒。人和于明不利，天时也助敌，两军还未展开厮杀，就突发大风，席卷黄尘，直扑明营，暗助了后金军趁势击溃明军。

张承荫等三将以及游击梁汝贵，一同战死。

万历帝追赠张承荫为少保，建祠赞其精忠。御史张铨说："廷议将恤承荫，夫承荫不知敌诱，轻进取败，是谓无谋。猝与敌遇，行列错乱，是谓无法。率万余之众，不能死战，是谓无勇。臣以为不宜恤！"（《明史·忠义三·张铨传》）

万历帝为了反击曾死皮赖脸、摇尾乞怜地向自己讨封龙虎将军的努尔哈赤的自立和反叛，重新起用抗倭老将杨镐，授以兵部左侍郎，经略辽东军务，组织李如柏、杜松、刘綎、马林等四镇兵马九万，教训挑衅天子的"奴酋"。

张铨又说：杨镐不是帅才，驾驭不了众宿将。

张铨极力推荐熊廷弼，却没被万历帝采纳。

一语成谶。

调兵不及时，筹饷费时一年多，得以休整的努尔哈赤再次发力，在萨尔浒一役打乱杨镐分兵四出的战略部署，大败号称四十七万人马的大明军队。萨尔浒之战也彻底改变了后金、明在辽东的军事形势。

杨镐被东林党领袖高攀龙弹劾，称其与努尔哈赤勾结，被革职下狱问斩。

朝廷只能寄希望于熊廷弼。但是，错过了时机，辽东防线早已松垮，朝廷军费供给不足，再加上派系争斗、催促太紧、掣肘太多，而努尔哈赤迅速壮大，一举攻陷开原、铁岭。熊廷弼再次被撤，换上了东林党人袁应泰。

袁氏不济，丢弃辽阳，自杀殉国。

再起熊氏，广宁一战，巡抚王化贞不战而退，游击孙得功献城投降，副将鲍承先倒戈助敌。

熊廷弼被阉党老大魏忠贤按了一个叛国大罪，授意其亲信大学士冯铨，将其正法，传首九边，警示诸将。

孟乔芳虽没有杨镐、袁应泰、熊廷弼的气节，但比他们幸运。

在杨镐、袁应泰、熊廷弼们的身上，都有着儒家传承的道德英雄主义。孟乔芳也有，然其选择的践行方式不同。

3

天聪三年（1629）十月，皇太极借与扼守松锦防线的蓟辽督师袁崇焕达成休战和议之际，麻痹袁崇焕，决定向关内发起一次偷袭。

皇太极令二贝勒阿敏留守沈阳摄政，自己亲率八旗大军，借道几个老婆的娘家——蒙古科尔沁，突破喜峰口，一直打到大明王朝的京师城下。

此事，让权贵们狂喜了很长一段时间。乾隆四十一年（1776）出生的第八代礼亲王昭梿，还在《啸亭杂录》开篇，就津津乐道太宗伐明前，是如何应对强悍的袁崇焕的："崇焕信其言，故对庄烈帝有'五载复辽'之语，实受文皇绐也。"

绐者，哄骗也。皇太极骗过了曾在宁锦一役教训了自己的袁崇焕。

时明军主力都在山海关外布守，政治骗子皇太极骗过了已有膨胀欲的袁崇焕，成功深入内地，扬言"城中痴儿，取之若反掌耳"（昭梿《啸亭杂录》卷一《太宗伐明》）。

袁崇焕急率总兵祖大寿、副将何可纲驰援北京城，并沿经过的蓟州、抚宁、永平、迁安、丰润、玉田各城分兵防守，进军在广渠门外，与后金三贝勒莽古尔泰等率领的后金军展开战斗。

皇太极经历德胜门之战后，主动回师。他的征明，一是试探明军的军事实力和反应能力，二是抢夺人口、牲畜、财物和粮食。

他达到了政治目的，但没料到袁崇焕反应快速，指挥满桂奋力抗击。然而后金军还是初战大捷，迅速攻破关内四座重要城镇：滦州、迁安、遵化和永平。

皇太极发出了整肃军纪、安抚民众的告示，一改过去劫掠奴隶、牲畜和财物的野蛮做法。

退伍军官孟乔芳与知县张养初、兵备道白养粹、副将杨文魁、游击杨声远等十五人出降。降将是怀着某种政治理想前来效力的，皇太极很高兴地下达任命书，命白养粹为巡抚、孟乔芳为副将、张养初为知府，协助贝勒济尔哈朗坚守永平。

为了表示亲近，皇太极特颁汗令，命孟乔芳等三人前往行营见驾。皇太极以金卮赐酒，说："朕不似尔明主，凡我臣僚，皆令侍坐，吐衷曲，同饮食也。"（《清史稿·孟乔芳传》）

此时的后金，皇太极为天聪汗，但还是实行四大贝勒联合执政，征战时更是君臣不分，大碗喝酒，大块吃肉，大肆争论。皇太极对这样的规制已经很不满，但在非常时期，又被他拿出来，当一种貌似平等自由的君臣氛围优势晒在孟乔芳等人面前。

丢官闲居的孟乔芳本来就为被弃用窝火，也不想步被重新启用而身首异处的杨镐和熊廷弼后尘，因此他主动对皇太极投诚，还表效忠。

祖大寿遣使来见故友孟乔芳，欲打探后金兵力部署情况。孟乔芳立即拿下使者，献给新主子。

这是一个投名状。

孟氏杀了旧同事，是否有道义上的某种不安，且不好说，但从其决绝降清的行为以及后来仕清的努力来看，他在寻求一个能施展拳脚的现实机会。

他是一个果断的利己主义者，骨子里还有理想主义的成分。

皇太极返回沈阳，命阿敏赴前线督师。他前脚刚到永平，祖大寿后脚就夺回了滦州。诸贝勒劝阿敏制定有效方略，有效保护其他三城，结果被阿敏拒绝了。他的心里也很窝火，憎恨皇太极进一步夺权，还充分重用汉臣。他下令对永平、迁安进行屠城，然后带着所有家畜、财物和少数女人作为战利品，回到了沈阳。

阿敏在此次大屠杀中，杀掉了被皇太极任命的白养粹、张养初等降官十一人。但孟乔芳得以幸免，随清军返回辽阳后，被任命为汉军管佐领事。

皇太极以屠城为由，将阿敏定为国贼，实行圈禁。同时，皇太极对孟乔芳进一步重用，于天聪五年仿明制设立六部，命他为刑部承政（尚书），赐二等轻车都尉世职。

崇德三年（1638）七月，清廷更定官职，孟乔芳改任刑部左参政（侍郎），不久兼领汉军正红、镶红两旗副都统。

一个降将，兼管汉军两旗，足见皇太极对孟乔芳的器重。当时的汉军还是四旗，直至崇德七年，清军打赢松锦大战后，才新分汉军八旗。

崇德八年，孟乔芳徇私包庇已故克勤郡王岳托次子、贝勒罗洛浑的家奴抢劫一案，被处以降实职一等。罗洛浑为满洲镶红旗旗主，在旗是孟氏的主人。孟氏面对这并不严厉的处分，虽不情愿，但纵有百口，也无法申辩，唯有接受而已。好在他的职务如故，仍为刑部左侍郎兼汉军正红、镶红旗副都统。

皇太极驾崩后，孟乔芳随摄政睿亲王征明，以军功加一云骑尉，且在顺治二年（1645）四月，以兵部右侍郎兼右副都御史，出任陕西总督。

孟氏的能力，不但深得皇太极的赏识，而且受到多尔衮的器重！

这是有内情的，孟氏不是一个简单的赳赳武夫，甚至改换门庭了也过得很用心。

《十朝诗乘》曾记载一个有趣的典故，是关于他的："心亭不甚读书，每令人诵书于侧，坦腹听之，鼾睡如雷。偶误一字辄惊寤曰：'误矣！'"心亭者，孟氏字也。

孟乔芳不常读书，却爱听书，貌似心不在焉、鼾睡如雷，却能突然提醒师爷读错了字。

是真如其字用心洞察身外动静，还是假寐用鼾声障人眼、乱人耳？那只有孟氏心里明白。虽然皇太极、多尔衮对他很倚重，但他这个关外的职业军人毕竟是降将。

他虽然躲过了阿敏的屠刀，但害怕还有更多人的屠刀！

他是一个明白人，善于远离皇权中心的争斗。否则，纵然他小心翼翼，多建政绩，又怎能穿梭于皇太极、多尔衮及顺治帝权力纠葛的暗流中，左右逢源，进退有据呢！

4

明清之际的陕西三边总督不好当。

他的辖区大、职权重。《明史·职官志二》记载："总督陕西三边军务一员。弘治十年，火筛入寇，议遣重臣总督陕西、甘肃、延绥、宁夏军务，乃起左都御史王越任之。十五年以后，或设或罢。至嘉靖四年始定设，初称提督军务。七年改为总制。十九年避制字，改为总督，开府固原，防秋驻花马池。"

这个总督是朝廷驻守西北的最高领导人，管理陕西、延绥、宁夏、甘肃四巡抚及延绥（榆林）、宁夏、甘肃三边镇，节制甘州、凉州、甘肃、西宁、宁夏、延绥、神道岭、兴安、固原九总兵。

这个总督当得好不好，关系着王朝西北战区的稳定。

明末总督三边军务的杨鹤，盖因为招抚义军绥靖失败而锒铛下狱。顺治朝经略大学士洪承畴，也在此任上与狂飙突进的高迎祥、张献忠、李自成血战了好几年。

陕西是李自成的大本营，南面为张献忠在四川的大西政权，多尔衮先后派出豫亲王多铎、肃亲王豪格、英亲王阿济格以及定西大将军何洛会等多路大军，一路追逐李、张、赵义军。但，打下来的疆域需要有能力、有智慧、有策略的官员进行有效管理。

孟乔芳代表新来的清朝作为秦地的首任总督，受命重建这一片还有不少义军活跃的西北边陲动荡之地。这，虽然比直接领兵冲锋陷阵少了流血的危险，但仍是一份性命攸关的苦差事。

他作为一个不满明朝而投清的降将，在明清鼎革之际主政西北，可以看出是受到了统治者的高度信任的。清朝的总督，既管民政，又掌军务，大权在握，是真正的封疆大吏。

陕西素来就是兵家必争之地。除了新来的清朝政权势力，还有明朝残余势力和农民起义军在争夺该地区的统治权。

如何确立清王朝在西北的统治地位，竭力使汉族及其他民族接受满族统治，承认这种统治的合法性和合理性，是孟乔芳莅任所要面临的难题。

孟乔芳除了为前线提供粮草外，还有一个重大的政治任务，即重建已被严重破坏的社会秩序，改善依旧混乱的社会治安。

处理不好，会激起更大的民变。他纵然想建功立业，稍有不慎或胶柱鼓瑟，也难免被议罪论死，身败名裂。

虽然明朝在西北的统治，早已在长期的农民运动中摇摇欲坠，但清军入关后迅猛发展，又使部分前明官员、军方势力及农民义军很不情愿接受外来的满族统治。他们试图继续维护名实皆亡的明朝统治。

长安百姓胡守龙等率先造印起义，丝毫不给这位大清朝派出的新总督情面。好在孟氏有刑狱经验，也有征战经历，立马诉诸武力镇压，派出副将擒斩之。

非常时期用非常手段，不无残暴，但符合清军入关后野蛮屠杀的现实。这使后来内地百姓憎恨满人的罪恶，持久地在族群矛盾和权力博弈中，将满人视若仇敌。

何以为敌？杀戮贻害也。

孟乔芳督秦蛮拼，及时申请清廷在陕西颁布恩诏，严禁晚明以来历任官员推行的苛捐杂税、横征暴敛，加大对明朝残余势力和李自成旧部的招抚工作。

在他的努力下，招抚收到显著效果，三边四镇八府的文武官绅大多进表投降。

为了不使还很虚弱的统治中心在风雨飘摇中夭折，孟乔芳还及时在南线布置有效兵力，设置巡抚衙门，以防止张献忠向北袭扰。

无疑，他在战乱时代履行着保境安民的职责，殚精竭虑，也如履薄冰。

李自成余部继续抗击官兵，拥立明宗室的地方军官起义此起彼伏，在宁夏、甘肃等地不断挑战他的维稳底线。孟乔芳先后擒获一朵云、马上飞等义军头目。

原明朝驻防甘州军官米喇印，素有勇略，在清朝统一甘肃后，任甘肃巡抚张文衡标下副将，驻守甘州。清廷推行剃发令，严令军中剃发自军官始。米喇印对清廷的民族压迫政策深为愤怒，于是利用剃发令激发甘肃降清各族将士的不满。此外，清廷再次调遣甘州兵前往四川清剿残留的大西军，引发军心浮动。他在顺治五年（1648）与从明朝一起过来的老战友丁国栋，拥立前明皇室朱识锛为延长王，打出了反清复明的旗号，设计诱杀张文衡、刘良臣等，占据甘州，集结十万，号称百万。

面对这样一股巨大的反抗势力，孟乔芳调兵遣将，身先士卒，分兵三路，成功擒杀丁国栋、米喇印等造反兵士，果断地平息了这场即将扩大的战乱。

战乱的起因，可能是不同的政治信仰，可能是各自的利益寻求，可能是诸多的矛盾症结，但祸害的还是百姓。

孟乔芳带着效忠新朝的使命而来，有镇压，有杀戮，有铁腕，有妥协，但他考虑的还是如何重建扰乱了几十年的社会秩序，如何提高人民生活水平。

5

封疆陕西的孟乔芳，不但在辖区颇有建树，而且及时对邻省施以援手。

顺治五年八月，大同总兵姜瓖得知多铎病故、多尔衮染病，降而复叛，起义归南明，以割辫为标志，遵用永历正朔。多尔衮亲自带军征讨，再次对姜瓖进行劝降，希望他能悔罪归诚，仍将"照旧恩养"。

第二年八月，姜瓖被部将杨振威斩杀献降后，忠于他的部将虞胤、韩昭宣等纠集三十余万人攻打蒲州、临晋等地，孟乔芳与户部侍郎额色率兵赴山西围剿，获胜而归。

在接下来的几年此起彼伏的小型战争中，他都是指挥有度，屡有斩获，多建军功。

顺治九年八月，世祖特派人召他进京入觐，先加其兵部尚书衔，晋世职一等轻车都尉，继而在朝堂上加其太子太保，晋爵三等男。

一回两恩诏，两次加官晋爵，还命他以陕西总督兼督四川兵马粮饷。这是顺治对他的特别重视。

在清初民族征服和民族压迫的关键时期，孟乔芳以招抚、征伐、劝降、平叛等多种手段，将西北地区收入版图，稳定西北政局，并通过招徕流散百姓、蠲免赋税和发展屯田等举措，稳定社会秩序，巩固了清朝在西北的统治。

这样一位军政两手抓的封疆大吏，最后以清廉和刚正的形象，留在了历史上。

他病逝近三十年后，即康熙二十一年（1682）九月，圣祖给新任福建将军佟国瑶特谕告诫："昔孟乔芳总督陕西、李率泰总督福建时，能洁己奉公，爱民恤士，秦闽人至今思之。"（《清圣祖实录》一百〇四，康熙二十一年九月己酉）

李率泰为康熙堂表兄——娶了康熙堂姑的降将李永芳次子，官至弘文院大学士、两广总督、闽浙总督，康熙五年病逝于任上。康熙以他作为督抚楷模，无可厚非。但康熙却将贰臣出身的孟乔芳，排在李大学士之前，除了因其死于顺治中期外，还有对孟氏之功、之正、之廉的特别推崇。

雍正继位后，推翻了不少康熙政策和法令，但他建成京师贤良祠后，特将康熙盛赞的孟乔芳作为优秀总督入祀其中。

刘廷玑在《在园杂志》卷二中对他极口颂扬："陕川总制大司马孟公乔芳为开国元勋，亦清廉第一。"

《清史稿》评价孟乔芳抚绥陇西，在当日疆臣中树绩最烈，"太宗拔用诸降将，从入关，出领方面，乔芳绩最显"。

成绩显著为最，孟乔芳于故国蒙尘见弃，而在新朝披肝沥胆，虽在气节上有污点，但在治境卫民上还是有不少作为的。

帝王心术很难猜。大臣们少不了遐想千番猜测万种，猜得中猜不中都不管，如履薄冰的孟做好分内事，那才叫聪明，或曰智慧。

孟乔芳以一前明降将的身份，成为清朝首任西北总督，既管军又管民，却被满洲统治者放心地委以重任。他以成功的地方主政，以实绩赢得了多尔衮和顺康雍三任帝位的点赞。

如果单论他屈节而追名逐利，那有失偏颇。如果从他这个个案上分析，可以透视明王朝最后内部形形色色的权力斗争，使得不少像孟乔芳这样的干臣廉吏，缺乏有效发挥才干的机会，而导致最后的大败局。

祖大寿送给皇太极
一个战略高手

1

1644年，崇祯皇帝上吊后，清军能够顺利战胜数倍于己的李自成的大顺军、张献忠的大西军和前明遗老撑起的南明军，明朝投降过去的贰臣起到了关键作用。

也是这一批贰臣降将，在征战中迅速转换角色，由军事官员管理地方，为建立清朝新政权，再次出力。

《清史稿》卷二百三十七记载："孟乔芳抚绥陇右，在当日疆臣中树绩最烈。张存仁通达公方，洞达政本。二人皆明将。明世武臣，未有改文秩任节钺者，而二人建树顾如此。资格固不足以限人欤，抑所遭之时异也？"

孟乔芳是皇太极于天聪四年（1630）永平之战中收服的明朝退伍军官，而张存仁是祖大寿第一次降清送给皇太极的在编副将。

天聪五年十月，皇太极发起大凌河之战。祖大寿在城中导演一出将领杀食士卒的悲剧后，不堪外部重围和内部压力，派长子祖泽润给皇太极写信：如果大汗要征服天下，我等甘心相助。

谈判来来回回，目的就是一个：降，是怎样的降法。

皇太极就是要逼降祖大寿。

而祖大寿的算盘如何呢？

祖大寿提出：我投降可以，但须防范锦州的追击，你皇太极得先解决这个问题。

皇太极的特使、副将石廷柱代表主子给祖大寿传话："尔等欲定计取锦州，可遣大员来议论。"(《清太宗实录》卷十，天聪五年十月丙寅)

祖大寿派副将祖可法、张存仁等出城和谈，表明态度：如果后金立即做好攻打锦州的计划，他祖大寿便率部归降。否则，再多的劝降也无用。

锦州曾是祖大寿战胜皇太极的荣耀之地，如何成了双方博弈的关节点。

石廷柱传达皇太极的指令：我既然招降你们，再进攻锦州，恐怕我兵过分劳累，是没有准备充足就攻打锦州。你们投降后，对锦州是以武力强攻，还是以谋略智取，都任你们决定。

动之以情还不如威之以力，皇太极的指令话锋一转：倘若你们一定要我先解决锦州，而自己固守城中，那么我只有继续派兵将大凌河城围死。

祖大寿想以锦州分离皇太极的兵力不成，担心激怒皇太极不再和谈，继续重围，使他身历目睹的人吃人的悲剧越闹越大，于是给皇太极写信，信誓旦旦地说："我降志已决。至汗之待我，或杀或留，我降后，或逃或判，俱当誓诸天地。"(《清太宗实录》卷十，天聪五年十月丙寅)

祖大寿无可奈何了，只好派遣一名中军送信给石廷柱，约定投降的时间和方式，以及攻取锦州的计划。

第二天清晨，祖大寿拿下坚决不降的第一副将何可纲，派两人押解至后金营前杀之。

何可纲颜色不变，不出一言，含笑而死。

城内饥饿的将士争取其肉。

刚毅之士，慷慨赴死，惨遭分食，何其惨厉！

明军饥饿到了这样一个疯狂的境地，祖大寿纵然不降，内部的相互残杀也会彻底拖垮明军。

何可纲虽为副将，但他曾深得袁崇焕重用，为袁氏第二次督师辽东时的征战"三驾马车"之一。

袁崇焕虽然此前倚重蒙古人满桂的拼杀，以及探索实践用辽人守辽土、凭坚城用大炮等战略战术，打赢了对抗后金天命汗努尔哈赤亲率大军来攻的宁远一役，他也曾向朝廷奏报满桂"谋潜九地，勇冠万夫"（《明熹宗实录》卷七十，天启六年四月己亥），但很快将帅不和，袁崇焕上疏弹劾满桂种种不是，迫使朝廷将满桂调离辽东。崇祯即位，袁氏复出，经略辽东，提出五年恢复辽东计划，重点谈及祖大寿、何可纲与赵率教堪当大任，并说："臣自期五年，专借此三人，当与臣相终始。"（《明史·袁崇焕传》）

何可纲曾被论功加太子太保，由右都督晋左都督，品级不比祖大寿低，但在祖大寿第一次降清时就成为血色祭品。

袁督师麾下"三杰"，赵率教战死于己巳之变的遵化城外，何可纲屈死在祖大寿出城投降时，少不了让祖大寿内心煎熬。

祖大寿又忸怩作态，派出四员副将、两员游击，作为他的代表出城，同皇太极及诸贝勒对天盟誓。

盟誓上写道："明总兵官祖大寿，副将刘天禄、张存仁……今率大凌河城内官员兵民归降，凡此归降将士，如诳诱诛戮，及得其户口之后，复离析其妻子，分散其财物、牲畜。天地降谴，夺吾纪算。若归降将士，怀欺挟诈，或逃或叛，有异心者，天地亦降之谴，夺其纪算，显罹国法。"（《清太宗实录》卷十，天聪五年十月丙寅）

佛家有云，凡人有过，大则夺纪，小则夺算。

夺纪、夺算，即夺除寿命也。

祖大寿发如此毒誓，无疑想让皇太极看到他死忠的决心。他记得一年前阿敏在永平杀降！

祖大寿在献城投降后来见皇太极。皇太极出帐迎接，免其跪见，行抱见礼，金卮酌酒以敬，赐予御用之物，如御服、黑狐帽、貂裘之类，待以最高礼节。

皇太极给足了祖大寿面子，老祖很快献计去招降锦州旧部，结果玩了一招金蝉脱壳。

其实祖大寿在和谈中，一直在阴谋玩这一招，一是要皇太极先解决锦州，想趁机全力突围，二是让人代为宣誓妄图置身度外，躲过天谴。

祖大寿成功返回明营，背弃了几重毒誓，却留下了诸多子侄和一万多名将士作为人质，也给皇太极留下了一支很有作战经验的大明精锐。他的儿子祖泽润、祖泽溥、祖泽洪，义子祖可法，副将张存仁、刘良臣等，都留在了后金。皇太极没有因为祖大寿的背弃盟约而处罚他们，而是让他们继续统领旧属，带着赎罪感成为效力于清朝政权的死忠分子。

美国历史学家魏斐德在《洪业：清朝开国史》中说："大凌河降官几乎都是世代为明朝效力的辽阳土著边民。他们是职业军人，严格遵守维护个人荣誉的生活准则。自从他们决定归顺后金之后，便成了金汗麾下极为忠诚和自豪的追随者。"

2

辽阳人张存仁最初是祖大寿的心腹大将，在祖大寿麾下，仅次于何可纲。皇太极在劝降书上，都是写着"祖大寿、何可纲、张存仁"，或曰"致书祖、何、张、窦四大将军"。(《清太宗实录》卷十，天聪五年十月丁未、己酉)

祖大寿命他和祖可法一同作为谈判代表，与十一年前在广宁之战中向努尔哈赤投降的前明广宁守备石廷柱等进行和谈。

石廷柱本为女真人，姓瓜尔佳氏，其曾祖和祖父曾任建州左卫指挥，谈判时他已是皇太极的副将，也算是特使。

石廷柱前往受降，不知祖大寿暗藏一手。

皇太极隆遇厚赏，不敌祖大寿虚晃一诺。

祖大寿走后，皇太极仍授张存仁为副将。

如果祖大寿不走，或许张存仁只能屈居其下。但，祖大寿确实走了，他的副将集群直接各挡一面。张存仁很快崭露头角，天聪六年上疏皇太极请求趁机进取辽东，得到了新主子的赏识和器重。

崇德元年（1636）五月，皇太极仿效明制设置都察院，并下谕都察院诸臣："尔等身任宪臣，职司谏诤。朕躬有过，或奢侈无度，或误谴功臣，或逸乐游畋不理政务，或荒耽酒色不勤国事，或废弃忠良、信任奸佞，及陟有过、黜有功，俱当直谏无隐。"（《清太宗实录》卷二十九，崇德元年五月丁巳）

皇太极设立都察院，是学了明朝的官制，但又将原来独立监察机构、掌管稽查六部及其他衙署的六科给事中，一并纳入都察院，结束了唐朝以来监察机关台谏并列的局面，以一个更庞大、更专业、更直接的监察机构维护皇权。

皇太极要给自己设置一群监督人、挑刺者。不论这是他的真心设想还是做个障眼幌子，都是君临天下需要谏臣和诤臣的一种宣示。

大度无疆是一种情怀，也是一种胸怀。

需要质疑是一种态度，更是一种境界。

敢于死谏的魏徵常有，而从谏如流的李世民不常有。

这位著名的清太宗与唐太宗虽相隔千年，但对待臣下的态度，倒是有几分相似。只是，皇太极晚年励精图治，李世民醉迷歌颂。

诸臣不敢指责皇太极的偏执，但得肩负皇太极同时赋予的另外一个使命。

皇太极需要他们监督诸王公、贝勒、大臣，如果他们不勤于政事，贪酒好色，喜好游乐，索取百姓财物，强夺民女，或者朝会不敬重，服饰违制，迎合圣意而托病偷安，不入朝和不正常工作的，礼部应进行稽查。都察院就是背后一把利剑。

如果礼部徇私情隐瞒不报，都察院官员就得察奏。

六部断事有失公正和错误的，事情未认真办理结束而欺骗上报已办理完毕的，都察院也应当进行稽查，并向皇太极报告。

这是已改元称帝的皇太极加强皇权的又一个政治大事件。

天聪六年正月，皇太极废除与三大贝勒俱南面坐、共理朝政的旧制，改为自己"南面独坐"，突出汗位的独尊地位，清洗了威胁汗位的三大贝勒势力。

天聪十年六月，皇太极改文馆为内三院，继而仿明制设六部，停止亲王、贝勒领部院事务，命诸院部直接对其负责，使之独主政务。

都察院，就是皇太极监察三院六部以及诸王公贝勒、文武百官的特殊机关，用来全面强化和监督执行皇太极独裁专制的政治纪律和政治规矩。

都察院初设承政一人，左右参政各两人。张存仁受命成为这个新设的国家权力机关的第一负责人，被授予一等男世职。

皇太极下令，都察院长官班次在六部之上。

张存仁受此重任，甚是惶恐，于是说：我自投效以来，默默观察满朝文武是非贤明，政事得失，但不敢站出来妄论一二。现在皇上创立都察院，命我出任承政。我要是正直，我的属下官员正直必然超过我；我要是邪佞，我的属下官员邪佞也必有甚于我。如果我按着自己的心思行事，别人不敢弹劾的而我弹劾之，别人不敢改变的而我改变之，那么举国上下必然对我群起而攻之，使我于上无以报主恩，于下无以伸己志，那么我之获罪百身莫赎。

他知道自己要怎么做好监察官员的表率，也知道面临着多大的困难："臣虽愚，岂不知随众然诺，其事甚易；发奸摘伏，其事甚难。诚见不如此，不足以尽职。"（《清史稿·张存仁传》）

他有心做好这份苦差事，于是做一个严于律己的表态：

一、如果他苟且塞责，畏首畏尾，那么皇太极可以负君之罪杀了他。

二、如果他假公行私，瞻顾情面，那么皇太极可以欺君之罪杀了他。

三、如果他贪财受贿，私家利己，那么皇太极可以贪婪之罪杀了他。

张氏很智慧，也很理智，"敢于受任之始，沥诚以请"，宣示自己要以身作则、垂范满朝，同时也为自己职掌风宪，位高权重，必须得到最高领导人的信任和支持：如果他没有违背自己的宣誓，一旦有奸邪小人诬陷他，那就需要皇上辨别是非、乾纲独断、严惩嫉妒侵害。

皇太极表态：我知道你是说了真心话！我素来不听谗言，只有亲眼看到才会相信。我决心要设置专门机构监察王公大臣，那么诸臣必须认真遵守，纵有奸邪，看谁还敢兜售其阴谋诡计！

为了组建成一支强有力、无死角、无特区的监察队伍，皇太极又以其远房的舅舅阿什达尔汉为都察院满承政，尼堪为蒙古承政，并增置祖可法为汉承政。

崇德三年秋七月，大学士范文程、希福、刚林等鉴于六部及都察院、理藩院满洲、蒙古、汉人承政，每衙门各三四人，政见不一，容易纷争，奏请每衙门只设一个满洲承政，其他皆为参政。于是，清廷更定官制，皇太极重新任命阿什达尔汉为都察院承政，祖可法和张存仁同为右参政。

张存仁虽然职位有所调降，但不改其仕清的态度和忠诚。

3

崇德五年正月，张存仁和祖可法联袂向皇太极提出建议，利用强大的兵力向明朝发起进攻，期待皇太极提前制定战略思想，"攻心为上，不角力而角智，勿取物而取城，则直捣燕京，割据河北"（《清太宗实录》卷五十，崇德五年正月壬申）。

这两个著名的投降派，不像祖大寿那样虚与委蛇，而是死心塌地地为皇太极卖力。

他们力劝新主子攻打故国，还为如何拿下明朝倚为生命堡垒的宁锦防线献计献策："我兵屯驻广宁，逼临宁锦门户，使彼耕种自废，难以图存，锦州必撤守而回宁远，宁远必撤守而回山海。"（《清太宗实录》卷五十，崇德五年正月壬申）

他们美其名曰"此剪重枝伐美树之著也",就是要将他们驻守锦州的故主祖大寿,逼入投降或死战的境地。

不容否认,最初在大凌河之战,已至绝境的祖大寿派他们同皇太极和谈,继而指示他们代主发表毒誓,带着他们投降后又偷偷逃跑,无疑会让张存仁、祖可法痛恨不已:一恨祖大寿把投降的主张强加给他们,二恨祖大寿让他们背负毒誓,三恨祖大寿将他们逼进了生死门后金蝉脱壳,四恨祖大寿带他们做了叛国者还给自己安骂名。

投降者一旦泄恨报复就是极其可怕的!

张存仁给皇太极打报告说:祖大寿因为背弃您给的恩惠、违背对您的誓约,人们都会认为他无颜再降。但我知道他本来就是毫无定见之人,一旦情势危急,他仍会自缚求取活命。

曾经的主公,被曾经的心腹说得一文不值。是知根知底,是积怨怀恨,是尽忠新主出卖旧主,是实心投效大义灭亲。

为了彻底击垮祖大寿,张存仁建议皇太极釜底抽薪,从策略上对祖大寿给予致命一击:祖大寿所凭借的,就是蒙古诸部落的支援。今蒙古人大多仰慕您的圣化前来归服,祖大寿必然怀疑而防患他们,祖大寿防患越严,则蒙古人越想离弃他,离开就是变化。我诚恳地希望皇上以屯粮为务,布谕蒙古,多派间谍,再以所擒土人纵之招抚,这样只会使蒙古部落相率来归。

此招一出,既要让祖大寿变得孤立无援,又可使大明朝失去战略联盟。

一箭双雕。

所以,张氏踌躇满志地说"此攻心之策,得人得地之术"(《清太宗实录》卷五十,崇德五年正月壬申)。

另外,他曾身历目睹祖大寿在大凌河城内的八十二天里,陷身于人吃人恶性境况中的痛苦,于是献策,逼迫祖大寿在锦州城重演一场惨无人道、灭绝人性的人类悲剧。

果然奏效。

皇太极到义州视察，蒙古多罗特部首领苏班岱等请求归降，郑亲王济尔哈朗等率军一千五百人前去迎接。祖大寿获悉清军人少，命令游击戴明与松山总兵吴三桂、杏山总兵刘周智合兵七千人出击，却被济尔哈朗等假装逃跑，纵兵反击，大败之。

皇太极此前虽然寄书祖大寿：我和将军分别数载，很想一见。至于去留，我不勉强。如果将军还想与我较量，尽显为将之道应对。朕不以此介意，亦愿将军勿疑。

一旦祖大寿主动交战，偷袭失败，皇太极仍命睿亲王多尔衮和济尔哈朗等带兵轮番攻锦州。

第二年三月，皇太极再次发兵围攻锦州。明蓟辽总督洪承畴率吴三桂等八总兵领兵十三万来援，驻扎在松山。皇太极亲率军队切断明军粮道，明军大乱。清军趁势掩杀，总督洪承畴等被围于松山。被围困了整整一年的祖大寿，在锦州城里再次粮绝援尽，再次经历杀人相食的惨状，于是亲率部众开城出降。

祖大寿再次降清时，他的顶头上司洪承畴也在此前不久被俘，解送盛京。

皇长子豪格见其拒不归顺，决定将其就地斩首，是张存仁和范文程极力谏阻，联合设计以皇太极一招脱衣送暖的计谋，拿下了这个贰臣。

张存仁等说：只要让洪承畴屈服，就能得到一个难得的忠臣和大才！

计算祖大寿和洪承畴的张存仁，接着向皇太极出主意，要利用松锦城破、洪祖俘降大做文章，以"逆者必杀，顺者必生"（《清史列传·张存仁传》）的政策，招降宁远总兵吴三桂。

他认为吴三桂进退失据，持观望的态度。

于是，皇太极命张存仁等给吴三桂写劝降信，晓之以理，威之以力，动之以情。

张存仁在信上写道：明朝气运已尽，救锦州之围而导致松、杏二城被困，"守一城而三城俱失，重臣大帅被俘归降"。吴将军是祖大寿的外甥，你舅父既已降清，你难逃朝廷的追责，很难表明忠诚的心迹。明朝大厦将倾，你也是一木难支，纵然苟延岁月，但智竭力穷，最终也要重蹈你舅父覆辙。不如现在就投降，还能在大清获取勋名。

此时的吴三桂，看完此信，表面上表达出了更大的愤怒：他要做崇祯帝的忠臣，砍下祖大寿、张存仁的脑袋以报天恩，但心里还是激荡起不少波澜。

吴氏对明帝慷慨激昂欲复仇，挡不住张氏被清帝叙功论赏升高位。

4

顺治元年（1644），镶蓝旗汉军副都统张存仁随镶红旗都统叶臣招抚山西，占二十七州、一百四十一县，攻克太原城。继而，张存仁又随豫亲王多铎攻打河南、江南，并率部展开炮战，屡立战功。

摄政睿亲王统兵入关，张存仁联合祖可法，以都察院参政之名，提交了一份特殊的建议："盖京师为天下之根本，兆民所瞻望而取则者也。京师理，则天下不烦挞伐。而近悦远来，率从恐从矣。然致治亦无异术，在于得人而已。臣等所虑者，吏兵二部，任事不实，仍蹈汉习，互相推诿，任用匪人，贻误非小。今地广事繁，非一人所能理。安内攘外，非一才所能任。宜将内院通达治理之人，暂摄吏兵二部事务。"（《清世祖实录》卷五，顺治元年五月己亥）

他们在给多尔衮敲警钟！他们希望多尔衮约束满洲勋贵和八旗将士，不要步了放任手下四处劫掠而遭京师百姓仇恨唾弃的李闯王的后尘。当然，他们也寄望多尔衮迅速组建人事、军事管理团队，推动大清由割据一方的地方政权向定鼎天下的中央政府转型。作为曾经太宗倚重的监察长官，他们也想分一杯羹。

多尔衮虽然赞同他们的建议，但并不执行。多尔衮有自己的想法，他要让天下人看到，他这位摄政睿亲王兼奉命大将军掌控全局、燮理巨细的高强能力。

他这不是沐猴而冠，而是对失落帝位的不甘，所以他要证明自己的实力，而且要威慑所有的反对者。即便大学士们向他讨要部分执政权力时，他也是一百个不情愿。

多尔衮不需要张存仁的监督，而是要对他进行有效的驱使。

顺治二年，贝勒博洛与多铎分兵后，攻克常州、苏州、杭州，隶属博洛的张存仁授命管浙江总督事务。

杭州居民逃避剃发令，几乎空城，于是张存仁召集绅士推出招抚政策。他上书摄政睿亲王，请求开科取士，薄赋劝弄，保境安民。

这个曾经为征战出谋划策的赳赳武夫，到了地方执政还是心里装着百姓。张存仁虽然亏节仕清，但他对国家还是极其忠诚的。明清之际许多为了实现政治理想而淡化民族气节的贰臣，都具有这样的两面人生。他们可能为了一时利益而被迫选择苟且生存，但他们却始终保持着一种不无坚定的政治选择。

行伍出身的他既然选择了忠事清朝，内心深处就似乎不再有道义上的不安，而是以一种推动新朝政治改革和国家统一的英雄主义，成就了自己的另一种理想。

顺治二年十一月，张存仁以兵部右侍郎兼都察院右副都御史，总督浙江、福建。兵部和都察院的官职，皆为兼职，他的实职为封疆总督。

他成了清朝乃至中国历史上第一个闽浙总督。

他的辖区仍是南明主要的势力范围，明唐王朱聿键在福州称帝建立隆武政权，鲁王朱以海在绍兴称监国鲁政权，福王旧部马士英等纠集兵马攻打杭州。面对纷争而争正统的南明政权，张存仁都是竭尽全力，不惧艰险地维护社会的稳定。

封疆闽浙的张存仁，虽然治绩不菲，但仍有作为前明降将的道义上的不安，故而多次乞求病休，都未真正卸职。顺治六年八月，已被朝廷批准病休的张存仁，又被起授兵部尚书兼右副都御史，总督直隶、山东、河南三行省，巡抚保定诸府，提督紫金诸关，兼领海防。

三年后，张存仁去世，受赠太子太保，谥忠勤，命直隶、山东、河南、浙江、福建五行省祭祀。他猝然而逝，看来在浙江多次告病，也是实情，而他入祀五省名宦祠，该是治绩出众。

顺治七年，朝廷通知总督、巡抚和按察使考核官员文化水平。张存仁反其道而行之，规定：清廉的干吏只要有点文化的都注明上报，而那些不清廉的庸官文学水平再好也要排在后面。监察人员不解，张存仁说："我武臣也，上命我校文，我第考实，文有伪，实难欺也。况诸守令多从龙之士，未尝教之，遽以文艺校短长，不寒廉能吏心乎？"（《清史稿·张存仁传》）

张存仁自定了一个新标准：考察执政的工作实绩，而不要文采飞扬的修饰。

他旗帜鲜明地说：文字可以造假，但实绩不能作伪。何况各府县的官吏很多都是拼军功而升迁的，没有多少学问。如果仅凭文才论高低，那就会使廉能的官吏寒心！

顺治帝少年老成，有一定的政治建树，但因喜好文艺而放纵了陈名夏、刘正宗等学霸型权臣明争暗斗。而类似张存仁的实干型贰臣，虽然大节有亏、不具备元勋忠烈的资格，但他们在工作上洁己奉公、实干进取，仍不失为历史拐点处的光亮。

祖可法：
弃子出卖故国更疯狂

1

祖可法到底是在多大年龄时被祖大寿抚养的，史料没做说明。在他的本传里，只标注了他是祖大寿的养子。

祖大寿对这个养子，也曾给足了机会。他身为总兵，养子便是副将。天聪五年（1631）十月，祖大寿在大凌河城被迫向后金大汗皇太极递交降表，对城内将领排名，祖可法排副将第五，其前为刘天禄、张存仁、祖泽润和祖泽洪，其后还有曹恭诚、韩大勋等九名副将。

除去坚决拒降、神色不变、不出一言、含笑而死的副将何可纲，被祖大寿作了第一份投名状外，在随同"明总兵官祖大寿"的十四位副手中，祖可法的排名无疑是靠前的。

祖泽润、祖泽洪是祖大寿的长子与三子，祖可法紧跟在他们后面，可见祖可法在祖大寿心中的位置非同一般。

面对着皇太极的紧急围城，祖大寿在坚守前已来不及准备足够的食物。全力突围也是徒劳无益，盖因皇太极已命兵士加班加点在大凌河城四周加修了壕沟和栅栏。

皇太极最希望成功招降祖大寿。他对祖大寿刻骨铭心——

后金天命十一年（明天启六年，1626）正月，努尔哈赤统兵十三万，号称二十万来攻宁远，被袁崇焕以新购置的红衣大炮击溃，半年后驾崩。

清朝史官没有把太祖之死归罪于明朝，但描述努尔哈赤之败是很用心的："我兵执盾薄城下，将毁城进攻。时天寒土冻，凿穿数处，城不堕，军士奋勇攻击间，明总兵满桂、宁远道袁崇焕、参将祖大寿婴城固守。火器炮石齐下，死战不退，我兵不能攻，且退。翼日再攻，又不能克而退。计二日攻城，伤我游击二人，备御官二人，兵五百人。"（《清太祖高皇帝实录》卷十，天命十一年正月戊午）

破天荒地让努尔哈赤做了手下败将的明将中，祖大寿榜上有名、名列前茅。祖大寿时任参将，宁远战后他被天启帝的大太监魏忠贤论功行赏封为副将。

要知道，努尔哈赤曾统一女真各部、大败九部联军，经常以少胜多，堪称常胜将军，然此次却折在几个小人物手中。时皇太极随父参战，毋庸置疑败给了祖大寿。

天命汗死后的第二年五月，后金新任天聪汗皇太极利用同明镇守辽东太监纪用和谈之机，率军再攻宁远。又是祖大寿带领精兵四千人绕到后金大军后方，与总兵满桂、尤世威形成掎角之势，和金兵激战于宁远城下。后金军败走。

著名的宁锦大捷，又是祖大寿联手战友们，战胜了久经沙场的皇太极。

因为满桂和祖大寿配合得好，袁崇焕威名赫赫，虽曾遭魏忠贤贬抑而辞官，但继立的崇祯帝又请袁崇焕出山，督师辽东。袁崇焕打击老将满桂，但对祖大寿很重视，立即升其为辽东前锋总兵，挂征辽前锋将军印，驻守锦州。

不但袁崇焕倚重祖大寿，皇太极也曾给祖大寿写信，希望通过他，方便后金国派遣使者吊唁天启帝之丧，且恭贺新君登基。

皇太极猫哭耗子。祖大寿严词拒绝。

天聪三年（明崇祯二年）十月，皇太极借道蒙古从喜峰口入关，进攻明朝京师。袁崇焕急令祖大寿驰援，击退皇太极的十万大军。虽然皇太极冠冕堂皇地说"得之易，守之难，不若简兵练旅以待天命"（昭梿《啸亭杂录》卷一《太宗伐明》），但是他又一次成了祖大寿的手下败将。

由此皇太极打起了祖大寿的主意。

第二年春，皇太极撤军时，袭击攻占了永平、迁安等四城。皇太极听说祖大寿的族人住在永平三十里存，当即派军拘禁，监视之，优待之，就是希望祖大寿领情。

即便不久之后祖大寿率兵从阿敏手上夺回滦州，进逼永平，将赫赫有名的屠夫阿敏打得落荒而逃，但皇太极招降祖大寿的心思，由来已久，愈发强烈。

祖大寿击溃阿敏，祖可法冲锋陷阵。

时过境迁，皇太极发起大凌河之战时，有了他从永平招降的前明退伍军官孟乔芳的帮助，一举奇袭，势如破竹。皇太极披挂上阵，与十七岁的多铎带着两百护军，大败新督师大学士孙承宗和祖大寿的姐夫、总兵吴襄指挥的七千明军。

孙承宗败走。

皇太极再次以"满洲国皇帝，致书于祖大将军"（《清太宗实录》卷九，天聪五年八月乙卯。此时皇太极还未称帝，"满洲国皇帝"为后世修撰太宗实录而写），表达"人未有不愿太平，而愿战争者。即战而获胜，岂若安居之乐乎"。皇太极打着心向和平的旗号，要和祖大寿和谈罢兵："幸遇将军于此，似有宿约，深惬我仰慕将军素志。意者天欲我两人相见，以为后图乎！"

为了招降多次大败自己父子的明朝总兵，皇太极不但坦白自己要和平遭到明朝廷君臣却自视天朝、卑视于他，而且说了一些前生当有缘、今生该有分的甜言蜜语想去打动祖大寿。

祖大寿不为所动，皇太极加紧施压。

皇太极不久又亲率精锐，在小凌河一战大败率百余名战将和四万步骑来援的明监军兵备道张春，俘获包括张春在内的三十四名将领。

两路援兵大败，祖大寿已然援尽量绝，大凌河城内出现大规模、有计划的杀人为食事件。

迫于形势，祖大寿改变了信誓旦旦的"我宁死于此城，不降也"（《清太宗实录》卷十，天聪五年十月丁未）的态度，在得到皇太极重提"永平攻克之后，不戮一人，父子夫妇，不令离散，家属财物，不令侵夺，加恩抚辑，此彼地人民所见者"（《清太宗实录》卷十，天聪五年十月己酉）的承诺，并看到书中举出许多对违反金汗禁令擅杀汉族俘虏的满、蒙贵族施行惩处的例子，如"杀永平兵民者，乃二贝勒阿敏之事。上以其违命妄杀，已将阿敏论罪幽禁，夺其属员"（《清太宗实录》卷十，天聪五年十月丙辰）后，祖大寿坐不住了。

祖大寿为了把危在旦夕的投降卖一个好价钱，讨价还价。

祖大寿和长子祖泽润密探后，决定和谈归降之事，于是向城下的后金大营射去了书信。

皇太极只站在幕后，谈判者由副将石廷柱、参将达海等担任。金方要求，祖大寿如果真有投降的诚意，必须派出一名人质。

祖可法再一次出场了。

祖大寿"令可法冒亲子"（《清史列传·祖可法传》），这本是欺骗。

祖大寿心里清楚，他有过三败皇太极的辉煌。但他不知道皇太极会进行怎样的报复。

前不久，他一举击败能征惯战的后金二贝勒阿敏，结果皇太极将这位曾与自己长期平起平坐的堂兄弟，直接论罪下狱。为了保险，祖大寿只能对养子说尽了知恩图报的好话，请他做一回冒险主义者，当然也会说他是首功建立者。

皇太极并没有下令斩了祖可法，毕竟和谈的缺口打开了。养子也是儿子，这个祖可法也是一员悍将，战功卓著。

于是，皇太极安排亲信贝勒济尔哈朗、岳托和祖可法见面谈。

祖可法也是饿怕了，见到这两位后金贵族就上前叩拜。

岳托阻拦道：前日是两军对垒，是仇敌，现在已经讲和了，兄弟之间不用跪拜。

岳托说完，主动和祖可法来一个抱见礼，紧接着济尔哈朗等其他贝勒依次同祖可法来了个拥抱。

拥抱就是亲热！有了这样亲密的接触，祖可法饱餐一顿是理所当然的，应该还有收礼。

2

中国有两句俗话很经典：一是天下没有免费的午餐；二是吃人的嘴软，拿人的手短。

初次见面就得到后金多个贝勒盛情款待、殷勤利诱的祖可法，倒是一个把投降办得很实在的人。降了就降了，他要做新朝的忠臣，很有职业军人的精神。毕竟他的投诚，是由他的带头大哥，也是他的总兵干爹祖大寿决定的。

他作为谈判者时，一切还得为还未正式投降的战友们的性命考虑。

他害怕金军重演杀降！

于是，当岳托问他为何死守空城时，祖可法直言不讳：你们在永平屠戮降民，让人无不畏缩！

为追使皇太极表明态度，祖可法大胆地说：大汗赈济贫困者衣食，不侵夺富裕者，宽仁爱民的仁君之德，但我国人还是不相信。

待到皇太极同意盟誓，投降才如期进行。

祖可法不辱使命，两边往来，终于把祖大寿和皇太极拉到了一起，来了个大拥抱。

亲热的拥抱，隔着两颗心。异心便有心怀鬼胎。祖大寿很快便借着去招降锦州旧部，背弃了那个天地为鉴的毒誓性盟约。

祖可法和祖大寿的几个儿子，及张存仁等副将，被逃跑主义者祖大寿留给了皇太极。

祖大寿之逃，想的是自己曲线回国，但忘记了自己是降而复叛，而且为了成就自己的名节而将儿子们、部下们留给了满人的屠刀。虽然祖可法在谈判中和岳托重提阿敏永平屠城的特大负面影响，但是谁也不知道祖大寿的背叛，会激怒奴酋的大头目皇太极怎样的疯狂报复。

可是，这次祖大寿赢了。他为了保全自己对大明朝的忠诚，把几个儿子、养子和一万多部下卖给了皇太极。当年，皇太极严惩阿敏，将其论罪重办，那是兄弟之间的权力之争。而这次皇太极不但没有因为他而屠戮他的亲人和部众，反而对其亲人和群众委以重任，还让他们整编在一起，不再分离。

与祖大寿分道扬镳的祖可法，跟着皇太极来到了盛京，受到了诸贝勒的盛情款待，五天一大宴，见面抱见礼。

老对手成了新战友，第二年五月，祖可法跟随皇太极攻击明朝的归化城，归来论功行赏，被直接封爵一等男。

崇德元年（1636）五月，皇太极特地任命从大凌河之战中收服的降将为诸部院承政：张存仁为都察院承政，祖泽洪为吏部承政，韩大勋为户部承政，姜新为礼部承政，祖泽润为兵部承政，李云为刑部承政，裴国珍为工部承政。

祖大寿留下的降将们，成了已成功结束四大贝勒联合执政的独裁皇帝皇太极的心腹重臣，正在取代原来领部院事务的诸王贝勒，帮助把政务大权集中到皇太极一人手中。

都察院是大清国的言路，负责纠劾百官，有风闻奏事之权。虽然是沿袭明制，但也是皇太极要高度集权的得意之作，他要整治违法犯罪的贪墨官员，也要打击侵害皇权的王公勋贵。

为了将新建的都察院打造成一把制衡诸王公贝勒大臣的利剑，皇太极又设置了满洲承政、蒙古承政，并增设祖可法为汉承政。

降将祖可法和张存仁，成了后金汗国的第一批部院大臣。

崇德三年正月，户部汉承政韩大勋被家仆李登举报：他从自己专管的银库里盗取金银珠宝等财物回家。

户部主官监守自盗，这是盗窃国家资产，不是小事！

法司不敢怠慢，赶紧请旨调查，结果从韩府搜获黄金七两、白银十五两五钱、珍珠七两九钱。

这是一笔微乎其微的收获！

皇太极为了给大家一个交代，于是责成法司对韩大勋进行立案审查，韩氏供认不讳："从刑部赍金二十七两。我与布丹、赫世密三人同谋盗取是实。"（《清太宗实录》卷四十，崇德三年正月甲午）

法司再次派人详查，查实："刑部送来金银财物，系韩大勋、布丹、赫世密、罗洛车克，笔帖式巴木拜、阿尔拜等承收。乃止将银物数目登记于簿，其金二十七两并未登记。汉启心郎高士俊、朱国柱，汉笔帖式汪起蛟、魏云程等曾将此金查明封固，止以他物登记于簿，而此金并未登记。"

刑部议罪：户部长官韩大勋为首的众人合谋盗金一案，为其家人告发属实。"众人同谋盗金，故不记档案，俱应论死。承政英俄尔岱、马福塔、吴守进奉命察计库内被盗金银珠宝数目，反多出东珠八颗、黄金四十六两一钱五分、银四千四百七十两，纺丝绫杭绣四百七十四匹。英俄尔岱等既不知盗去数目，又不知所盗之金木曾登簿，难辞疏忽之咎，应各革一世职，罚银一百两。"

刑部议罪将韩大勋论死。

定刑报告提交给皇太极，没想到皇上有自己的考虑，朱笔一挥：韩大勋免死，革职，追所盗金银、珍珠入宫。准首告李登夫妇离主。

对于其他十二名人员，皇太极也以刑部定刑过重，决定从宽进行刑事处罚：英俄尔岱、马福塔、吴守进免革职，罚银一百两。布丹、罗洛车克免死，赎身，仍留部用。赫世密系值日官，他物皆记档案，独金数未经登记，姑免死，革职，解部任，鞭一百，贯耳。阿尔拜系值月笔帖式，他物皆记档案，独金数未经登记，姑免死，解部任，鞭一百，贯耳鼻。巴木拜虽非值月笔帖式，亦曾与布丹会计银物数目，鞭八十，解部任。高士俊、朱国柱、汪起蛟、魏云程各鞭一百，贯耳鼻，俱解部任。

从皇太极对这一起窝案的处理情况来看，虽然他对户部其他官员和仓库的满汉低级官员也视责任大小给予了不同的处罚，但对满族值月官赫世密、值月笔帖式阿尔拜的处罚是很重的，"姑免死，解部任，鞭一百，贯耳或贯耳鼻"。贯耳、贯耳鼻，都是女真人野蛮时代传承下来的酷刑，即用箭刺穿耳朵和鼻子。他们平时工作恪尽职守，就因一次疏于对韩大勋等人盗取的黄金数量进行登记，就被处以致残的刑罚。

而在涉事的十三名罪犯来看，韩大勋所接受的惩罚，无疑是最轻的。

皇太极不想严惩韩大勋的目的，就是不想打击大凌河降将们的积极性，当然也考虑了包括新封的三顺王（恭顺王孔有德、怀顺王耿仲明和智顺王尚可喜）的情绪。他虽然摆脱了其他三大贝勒的权力掣肘，凌驾于诸亲王贝勒之上，但他还得充分利用明朝过来的降将贰臣们冲锋陷阵。

但是，韩大勋的严重违纪事件，再次把大凌河降将推到了风口浪尖。他是利用职务之便进行非法侵占，在挖大清王朝的墙脚啊！

作为大凌河降将阵营过来的执法者，都察院承政祖可法、张存仁决计联名上疏弹劾韩大勋。

他们先感谢皇太极对归降汉人之恩遇：我们这些大凌河官员当年困厄至极，荷蒙皇上矜全恩养，赐以丰足的宅舍田园、众多的妻妾阿哈、荣贵的轻裘肥马，让我们过上了幸福的日子。

继而，他们笔锋一转：韩大勋纵情声色，恣意荒淫，今又监守自盗，盗用金库财物。皇上顾念"恩养日久，所费巨万，今所盗为数甚微，不忍遽诛"（《清史列传·祖可法传》），但是这样"恐开新人为盗之门"，请求对韩大勋明正典刑，警示将来。

皇太极想见好就收，孰料职掌风宪的祖可法和张存仁坚持不同意。他们有纠弹百官、匡正吏治之重任。原来在明朝，他们就是韩大勋的领导，如今投效清朝，他们虽然被划入了八旗汉军体系，但还是打着外来的汉人标签。

他们不敢因为姑息韩大勋而影响到大凌河降将群体的政治前途和性命安危，也不想留给皇太极一个不能履行监察、秉公执法的印象，于是坚持要将韩大勋处死。

他们此举，有坚持职守不负使命的成分，有不搞山头舍一保万的考虑，当然也有明哲保身出卖老友的可能。但为了标榜自己的捍卫职守、从严治吏，他们果断地向皇太极提出，要迅速行文规定户部建立文簿制度，分析旧管、新收、开除、现在四柱之数，到年底再调集公正严明的官员进行稽查，杜绝国库被侵占的弊端。

皇太极是一个执拗的君王，他虽然接受了祖、张提出的改革户部登记的方案，但是坚决免除韩大勋的死罪，以激励他和其他降将贰臣们戴罪立功，无过加勉。

3

崇德三年七月，皇太极接受了大学士范文程等人的建议，为杜绝职官太多，政见多出，决定以满人主政诸部院，汉人和蒙古人只能做副手。

原来的承政大人祖可法和张存仁被降任为右参政，即排在满人承政和左参政之后。

右参政相当于后来的右副都御史。级别下降了，但仍位高权重。顺治十年（1653），威名赫赫的经略大学士洪承畴返京后，以内翰林弘文院大学士、兵部尚书，参与机务，仍兼了一个右副都御史衔。虽然有些不对称，但可见这个副职还是一个显位。

皇太极对祖可法们还是很信任和听从的。

崇德六年三月，睿亲王多尔衮、肃亲王豪格、贝勒阿巴泰等围攻锦州，不经请示，私自批准兵士和军官轮流回沈阳探家，一次每牛录三人回家，再一次每牛录五人、章京一人回家，又在离城三十里处远驻，导致明军出城运输粮草成功。

皇太极闻讯后大怒，认为大家坏了他的征明大计，于是偏执地要严惩多尔衮、豪格等诸亲王贝勒，理由是他们违背了皇帝规定由远渐近围逼锦州的指令。

皇太极出离愤怒，"竟日未解"，痛斥多尔衮等"彼此相持，稽延月日，何时能得锦州耶"（《清太宗实录》卷五十五，崇德六年三月丁酉），连连降旨，命他们前来回奏认罪，继而又命他们停职反省，"不令入城"，继而派出内大臣、大学士等组团去讯问多尔衮等。

此时皇太极正为爱妃海兰珠的病情忧心忡忡，脾气也越来越差，越来越倔，认为多尔衮们这是轻视他的皇命，于是对诸亲王贝勒公进行分别降旨责罚。

这是皇太极在崇德朝再一次大面积打击诸王贝勒的一起著名的群体事件。稍有不慎，就会引发内讧。受罚的诸王贝勒手握重兵，而皇太极偏激，要进行整体打击，责成法司对他们议罪重处。

双方剑拔弩张，火并一触即发。

祖可法再次联手张存仁，向皇太极上疏进言：皇上您是天赐智勇，算无遗策，兵戈所向，战无不胜。

他们以颂扬皇太极是军事天才，来平息他连日来的怒气冲天，说："前者诸王、贝勒、大臣领兵疏略，退步安营，使敌得暇，大失机宜。今俱已知罪，愧悔交集。臣等伏思明关外各城，下在旦夕，正我军奋力之时。诸王、贝勒、大臣既蒙恩宥，自必黾勉立功，以赎前愆。况大勋在迩，宜与大小臣工朝夕议论，以期有成。不当隔越弗见，望上开宥过之仁，容觐天颜，俾得力图报效。"（《清史列传·祖可法传》）

这次轮到祖可法们力劝皇太极见好就收了。他们向皇太极传递出一个消息：如果你执意要处罚各位在前线征战的亲王贝勒，其实是在关键时机给明军喘息的机会；如果你见好就收给诸亲王贝勒戴罪立功的机会，那么他们必然会为皇上创建更大的"大勋"。

执拗的皇太极听从了祖可法们的建议，见好就收，激励了多尔衮们最终拿下松锦，成就了大清王朝的梦想。而当初在韩大勋事件上，他们却是坚持要一追到底，在皇太极愿意容忍的情势下，还保持着零容忍的高姿态，一是证明自己秉公执法、大义灭亲，二是力保同来的降官，不以局部污点害了整体。

毕竟祖大寿的降而复叛，把他们留在了有过杀降史的敌营。他们无法捉摸清皇太极的帝王心术。

祖可法既然重新选择了新主子皇太极，心知肚明，只有保持着绝对忠诚，才能淡化自己曾经萌发的虚幻的英雄主义和道德不安。他曾写信力劝吴三桂及早投诚，争取分茅裂土，虽只是诱之以利，但这样的言语，如果没有皇太极的授意，或者后世史官的修改，他断然不敢许诺一个降将成为一方藩王。

当然，清朝的异姓王是难封的，皇太极毕竟只封过孔有德、耿仲明和尚可喜这样的三顺王。但祖可法的忠诚，仍换得了皇太极的器重，让他成为正黄旗副都统。

为了回报皇太极的"恩养日久，所费巨万"，祖可法不惜劝止皇太极与明朝的休战谋和。祖可法说：明朝皇帝爱惜名声，臣子害怕杀戮，他们只会口头谈和而内心不甘。

他力劝皇太极加紧练兵，加强防御，收买蒙古，以便攻明。但他谈及明朝君臣性格还是一针见血的，后来崇祯帝命兵部尚书杨嗣昌、陈新甲等同皇太极和谈，果然三次失约，最后激怒皇太极寻机报复。

做了皇太极的忠狗，祖可法时刻出卖故国，极力怂恿皇太极要以满人的"铁骑如云，加以蒙古之众，取天下有余力"，进攻生他养他的母国大明王朝。

祖可法以去人手足可活命、攻人喉心则毙命的生死论，说："明虽大国，势已积弱，我军直捣燕京，断其通津粮运、西山煤路，彼势将立困。不能如大凌河之持久，此刺心之著也。先取山海关，则关外诸城可唾手而得，此断喉之著也。"（《清史列传·祖可法传》）

皇太极虽然并未及时采纳祖可法的断喉刺心术，但我们不能不说，祖可法出的是狠毒之招。后来多尔衮以摄政睿亲王之尊，任奉命大将军破关，定鼎燕京，逐鹿中原，走的战略路线与祖可法之论大同小异。

然而，皇太极不按祖可法的策略贸然出击，足见雄才大略的他很聪明。后来的事实证明，如果不是李自成利用张献忠在西南拖着明军主力，倾尽全力东征覆灭大明王朝，威慑王永吉、吴三桂的数十万大军，清国未必能顺利成就大清王朝。

祖可法对满洲入主中原出力不少，算得上皇太极的重臣，但是《清史稿》给他的本传文字"为数甚微"，加上标点也不过百十余字："可法，大寿养子。初质于我师。及降，授副将，隶正黄旗。顺治初，从入关，击走李自成，命以右都督充河南卫辉总兵。自成兵掠济源、怀庆，总兵金玉和战死，可法赴援力战，自成兵乃引去。进都督，充镇守湖广总兵，驻武昌。以疾解任，卒，谥顺僖。"

值得注意的是，他随睿亲王从龙入关，击溃李自成的大顺军，再建军功，而多尔衮最后只命他以左都督衔出镇湖广总兵。他履职不久，即以重病解任，拿了一个三等子爵，返京在家延喘了十年。

这十年，祖可法是病入膏肓在家煎熬，还是患病为幌实则闲置？

这十年，他该追忆过往事，但敢说莫由追悔吗？

这十年，为何多尔衮没理他、顺治帝慢待他？

这只有天知道，地知晓。即便他有说不尽的牢骚，也只能多喝几壶酒冲淡骚情。

当然，他一直在北方从军，熟悉明朝北部战区，尤其是宁锦一线的兵力部署和军事战略，而对南方兵力和义军形势还是很陌生的。多尔衮突破长城后，祖可法的用途就明显降低了。

虽然祖可法最后寿终正寝，被乾隆帝弄进了《贰臣传》甲编，但他留给历史的是说不尽的骂名和耻辱。屈节投效的他，有循吏执法的一面，但更多的是卖国取宠，不无阴毒，不像他的同伴张存仁，凭才干封疆，以了不起的政绩垂范后世、弥补自亏。

质言之，祖可法算得上一条忠狗。祖大寿利用他，皇太极喜欢他，但是多尔衮和顺治帝不爱他。

尚可喜成了
大仇人皇太极的忠狗

1

太宗、世祖朝封了五个汉人为异姓王，但在这五个王爵世系、八个王中，在位时间最长、享受尊荣最显者，莫过于智顺王—平南王—平南亲王尚可喜。

尚可喜与努尔哈赤、皇太极，本有一段血海深仇。

明天启四年（后金天命九年，1624），尚可喜的父亲尚学礼——明朝东江游击将军，在楼子山作战，被后金军杀死，年仅五十岁。时尚可喜刚随父参军一年，身历目睹了父亲死于敌手。

不仅如此，早在明天启元年（后金天命六年），努尔哈赤对辽东用兵，攻陷沈阳和辽阳、海洲等地，尚可喜之母就死于这一场战乱。也就是说，尚母之死，与后金侵略有着直接的关联。同时，尚家不少女眷在此战中失散，是死于战祸，还是遭遇劫掠，且不好说。

此战，使尚可喜第一次家破人亡。其父尚学礼投军，先在辽东巡抚王化贞部下，继而随毛文龙入东江，以功受赏，也带动尚可喜投军，使之成为毛文龙倚重的心腹随从。

尚可喜在皮岛总兵官毛文龙手下冲锋陷阵，浴血奋战，卓有军功。杀父之仇，激励他要力抗后金，一雪家仇。毛文龙特地将尚学礼旧部交给了尚可喜统领。

崇祯二年（1629），袁崇焕矫诏以十二款可斩之罪杀了毛文龙后，尚可喜虽然很愤怒，但对袁崇焕重新安置毛文龙的健校悍卒，把他们编入明朝正规序列，表示顺从和赞同。他没有像毛文龙的养孙兼参将孔有德那样，迅速脱离皮岛战斗序列。

崇祯四年十一月，奉命驰援大凌河的孔有德中途出现变故，发动吴桥兵变，自称都元帅。他还不想反明，不敢谋逆，不愿称王，但他占领登州、擒获巡抚的行为，就是谋逆，就是反抗，就是挑战。

登莱巡抚孙元化逃离登州后，还是想招抚老部下孔有德的，但朝廷的群臣不愿给他机会，争来争去，就是要围剿孔有德。然主战派喊打不大打，主抚派打着小算盘。孔有德发兵三百诈降，联合登州城里的干哥哥耿仲明里应外合，制造了著名的登莱之乱。

大明王朝苦苦经营的辽东彻底乱了！

驻守皮岛的明将陈友德，是毛文龙的老部下、孔有德的老战友，于是鼓动三千部下加入了叛乱的行列。

皮岛大乱，东江总兵黄龙不知如何掌控，还被耿仲裕（耿仲明之弟）、王应元等拘禁。尚可喜正分屯海上，闻讯后率兵赶回皮岛，杀了带头闹事者耿仲裕、王应元等，扶黄龙复出视事。黄龙表达感激，倚重尚可喜为心腹大将。

黄龙有能力，但贪欲过甚。他一旦主持东江军务，想的不是如何整顿毛文龙余部，而是加紧克扣粮饷，中饱私囊。他不但独自侵吞了朝廷特发给每人的五两赏功银，就连兵士的春秋两季月饷、基本生活口粮也是加紧盘剥。

广大士兵哀号："致我小兵身上无衣，肚里无食。"（中国第一历史档案馆《明档·科题》第一千四百七十四号）

大敌当前，主将本该千方百计笼络军心，但是，黄龙行逆天之举，最终于崇祯四年十月二十七日激起了一场大规模的反克扣、反剥削、反压迫的兵变。

黄龙被拘禁，手下无对策，是尚可喜联合游击李维鸾等，从海上迅速回军皮岛，及时止息兵士怒愤，并只斩杀了带头闹事的十余人，既震慑全军又不激化矛盾，并将黄龙迎回了总兵衙门。

此时的尚可喜，是忠于黄龙、忠于大明的。

黄龙感激涕零，擢升尚可喜为游击，主持后军，并派他和金声桓安抚东江诸岛。待到驱逐了旅顺的叛党高成友后，黄龙随即入驻旅顺。

崇祯六年二月，明军收复登州，孔有德、耿仲明窜逃海上，尚可喜奉命率舰队围堵叛军，因遭飓风几乎全军覆没，登陆登州后又被明将祖大弼疑为叛党，幸得黄龙搭救而返回旅顺。

尚可喜平叛有功，黄龙力荐他为副将，驻守广鹿岛。

不久，尚可喜再次收到大噩耗，他的大哥尚可进在抗击后金入侵的作战中阵亡。父丧兄亡，凶手同为后金，尚可喜痛彻心扉。

灾难一波接一波。孔有德、耿仲明向后金投降，成为带路党，引后金兵攻陷旅顺，黄龙"披重铠，巷战死之"（《元功垂范》卷上癸酉条）。

《清史稿·尚可喜传》没有写到尚可进，却写道："明年秋七月，有德等从我师攻旅顺，龙兵败，自杀，部将尚可义战死，盖可喜兄弟行也。"尚可义也是尚可喜的兄弟辈。同时死于此役者，还有尚可喜留在旅顺的妻妾及家眷侍婢，数百口全部投水而死。

孔、耿之乱，让尚可喜经历了满门殉国的悲壮。

灭门仇恨本不共戴天。此仇不报非君子。尚可喜也知道罪魁祸首为后金统治者。但是一年半后，尚可喜竟然恬不知耻地步了孔、耿后尘，成了皇太极热烈欢迎的明朝降将。

尚可喜投金，带着父兄殉国、满门自杀的仇恨，也带着遭昔日同僚诬陷、新任上司侵害的仇恨。

黄龙死后，毛文龙侍妾的父亲沈世魁摄总兵事。沈世魁是一位抗金悍将，但他在对待尚可喜的事情上，却犯了不可饶恕的排除异己之过错。沈世魁的手下参将王庭瑞、袁安邦（后来伙同沈世魁的侄儿沈志祥投清）进言，要防止尚可喜夺权，不服管束，于是沈世魁命尚可喜从广鹿赴皮岛。

沈世魁之所以要陷害尚可喜，是因为他一直把尚可喜当作了自己逆袭升职的拦路虎。其实，崇祯四年的岛兵哗变，幕后操作的黑手就是沈世魁。

他本是一个市井小商贩，生意不好，流离失所，于是到皮岛投靠了毛文龙，此后屡立军功，在巡抚和兵部的功劳簿上都有其名。他生了一个女儿，堪称绝色。于是，他将这个绝色女儿献给了妻妾成群、儿孙满堂的毛文龙。女儿被宠冠一时，他也以鸡犬升天，被毛总兵敬称为"沈太爷"。毛文龙死后，陈继盛、刘兴治、黄龙相继做东江总兵，沈世魁又将孀居的女儿先后推上了几位总兵大人的床。

他如此牺牲女儿，为的不是一顶"沈太爷"的帽子，而是在恃势横行皮岛的背后，图谋皮岛老大的位置。崇祯三年，刘兴治杀陈继盛，沈世魁不但献上了女儿，而且送去了不少银子。很快，他又联合另一将领张焘杀了新女婿刘兴治，被登莱巡抚孙元化补为中后营参将，暂代管理事务。

他满以为朝廷会命其继任东江总兵，不料登莱巡抚孙元化和兵部尚书梁廷栋联合推荐战功卓著的滦州副将黄龙出镇皮岛。于是，沈世魁又命已做了三次寡妇的女儿入侍新来的领导，同时利用黄龙的贪腐，怂恿耿仲裕等联合兵士哗变。

在哗变期间，沈世魁被举为代总兵。他满以为此次能如愿以偿，却不料还是小人物的尚可喜突然带兵调停，使黄龙复出。沈世魁对尚可喜恨之入骨。

崇祯六年七月，黄龙战死旅顺，三个月前因黄龙离岛追击孔有德、耿仲明而暂代总兵的沈世魁终于成功晋级。如愿以偿后，他把复仇的怒火烧向了尚可喜。

军令如山，违令者斩！

一说，尚可喜奉令渡海，遇到大风大浪，不能如期抵达。沈世魁想驯服尚可喜，于是采取了折磨战术，不断发来命令催促。尚可喜花钱买机密，洞察到沈世魁与王庭瑞、袁安邦早知海上天气，如此行事只是想以迟误军机处死他。

不能按期抵达，死罪难逃！迎着危险前行，死神难逃。

一说，沈世魁与心腹设局，向驻守广鹿岛的尚可喜发出新任总兵官令，命其至皮岛参加新的战略会议。尚可喜得令，赶紧出发，途中得到一个朋友传来的消息：开会是假，杀他是真。沈世魁早已将力保黄龙的尚可喜视若雠仇，一旦掌权，势必将其置之死地。

不论哪种说法，都是沈世魁要尚可喜的命。

尚可喜闻讯大惊，悲愤不已，感叹道："吾束发行间，海上立功，血战十余年，父母兄弟妻子先后丧生，出万死于一生，计不过为朝廷追亡逐叛，而冒功嫉能之人乃出力而挤之死地。今权归世奎，欲杀一营将，如疾风卷，特易易耳。大丈夫将扫除天下，宁肯以七尺之躯俯首就戮乎！""世奎"即沈世魁。如此激愤之语，出自后来贵为亲王的尚可喜在去世前首修的《尚氏宗谱》，自辩其降清是情势所迫。

进退失据。

与其退而结网，难逃一死，不如冒险一试。退守广鹿的尚可喜，不愿意成为嫉妒者的祭品，于是在天聪七年（1633）十二月，暗中派出心腹部将卢可用、金汝贵潜入后金，和昔日的大仇人皇太极谈判。

2

皇太极对悍将尚可喜是熟悉的，对尚可喜请降也是欢迎的，于是派出使者回访，给尚可喜带来了貂皮等礼品作为友好的表现。

有了皇太极的欢迎，尚可喜积极谋划投降，"誓以乘机立功报效"（王先谦《东华录》天聪九年）。许是他想得开：父兄殉明是各为其主，妻妾投水是忠贞于己，而自己降敌是狭处逢生。

他要化解自己对后金的仇恨，于是想到了纳投名状，在第二年正月一举拿下长山、石城二邑，擒获明朝两员副将，集合数千户官民，并携带大量的军械、辎重，渡海投诚。

狂喜过后的皇太极，赶紧命人给尚可喜及其部众安排驻扎地，送去肉脯、粮食和牲畜，并送去了曾擒获的尚可喜部下。

慰问礼之后便是见面礼。皇太极将尚可喜召至盛京，在文馆接见他，授其为总兵官，并设宴款待，命他坐在御座左侧。《道德经》第三十二章曰："君子居则贵左，用兵则贵右。……吉事尚左，凶事尚右。"纳降也成了大喜事。皇太极以君子之礼接待"新附副将尚可喜"（《清太宗实录》卷十八，天聪八年四月乙丑）。

对于尚可喜的投降，皇太极兴奋至极，大呼天助我也，狂赞他达变通权，并赐尚可喜部名为天助兵。

他们的见面仪式，办得很隆重。

《清太宗实录》卷十八也写得很详细："上率大贝勒代善及众贝勒、满洲蒙古汉人各官，出迎十里外。上率诸贝勒各官拜天，行三跪九叩，礼毕御黄幄。可喜遥行五拜礼，近前复拜二次，抱上膝见毕，退行一拜礼，复与代善行一拜礼。抱见其余众贝勒，各以齿序抱见。"

几年前，皇太极要以抱见礼迎接孔有德、耿仲明，还遭众贝勒力劝，称此礼太隆重，而今接见尚可喜，却显得一切顺其自然了。

仇人相见不拔刀，抱见一泯诸恩仇。

皇太极命人重抄两年前厚待孔有德的敕文，改了不同的官职、姓名及投名状，再次标榜自己如何善待降将："朕惟任贤使能，崇功尚德，乃国家之大典。乘机遭会，达变通权，诚明哲之芳踪。尔副将尚可喜原系明臣，知明运之倾危，识时势之向背，擒获明副将二员，取广鹿附近三岛，残破海防实为我助，又全携兵民，尽载甲胄器械，乘危涉险，航海来归，伟绩丰功，超群出类，诚可嘉尚，用资辅毗。今升尔为总兵官，给以敕印，功名富贵，远期奕世之休！带砺山河，

永无遗弃之义。凡有一切过犯，尽皆原宥，尔宜益励忠勤，恪共乃职，勿负朕意。"（《清太宗实录》卷十八，天聪八年四月乙丑）

为防止尚可喜与导致其灭门的仇人孔有德、耿仲明红眼相对，皇太极命其前往海州镇守。

皇太极又是一番宴请，推杯把盏后，命礼部承政巴都礼率部属官员送行十里。

仇恨似乎被这些深情厚谊或虚情假意冲淡了许多。

3

袁崇焕擅杀明朝的"海外长城"毛文龙，给辽东半岛制造了灭顶之灾。

袁崇焕不但"自毁长城"，而且欲威逼利诱地收服毛氏旧部，结果导致毛氏旧部分崩离析，相互倾轧，最后纷纷投向了皇太极的怀抱。

皇太极不问来历、不论身份、不考行迹，还诱之以利。曾与后金有着深仇大恨的尚可喜，倘若不是明将内部侵害，他毋庸置疑会与后金军死磕到底，但沈世魁的补刀催赶着他对大仇人卑躬屈膝、摇尾乞怜、感恩戴德，成了后金伐明的带路党。

皇太极不但优待了这个降将，且为他重新婚娶，封其为智顺王，助其杀了沈世魁，报了陷害之仇，也报了叛国之德。即便有家僮到法司举报他在复仇攻明时私自侵占人户、金帛、牲畜，皇太极也从宽处理，并做出特别的批示：这不是智顺王自己独得，一定是被他手下官兵分割了，法司不必找他讯问。

尚可喜本该接受审查，皇太极却做证他清白。时皇太极已建起了都察院，监督、约束、压抑诸王公贝勒大臣，而对新来的尚可喜网开多面，无疑是以一切从宽，激励他报恩征战，出卖故国。

皇太极以小惠小利，豢养着像尚可喜这样形形色色的"三顺王"（恭顺王孔有德、怀顺王耿仲明和智顺王尚可喜），利用他们追名逐利、建功立业、遗恨故国的政治心理做清军的急先锋。

顺者，归顺、恭顺、顺服也。对皇太极而言，顺其者昌，顺其者荣，顺其者贵。

历史证明，皇太极这一大胆地册封降将为异姓王的招数，起到了千金市骨的效果，不啻多米诺骨牌效应。"三顺王们"心甘情愿地冲杀在前，并恬不知耻地以称奴才为荣。

尚可喜降清后，于天聪九年首次率部扈驾从征，攻击明境大同、宣府，后来又参与皇太极亲征朝鲜。崇德二年（1637）春，清多罗英郡王阿济格统率水路并进，在尚可喜的引领下，攻取皮岛，擒斩明总兵沈世魁，彻底摧毁了明沿海战略防线。

皇太极死后，摄政睿亲王多尔衮借李自成攻陷京师，又以三顺王为榜样，逼降新的奴才吴三桂，与之联合击溃李自成。

尚可喜率部随多尔衮在一片石击溃李自成的东征大军，继而连续作战，在河北庆都阵斩李自成的大将陈光先、谷大成等，砥定河北。

李自成逃亡，三顺王和新封的平西王吴三桂，伙同多尔衮派出的多路大军穷追不舍。尚可喜在英亲王、靖远大将军阿济格的指挥下，一路向西，以分兵断援，精锐主攻，一举攻克延安城，逼退李自成的侄儿李锦。

李锦，又名李过，有一个威风的外号，叫一只虎，位列李自成五虎将之二，封制将军，仅次于权将军刘宗敏。李自成在紫禁城里抱着还没来得及逃跑的美娇娘窦美仪给刘宗敏下令，要明朝的降官们纳银自赎，"罪者杀之，贪鄙多赃者刑之"（钱士馨《甲申传信录》卷四），结果刘宗敏们大大地扩大自赎数额，使一千多名士大夫在严刑拷打中死于非命。刘宗敏拷掠最出名，而李锦也将兵营改作了刑室，自然也劫掠了不少金银财宝，当然也大减了其伯父的仁义美德。

时豫亲王、定国大将军多铎已破潼关，平定西安，尚可喜继续奉诏与阿济格配合南征追击李自成，分兵前行，一路过关斩将，在九江会合，闻李自成死于九宫山，乃班师回朝，继续回到海州镇守。

顺治三年（1646）八月，清廷以恭顺王孔有德为平南大将军，智顺王尚可喜与怀顺王耿仲明、续顺公沈志祥、固山额真金砺、梅勒章京屯泰同行，受其节制，领兵往征南明的湖广、两广。尚可喜再次与李锦及其部下郝摇旗、王进才交锋。

要知道，当时的李锦虽是丧家狗，但也打出了"拥兵数十万"的旗号。这样多的兵员数额，已然是入关清军数额的几倍，可他还是一路败走。他力保隆武帝，不料隆武帝很快垮台，被俘后绝食而亡。他改投永历帝麾下，率十万人与李成栋等人援救受困南昌的金声桓，却再次被清军击溃。

李锦之败，败于满洲八旗与尚可喜之类的降将们的联合围剿，同时也败于南明内部的争权夺利、排除异己。

顺治二年长沙一役，城中守将为何腾蛟手下的叛将徐勇，其率区区三千人马。

隆武帝的东阁大学士兼兵部尚书何腾蛟统率全军围城，李锦等率数十万大军前来助力，结果何统帅为了抢功，将自己瞧不起的义军首领李锦等，以及自己想要排挤的南明兵部尚书堵胤锡，悉数调往江西。何腾蛟要独力攻城，要独自成功，要独得威名，结果被赶来的清朝郑亲王济尔哈朗打得落荒而逃。

也正是因为南明官兵内讧，又瞧不起主动联合抗清的农民军，结果尚可喜们经常以少胜多，建功立业。这样使得一度强盛的南明政权，最后也难逃血色的宿命。

顺治五年九月，湖南平定。尚可喜等班师。尚未亲政的顺治帝以最高领导人的名义，在太和殿赐宴给他们，奖励黑狐、紫貂、冠服、彩帛、鞍马及黄金白银。清廷复命尚可喜回镇海州。

第二年五月，清廷决定对占据两广、云贵的南明永历政权发起全面进攻，召孔有德、耿仲明和尚可喜进关，领兵南征。

顺治帝改封三顺王为三南王，恭顺王孔有德为定南王，怀顺王耿仲明为靖南王，智顺王尚可喜为平南王，各授金册金印。

命令是以顺治的名义下的，但决定是多尔衮拍板的。

多尔衮之所以这样改，就是要以画饼的方式，激励三顺王以及平西王吴三桂去争抢自己的势力范围。

令旨上写得很明白，谁率多少旧部，增多少新兵，前往什么地方。

定南王孔有德率旧兵三千一百人及新增兵一万六千九百人，共两万人，往剿广西。

孔有德是第一个异姓王兼大将军，故而一人率部进攻一个省域。靖南王耿仲明率旧兵二千五百及新增兵七千五百人，平南王尚可喜率旧兵二千三百及新增兵七千七百人，各统兵一万，共同进攻广东。

平定广东，成了尚可喜军事生涯中最辉煌的一战。

4

让异姓王带少量的兵，去战强悍的敌手，去抢大量的地盘。

多尔衮这样设计，就是以虚幻的权、画饼的利、传世的名，充分利用降臣们想做割据王的心理，去为大清朝的版图开疆拓土。

他在改封的金册上，代替有名无实、还只能"拱手以承祭祀"（《清世祖实录》卷八十八，顺治十二年正月戊戌）的顺治小皇帝，清楚写着清王朝的殷殷期待："益励忠勤，奉公守义，以报特恩，尚其钦哉，勿负朕命！"（《清世祖实录》卷四十四，顺治六年五月丁丑）

多尔衮承诺给藩王们的权利，需要去冲锋陷阵，需要去浴血奋战，需要去梦想成真。朝廷给了他们"挈家驻防，其全省巡抚道府州县各官并印信俱令携往"（《清世祖实录》卷四十四，顺治六年五月丁丑）的福利，以及"统领大军，相机征剿，投诚者抚之，抗拒者诛之"，当然还有未来的人事任命、赏功罚罪的权力。

尚可喜接到的命令，与耿仲明的相同：统领大军进攻广东，必须同心协力，商酌行事，共同调度军机事务。当然，也要给足他们貌似无上的威仪和特权："文武百官有事见王，俱照王礼谒见。王受兹重任，其益殚忠猷，礼以律己，廉以率下，务辑宁疆圉，纾朝廷南顾之忧。"（《清世祖实录》卷四十四，顺治六年五月丁丑）

要给的政治待遇，一项都不少。

要给的藩王饰物，特别显贵。

朝廷给了他们无上的藩镇特权，但有一项很明确："民事钱粮仍归地方文官照旧料理。"（《清世祖实录》卷四十四，顺治六年五月丁丑）

这，既是解决他们专心用兵解除后顾之忧之策，也是告诫他们地方财赋不得自专。

多尔衮掌控的朝廷，虽然赋予藩王们单独统兵、治疆的大权，探索一种隐蔽且有效的开拓方案，激励他们为清王朝攻城略地做急先锋，允许他们裁决民政事务，处置地方军政、人事和生产，但也以财赋独立预算、隶属中央，来制衡权过重、势欲烈的异姓王，使他们挟赫赫炎炎之势，同时怀战战兢兢之心。这为朝廷日后操控督抚提镇的任免权，与名义上地方的王，始终是虽无相制之形，实有相形之势。

就在耿、尚整军即将出发时，刑部上奏：耿仲明的部下、梅勒章京陈绍宗等放纵部下私藏逃人，触犯了"逃人法"，论罪应该被杀。耿仲明查明，涉事有三百余人，所以上书请罪，大臣们商议其削除爵位，但朝廷没做出明确的决定。结果耿仲明走到江西吉安境内时，还是自缢了。

耿仲明是畏罪自杀，还是另有原因？尚不好说。满族人在汉族文化的影响下，从奴隶社会直接跨入成熟的封建社会，奴隶制的残余势力必不少。满洲贵族推行缉捕逃人的恶政，极力维护自身利益，以让被掠为奴、隶属为奴的汉人顺从地接受权贵的压榨。

耿仲明贵为亲王，却由于隐匿旗下逃人被发觉，是为大罪。虽然他收留这些逃跑的汉人入伍，旨在平定天下，给这些汉人戴罪立功、改变命运的机会，但于事无补。

朝廷为了缉捕逃人，特在兵部设置了缉捕侍郎，也是极力防范带兵大将甚至封疆大吏收留逃人的。顺治七年六月，广西巡抚郭肇基等就因"擅带逃人五十三名"，被一律处死，家产全部充官，并被作为一件国家大事，写进了《清世祖实录》卷四十九。

无疑，朝廷虽有纵虎行凶的行动，但对驾驭藩镇势力还是有诸多猜忌和防患的深思熟虑。

对于对清廷投顺有功、征剿出力、影响巨大的耿仲明，多尔衮是毫不姑息的，而且明令对他的死，不赐祭葬，亦不许袭爵。

两军由尚可喜统率继续南征广东。耿仲明的儿子耿继茂随军抵达，至顺治亲政后才得以袭爵，分兵移藩。

偌大的饼，画得很有诱惑力，但需要冒险者们去拼命。两广还是南明永历帝的势力范围。张献忠的诸义子投明，联明抗清，成了清军南征路上四头强势的拦路虎。顺治九年，李定国在不到半年时间里，先后斩杀定南王孔有德和敬谨亲王尼堪，以桂林大捷、衡州大捷震动清政权朝野，使得统治者一度打算放弃西南各省，与李定国讲和，平分天下。

黄宗羲在《永历纪年》中赞道："逮夫李定国桂林、衡阳之战，两蹶名王，天下震动。此万历戊午以来全盛天下所不能有。"

李定国的胜利，激起了两广地区的诸多义师。

权力的诱惑，使尚可喜之类的藩王们仅凭有限的实力，玩命地杀出无限风光的血路。他们以最初的数万人马，将有数十万大军且有凶悍的大象助战的南明大元帅王李定国击败。

他们在战场胜利，是因为有自己的虎狼之志、逐利之欲。而南明内部李定国与孙可望、刘文秀的内斗，严重削弱了抵抗尚可喜、吴三桂与清军新统帅多尼的战斗实力。

人们纷纷起来反抗，一是因为李定国一度连胜，二是因为尚可喜血腥的杀戮。

顺治七年二月，尚可喜大军攻至广州城下，南明总督杜永和誓死不降。尚可喜围城，十二月后终于破城，清军便在城中展开大屠杀，即广州史上著名的庚寅大劫，死者数以万计。就是尚可喜生前始修的《尚氏宗谱》也称："斩首六千余级，追至南门，逼进海中溺死者无算。"足见广州一役，死于清军刀下的不下万人。

而广东地方文献《广州城坊志》，援引清代番禺人方恒泰《橡坪诗话》的记载，称："城前后左右四十里，尽行屠戮，死者六十余万人。相传城中人士窜伏六脉渠约六七千人，适天雨，渎溺几尽，其所存仅二人。"

当时在福建沿海传教的意大利籍耶稣会士卫匡国，在其《鞑靼战纪》中，对广州屠城的惨烈状有过一段记述："他们最后在 1650 年 11 月 24 日拿下城池。第二天，鞑靼人开始洗劫该城，一直抢劫到 12 月 5 日，不饶过男女老少，残酷地处死遇到的人，到处都听见喊声：'杀，杀这些反叛的蛮子！'但他们饶恕了一些工匠，以保存必需的工艺，还留下一些挑选的壮男，替他们搬运城内的战利品。最后在 12 月 6 日布告禁止抢劫，这时他们已经杀害十万人，这还不包括围城期间死于种种因素的人。"（何高济译，中华书局 2008 年 10 月版）

美国历史学家司徒琳在《南明史》第六章中，引用曾给尚可喜画过一张画像的荷兰使臣约翰·纽霍夫回忆录《从联合诸省的东印度公司出使中国鞑靼大汗皇帝朝廷》内容，对"满洲人征服广州"有一段较为全面的描述："鞑靼全军入城之后，全城顿时是一片凄惨景象，每个兵士开始破坏，抢走一切可以到手的东西；妇女、儿童和老人哭声震天；从 11 月 26 日到 12 月 15 日，各处街道所听到的，全是拷打、杀戮反叛蛮子（按：指明朝的忠义之士）的声音。全城到处是哀号、屠杀、劫掠；凡有足够财力者，都不惜代价以赎命，然后逃脱这些惨无人道的屠夫之手。最后，在冬月的六日，总督及清军统帅下令，即日起不得再从事如此残酷的杀戮，我得到确切的消息在（八十）十八天之内，被鞑靼人残忍地屠杀的，八万（千）人以上。"

卫匡国与纽霍夫所记的广州之战的时间，与史实有一些出入。其中，卫匡国所载的"12月6日"与纽霍夫所写的"冬月的六日"有些相似，是否因为译法不同无从得知，但是无论如何，他们都严厉地指责尚可喜在广州城破时，放任清军对南明将士以及无辜百姓展开惨无人道的杀戮。

这是一种罪恶。尚可喜纵然对清朝一统天下有功，但对百姓确实有罪。

当年与清王朝有血海深仇的尚可喜，迫于明军内部倾轧而降清，但他助清血腥屠杀同胞，以血大写出本来面目：屠夫！

成书于康熙十二年（1673）的《元功垂范》，作者署名澹归上人。此书以编年体记述平南王尚可喜的一生丰功伟绩。成书时，尚可喜还在世，作者虽然根据当事人提供的资料写下了不少有价值的史料，但亦不免为尊者讳、为生者讳，而为他血腥制造的"广州大屠杀"粉饰："止屠戮，封府库，收版籍，亟遣人至郡学守视祭器，毋令散失，传檄郡邑，安处将吏卒伍，居数日，所属州县相继来归。"

但，血腥、无耻、贰臣、屈节投效、为了个人的政治选择而叛逃……在历史的耻辱柱上，永久性地烙印着他的丑恶与罪行。

澹归上人，究竟是谁？

明清之际确实有个出家人，有一字澹归。他本姓金，俗名堡，为崇祯十三年进士，做过临清知州，后罢官归家。明亡后，从事反清活动，做过隆武政权的兵科给事中、永历政权的礼科给事中。

永历小朝廷曾爆发一场"吴楚之争"的内斗，楚党集团仗着反清复明的李成栋、李元胤父子的军事实力，极端敌视李成栋投清前的农民战友。

吴、楚二党，相互倾轧，内斗不止。楚党一度处于上风，闹出"五虎干政"局面。所谓五虎，即虎牙金堡、虎头袁彭年、虎尾丁时魁、虎皮刘湘客、虎爪蒙正发。值得注意的是，五虎中亦分为两派，左都御史袁彭年与吏科给事中丁时魁居心叵测，但金堡和礼部侍郎刘湘客、户部给事中蒙正发还是倾力在挽救南明颓势的。

然而，金堡把农民军视若大敌，曾当面责问以李赤心（李自成侄儿李过）为援的兵部尚书兼东阁大学士堵胤锡："滇与忠贞，皆国仇也，厥罪滔天。公奈何独与之昵？"（温睿临《南疆逸史》卷二十八《金堡传》）

顺治六年，李成栋战败溺死，楚党靠山坍塌，吴党集团乘势反击。第二年，高一功、党守素入梧州，吴党组织南明军政大佬，一改上年陈兵相拒的旧态，敲锣打鼓、整装列队地出城四十里郊迎，为农民军们杀牛摆酒。

吴党代表人物吴贞毓说，我们对不起高将军和义军兄弟啊，此前"朝事坏于五虎，为之主者严起恒也。公今入前，请除君侧奸，不过数语即决，公功在社稷矣"（钱秉镫《所知录》卷三）。吴贞毓纠集十三人联合攻击楚党，欲将金堡等置之死地。太师兼内阁大学士严起恒疏救金堡等，也遭到了吴贞毓猛烈的攻击。

吴贞毓想借高一功之手，诛杀金堡等，扳倒严起恒，孰料高一功当面允诺，退身便对人说那是"狗彘"行为，还在面见永历帝时说："皇上重处堡等也是，但处堡等之人看来不如堡等。处堡等之后，也不见有胜于堡等之事。"（钱秉镫《所知录》卷三）

显然，高一功对吴贞毓的示好与拉拢，甚至希望利用，是很不齿的。虽然楚党多次袭击农民军，高一功也认为五虎该受到惩罚，但是，他在金堡身受重伤时，还是主动送去百金作为药资，足见他对金堡还是很敬重的。

在所谓五虎中，金堡职位并不显，但他因谏词激愤，切中时弊，而让人生畏。在此次吴党攻击、永历重处事件中，袁彭年因反正李成栋之功及永历宠臣李元胤援救，而免受责罚；丁时魁、刘湘客、蒙正发三人，都是软骨头，大刑未动，自乞哀招供。唯有金堡置身酷刑，坚贞不屈，对高一功送来的慰问费坚决不受。

陷身党争，虽有直臣之名，终受小人构陷，下北镇抚司诏狱。金堡直名在外，衡州名士王夫之为之鸣不平。金堡被议罪谪戍贵州清浪卫，在押解途中遇到清兵，逃脱至桂林茅坪庵，剃度出家，法号性因。之后，他转投广东雷峰寺函是和尚门下，改名澹归。

澹归和尚是一个刚直之人，不阿权贵，敢上诤言，不惧刀斧，即便是内阁枢辅有得失，他也是直言指斥，毫无畏惧，亦闻名当时。

澹归曾在广东韶关辟丹霞寺任住持，深得四方僧众敬重。康熙十九年，澹归圆寂，隐居在石船山的前反清人士、大思想家王夫之闻讯后，专门写了一首词《尉迟怀·闻丹霞谢世遥为一哭》，以示哀悼。

这样的铮铮铁骨，自然不会为一个叛明降清的尚可喜写歌功颂德的大文章。但难免尚可喜闻其人其事，让幕僚们精心编撰自己的丰功伟绩，然后托名澹归上人而刊刻。

托名刚直的反清斗士，颂扬一个屈节的降清亲王，虚实掩映，功过难说。

顾诚说："尚可喜、耿继茂以汉族同胞的鲜血在清朝功劳簿上记下了'名垂青史'的一笔。"（《南明史》第二十章第三节《尚可喜、耿继茂攻占广州》）

当时，杜永和面对尚可喜与耿继茂的大军围城，坚决不降，利用城外的炮台和河道，硬是将能征惯战的清军阻击在城下，历时十月。尚可喜几次发起总攻，都被杜永和击退。

尤其是顺治七年十二月二日一战，尚可喜亲至炮所督战，炸塌城墙三十余丈，清军强行登城，却遭到南明军的猛烈炮击，导致清军伤亡惨重。尚可喜脱下护甲，换上锦袍，意欲登城，冲锋陷阵。

众将劝阻，他于是说：士卒已不能登城，你们又不许我冲锋，那我只能死在这里！他是想以自己的不怕死，激励将士做拼死一战，果然，清军看到统帅身先士卒，舍生忘死，于是顶着炮火蜂拥而上，才拿下广州城。

5

尚可喜藩屏广东二十六年，重构早已断裂的社会秩序，重建早已崩坏的礼乐文教，安抚早已离散的南明遗民，促进早已荒废的农业发展。信奉佛教、标榜佛性的尚可喜，还来不及擦拭屠刀上的血迹和杀气，就开始不吝金银地捐资广建佛寺，容纳明末出家学者。当然，他也没有允许满人按惯例进行圈地。

这一切是说明尚可喜有了负罪感吗？

值得注意的是，尚可喜一边不断打击移居海外的郑成功反清势力，一边上书清廷要求撤销迁界禁海的命令。

他跟清廷强调：广东沿海绵延两千余里，涉及数百万以海为生的渔民百姓，他们的居所、产业、祖坟都在这里，一旦强制迁移，势必使他们流离失所、下岗失业，势必导致他们铤而走险、为盗活命。

清廷防患台湾郑氏政权，进行严密的全面封锁政策，尚可喜的上书与这一政策无疑背道而驰。但是，尚可喜在自己裂土封疆颇遭朝廷猜忌的情势下，毅然坚持为民请命，也是极其难得的。

对于尚可喜的功过，后世有评说。

李治亭说："尚可喜是清初发展史上一位杰出人物。他归清后，四十余年征战，为缔造多民族国家政权清王朝，为发展和密切满汉民族关系做出了重大贡献。当这个政权'君临天下'时，尚可喜维护国家的安定与统一，反对分裂，表现了以大局为重的政治胸怀。他的远见、胆识与贡献，深得太宗、世祖、圣祖的信任与倚重。"（《微言集·〈尚氏宗谱〉与尚可喜研究》）

尚可喜自顺治十二年起便以痰疾请求归老辽东，迄至康熙十二年第十一次请旨辞职才被批准。

《元功垂范》卷上对尚可喜急切要求归老辽东的心思，描述为："身在名位权势之中，心常出名位权势之外。"

也有传说他接受了在幕最久的谋士金光的建议：王爷，您已位极人臣，恩宠无以复加，树大招风，朝廷对王爷很不放心。历来外姓封王，没有能长久的。您不如交出兵权，回辽东养老。

清初封异姓王，是统治者笼络汉人大将的权宜之计，始于太宗。太宗封三顺王，得到了孔有德、耿仲明、尚可喜带来的明朝数万精锐与大量军械，同时得到了他们及其手下战将反击大明的忠诚与拼命。但是，皇太极对他们只是封以位号尊荣，而非裂土分疆。

顺治朝对尚可喜等异姓王裂土分疆，让他们建起国中国，这对于清朝一统天下又是尾大不掉之势。一旦朝局稳定，清廷迟早要对他们动手。

尚可喜的请辞，有其清醒的一面。奇怪的是，他只想结束自己的实际任职，而不是结束世系的承袭。他很早就在考虑王位继承者，曾因长子尚之信暴横而倾向稳重的次子尚之孝。

他推荐自己的子嗣作为接班人，这无疑是想创造家族二王、一隐一现的并存局面，使既得利益者更多。

尚可喜的屠杀与治理，目的是打造他的独立王国。即便他接二连三、装模作样地请旨归老，有忠于大清王朝自请离藩归养的成分，但他仍推荐自己这个儿子那个儿子继续他苦心经营的"平南王国"。

顺治不让他辞职，没有让他的计划得逞。康熙想利用他的请辞作为噱头，用进位他为平南亲王作为特别的奖励，并命其继续镇守广东，和他结成姻亲，同时准其长子尚之信袭爵平南王，封其次子尚之孝为平南大将军。尚可喜的阴谋，被康熙大书特书、大张旗鼓地表彰了一番。

但是，他最后的请辞，引发了康熙帝的坚决撤藩，激发了其不甚喜欢的长子尚之信响应吴三桂的邀约，参与三藩之乱，最后被康熙利用对抗吴三桂后死于非命。

尚可喜被比他更加凶残的儿子尚之信软禁至死，期待世袭罔替统治广东的他未得善终。据说，他临死前命诸子为他穿上了太宗赐予的冠服，是追思旧恩，是不渝忠事，是实心追悔，是以死谢罪。

尚之信，是如《清史稿》本传所说"遂降三桂，遣兵守可喜藩府，戒毋白事，杀光以徇。罢之孝兵，使侍可喜，可喜以忧愤卒"，还是《尚氏宗谱》所称"阳为顺逆，实保地方，大兵一至，即便归正"？各有说辞。甚至有广西巡抚兼抚蛮灭寇将军傅弘烈向康熙帝上《陈合谋灭贼情形疏》，力证尚可喜在去世前曾与其有一番密谈。

尚可喜说："清朝恩深难报，兵变至此光景，尔与我大儿子同心协力，杀却马雄，取得肇庆，以通广东、广西咽喉，然后披剃，将两粤复还朝廷，我死亦瞑目，感激汝矣。"（《傅忠毅公全集》卷一）尚可喜所谓"我大儿子"，指尚之信。尚可喜希望傅弘烈与尚之信勠力同心，杀了追随广西将军孙延龄叛应吴三桂的广西提督马雄，收复两广咽喉重镇肇庆，以收复两广归还给朝廷。

看来，尚可喜对尚之信还是很满意的，寄予厚望。只是尚可喜死后，尚之信接受了吴三桂授予的"招讨大将军"伪号，但是，尚之信始终没有对清军发动实质性的冲锋，甚至还在傅弘烈反击吴三桂之战中，巧妙出手相救，给傅弘烈送去了五千两饷银和四千石粮米，还建议他及时与江西的镇南将军舒恕取得联系。所以，傅弘烈在《陈合谋灭贼情形疏》中，专门向康熙帝为尚之信请功："臣得保全以归朝廷，尽力封疆，以展夙志，实荷平南亲王臣尚可喜遗嘱指示，安达公臣尚之信助饷助米。"

尚之信反清，并无实质性证据。就连赐死尚之信后，内阁首辅、武英殿大学士明珠也曾对康熙帝说："耿精忠之罪较尚之信尤为严重。尚之信不过纵酒行凶，口出妄言。耿精忠负恩谋反，且与安亲王书内多有狂悖之语，甚为可恶。"（《清圣祖实录》卷一百，康熙二十一年正月丁卯）尚之信貌似没有如同耿精忠那般"负恩谋反"。

尚可喜最后坚决不情愿被吴三桂胁迫反清，被康熙赞赏为与他"情同父子，谊若兄弟"（《清史列传·尚可喜》），但他作为一个可耻的叛逃者、无耻的屠杀者、不耻的投效者，最后苍凉地死在了说不清是反清还是保清的儿子手里，也算一种血色的宿命。

尚之信无疑是康熙决意彻底清除三藩势力的牺牲品。康熙在严惩真实造反的吴三桂、耿精忠，将平西王、靖南王除爵时，自然不会留下袭爵平南亲王的尚之信孤芳自赏。

只有处死，才能宣告平定三藩、裁撤三藩的成功。

最初多次为其请功的傅弘烈，虽然也曾佯附吴三桂，但他逆袭反吴后，成了康熙信任之人。他第一时间察觉康熙的心思，于康熙十八年五月吴三桂死后，再上《密陈藩王尚之信不忠疏》，指斥他"狂野成性，反复莫测"，"目中竟不知有君命"。

随即，尚之信藩下新任都统王国栋，联合尚之信之弟、副都统尚之璋，总兵宁天祚等，利用尚之信擅伤侍卫张永祥、张士选事件发酵。

张永祥因替尚之信送信至京师，被康熙帝召见，破格授职总兵。康熙的奖励，看似拉拢尚之信心腹近侍，实际上是在他身边公开植下一颗钉了。如果是他人，只好认了，但是尚之信坚决不从，多次凌辱并鞭笞之。

这是公然叫板康熙的安排。

而张士选则是因一句话使尚之信不高兴，于是尚之信箭射其足，使之伤残。亲王的侍卫，是有定数和规制的，是要向皇帝报备的。

尚之信任性为之，成了擅伤朝廷命官的罪证。

王国栋鼓动广东巡抚金俊弹劾"之信凶残暴虐，犹存异志。臣察其左右俱义愤不平，因密约都统王国栋等共酌机宜，之信旦夕就擒。乞敕议行诛，以为人臣怀二心者戒"（《清史稿·尚之信传》）。

同时，王国栋、尚之璋等以之信的庶母舒氏、胡氏的名义上书："之信怙恶不悛，有不臣之心。恐祸延宗祀，乞上行诛！"

当然，王国栋也不甘人后，以都统之名，称自己与金俊等"合谋图之信"，方便圣上杀之。

大家都喊要杀，正中康熙圣意。

康熙赐死尚之信，也将其称为"尚逆"（《平定三藩方略》）。

逆者，倡兵作乱的逆贼，也就成了幽父致死的逆子。

这些，都是尚可喜始料未及的。

但是，这个有违伦常的悲剧，始作俑者却是他自己。毕竟这是康熙的政治需要，毕竟他曾顺应多尔衮的命令，以屠刀开路，建造自己的半独立王国，对人民施以血腥的杀戮，染红了他引以为荣的顶戴和命运，染红了他犹知悔恨的自绝于国家，也染红了他的家族身败名裂的厄运。而他在治理广东时，招抚流民、扶助贫困、兴建府学、修路架桥、分汛防海、缉盗安民等诸多实干举措，以及一再为民请命疏阻朝廷强推的"迁海令"的清醒，却往往湮没在他的政治选择下，鲜为人言。

洪承畴降清
被指对皇太极想入非非

1

洪承畴，文人出身，爱读兵书，明万历四十四年（1616）进士，最初不过做些文职之类，直至崇祯二年（1629），义军王左挂进攻宜川城堡，三边总督杨鹤手中无将，情急之下，令督粮参政洪承畴领兵出战，结果俘斩三百余人。此战，成为洪氏人生首次血战。

顿时，洪承畴名声大噪。他因此被朝廷授为延绥巡抚，进入封疆大吏的行列。

杨鹤提出招抚为主、追剿为辅的策略，使朝廷下令"剿抚兼施，以抚为主"。王左挂降而复叛，洪承畴一改上司力谏中央建立的招抚为主的既定政策，剿而杀之。杀了王左挂后，洪承畴又同总兵杜文焕在清涧县大败张献忠，引起朝廷主剿派对杨鹤的招抚大计提出抗议，联合控告没有起到真正的防患作用，反而使义军首领时降时反，最终酿成几近席卷大半个明朝之大祸。

崇祯帝下旨，将杨鹤罢官下狱，升洪承畴为三边总督。洪承畴再接再厉，连续剿灭有功，被朝廷嘉奖：仍任三边总督，加太子太保、兵部尚书衔，总督河南、山西、陕西、湖广、四川等地军务。

书生报国的洪承畴，拼军功拼得收获巨丰，成了明廷镇压农民起义的军事统帅。

是时，农民军聚集陕西有二十余万人。高迎祥自称闯王，李自成为高部大将，力量最强。洪承畴调兵遣将，兵出潼关，在河南信阳集结诸将，准备对义军实行大规模围剿，迫使各路义军分兵奔还陕西，张献忠与高迎祥会师。

洪承畴在乘胜追击途中，也损兵折将。总兵曹文诏遇伏，因救援未及时赶到而被迫自杀。有人向崇祯帝报告，洪承畴统辖太广、势难兼顾，于是朝廷下令：以卢象升统领江北、河南、山陕、川湖军务，管理关外明军；洪承畴专管关内兵。

权力小了，辖区窄了，洪氏发威了。他授计陕西巡抚孙传庭在陕西周至黑水峪设伏，将作为十三家七十二营民变队伍之首的高迎祥擒获，押至京师，凌迟处死。李自成成为新闯王，但洪承畴还是多次打得李自成等大败而逃。崇祯十一年六月，洪承畴令曹变蛟在潼关设伏邀击，大败李自成，使之仅带刘宗敏领十七骑逃入陕南商洛山中。农民起义陷入低潮。

清兵犯边，辽东危急，明军防御不济。崇祯帝急调常胜将军洪承畴救火，出任蓟辽总督。崇祯十二年初，洪承畴领陕西兵东来，与山海关总兵马科、宁远总兵吴三桂两镇合兵，拯救辽东危局。

崇祯十四年（清崇德六年）春，洪承畴率宣府总兵杨国柱、大同总兵王朴、密云总兵唐通、蓟州总兵白广恩、玉田总兵曹变蛟、山海关总兵马科、前屯卫总兵王廷臣、宁远总兵吴三桂等八路兵马，领精锐十三万、马四万来援，集结宁远，与清兵会战。

清太宗皇太极不顾鼻子出血，经过六天急行军到了松山，亲率大军进攻，不意碰到了比袁崇焕更难对付的洪承畴。袁崇焕善于守城，借助红衣大炮，逼退过努尔哈赤和皇太极。洪承畴的军事能力要远强于袁崇焕，以兵分力弱，主张持重以待。他驻扎在曾经对清取得宁远大捷、宁锦大捷的宁远，将宁远作为此次再战清军的大本营。他分析明清两军实力和两国后勤，决定采取持久之策，步步为营，且战且守，稳扎稳打，争取坚持一年，使清军因粮饷难以为继而自动退去。

这个坚守为主、激战为辅的持久战略，对于二十多年来清军气盛、明军屡败且在关内背负李自成、张献忠两路夹击的明朝而言，不失为稳妥之策。

洪承畴的计划，得到了同样被围在锦州的明辽东总兵祖大寿的赞同。

两军在松锦对垒，相持不下。

洪承畴也向崇祯帝打了报告，也曾使皇帝龙颜大悦，击节叫好。

然而，兵部尚书陈新甲主张速战速决，力劝崇祯，说洪承畴的挂牌免战只会浪费国家粮食，大明朝太需要一场速战解围的大胜利了，弄得崇祯再次热血澎湃，赞同催促速战。陈新甲赶紧写信，激洪承畴贸然出兵，并派去了兵部职方郎中张若麒督战。

陈新甲虽很有才干，晓习边事，但仍以以前清军的实力来评判新的战局。他秉承其师杨嗣昌"攘外必先安内"的政策，对清休战谋和，而对义军严厉打击。

陈新甲是崇祯的近臣，又与司礼监太监王德化关系密切，洪承畴无法抗拒命令，只好计划与清军决一死战。

然而，各部总兵官主张南撤，最后集议背山突围。最后十数万人，因为各自指挥而很快土崩瓦解。

洪承畴派六千兵丁夜袭清军，又被击败，最后死守松山孤城半年后，粮食殆尽，援兵不至，清军破城，承畴被俘。

洪承畴之败，并非败于军事才能和战争心理，而是受陈新甲掣肘，不能实现自己的战略思想，致使在松山一战中彻底失败，被敌俘虏。

清军乘胜进攻，杀死曹变蛟，迫降祖大寿，相继拿下锦州、塔山、杏山。明军声势浩大的宁锦防线，实际上已不复存在。

2

洪承畴降清，是很有说法的。

崇祯十五年（清崇德七年）一月，被清军重重围困了半年的明朝松山，粮食殆尽。松山副将夏承德暗中派人向清军乞降，愿拿儿子做人质约降。

双方约定的时间为三月，但清军突然发起猛烈的夜袭。松山城破，辽东巡抚邱民仰、玉田总兵曹变蛟等将领被俘，不降被杀。

对于此役的战果，清代史官后来在《清太宗实录》卷五十九中写道："天威一振，歼明援兵十三万。明郎中张若麒，总兵吴三桂、王朴、李辅明、唐通、白广恩、马科等各路惊窜。又收克松山，明总督洪承畴，巡抚邱民抑，兵道张斗、姚恭、王之祯，总兵祖大乐、曹变蛟、王廷臣，副将十员及众末弁俱生擒之。负恩之总兵祖大寿自知罪在不赦，冒死率众叩首乞降。"（崇德七年三月辛巳）

清军最大的收获，为俘获了明兵部尚书兼蓟辽总督洪承畴。这是曾让关内的义军首领李自成、张献忠闻风丧胆的明军统帅，同样也让皇太极南进大略受阻。

擒获洪承畴的消息传来，正为宸妃病逝悲痛不已的皇太极很高兴，下令把他押到盛京。

皇太极立即派心腹汉臣范文程、张存仁等轮番劝说。洪承畴始终不屈，为此皇太极颇费踌躇，食不甘味。

对于洪承畴降清的细节，后来有民间传说是庄妃上阵，对这位明军统帅使了美人计。

英雄难过美人关。美人心计折好汉。红袖添香、情乱忠诚，让英雄过不了美人关。

永福宫庄妃毛遂自荐，亲自去劝说，"以壶承其唇"（萧一山《清代通史》卷上第二篇《明清之兴替与满洲典制述要》第九章之《洪承畴之降》），一口一口给他灌下人参汤，动之以情，喻之以理，经过数天的努力，终于说服洪承畴投诚清廷。

这是一个挺煽情的传闻。当征服者处于半开化状态时，为了收获和利用被征服者的智慧与价值，完全可能采取有违伦常的野蛮手段，近乎牺牲地融化文明人为道义浇注的心门，使之成为征服者权力和富贵之下的新奴仆。

电视剧《孝庄秘史》并未安排庄妃自荐，而是设计让接受过儒家礼制观念教育的范文程为主子献计献策，采取冷暴力的手段强迫庄妃上阵。皇太极和多尔衮都是不情愿的，剑拔弩张地蹲守在房外察听动静，好在庄妃一语惊醒梦中人，洪承畴感激地臣服。

庄妃劝降洪经略一事，并不见诸正史，就是《清史列传》写贰臣洪氏，也没有记载这一出军营办不了的事拿到床榻上去办的好戏。

为了收服洪承畴，皇太极是想尽了办法。

皇太极热忱对待洪承畴，终于使之屈节臣服，在赏赐无数财宝后，还搭台唱戏百场作贺。诸王公大臣不悦，问太宗为何对"洪承畴一羁囚"如此优遇。太宗问：我们栉风沐雨地玩命拼杀，是为了什么？诸人说：为入主中原。

太宗道出了洪承畴的价值："譬诸行者，君等皆瞽目，今获一引路者，吾安得不乐也！"（昭梿《啸亭杂录》卷一《用洪文襄》）

一百多年后，清朝宗室昭梿在《啸亭杂录》卷一《用洪文襄》中说："洪感明帝之遇，誓死不屈，日夜蓬头跣足，骂詈不休，文皇命诸文臣劝勉，洪不答一语。"

洪承畴装疯卖傻，不再顾及士大夫斯文，蓬头散发，赤脚待人，任皇太极派遣的汉臣范文程等人如何晓之以理、动之以情，总是寻求速死，来实现明末士大夫所共有的那种虚幻的道德英雄主义。

洪承畴把自己弄成了一副视死如归的样子，却被细心精明的范文程察觉，洪氏对梁上掉落在肩头的灰尘不时轻拂，于是向皇太极回禀："承畴必不死，惜其衣，况其身乎？"（《清史稿·洪承畴传》）

洪承畴在明朝，几年时间由一个提学道台、藩台属官，逆袭成为封疆总督、军事统帅，但只要他一出差错，暂时无功，就遭政敌权臣弹劾，被皇帝削职，因守孤城时久不见救援。而今太宗纡尊降贵，解裘披肩，更暖人心，让洪承畴感激涕零："真命世之主也！"

如此一个大反差，或许说明洪承畴其实也想试着与清政权合作，寻求一个新的政治改革机会。他久在官场，征剿义军，对明末宦寺擅权乱政、皇帝平庸刚愎、文官贪赃枉法、武将虚功冒赏，导致国家臃肿破败、百姓艰难困苦，不无痛心。他在道义极度不公的情势下，仍想施展自己远大的政治抱负，而不是为了实现简单的仁义之死。

3

昭梿没说太宗安排庄妃上阵，摆弄骚姿媚态玩美人计，而是称皇太极亲自出马，至拘禁洪承畴的处所，"解貂裘与之服"，即解下自己身上的貂裘为洪氏御寒。

这倒不伤大雅！古代不少君王为收买人才，同榻而眠的事情也不少。

但是，昭梿继续写道："毛西河谓洪初不降，继命优人诱惑。洪故闽人，夙习好男宠，因之失节。"（昭梿《啸亭杂录》卷一《用洪文襄》）

洪氏好男宠？

洪氏开始坚决不降，真如毛奇龄所说，洪为同性恋，因而抵不住男宠的诱惑吗？

昭梿援引清初学者毛奇龄之说，为孝庄太后曾委身降臣辟谣，虽又加了一句"何厚诬之甚"，却笔锋一转："故明帝初闻其死，设坛以祭，非无因也。"（昭梿《啸亭杂录》卷一《用洪文襄》）

崇祯帝初闻洪氏殉国，为他举行大祭，活动进行到一半，前方送来可靠的情报，洪已降清，崇祯帝哀伤不已。这，潜在地说洪承畴有断袖之癖，可能和崇祯帝之间有不清不楚。

难道他对皇太极亲切的关爱，解裘披身，也想入非非？昭梿是和硕亲王出身，近水楼台，对于皇家和大臣旧闻秘事掌握的程度，较之他书作者的可信度要高一些。但他记载洪承畴"分桃断袖"、牵扯崇祯帝一段，真实性如何，无他书互证，还是很难确定的。

明末博物学家谢肇淛在《五杂俎》中说，当时官僚士大夫绝大多数有娈童之好，在京城外交友接客时，总以自己有一个或几个文人书生为相好而炫耀。这样的同性恋，最早出现在晋代，士大夫们热衷此道。后来随着宋朝道学的兴起而日渐衰落，但至明末再次兴盛，且以广东、福建为中心区域。洪承畴即为京官文人，福建泉州人士，难免有娈童的喜好。

昭梿说，洪承畴素来喜爱男宠，误将皇太极的爱才，理解为充满情色的暖男计，而大亏了他降清的气节。

皇太极大费周章，冒着被误解出卖色相的可能来降服洪承畴，但没及时委以重任。他只是表面对洪承畴恩礼有加，将他安排在隶属自己亲率的镶黄旗汉军，仅做明朝国情咨询，不委任实际职务，大部分时间将洪软禁在家，不使之外出活动。

4

洪承畴或许是出工不出力，同意与清朝进行政治合作，但并未做到知无不言。

好在崇德后期，太宗因宸妃过世，情伤过重，无心南下，一年后暴卒。

顺治即位，睿王摄政，统兵破关，洪承畴随征。崇祯帝自缢于煤山，李自成攻陷北京。不知洪承畴是哀故主之惨死，还是怒败将之骄纵，他先拍起了多尔衮的马屁："我军之强，天下无敌，将帅同心，步伍整肃，流寇可一战而除，宇内可计日而定矣。"（《清世祖实录》卷四，顺治元年四月庚午）

这是大清国实际最高领导人对洪承畴的专程请教。

多尔衮怕的不是明军，而是关内的义军。几个月前，多尔衮还专程派心腹近臣迟起龙等借道蒙古，潜至西安，给李自成送去一封信："大清国皇帝致书于西据明地之诸帅，朕与公等山河远隔，但闻战胜攻取之名，不能悉知称号，故书中不及，幸毋以此而介意也。兹者致书，欲与诸公协谋同力，并取中原。倘混一区宇，富贵共之矣。不知尊意如何耳。惟望速驰书使，倾怀以告，是诚至愿也！"（《明清史料》丙编第一本《清帝致西据明地诸帅书稿》）

多尔衮写信时为正月二十七日，还不知道李自成建国做了永昌皇帝，也不知道李自成称帝不久就率兵东进。李自成攻陷京师，成了多尔衮入关必须解决的难题。

所以，他要向曾打得李自成仓皇而逃的洪承畴请教。

这是洪承畴东山再起的机会。

洪承畴迅速切入主题献策："今宜先遣官宣布王令，示以此行特扫除乱逆，期于灭贼。有抗拒者，必加诛戮，不屠人民、不焚庐舍、不掠财物之意。仍布告各府州县有开门归降者，官则加升，军民秋毫无犯。若抗拒不服者，城下之日官吏诛，百姓仍予安全。有首倡内应立大功者，破格封赏。法在必行，此要务也。"（《清世祖实录》卷四，顺治元年四月庚午）

洪氏的针对性强，其"三不"禁令和"二赏"政策，为清军入关攻占燕京，招来了不少与洪氏为伍的贰臣同类，对尚武野蛮的八旗兵疯狂杀戮，也起到了很好的节制作用。

摄政睿亲王接受了洪氏建议，并采纳了他关于如何追剿李自成和张献忠的策略。多尔衮下令，明朝降臣仍任原职，洪承畴仍以太子太保、兵部尚书兼都察院右副都御史原衔，入内院佐理机务，遂为内秘书院大学士。

明朝覆灭，故主已亡。洪承畴即便对清政权再有仇恨心理，也只能对新朝忠诚效命。顺治二年（1645）五月，多铎率师攻占南京，多尔衮下"剃发令"激起江南人民的反抗。危难之中，多尔衮忙派洪承畴取代多铎，敕赐"招抚南方总督军务大学士"大印，给予便宜行事大权。

后来，洪承畴丁父忧，朝廷准其回家守制，并未罢黜其秘书院大学士一职。归来时，摄政王对其宠信有加，一连数日召见垂询各省应兴应革之事，所有建议，无不采纳，并让他出任太宗实录总裁官、会试正考官，加少傅兼太子太傅。虽然这些都是暂时性或荣誉性虚职，但管的也是书写国史、选拔人才的政要大事。

摄政睿亲王起用他替换豫亲王多铎督抚江南，世祖更为他提供了一个施展才华和抱负的广阔舞台，使其为清朝中国的统一创造巨大的历史功绩。

洪承畴虽得多尔衮信任，但他善于站政治队。顺治帝亲政后，立马命洪承畴为都察院左都御史，后相继调任弘文院大学士、国史院大学士，授命其太保兼太子太师、兵部尚书兼都察院右副都御史，"经略湖广、广东、广西、云南、贵州等处地方，总督军务兼理粮饷。敕谕抚镇以下咸听节制，攻守便宜行事。满兵当留当撤，即行具奏"。此时洪承畴已六十一岁，临行前，顺治帝设宴饯行，赐宝马、宝刀。

一个前朝降将，被顺治帝如此倚重，付予重大兵权，实属罕见。虽然在清朝定鼎中原之际，洪承畴没有做到大将军，但论其此时的权力，比一个大将军有过之而无不及，在经略西南，追击李定国、孙可望时，可以节制满、汉两路大将军王，直接向顺治帝回报信郡王兼安远靖寇大将军多尼、平西王兼平西大将军吴三桂的战况。

直至顺治十七年正月，洪承畴因年老体衰、目疾加剧，请求回京；翌年正月，才奉旨解任回京调理，仍任大学士，至康熙新立时乞休。

其实，他不愿意对明朝宗室后裔赶尽杀绝。四辅臣察觉他的心思后，将其召回，只给了一个三等轻车都尉世职，为九等二十六级世职中的第二十三级，远不及他曾约束和嘉奖的吴三桂等人世袭罔替的亲王。

他的世职，不是世袭罔替，而是准袭四次。

不论其在尴尬的境地起到了怎样的积极作用，他都是大节有亏，投敌叛国，甩不开汉人仇视、满人轻视的贰臣帽子。

萧一山在分析锦州之围、松山之败后，专门分析了洪承畴之降，说："承畴负时誉久，生平疵行，亦少概见，一旦变节，殊出意外。吾人若舍民族国家之观念而论断之，似属人之常情，惟当君主专制时代，则不免遗贰臣之羞耳。"（《清代通史》卷上第二篇第九章《明清之防战与太宗之死》）

著名的三藩，最初驻守地方，也是洪氏建议。洪承畴奏请推荐原任大学士李率泰为两广总督，与平南王尚可喜、靖南王耿继茂驻守广东，顺治帝应允，又给他铸"经略湖南江西云南贵州内院大学士"印。平西王吴三桂镇守云南，也是洪承畴回京前的请示所成。

至于后来三藩坐大，酿成席卷全国的战乱，是洪承畴病逝八年之后的事情了。但是，他建议三藩王驻守两广、云贵，为清朝确立对全国的统治确实建立了特殊的功勋。而清朝对他们由原先的控制使用改为放手使用，让他们独承方面之任，且在一切军事活动中也"假以便宜，不复中制，用人，吏、兵二部不得掣肘，用财，户部不得稽迟"（刘健《庭闻录》卷四《开藩专制》），这是最终酿成大祸的客观原因之一。

萧一山在《清代通史》卷上第三篇中谈及"开国之勋臣"，说："运筹策划，经略四方，管理机要，创制规模者，如范文程、洪承畴、金之俊、冯铨辈，虽以汉人投效，行节有亏，史书所载，黜之贰臣；然经营勤劳，亦不失为开国之良辅。"

论政治出身，范文程投效时只是一个秀才，不如洪承畴等为明朝高官重臣，故而算不上真正的贰臣。而洪承畴作为贰臣，在顺治后期为清军经略中原、开疆拓土，可谓是立下了汗马功劳。

他为了清王朝定鼎中原、一统天下，可谓是殚精竭虑，最后却因某些道义上的不安，导致清廷统治者对他采取了防患的态度和惩戒的行动，不可谓没有一点遗憾。

刘芳名：加衔不断却
干了十七年原职

1

功成不必在我，建功必须有我。于今日而言，这大多是一句响亮的口号、豁达的情怀、崇高的精神。媒介喜欢用这一个词汇，既满足了被报道者的虚荣，也往往能为报道平添几分文学的力量。

然而，以此来评价明清之际的贰臣，似乎显得是一种政治高调、一种英雄主义、一种脱离实际。如果无利可图，贰臣本是投效自亏、辱没气节，又何须为了一份虚荣拼尽了性命。

从明朝走向清朝的贰臣，有不少追名逐利之辈，跻身庙堂而醉迷权力的争斗，有些甚至为立功取宠而不惜侵害老友、出卖故国、忘了祖宗。但是也有像刘芳名一样的职业军人，有着另一种境界。

宁夏人刘芳名降清时，为顺治元年（1644），明朝已经覆灭，有家可归但无国可报的他，像当时许多投降主义者一样，寻找新的政治合作空间。

他很幸运，因为是前明柳沟总兵率部来降，于是被"凡一切政事及批票本章，不奉上命，概称诏旨"（《清世祖实录》卷五十三，顺治八年二月己亥）的摄政睿亲王，在投降书上直接批复，命仍做他的原官柳沟总兵，隶属正白旗汉军。

一句代最高指示，让一个前朝总兵，成了一个正白旗汉军总兵。要知道，正白旗为多尔衮亲领旗主。多尔衮将清朝的首任柳沟总兵刘芳名纳入本旗，看来是一种高度重视，当然也算是一种政治拉拢。

多尔衮远在京师，距刘芳名千里之外，但他一直没有忘记降将刘芳名，趁着西征大军拿下陕西三边，任命同是降将出身的孟乔芳为总督时，他也给刘芳名安排了一份新的职务：宁夏总兵。

总兵还是总兵，镇守还是镇守，但宁夏要比柳沟名声响亮得多，而且上了一个档次。

这一个总兵，可以说终刘芳名在清朝的余生。即使顺治十七年九月，刘芳名殉职于江宁兵营，被清朝破天荒地追赠一个总兵为太子太保时，他的实职仍不过总兵。

2

值得注意的是，刘芳名降清后，虽仍任原职柳沟总兵，却很快因涉嫌一桩贪污案被革职。

《清世祖实录》卷十三记载，顺治二年正月戊子，"初，宣府巡抚李鉴，以赤城道朱寿鎣贪酷不法，将劾奏之。寿鎣遣其子嘱绰书泰，求和硕英亲王阿济格。王与鉴印扎令，贳寿鎣罪。及王出师至宣府，召鉴面谕之，曰：'寿鎣忠良，尔宜释免。'鉴曰：'此钦犯也。若擅释之，王亦不便。'绰书泰叱之曰：'尔何不惧王，而反惧冲龄皇帝耶？'鉴艴然而去。王复遣绰书泰、总兵刘芳名强之。鉴坚不允。事闻下内院等衙门，会鞫得实。寿鎣、绰书泰及绰书泰四子，俱弃市，并籍其家。芳名革职，入旗"。

宣府巡抚李鉴，原为崇祯元年（1628）进士，官至宣化巡抚。明亡后降清，仍任原职。《贰臣传》甲编中亦有传。降清，那是他在明清兴亡中的政治选择，但他秉公执法，不畏强权，也是一个颇有原则的硬骨头。

摄政王多尔衮统兵入关后，以明亡为戒，要整肃吏治，掀起一场反贪污、反受贿、反行贿的铁拳行动。

他在进入紫禁城的第二天，即顺治元年五月三日，就对前明过来的汉将汉官发出训令："各官宜痛改故明陋习，共砥忠廉，毋朘民自利。我朝臣工，不纳贿，不徇私，不修怨，违者必置重典。凡新服官民人等，如蹈此等罪犯，定治以国法。不贷。"（《清世祖实录》卷五，顺治元年五月庚寅）

因为他认为"明朝之破坏，俱由贪黩成风、德不称位、功罪不明所致"（《清世祖实录》卷五，顺治元年五月辛亥），所以，他严令兵部："自兹以后，凡我臣民，俱宜改弦易辙，各励清忠。"

他殷切寄望大臣们，尤其是征战前线的武将们，要改变前明贪黩恶习，做一个清廉之人。

刘芳名就是在这个月底，以"投诚总兵官"（《清世祖实录》卷五，顺治元年五月甲寅）的身份，出任柳沟总兵官的。

但是，很快，他却接受靖远大将军、和硕英亲王阿济格的指令，陪同阿济格的心腹绰书泰，前往宣府巡抚衙门，胁迫李鉴不要弹劾贪赃枉法的河北赤城道朱寿鋆。

李鉴坚持不允，坚持上报，于是，这一场纠纷闹到了多尔衮那里。

多尔衮命人严查，发现朱寿鋆确实顶风作案，并送礼托关系找到了阿济格那里。

多尔衮暂时不好对正在前线攻城略地的胞兄阿济格动手，于是下令，将贪污元凶朱寿鋆，以及阿济格的代言人绰书泰及其四子公开斩首，抄没家产。

刘芳名就因陪绰书泰走了一趟，结果作为胁迫者被革职。

至于他被划入汉军正白旗，也算是多尔衮爱惜人才，给了一个安慰。毕竟他是受命行事，当了一回阿济格绑架的从犯。

在处理这一次反贪事件中，多尔衮的决心很坚决，惩处力度很大，雷厉风行，毫不手软，确实对贪腐进行了严厉的整治。阿济格得胜还朝，本有俘杀大顺政权的权将军刘宗敏、大军师宋献策，招降南明左梦庚二十余万人，攻略河南、湖广、江西、江南等地六十三城等大功劳，"劳苦而功高"（《清世祖实录》卷五，顺治二年闰六月庚寅），该"以凭封赏"（《清世祖实录》卷五，顺治二年闰六月甲申）。但是，多尔衮却以顺治帝的名义，将其降为英郡王，原因很多，其中就有一条："和硕英亲王阿济格出征时，胁令巡抚李鉴，释免逮问赤城道朱寿鏊……至是法司议罪。阿济格，应削王爵，夺所属仆众。"（《清世祖实录》卷二十，顺治二年八月丁未）

在这一起事件中，阿济格和刘芳名都是不谙内情。前者是因为听了心腹侍从绰书泰的话，卖个人情打招呼；而后者则是新附清朝，自然要对主管领导的命令遵从行事。

结果，劳苦功高的阿济格，就因没有管住身边人，差点丢了拼军功好不容易得来的王爵（当然，他还有其他严重问题，另当别论）。而刘芳名更冤，抱着英亲王的大腿，却摔了一个大跟头。

3

刘芳名在降清、仕清的十七年里，多次被加衔，却干了一辈子的总兵官。

清朝的总兵，是从明朝职官人事制度中继承来的，初无定品，多以系左右都督、同知各衔，乾隆十八年（1753）始定品轶。

也就是说，刘芳名的总兵级别还得靠系衔决定。若按乾隆钦定的清代总兵为绿营主官，官阶正二品，刘芳名的品级不低，高于从二品的巡抚，同于正二品的总督。然清朝的军权归为各省巡抚提督之文官，总兵必须听从于总督，受巡抚节制。

刘芳名这位宁夏军区司令员，行政权力不大，主管辖区有限，但这些他都不在乎，干好分内事务就行，所以他上任伊始，就保境安民、弹压不法、训练士卒、招抚民心,对于"时秦地初定,土寇尚多,悍卒复乘衅谋乱"(《清史列传·刘芳名传》)的宁夏社会治安,起到了一定的稳定作用。

清廷能用他,官复原职,还有调任,在他看来是恩情无限,故而他要引为自豪、武夫报国。时间很短,他就治绩斐然,赢得了陕西总督孟乔芳为之向朝廷请功。

孟乔芳在请功报告上写道:刘芳名很有才能,连续率宁夏镇兵主力,平定了汉中、固原的兵士叛乱。

顺治二年十二月初,汉中镇总兵贺珍举兵反清,自称奉天倡义大将军。这是李自成用过的头衔,这位由明朝武官投降李闯王的大顺名将,要以此表示自己继承李自成的事业。其实贺珍是一个不断背叛伙伴而获取利益的家伙,于是年二月刚刚率部向清朝英亲王、靖远大将军阿济格投降,获任汉中总兵。就在降而复叛的六个月前,贺珍曾入川大败张献忠的三万大西军。

获利不多,贺珍又反。这样一位悍将反清,来势迅猛,他率劲兵两万出连云栈,一举攻占凤翔,并纠集七万部众北上攻打西安,影响巨大。

固原镇副将武大定也是降将出身,于是杀死总兵官何世元,据城造反。宝鸡驻军高汝砺也举兵反清,响应贺珍。一时,静宁、灵台、关中各地义军揭竿群起。

西北危局严重威胁到清朝政权的巩固。武将出身的孟乔芳一面奏报朝廷,说明情势,一面调兵遣将,率兵弹压。

刘芳名就近进剿武大定,继而攻击贺珍。他毕竟是正规军出身的降将,打仗有规章,有方略,而且带着自己训练出来的宁夏悍将,很快便告捷频传。

虽然贺珍之乱迅速蔓延,至顺治八年转移至川东地区,联合刘体纯、郝摇旗等大顺军旧部组成了著名的"夔东十三家",被桂王永历政权太子太保兼吏兵二部尚书、总督川湖诸处军务文安之招安,"共奖王室"(《明史·文安之传》),进公侯爵。然而,刘芳名的宁夏辖区还是暂时安定的。所以,孟乔芳为其请功,

"芳名俱在事有功"（《清史列传·刘芳名传》）。

这一盘棋局，其实为明朝降将之间的较量，有仕清忠诚者，有牟利反叛者。虽然他们的心里已经找不到对明朝的多少情感，但是有一个经典的词汇可以反映他们的精神实质，那就是"物以类聚，人以群分"。

而聚分的标准，就是一个词：利益。

贺珍和武大定成了三姓家奴后，降而复叛，未必是对明朝、汉族乃至崇祯帝、李自成有真正的眷恋，他们在降清后得利不多，自然也就不能像职业军人出身的孟乔芳、刘芳名那样坚定，有着人生的理想。

论资历，孟乔芳是前明退役副将，而刘芳名是前明现役总兵。刘芳名降清时的投名状，是一支整编的精锐，自然要比孟乔芳丰厚得多。但是，孟乔芳之降，是在太宗破关入侵永平时，同时孟乔芳与多尔衮有着多年的战友情谊。

这一点，刘芳名自然看到了，自然情愿接受孟总督的节制。

这也是职业军人和投机将军之间的最大区别。

贺珍等不甘寂寞，但刘芳名懂得忍让。

顺治三年初，宁夏总兵刘芳名率军前往巩昌维稳，结果留守军官趁机暗中联络，发动兵变，杀死首任宁夏巡抚焦安民。

刘芳名闻讯，火速北返，但没有立即对叛军采取镇压，而是暗中调查，了解内情。

这次兵变，是由王元、马德带头领导的。

找到了元凶，刘芳名却不动声色。他先将马德调至花马池防守，代理东协副将，貌似委以重任，继而利用王元外逃，设伏斩杀其接应者洪大诰，擒获首乱者王元。

刘芳名要各个击破，逼其跳梁，逼其狼窜，逼其再反。

时马德闻盟友们纷纷失败，甚是惧怕，又因患痔疮备受煎熬，不敢见经过花马池的河西道袁罳。

袁噩托人带话：我擅长医术，其他病都是手到病除，但只有心病治不了。结果弄得马德更加慌乱害怕。

刘芳名要同惊弓之鸟马德玩猫捉老鼠的游戏，欲擒故纵，再次使马德劫抢军资，遁逃入山，为祸一方。刘芳名再次发兵，将马德及其诸多合伙人一锅端，最后对马德处以杀千刀之刑。

宁夏再次暂归平定。朝廷要对刘氏进行奖励。

刘芳名被授予三等轻车都尉世职，这是对他投诚有功的嘉奖。

两月后，第二份嘉奖令来了：擢刘芳名为四川提督，佩戴定西将军印。按理，刘芳名的官品成了从一品，比总督都高了一等。

正在他装点行装时，朝廷的第三份任职文件又来了：四川提督已由汉军正黄旗都统祖泽润代理，刘芳名留镇宁夏。

朝廷的理由很充分：宁夏和固原地方大乱新平，局势尚不稳固，而刘芳名在南定固原和北平宁夏诸战役后，早已名声大振，为了确保三边门户的安全，已贵为皇叔父摄政王的多尔衮决定以都统祖泽润代其职，改任刘芳名继续留镇宁夏。

留也不是白留。朝廷给他加了一个右都督。清初暂时性因袭明制，仍设都督一职，作为地方军事长官的加衔，级别为正一品。

刘芳名的宁夏总兵，被高配成了正一品。级别上去了，但辖区仅为一个宁夏镇。

4

果不其然，一年后宁夏境内发生了以李彩为首的香山之乱。

刘芳名剿抚并用，一面组织兵力进行镇压，挖壕围攻，炮箭猛射，一面利用自己的威名，招降造反人士，解散其余党。在强大的军事攻势下，招抚攻心起了作用：李彩被部下擒获献降。

地方得以平定，但内部出现叛乱。叛乱变为敌人者，原来是刘芳名一度信任的副将刘登楼。

名字挺不错的，登楼者，可登高望远、再升一级也。刘芳名的军区司令员享受了正大军区级别待遇，而副司令员刘登楼却还只是一个副军级干部。要知道，刘芳名斩杀马德一战中，刘登楼参战有功，"狡猾多力……益自负其能"（《清史列传·刘芳名传》）。他不甘屈居人下，他不愿出力没有奖励，他不想永远给人抬轿。

于是，刘登楼利用顺治五年年底山西大同镇总兵姜瓖在雁北举兵叛清的机会，在陕西榆林勾结延安营叛将王永强响应姜瓖，杀死延绥巡抚王正志、靖边道夏进芳，攻占陕北二十州县。

刘登楼不愿在清朝升官了，于是脱掉清朝的将官服，自称大明招抚总督。这样一个称谓，不但级别上去了，而且貌似可以统率全国军政大权，当然也有反正之名。

刘登楼煽动定边屯蒙古部札穆素一起发兵，由花马池入犯宁夏。叛军来势凶猛，河东兴武、铁柱、惠安、汉伯、临河诸堡相继陷落，接着乘势聚集大股造反队伍围攻河东重镇灵州。

刘登楼反了，不忘故主，于是致书刘芳名，希望他领导甘肃，与山、陕一起行动，克成大业。原来的刘副将、如今的刘总督大言不惭地要给老领导刘总兵加官晋爵。

刘芳名咬牙切齿，金刚怒目，愤然大骂：你小刘造反做了井中蛙，妄图污秽我老刘的威名。老刘绝不与你小刘同存天地间！

于是，刘芳名将此招降书封好，请宁夏巡抚李监代他上交给朝廷，以观他是怎么自证清白的。果然，刘芳名迅速进军，联手前来赴援的镶蓝旗汉军都统李固翰强力反击，将刘登楼死死围在汉伯城里。十二日后，威风的老刘宝刀不老，跃马斩杀不甘做小、妄自尊大的刘登楼。

决战前，诸将定计围攻刘登楼。刘芳名不愧起起武夫，欣然独守东南要冲，接近敌军城垒。有人劝老刘多注意，免被矢石伤及，请避敌锋芒。

老刘严词拒绝，厉声叱之：死则死耳，有何可惧？难道让士卒们多伤亡，而我独避锋镝？

老刘身先士卒，不愿意士卒给自己做人肉盾牌，结果这一句极富英雄气概的话，激起了一军同仇敌忾的魂。

一战告捷。

乱局勘定！

抚臣李监与督臣孟乔芳一致为刘芳名请功。新晋皇父摄政王多尔衮没有追责刘芳名的监管不力导致部下叛乱，而是下旨嘉奖，晋升其世职为二等轻车都尉。

多尔衮一直都在封赏刘芳名，但他的军功累积不少，实职却始终未变。这样的拉拢不少，效果不显，也为后来顺治帝继续任用刘芳名打下了基础：刘芳名有能力，但忠于职事，而非睿王。

顺治十六年，刘芳名奉命以右路总兵官率宁夏三营将士移驻江宁，被加左都督衔。此期，他与苏松镇总兵官梁化凤合作，在长江口崇明岛一举击溃郑成功，斩获颇多。

然而，北兵南调，水土不服。

刘芳名向朝廷直言："臣奉命剿贼，方其灭此朝食。不意水土未服，受病难疗，不敢妄请休息，惟所携宁夏兵士，臣训练有年，心膂相寄。今至南方，半为痢疟伤损，皆水土蒸湿所致。及臣未填沟壑，敢乞定限更调。"（《清史列传·刘芳名传》）

人之将死，其言也善。

此言殷殷，为国爱兵。

刘芳名虽然在历史上有着降清的污点，但是作为一个忠诚的职业军人，骨子里还是很干净的。刘芳名守宁夏，严格遵守着军人荣誉的职业准则，并非纯以杀戮而争权夺利，而是多有方法来保境安民，"殊有治绩"（《清史稿·刘芳名传》）。品论这样的贰臣人物，当结合当时情势，做出客观的分析，而不能因为他一时的屈节而一棍子打死。

毕竟，他降清时，明已不在了。

李国英督川的
历史意义很特别

1

顺治二年（1645），清朝始设陕西三边总督，第二年将辖区扩大到四川，在顺治十一年才推出川陕总督一职。

李国英不是首任川陕三边总督，但他总督川地时，却代表着清王朝对天府之国的正式统治的开始。《清史列传·李国英传》记载，顺治"十八年，川陕各设总督，改国英专辖四川"。

李国英首任四川总督，此前他的职务为川陕总督。时川陕总督的辖区主要是陕西和甘肃（包括今宁夏和青海西宁地区），四川只是象征性地纳入了辖区，疆域只有少部分被清军占领，大部分还是南明永历政权的势力范围。所以，李国英之前的总督行辕设置在西安府南院门。

但是清朝却没有放弃要拿下蜀地的政治梦想，于是，李国英的总督衙门不再在陕西西安，而是因地制宜，搬到了他经营多年的四川成都。

清廷赋予了他特殊的政治使命。

李国英本是辽东人，但在明朝就拼战功，官拜总兵，隶属左良玉麾下。顺治二年，左良玉病逝，其子左梦庚没有继承父志继续攻打南明的马士英，而是在马士英的诸路围攻下，统率其接管的二十万人马，向英亲王阿济格投降。

投降便是自亏，投降也是活路。

南明内讧，导致分崩离析。

李国英赞同左少帅的活法，一同降清，被安排在正红旗汉军。

汉人成了汉军，效忠的对象也由明帝改为了清帝。

此际，清帝还少不更事。摄政的睿亲王曾派亲信大臣何洛会为定西大将军，率兵从陕西进攻四川，还没深入川地，就被张献忠击溃。

何洛会归来，自然将张献忠之凶狠大书特书一番。于是，多尔衮决心将这个凶悍的拦路虎交给肃亲王豪格对付。

多尔衮要给大皇侄挖一个大大的陷阱。

两年前，太宗暴卒，没有及时指定接班人。作为皇长子的豪格，与多尔衮军功相当，势均力敌，都想坐上那一把龙椅。结果两虎相争，多尔衮又得不到也觊觎帝位的胞弟多铎的绝对支持，而皇太极留下的两黄旗誓立皇子，剑拔弩张，刀剑相向。多尔衮无奈妥协，以退为进，拥立六岁童福临登基，自己成了摄政王。

多尔衮与支持豪格的郑亲王济尔哈朗，一同以顺治帝叔父的身份辅政，盟誓"有不秉公辅理、妄自尊大者，天地谴之"（《清史稿·多尔衮传》），但济尔哈朗主动放权，令诸大臣站班、奏事须以多尔衮为首，凡事须先请示摄政王。

多尔衮慢慢威权独专，将济尔哈朗排挤出局，同时拉拢大臣打击豪格，以报夺位不得的怨恨。

于是，多尔衮以自己统兵入关的煊赫军功，激励豪格去冲杀彪悍凶猛的张献忠：成，即立下不世之功；败，则万劫不复。

豪格因继位不成，更对多尔衮进位叔父摄政王很不满，于是慨然领命，立下军令状，于顺治三年正月受任靖远大将军出征四川。

豪格以护军统领鳌拜为先锋，一路向西。当年十一月，孔武有力的豪格张弓搭箭，成功射杀了张献忠，灭了大西政权。

豪格向朝廷奏报："臣帅师于十一月二十六日至南部，侦得逆贼张献忠，列营西充县境，随令护军统领鳌拜巴图鲁等，分领八旗护军先发。臣统大军星夜兼程继进，于次日黎明抵西充。献忠尽率马步贼兵拒师，鳌拜等奋击大破之，斩献于阵。"（《清世祖实录》卷二十九，顺治三年十二月甲申）

豪格征战西南，有人事任免权。于是，他任命随征有功的李国英为成都总兵。

此战，豪格战绩辉煌，攻破张献忠一百三十多座营寨，斩首数万，获马一万二千二百多匹，平定了遵义、夔州、茂州、荣昌、隆昌、富顺、内江、宝阳诸郡县。

由于四川地区连年战乱，社会生产几乎完全停顿，无法解决粮饷供应，豪格只好就此止步，率军经陕西回京，留下王遵坦、李国英等明朝降将驻守四川。

豪格任命王遵坦为四川首任巡抚。不料几月后，王氏箭伤发作，病重而死，李国英继任四川巡抚。

2

李国英不是四川第一任抚台，却为后来成为四川第一个督台夯实了基础。

这得感谢豪格的力挺。二人一同战胜了共同的敌人张献忠，战友情深，相交应该匪浅。虽然多尔衮构陷豪格，却没有因此牵连李国英。

李国英与豪格的关系，多尔衮未必毫不知情，然多尔衮置若罔闻，没有妄动。

李国英抚川时，四川还有很大一片土地掌控在张献忠的余党手中——

孙可望、刘文秀、王命臣盘踞川南，对清军虎视眈眈。

谭文、谭弘、谭诣等共同占据川东，不断侵袭得手。

而李自成的旧部刑十万、马超、刘二虎、郝摇旗等，也活跃在川东地区。

活跃于川、鄂、陕、豫诸省的反清势力——夔东十三家，又称川东十三家，就是此期由张献忠、李自成的余部孙可望、李定国、刘文秀、白文选、袁宗第、郝摇旗、刘体纯、李来亨等联合川东反清武装王光兴、谭文、谭诣、谭弘组成的。他们不再相互攻战，而是抱成一团，联合抗清。

清初毛奇龄在《后鉴录》中写道："崇祯流贼，多与二贼相终始。故主名虽多，大抵附二贼以见。……而夔东十三家贼者，徒以全蜀剿绝，乘间窃发，仍仰借二贼游魂，或分或合，以极于败亡。"

毛氏所称的"二贼"，无疑是站在清朝统治阶级的立场，对大顺军首领李自成、大西军首领张献忠的蔑称。

反清势力的大佬们推举刘体纯、王光兴做联络人，主持军务，划分防区，分据川东、鄂西诸山中，以兴、房、竹、巫、奉一带为根据地，边务农边练兵，常出奇兵袭击南下清军。十三家，却有十六营兵力，据地为险，发展很快，势头很猛。

顾诚在《南明史》第三十二章第一节《清廷组织三省会剿》里谈道："所谓夔东，大致相当于长江三峡地区，这里山高水急，形势险要，从军事上来说，不仅是易守难攻的地方，而且切断了四川同湖北的通道，进可以出击两湖、豫西、陕南和四川，退可以据险自守。"

不仅如此，就在豪格箭杀张献忠前，即顺治三年十一月初八日，前明广西巡抚瞿式耜拥立桂王朱由榔在肇庆称帝，建立了永历政权。张献忠死后，其四养子（孙可望、李定国、刘文秀、艾能奇）收集余部数千人、家口万余众，经过反复争论，决定"联明抗清"。

这是张献忠北上抗清的遗愿："明朝三百年正统，天意必不绝亡。我死，尔急归明，毋为不义。"（顾山贞《客滇述》）

孙可望一度妄图割据云南，独霸一方，遭到李定国义正词严的拒绝。李对孙说："肇庆已有君，永历其年号也，不度德量力，妄自尊大，其欲自取灭亡乎？"（刘彬《晋王李定国列传》）李定国的反对，得到了刘文秀的支持，孙可望被迫暂时放弃自立的想法。他们在李国英坐镇川中时，已经同南明的永历王朝建立了联系。

永历四年（1649）十二月，加东阁大学士文安之为太子太保，兼吏、兵二部尚书，督师经略川秦楚豫，赐尚方宝剑，便宜行事，前往川东，与夔东十三家建立了联系，邀约他们"共奖王室"。永历帝"进诸将王光兴、郝永忠、刘体仁、袁宗第、李来亨、王友进、塔天宝、马云翔、郝珍、李复荣、谭弘、谭诣、谭文、党守素等公侯爵，即令安之赍赦印行"（《明史·文安之传》）。"郝珍"为贺珍之误。

文安之逃脱孙可望的拘禁，为夔东英雄们带来了永历皇帝的嘉奖令：王光兴封荆国公，郝永忠封益国公，刘体纯封皖国公，袁宗第封靖国公，李来亨封临国公，王友进封宁国公，塔天宝封宜都侯，马云翔封阳城侯，贺珍封岐侯，李复荣封渭源侯，谭弘封新津侯，谭诣封仁寿侯，谭文封涪侯，党守素封兴平侯。

文安之为国公侯爷们带来的只有一纸空文，既没有划分封地的凭证，也没有年俸岁禄的奖励，就连永历政权为他们刻好的敕印，也被拦路抢劫的孙可望抢了。

因为他们大都是大顺军余部，都是永历帝拉拢的对象。

虽然孙可望自立不得，还时刻盘算着怎样挟永历帝以令诸侯，但是实力还很强大的大西军与另起炉灶的南明军结合在一起，必然对李国英构成巨大的威胁。

豪格被定罪下狱了，李国英只能靠自己了。多尔衮给豪格裁定的诸多罪行中，有一条是隐瞒部将冒功，李国英必须与豪格划清界限，以免被已有皇父摄政王之尊的多尔衮圈定为肃王余党。

3

多尔衮以多条罪名将皇帝的大哥变成阶下囚后，在整肃其支持者鳌拜等人的同时，却没有牵连到他重用的明降将李国英。

这是四川的情势所迫，多尔衮需要名不副实的四川巡抚李国英，去为他领导的清政权的势力扩张冲锋陷阵。

降将仕清，明哲保身，权贵个个都是主子。李国英不去理会多尔衮与豪格的权力之争、叔侄之斗、生死之战，运筹帷幄，与形形色色的反清势力认真博弈。

李国英更要证明自己有能力，用军功说话。

果然，李国英的捷报频传——

顺治五年二月，他一举击溃侵犯保宁的地方豪强谭弘等。

继而，他分兵三路，水陆并进，直抵顺庆，大败南明总兵官王命臣，收复城池。

紧接着，他联合总兵惠应诏迅速进剿，阵战擒获南明总兵胡敬和叛逃知县饶心知等，一路厮杀，打得南明军弃城而逃，平定龙安、锦州、达州等城。

降将是一员虎将，一员猛将，一员悍将。以十六七万将士和壮丁破关，逐鹿中原，四处征战的清廷正需要这样的关内能将干臣成为新的政治合作者。这也是偏安辽东的清国迅速成为定鼎京师的清朝的成功之处、生存之道、强大之术。

多尔衮没有猜忌李国英。顺治帝继续任用李国英。

顺治九年，孙可望、刘文秀这两位张献忠时代的悍将——大西政权的平东王、抚南王，永历皇帝御封的秦王、蜀王（秦王煊赫，但秦地皆为清地；蜀王实际，而蜀地胜负未定）——联手率大西军步骑数万出川南，由叙州、重庆进围成都，杀清都统白含贞、白广生等，迫使大清朝的平西王兼平西大将军吴三桂败走保宁，"贼众横列十五里，势炽甚"（《清史列传·李国英传》）。

李国英沉着应战，冷静调度，督军摧垮大西军主力，并采取间道袭击，"歼贼数万，溺死者无算"。

史料是清人留下的，站在清廷的角度，蔑称南明军、大西军为"贼"，此不可取，但是可见李国英在此战中确实为清政权在四川的统治扩大化立下了汗马功劳。所以，多尔衮死后得以亲政的顺治帝，先以投诚之功，赐予李国英二等轻车都尉世职，继而为之加衔为兵部尚书。

清朝多给重要的总督或受皇帝宠任的总督加兵部尚书，以提升其品级，此为后事，清初不多。而在清初直接给一个尚未正式落实行政区划的巡抚加兵部尚书的，李国英是一个特例。

4

《清代档案史料丛编》第六辑收录了一篇《李国英为请拨进剿船费和粮饷事揭帖》，从奏请时间顺治八年十一月初四日来看，李国英当时的实际职务是"巡抚四川等处地方、提督军务"。朝廷早已给他加了"兵部右侍郎兼都察院右副都御史"。

按清朝的官员品级规定，巡抚为从二品，提督为从一品，兵部尚书也是从一品。李国英的加衔已由兵部右侍郎升为兵部尚书，品级上还是从一品，没有多少变化。

在这一份揭帖上，李国英强调向三巴地进军，"破敌之法必须水陆并进"，"战船粮船二者皆不可少"。大军进剿，师行粮从，而陆路运输困难，必须置办船只走水路。李国英征战在外，却能考虑到"民力穷薄"，不能征敛盘剥，只能向朝廷伸手，并对陆续招募的水手夫役，要按川兵惯例，"每名月给银壹两、米叁斗以资糊口"。(《李国英为请拨进剿船费和粮饷事揭帖》)

武夫征战，还有悯民之心。

而从李国英于顺治十二年的一份奏疏来看："国家师武无敌，而小丑稽诛，此封疆之臣畏难避苦，利害功罪之念存于中耳。今湖南、两广俱有重兵，平西王吴三桂及都统李国翰之师驻汉中，宜敕进保宁，纲罗诸路，先取成都、嘉定，资其肥饶，且屯且守；次取重庆，以扼咽喉。然后乘流东下，扫清夔关，通荆襄之气脉，彻滇黔之门户，即为收服滇黔本计，至于内外司兵司饷之臣，必齐心一力，应如撒臂，尤成功之要也。"(《清史列传·李国英传》)

这是有原因的。

顺治五年，豪格班师，并没有给面对川东、川南多路强敌的李国英留下多少有效兵力。

顺治三年，以孔有德为首的三顺王开始单独统兵南征。五年，吴三桂与定西将军、镶蓝旗汉军都统李国翰受命一起镇守汉中。九年，敬谨亲王尼堪被任命为定远大将军，率领大军前去湖南，讨伐由贵州突入湘中的孙可望。清廷却一直没有派重兵增援李国英。

李定国在广西，在不到半年的时间内两蹶名王（孔有德和尼堪），激励了诸路反清义军风起云涌。成都再次被南明军占领，重庆、夔州和嘉定随同反叛。清廷一度想与李定国讲和，而四川巡抚李国英也只能领导着一个流亡政府。

李国英分析情势，在请兵收复四川诸地外，向朝廷提出一鼓作气拿下云南、贵州的主张，为后来吴三桂镇守云贵埋下了伏笔。

吴三桂率军南下，实施了李国英提出的行军方略。朝廷因此赏赐李国英太子太保，并荫及一子入国子监学习。

顺治十四年，世祖嘉奖李国英久任封疆，才猷显著，将其擢升为陕西四川总督。

此后，李国英与吴三桂多次配合，接二连三地战胜南明多路悍将，屡有斩获，通过几年奋战，基本掌控了四川全境，在顺治十八年把四川基本纳入了清朝的版图。

李国英被新上台的四辅臣以康熙帝的名义下旨，任命他作为四川的第一任总督。

康熙元年（1662）七月，李国英向朝廷建议发动四川、湖广、陕西三省会剿，彻底解决大顺军余部问题，调集三省人马围剿郝摇旗、李来亨、刘体纯、贺珍、袁宗第、党守素、塔天宝、王光兴等，得到了朝廷的赞许和部署。

李氏督川，继续调兵遣将，攻城略地，擒获颇丰，斩获良多，最终于康熙四年向中央报喜：全川砥定！

四川全境平定，李国英厥功至伟。

他在报喜的奏折中，建议因地设防，增减官兵。他没有因蜀地险要而要求扩大军队规模，而是率先裁军："裁留通省四万五千名，以马二步一、战守各半定额。"《清史列传·李国英传》言下之意，他只要精锐、合理部署，而不是拥兵自重、割据一方。

他为吴三桂进军云贵提出了合理的建议，但是几年后吴三桂却忘记了李国英督川的勤襄为国。康熙五年，李国英病逝于任上，获谥勤襄。此谥，康熙帝的外公佟图赖于顺治十五年去世，就曾获得，足见荣耀。而十多年后吴三桂被挫骨扬灰。

《清史稿》以李国英为列传二十七的首评人物，称赞道："国初民志未壹，诸依山海险岨而起者，往往自托于明遗，要之为民害，廓清摧陷，封疆之责也。国英定四川，合师讨茅麓山，绩最高。"

李国英是明遗，也是贰臣。

他的叛明，虽在朱明覆亡后，但为南明分崩离析时。

他的降清，又是南明内部倾轧争斗的产物。

左良玉与马士英不和，不惜举兵内战，结果导致左良玉苍凉病逝，其子左梦庚率部降清，李国英尾随其中。

但，从李国英在四川独力应对张献忠、李自成余部以及南明军的事迹来看，左良玉的部将是具有很强的战斗力的。左良玉在世时，当惯了逃跑将军（或逐利将军、祸民将军）害了大明朝与南明弘光小政权，也害得他的儿子和部将们背负亏节叛国的骂名。

然抛开李国英降清的情结来说，他们这些叛国者，敢于以身殉国，不再畏缩趋利，为清朝统一全国、暂停战乱起到了积极的作用。

他们的身上，具有鲜明的职业军人品质，虽然被迫自亏降敌，成为清军前行的排头兵，但他们在清朝统一的历史进程中，留下了一些可圈可点的光彩。

张勇：
掀翻了老熟人王辅臣的贼船

1

熟悉三国故事的读者，一定知道魏延。神机妙算的诸葛亮，容不下那位智勇双全的魏将军，初见他第一面，就逼着刘皇叔要杀了他，理由是他有反骨。

反骨是看出来的，还是算出来的？那都是诸葛亮排除异己的障眼法。诸葛亮是智慧的化身，但不是大度无疆。魏延能干，对刘蜀王朝忠心耿耿，结果被诸葛亮处处压制，死前还授计几个心腹，逼着魏延报怨，然后以子虚的谋逆罪，联手毁了这根蜀汉的柱石。

魏延时运不济，最后以死于非命，印证了诸葛亮的预言。时间过去一千四百多年后，历史的追光瞄准了明清之际的一个人——王辅臣。

王辅臣是否长了反骨，没有人预言，也没人坦言。毕竟诸葛亮不再，但王辅臣反叛有瘾。综观其一生，就是不停地反叛。

他的第一次反叛，是以杀了他的姐夫上演的。他跟着姐夫刘某参加李自成的起义军，因为嗜赌，一夜输了几百两银子，惹恼了刘某。刘某要杀他，奈何箭法不精，屡射不中。王辅臣快速拔刀，手起刀落，老刘身首异处，小王仓皇而逃，逃进了明军大同总兵姜瓖的军营，给他手下一个叫作王进朝的大将做了干儿子。

王辅臣首次叛敌，背叛得很彻底。

不曾想，李自成的大顺军势如破竹，打入京师。王辅臣追随姜瓖顺势而降，重返义军的队伍。但没过几天，姜瓖又带着他向更强势的清军投了降。

王辅臣又是短期速降。

没过几年，做了清朝大同总兵的姜瓖，因有功无赏、无过常罚，心怀不满，于是借着多铎病逝、多尔衮病重的时机，以大同为大本营反水。

王辅臣跟着造反，一匹黄骠马，一袭白战袍，冲锋陷阵，勇猛无俦，"勇冠三军，所向不可当"，打得阿济格麾下八旗劲旅纷纷避开，"莫有撄其锋者"，大呼"马鹞子至矣！"（刘献廷《广阳杂记》卷四）

马鹞子者，王辅臣的绰号也。鹞子，体型虽小，凶猛彪悍，以此扬名，足见王辅臣是一员猛将。

不仅如此，王辅臣还是一个大帅哥，身"长七尺余，面白皙，无多须，髯眉如卧蚕"。

刘献廷索性说他是温侯吕布再世。

多尔衮统帅多路亲王郡王来攻，姜瓖被部将杨振威杀害献降。

马鹞子成了丧家狗，来到阿济格马下跪降。

他第二次降清。王辅臣此次反叛失败，是败给了战友杨振威的叛中叛。这次他的降，没有得封赏，而是免于被诛，没入辛者库为奴。

多尔衮英年而逝。带着复仇心理亲政的顺治帝以王辅臣人才难得，任命他做一等侍卫，委以重任。

顺治十年（1653），经略大学士洪承畴出征西南，顺治帝命王辅臣给他做贴身侍卫。王辅臣不以是皇帝身边的人张狂，而是忠于职事，懂得谦让，被得到尊重的洪承畴胜利奏功，举为总兵官。

刘献廷在《广阳杂记》卷四中记载，顺治帝亲政后，曾询问手下："闻有马鹞子者，勇士，今不知何在，安得其人而用之。"

少年天子的金口玉言，成就了翻覆家奴王辅臣的复出。

洪承畴看好王辅臣。

平西王吴三桂也盯上了他。

吴三桂打着前线紧急、急需大将之名，力荐他为援剿右镇总兵官，请求顺治帝把他安排在自己的战队。

这一个拉拢，拉开了王辅臣与洪承畴的忠君距离，也拉近了王辅臣与吴三桂的反叛轨迹。

康熙十二年（1673），吴三桂领导的三藩之乱爆发。吴三桂派人给已是平凉提督的王辅臣送信，请他出任总管大将军，约其一同反清。时王辅臣和甘肃提督张勇统领陕西军务。王辅臣没有和张勇打招呼，就让儿子王吉贞把吴三桂的招降书送给了康熙，康熙帝见信后大喜，大肆嘉奖老王和小王。

张勇的军功本来在王辅臣之上，就此和王辅臣心生嫌隙。

四川提督郑蛟麟、总兵吴之茂响应吴三桂的叛乱。康熙遣支持撤藩的刑部尚书莫洛以武英殿大学士总督川陕，经略军政，全权调动兵马。王辅臣和莫洛有过节，而莫洛和张勇关系又好，莫洛一开始对王辅臣就很不友好，处处掣肘。

康熙十三年冬，王辅臣于宁羌起兵，第二次公开反清。

王辅臣的反叛，有莫洛和张勇逼反的成分。面对他的这一次造反，善战且工于谋略的老同事张勇不遑多让，立马调兵遣将，相继剪灭王辅臣城外的羽翼，使之孤立，为后来之败奠定了基础。

王辅臣造反，又派人把另一份吴三桂的招降书送给张勇。这是吴三桂写给张勇的。

王辅臣到底要干什么？

首鼠两端，还是图谋落井下石？

对老王不满的张勇赶紧自证清白，杀使为证，并将吴三桂的招降书，通过西宁总兵王进宝一并送到了紫禁城。

成王败寇。

两年后，王辅臣被迫向督师征讨的抚远大将军图海投降，演绎了他人生第三次降清的历史。

康熙帝为了彻底解决吴三桂，仍命王辅臣提督平凉，还给加了太子太保的虚衔，但康熙不再信任他了，而是命他接受留守的图海和外围的张勇的监控。

想当初，清朝第二位冲龄践祚的康熙帝，亲政后对王辅臣是极其信任，直接从吴三桂的序列调至陕西，命其专镇一方，让想尽办法、绞尽脑汁、倾尽财货拉拢王辅臣的吴三桂都不知他怎样攀上了最高领导人。康熙曾命钦天监选定赴任的日子，邀请一同欢度上元节，赏赐顺治遗物豹尾枪，称："有武臣如此，朕复何忧！"（刘献廷《广阳杂记》卷四）

五年过去，康熙帝发动的平藩大战接近了尾声，而王辅臣却在家中畏罪自杀。

王辅臣之败，败在了他的降而复叛，首鼠两端。

风水轮流转。王辅臣盛极而衰，张勇弱中变强。

康熙十四年闰五月，圣祖通过兵部特发嘉奖令："秦省岩疆重地，军务方殷。靖逆将军侯张勇，忠勤懋著，谋略优长。久镇西陲，奠安疆宇。近复躬履行间，殚心筹画，屡败贼众，恢复城池，志期歼灭贼渠，底定秦陇。朕甚嘉之。凡用兵筹饷，一切机宜，必须专其责任，而后可以整饬军纪，齐一众心，以牧荡平之绩。所属地方总兵官，有故违节制，不听调遣者，许即指参。副将以下，有临阵退缩、杀良冒功者，听以军法从事。其文官自道员以下，倘有迟误紧急军需者，会同巡抚，据实题参。务令克专壮猷，早奏肤功，以副朕委任重意。"（《清圣祖实录》卷五十五，康熙十四年闰五月戊子）同时，康熙帝批准了吏部呈报的"将伊子一品官荫生张云翼、从优以大四品京堂用"报告。

康熙之所以如此推重张勇，称赞他"为国尽力，克尽忠诚"，原因是他"出首逆贼吴三桂伪札，今又恢复河州洮州"。张勇的这两份成绩，都是拜王辅臣的再次反清所赐。

王辅臣最后身败名裂，毁了自己，却成就了张勇。

虽然电视剧《康熙王朝》把最后迫降王辅臣的功劳都给了被艺术创造扩大化的周培公，而把一代名将图海弄成了赳赳武夫、周氏副手，毕竟图海还是以征王有功之臣的身份传之后世，而在此战中出了大力、建有殊功的张勇却未见其人。

但是，历史记住了张勇。雍正帝建成京师贤良祠，下旨命将已死四十多年的张勇入祀。

乾隆三十二年（1767），高宗"以勇当征剿吴逆时，懋建勋绩，其一等侯爵，特予世袭罔替"（《清史列传·张勇传》）。此时，已距张勇去世八十余年。乾隆四十七年，高宗再下谕旨，高度赞扬张勇在王辅臣等响应吴三桂造反时，"授为靖逆将军，躬履行间，殚心筹画，攻取平凉，底定秦陇"。乾隆帝没有提及图海，更没有说周培公，但是大大地为张勇点赞。

铁血征程，残阳如血。深得顺治、康熙看好的王辅臣，反叛有瘾，一败再败，老熟人无疑是他命中的克星，注定了他躲逃不了这血色的宿命。如果王辅臣最后不上吴三桂的贼船，站定自己仕清的立场，或许他的荣耀不会输给后来居上的张勇。

2

可以说，是康熙十三年被吴三桂邀约上船的王辅臣的再次反清，才使得老战友张勇真正建功立业，被康熙帝不断加官晋爵、风光无限的——

康熙十四年，张勇举发王辅臣送来的招降书，被康熙帝视作大功，直接封靖逆侯。

康熙十五年，张勇与振武将军佛尼埒、西宁总兵王进宝阻击北上支援王辅臣的吴之茂，三战三捷，继而收复洮、河二州有功，被加少保兼太子太保。

张勇没有同王辅臣直接干仗，但多次击溃支持王辅臣的外围力量和造反盟友。王辅臣复降后，康熙帝再下谕旨，诏褒张勇，进一等侯，加少傅兼太子太师。

近十年后，张勇死于甘州任上，康熙闻讯后，特赠少师仍兼太子太师。

康熙朝的三公难封，被加赠者，仅田雄、遏必隆、鳌拜三人。顺治朝的少傅田雄死于康熙二年，是四辅臣以康熙的名义追赠太傅，时康熙只能临朝听政却无话语权。遏必隆和鳌拜以现任大臣加封太师，他们成为大清朝唯二的太师，是有缘故的：一是操纵傀儡天子的辅政权势所逼，二是少年老成的康熙主动示弱。

而康熙朝三孤加赠者十五人次中，汉人张勇受封次数最多，是唯一一个享尽三孤荣誉者。

这等殊荣，老王望尘莫及。

王辅臣习惯性地迷恋眼前利益，结果死后连一个祭葬都没得到，而美评之类的追谥更莫奢望。他是有罪的。康熙秋后算账，就连力劝他讨伐吴三桂、效忠康熙帝的儿子王吉贞，也被革了职。

张勇最初得到的机会是远不如王辅臣的——

张勇曾为前明副将，也是向英亲王阿济格投的降。时为顺治三年，张勇由淮安率众赴九江，向追剿李自成余部的阿济格投诚，结果不是以原官授职，而是降级安排到陕西总督孟乔芳标下当游击。

孟乔芳降清前也是明朝副将，而且是退役的。但他的命好，接受他的是太宗，受到了皇太极的重用。现役而降的张勇时运不济，但不气馁，认真履职，忠于职守，在孟总督的指挥下，配合副将任珍、总兵刘芳名等，在清剿降而复叛的李自成余部贺珍、武大定等，平定甘肃米喇印、丁国栋的起义中，屡立战功，获授甘肃总兵。

顺治十年（1653），孟乔芳向朝廷为张勇请功，列举其投诚以来的诸多成绩，于是张勇被给了一个三等轻车都尉世职。相比孟乔芳、刘芳名等前明降将，张勇所得无疑是较为低等的。

张勇不甘心屈居人后，于是向朝廷请战，愿往督师西南的洪承畴麾下，参与对南明永历政权的战争。

职业军人以服从命令为天职，同时对建功立业是神往的。就在张勇摩拳擦掌，被顺治夸奖忠勤可嘉时，继任陕西总督金砺一封朝奏九重天，说甘肃重地离不开张勇！

张勇是一个人才，金砺以留拦住他去往前线建功立业的机会。洪承畴没同其共事，但欲成其事，向顺治报告：张勇智勇兼备，手下兵马精良，请求调任他到湖南出任经略右标总兵。

虽然还是总兵，但洪承畴要张勇出任的总兵，则是中央远征军的右路先锋官，有着充足的机会去西南前线攻城略地，可同让朝廷损兵折将、两丧名王、伤透脑筋的李定国、孙可望直接交战。

洪承畴的报告很有分量。顺治看完，当即否了金砺的请求，命张勇进京陛见。

顺治帝召见张勇，勉励一番，加其右都督衔，赐予冠服、甲胄和弓箭。

张勇浴血奋战七八年，只得了个总兵。洪承畴一纸奏请，为他换来了顺治的顶级荣耀。

张勇感激涕零，于是慷慨激昂，主动提出自己家里人口多，希望皇帝赏赐在京城给他安排一个府邸。他还请求顺治帝将他原来照顾性地安排在陕西卫当指挥的儿子调至京师卫。

这也是大胆得要命。顺治不怒，明白张勇是把全家的性命交给了清廷。

他似乎抱着以身许国、为国而战、舍他其谁的决心，不怕做孔有德第二。

顺治帝不傻，他需要激励张勇跟着洪承畴去解决西南难题，于是来一个大的顺水人情，不但满足了张勇的奢望，还在张勇出征前，命内大臣索尼等传谕："当今良将如张勇者甚少！"（《清史列传·张勇传》）

张勇追随洪承畴用兵贵州，冲锋陷阵，攻城拔寨，越战越勇，斩获无算。继而，张勇在信郡王多尼的指挥下，进征云南，跋山涉水，造船过河，奋勇追击，也是战功不少。

顺治十六年，张勇被晋封左都督。虽然朝廷仍命其为镇守云南、广西等处总兵，继而提升为提督，但他的品级，已经是清初武将的最高等了。

康熙二年的云南，已是平西王吴三桂的藩镇。四辅臣以少年天子的名义，通知兵部：云南提督张勇过去镇守甘肃，威名素来显著，使当地少数民族折服，着以提督现任职衔仍回甘肃镇守。

把张勇调离云南，是不是吴三桂生怕掣肘而走了四辅臣的后门，历史未载。但张勇调回甘肃，让吴三桂没想到的是，十多年后，他极力拉拢早花了本钱示好的王辅臣造反，结果却遇到张勇这头虽有残障但仍凶悍的拦路虎。

当然，吴三桂在招降王辅臣时，也曾给老熟人张勇写了信，托老王转交。结果张勇擒杀信使，派人押送进京，得到了康熙帝下旨嘉奖。近百年过去，乾隆帝查阅圣祖实录，读到张勇的这番事迹，还在极口称赞张勇"举发伪劄，执斩来使"，"居然有古名将之风"。（《清史列传·张勇传》）

王辅臣造反，遇到了张勇调兵遣将，拦路堵截。王氏虽反，声震朝野，但始终不能坐大。

张勇无疑是他的克星！甘肃巡抚华善向康熙帝写可行性报告，说：目前情势，非张勇不能守，非张勇不能战，非张勇不能破贼恢复。

好一组"非张勇不能"，气势非凡。可见张勇的非凡能力，是有目共睹的。

3

《康熙王朝》把战胜王辅臣的功劳悉数给了周培公，还安排史上著名的中和殿大学士兼抚远大将军图海，给他当了副手。

实际上，本名周昌的周培公，不过是图海在出征途中捡的幕僚。

《清史稿·图海传》记载：康熙"十五年，以图海为抚远大将军……用幕客周昌策，招辅臣降"。

电视剧中赫赫威名的周培公，撰写其事迹的本传附骥图海传后："昌，字培公，荆门诸生。好奇计。佐振武将军吴丹有劳，以七品官录用。图海次潼关，以策干之，客诸幕。"

艺术创造和历史真实之间不免有很大距离。

图海功成的台前幕后，无疑有汉人周培公出谋划策。

图海在平凉城下推行的"仁义之师，先招抚，后攻伐"，也该是周昌的主意。

创作者们来了一个"崇汉抑满"，将史上声名不显的周培公弄成了第一汉将、图海主帅。

这一幕张冠李戴、喧宾夺主的戏份，是沾了历史转折中的降将王辅臣的光，同时也掠走了"河西四汉将"的荣耀。因为剧中并没有安排在平藩大战中战王辅臣、立有大功的那四位河西籍绿营大将出场。

河西四汉将，有两个版本：一个是被金庸写进小说《鹿鼎记》中的甘肃提督张勇、宁夏提督赵良栋、甘肃总兵孙思克与西宁总兵王进宝，他们都是韦小宝的兄弟；一个是张岂之主编的《中国通史·元明清》中提到的张勇、孙思克、王进宝和宁夏提督陈福。

赵良栋和陈福的入选，各有说法。这个原因乃康熙十四年十二月，天寒地冻，士卒艰苦，且因前战失败将士丧失信心，然而陈福在兵至惠宁后继续下令攻城，导致战前参将熊虎等哗变，入帐行刺陈福并得手。

陈福死后，退守巩昌的张勇向朝廷推荐天津总兵赵良栋，称其"才略过人，堪镇宁夏"（《清史列传·张勇传》）。果然，赵良栋就任后，平定驻军叛乱，卓有战功，后率部进入四川，夺取成都，升任云贵总督、兵部尚书。

所以，乾隆帝在夸奖张勇时，也专门谈及赵良栋和王进宝："赵良栋之授宁夏提督，系张勇所荐；又王进宝亦曾隶勇麾下。两人提兵转战，同心效力，赵良栋首先建议直取成都，王进宝勘定保宁，歼擒渠帅，其削平恢复之功，亦不可泯。"(《清史列传·张勇传》)烘云托月,赵、王的成功,源于张勇的慷慨援手。

孙思克也隶属张勇麾下。而陈福即便在世,虽然同为提督,但也受张勇节制。张勇为康熙十四年御封的靖逆将军兼管提督事,当月又因举报王辅臣转来的吴三桂劝降书,被康熙帝奖励为靖逆侯。

张勇虽为武将出身,但又有儒将风度,恂恂如也,谦谦多让,礼贤下士,用人尽才。虽然赵良栋、王进宝私下不和,亦有矛盾,但他们的成功,多半赖于张勇的推荐。张勇初仕清时,也受尽了贬抑,但其身任要职后,犹能如洪承畴那般给像自己当初那般的人才机会,"往往起卒伍为大将",这又何尝不是在成就自己的功业呢?

支持张勇、赵良栋、孙思克和王进宝为河西四汉将的说法,当是因此四人一战到底,因功受赏。无论是哪个版本,张勇都是实至名归的带头大哥。张勇被封为一等靖逆侯,而赵良栋、王进宝只是初封三等子。按清朝异姓爵位制度,赵、王与张勇相差九等,而只得了一个三等男的孙思克与张勇相距更远。

《清史稿》中支持了这一版说法,将他们集中一卷评传:"世称河西四将,以勇为冠,忠勇笃诚,识拔裨佐,同时至专阃,奉指挥维谨。高宗许为古名将,允哉!良栋、进宝,转战定四川,进宝实首功,乃慷爽多所忤,圣祖力全之,始以功名终。进宝亦与良栋龃龉,不令并下云南,怏怏称疾,命其子代将。思克请缓师,虽不得与良栋、进宝同功,仍俾坐镇,皆圣祖驭将之略也。思克战功微不逮,而惓惓爱民,可谓知本矣。"

解决了王辅臣的问题后,张勇没有南下,而是北上。康熙十七年,准噶尔首领噶尔丹入侵河套厄鲁特部,被张勇领兵逐出塞外。康熙帝三战噶尔丹前,张勇便有首功。

对于张勇一生的战功,《清史稿》做了一个总结:"勇身经数百战,克府五、州县五十。"他早年征战时,被流矢射中右脚,足骨损伤,行动不方便,常坐在轿子上指挥作战,"临敌若无事,而智计横出,每以寡胜众"。

一个残障人士，能以赫赫战功影响清朝四代挑剔的皇帝，也足见他付出了不少。

康熙帝大胆地起用这个忠诚的、有残疾的明降将作为讨逆的先锋官，直接封侯，许以便宜行事的大权。在《清圣祖实录》关于王辅臣兵变的描述中，张勇的出镜率很高。

可以说，电视剧给周培公强加的"第一汉将"桂冠应戴在张勇的头上，才有几分贴切。

然而这样一个影响巨大、声名显赫、康熙倚重的西北战局关键性人物，却让位给了耍嘴皮子的周培公，或者被直接沦为著名淫棍、赌鬼兼马屁精韦小宝的小跟班。然而，金庸大侠为了不违背历史人物的客观性，特意戏剧性地安排神拳无敌的归辛树向张勇发了一次严惩叛国的威力，成就了他那条英雄的残腿。

这是历史人物的不幸，也是族群矛盾下的历史错乱。

鲍承先：逃跑将军
逆袭成皇太极的心腹

1

萧一山《清代通史》卷上第十一章《明国之覆亡》，概说"明末边防"，有云："熊廷弼、袁崇焕、孙承宗，皆以盖世之才，治辽事而有余，然或内毁于阉党，外罹于反间，不终其位。"

萧氏生于1902年，那时的中国刚刚经历庚子之乱，四亿五千万两白银的庚子赔款加剧了大清朝的分崩离析。十七年后，清朝早已终结，而一场声势浩大的五四运动，使年轻的萧一山激荡得心潮澎湃。他受家乡两位抗清义士事迹的激励，萌发了民族主义意识，有感于日本人稻叶君山于1915年编写的《清朝全史》，称其"观点纰缪，疏舛颇多"，并以国史假手外人为耻，高中毕业后旋入山西大学预科，三年后考上北京大学政治系，受教于明清史大家朱希祖、孟森等人。在此期间，萧一山决心凭一己之力撰写中国第一部体系完整的新式清代通史。

他撰述《清代通史》，"所述为清国史，亦即清代之中国史，而非清朝史，或清室史也"（《叙例》）。卷上特辟一节写广宁之役，主要人物则是复出的辽东经略熊廷弼和升职的广宁巡抚王化贞，但没有写到一个日后为后金大汗—清国皇帝皇太极侵明殚精竭虑的大人物——鲍承先（时为明开原东路统领新勇营副将）。

山西应州人鲍承先，军人家庭出身，继承世袭军职，万历末年升为参将。泰昌元年（1620）（光宗福薄，只做了一个月的皇帝。是年前七月为万历四十八年，光宗改元第二月熹宗继位，演绎了大明王朝唯一的一年经历三任皇帝的历史），国君变更频繁，而辽东战火横飞。已经自立做了四年天命汗的努尔哈赤，冲破负责辽东防务的明朝经略杨镐组织的十万大军（号称四十七万）的四路围剿，一举剪灭女真战斗力曾经最强的叶赫部落，杀了其贝勒金台石和布扬古。

叶赫灭亡。明军惨败。而防守沈阳的明总兵贺世贤、李秉诚，"城守如故"（《清史列传·鲍承先传》）。

贺世贤是一员悍将，在杨镐围剿战中镇守虎皮驿，击退后金数万军队的来犯，又连克灰山、抚安堡，两度击败努尔哈赤，移镇沈阳。

天启元年（1621）三月，乘胜而来的后金以重兵围攻沈阳。贺世贤及总兵尤世功掘堑浚壕，树大木为栅，列楯车火器木石，环城设兵，守城森严。

贺世贤自恃勇武，骄傲轻敌，犯了酒瘾，喝了一天酒后，率亲丁千人出城追击金兵。金兵佯败，世贤追击，结果遭伏击，身中十四箭。

世贤惨败，明军大乱，降丁复叛，砍断吊桥。

部下劝世贤逃往辽阳，贺将军厉声叱之："吾为大将，不能存城，何面目见袁经略乎！"（《明史·贺世贤传》）说完，贺世贤"挥铁鞭驰突围中，击杀数人，中矢坠马而死"（《明史·贺世贤传》）。

《清代通史·广宁之役》开篇即说："辽沈既失，明廷大震，乃尽谪诸臣前劾廷弼者，复诏廷弼于家，而擢王化贞为广宁巡抚。"

经抚不和，而熊廷弼却对鲍承先青眼有加，向朝廷为坚持下来的将士请功，为鲍承先加都督佥事衔。鲍承先实职为副将，因此一加，级别便与总兵平等了。

熊廷弼重视鲍承先，却不知他是一个逃跑将军。当初他在沈阳一战中，贺世贤与诸将约定出城分开据守，结果后金大军来势凶猛，明军溃逃，贺世贤等掩杀而退，而鲍承先率先逃入城里。

后来清朝的史官留下记载,不以鲍承先乃太宗朝的重要辅臣为讳,而是写到他多次溃逃的劣迹——

天命五年(1620),沈阳一战,明军见后金军追来,不战而退,被追斩头颅百余级,俘虏数千人,"承先遁入城"(《清史列传·鲍承先传》)。

天命六年,努尔哈赤亲率大军进攻沈阳、辽阳,"承先退守广宁"。这一"退",为鲍承先即将在广宁降金做了准备。

天命七年正月,努尔哈赤率兵渡辽河,挺进西平堡。西平吃紧,王化贞相信中军孙得功的计策,发动广宁全部兵力,由孙得功和祖大寿率领去和祁秉忠会合,前去救援。

驻军闾阳的熊廷弼,也传令总兵刘渠率鲍承先等前往西平前线。

援军在广宁城东南一百二十里处的平阳桥遭遇后金军,刚刚交锋,孙得功和鲍承先等领头逃跑,结果镇武、闾阳的兵力被打败,刘渠、祁秉忠在沙岭战死,祖大寿逃往觉华岛。

《清代通史》只是说,刚一交战,孙得功就开始逃跑,带着其他部队溃散,不曾谈及鲍氏之仓皇而逃。

《清史列传·鲍承先传》客观地说,刘渠战死,全军覆灭,又是"承先败奔"。

萧一山没有抨击鲍承先的逃跑主义,而是借明末著名言官黄道周之言,直指广宁一役败于"不须一战,而拱手以降"(《清代通史》卷上第四章之《广宁之役》)。

熊廷弼与王化贞经抚不和,为战败的主要原因。

王化贞将孙得功倚为心腹,却不知孙得功早已向努尔哈赤投降,"阴为内应,扬言敌已薄城,居人惊溃"(《清代通史》卷上第四章之《广宁之役》)。

两军对垒,情势危急,孙得功先是怂恿王化贞分兵外出,继而在广宁城中散播谣言,煽动军心,祸乱民心,引发哗变。

广宁之败,败于王化贞自恃有权宦魏忠贤为政治资本,藐视顶头上司熊廷弼的存在，而误入叛敌心腹孙得功的圈套。王化贞投靠了魏忠贤，让曾遭言官腾谤的熊廷弼投鼠忌器，不敢以辽东战事第一负责人的身份在广宁哗变虽起、后金追兵未至的情势下，力挽狂澜。

熊廷弼曾率五千精兵增援广宁，途遇趁乱而逃的王化贞。时广宁只是由孙得功把持，后金军还未抵达。熊氏见王化贞溃逃，以为可归罪王氏，故不制止他溃逃，也不率兵入城戡乱，更不组织辽西其他抗金武装力量做有效拒敌，结果错失战机。

为人刚正清廉、富于谋略的熊廷弼，有志于委身许国，为缓解辽东危局做了不少实事，但因一时书生意气、心胸褊狭，终酿成最大的悲剧:他被传首九边，成了"一切大权，尽归忠贤"的阉党集团与争权夺利的东林党人最后一战的牺牲品。

曾被他嘉奖的鲍承先，在广宁迎降后，鼠窜数日，随众来降。

逃跑名将成为投降惰将。

但因仕明的军职高，努尔哈赤授首降分子孙得功为游击时，仍将鲍承先授为副将。

即便如此，鲍氏战败而降、投效无功的事实，后金的主子还是记得的。

2

鲍承先擅长接战便跑，而后却能成为皇太极的左膀右臂，也是有原因的。

他像熊廷弼一样，短于指挥交战,而长于谋略布局。他们皆只能算是有智名、无勇功之辈，算不上真正的大将。只不过熊氏矢志于明，而鲍氏投效于清。

鲍承先在明朝带兵打仗几十年，多有败绩，多次溃逃，但自天聪三年(1629)经宁完我荐入皇太极的文馆，成为大汗办公室的高级参谋后，却为满人挺进中原做了不少实质性的贡献。

《清史稿》列传十九论曰："太祖时，儒臣未置官署。天聪三年，命诸儒臣分两直，译曰文馆，亦曰书房；置官署矣，而尚未有专官，诸儒臣皆授参将、游击，号榜式；未授官者曰秀才，亦曰相公。崇德改元，设内三院，希福、文程、承先及刚林授大学士，是为命相之始。希福屡奉使，履险效忱，抚辑属部；文程定大计，左右赞襄，佐命勋最高；完我忠说耿耿，历挫折而不挠，终蒙主契；承先以完我荐直文馆，而先完我入相，参预军画。间除敌帅，皆有经纶。草昧之绩，视萧、曹、房、杜，殆无不及也。"

时过两百多年，赵尔巽领导的清朝遗老史官，还将辅佐太宗的鲍承先与希福、范文程、宁完我，与汉高祖之萧何、曹参，唐太宗之房玄龄、杜如晦相媲美，"殆无不及"，无疑有拔高溢美之嫌。鲍承先等四人，虽无"萧规曹随""房谋杜断"的经典佳话传之后世，然他们为皇太极征服辽东、多尔衮定鼎中原确乎倾尽全力。

希福由哈达部归附太祖，隶属满洲正黄旗。他是满人中少有的学问家，兼通满、蒙、汉三种文字，被皇太极选入文馆做高级参谋，多次奉命出使蒙古诸部。

范文程为明朝秀才出身，于抚顺一役跟着李永芳投效后金，努尔哈赤收而不用，最后成了皇太极最得力、最倚信、最亲近的汉人智囊。

宁完我初为辽阳边民，被安排隶属贝勒萨哈廉做奴隶，被皇太极发现才能，升为参将，为皇太极治国、治军奉献了不少行之有效的好主张。

他们在明清之际的历史舞台上分饰其角，为大清王朝的创业之君睿智倾囊。

他们都不同于鲍承先，没有进入明朝的公务员编制，故而算不上朱皇帝的大臣、清帝国的贰臣。所以，乾隆帝钦定贰臣时，尊重事实，只安排鲍承先一人入榜。

鲍承先叛国后，最大的政绩就是作为主创人员，与皇太极等人合演了一出反间计，间接地杀了袁崇焕。

天命三年初，努尔哈赤在盛京召开誓师大会，宣读所谓师出有名的"七大恨"，正式伐明，一战拿下李永芳镇守的抚顺。此后虽有不敌而退，但努尔哈赤的大军在辽东还是以常胜著称。清朝宗室昭梿在《啸亭杂录》卷一《设间诛袁崇焕》中引太祖的虎威为骄傲，说："本朝自攻抚顺后，明人望风而溃，无敢撄其锋者。"

不意，天命十一年宁远一战，努尔哈赤遭遇了初经战阵的袁崇焕，"攻之六月未下"。袁崇焕与满桂、祖大寿等人合作，先后击败善战的努尔哈赤、皇太极，取得史上著名的宁锦大捷，"故文皇深蓄大仇，必欲甘心于袁"（昭梿《啸亭杂录》卷一《设间诛袁崇焕》）。

文皇，皇太极也，死后被尊为文皇帝，与武皇帝努尔哈赤相得益彰。皇太极先是同意袁崇焕的议和之举，兴奋的袁经略上书崇祯帝，信誓旦旦要"五载复辽"。结果，皇太极于崇祯二年（1629）十一月，突然举兵分别进入龙井关、大安口，袁崇焕急率祖大寿、何可纲入关拱卫京师，所经过的蓟州、抚宁、永平、迁安、丰润、玉田各城，都分兵留守。崇祯帝得知后非常高兴，嘉奖袁崇焕的部下，并让袁崇焕统领指挥各地援军。

袁崇焕领兵两万屯守广渠门外，与皇太极长子豪格相持。

皇太极下令，不急着进攻，相持便是好。

原来，他接受了鲍承先的献策，要设反间计除了袁崇焕。

《啸亭杂录》卷一《设间诛袁崇焕》记载："文皇乃擒明杨太监监于帐中，密劄鲍承先在帐外作私语曰：'今日上退兵乃袁巡抚意，不日伊即输诚也。'复阴纵杨监归。明庄烈帝信其间，乃立磔崇焕。"

袁崇焕死于鲍承先的反间计，但也得让明朝的崇祯帝深信不疑。而此前，袁崇焕先是斩杀了毛文龙，后又箭射满桂至死，使得崇祯帝不得不相信袁崇焕私下与金谋和是为真。袁氏确有休战谋和之举，但那是积蓄力量反戈一击的准备。袁崇焕忌能贪功，满是书生意气，虽不尽其才而遭枉陷之害，但他的嚣张跋扈却给了魏忠贤余党和抗金分子以把柄，当然也让同样书生治国的崇祯帝感到受了欺骗。

杨太监为皇太极在阵前擒获的监军太监，本是无能之辈，却为皇太极堪当了一次大任。

崇祯帝自视清高，不愿意给颇有能耐、也曾倚重的袁崇焕自证清白的机会，不知道此为降将鲍承先与高鸿中玩的伎俩，结果误杀了可以延缓大明劫的一员良将。

良将虽勇，却遭遇了降将的反间计。

就连乾隆帝也为袁崇焕之枉死鸣不平："袁崇焕督师蓟辽，虽与我朝为难，但尚能忠于所事，彼时主暗政昏，不能罄其忱悃，以致身罹重辟，深可悯恻。"（《清高宗实录》卷一千一百七十，乾隆四十七年十二月丙寅）乾隆翻阅自己定调修成的《明史》，肯定熊廷弼没几天，又想寻找袁崇焕的后人出来做官。

他给军机处谕旨，彰显着一个胜利者以追思旧事的高姿态。此时，距袁氏被杀已一百五十二年。

再高调的论定，也不能改变崇祯朝君臣百姓对袁崇焕的痛恨。

所以，昭梿在乾隆之后，还在为先人的反间得逞引以为豪："举朝无以为枉者，殊不知中帝之间也。"

鲍承先与袁崇焕不曾同事，只是一同做过明朝神宗和熹宗的臣子，职位虽低，不常见面，但也算有同僚之谊。

广宁城破后，朝廷商议派人守山海关，兵部官员袁崇焕独自前往关外勘察地形，上言请求朝廷给他足够的兵马钱粮，他一人可以独镇山海关。

应该说，鲍承先仕清，军事业务水平不过关，但对明朝中央君臣关系还是很有研究的。他提出反间诛杀袁崇焕，自是对崇祯帝的帝王心术及其左右力量洞察入微。

失败，皇太极不免对他另眼相待。

成功，他鲍承先于后金居功厥伟。

袁崇焕之死，表面死于皇太极的反间计。然袁氏早已失宠于崇祯帝，并引起了崇祯的猜测。猜忌他矫旨擅杀毛文龙、安排箭射满桂，以及发出豪言壮语"五载复辽"不久后金军突袭京师，是不是另有不可告人的秘密。可以说，崇祯帝对袁氏杀心早起，只是杨太监带回情报的所谓反间计，成了最现实的导火索。

巧合成就结果，鲍承先不但献策杀了故国的同僚袁崇焕，还积极劝降明朝的战友降清。

天聪三年十月，皇太极率军从洪山口进入明境作战。鲍承先随贝勒济尔哈朗侵略马兰峪，写信招降明守将，继而在进攻燕京途中招降牧马厂太监，获得大量的战马和骆驼。

天聪四年正月，被明将祖大寿击退的皇太极撤军，攻克永平诸城。鲍承先代写诏书，晓谕迁安知县朱坚台、游击卜文焕等人，使他们开城投降，后金大军乘势进取滦州。

皇太极已对鲍承先倚为心腹要员，命其与副将白格率镶黄、镶蓝二旗的兵马戍守迁安，设立了五座台堡。明军来攻，此时的鲍承先突然变得能征惯战了，沉着指挥军队力战，击退了明军。

明军的监军道张春、总兵祖大寿等集结六万人马，攻打滦州，贝勒阿敏令鲍承先把驻守迁安的军队调来守永平。祖大寿攻破滦州，阿敏放弃永平，屠城后劫掠大量财物、牲口和百姓逃走。

曾与皇太极平起平坐、南面听政的悍将阿敏，被皇太极定罪十六款下狱。而鲍承先不再是逃跑将军了，因死守迁安，受到了皇太极的嘉奖。

汉人鲍承先和宁完我、范文程，成了皇太极强化汗权、完善行政管理、对付汗廷权贵的利器。

3

皇太极于天聪三年始置文馆，对外掌翻译汉文书籍并记注政事，实际上是作为汗权系统的决策参议机构。

这是大汗办公室，肩负着特殊的政治使命。

此时的皇太极，还只是后金名义上的共主、最高领导人，朝政还得由他和代善、阿敏、莽古尔泰商定后，才能正式发出。这是努尔哈赤死前就已推行的八和硕贝勒共治国政的政治体制延续，只因努尔哈赤死后的汗位之争，导致最初的八王共治改为四大贝勒联合执政。

有雄才大略亦工于心计的皇太极，自然不愿意将此四主共存的局面延续下去，所以，他在精心培育以多尔衮为首的少壮派贝勒群体的同时，打着谈经论史的旗帜，迅速组建特殊机构文馆，为自己的独专出谋划策。

英勇善战的阿敏、莽古尔泰，先后被冠以阴谋自立、谋上之罪，被夺爵圈禁。就连老成谋国的代善，也被皇太极多次威逼谴责，皇太极甚至以处死他们的姐妹莽古济作为严厉的警告。

无情的革命，成就了皇太极在天聪六年元月废除与三大贝勒俱南面坐、共理朝政的旧制，实现了自己南面独坐、汗王独尊。文馆儒臣们无疑是献策不少的。

从明朝过来的儒臣们，自然想到了如何扩大皇太极的帝王事业，于是建议仿明制，设内三院、六部，终止亲王贝勒主管部院事务，将军政与民政大权悉数集中到皇太极手中。多尔衮日后统摄六部之首的吏部，帮助皇太极改革政府机构，推行八衙官制，继而统辖六部，虽然他也有执行权，但真正的决定权还是由皇太极独主。

与此同时，皇太极建起了都察院和理藩院，进一步集中了汗权，加强了专制统治。

天聪六年十一月，皇太极询问鲍承先等诸位文馆大臣，如何考察各部职官启心郎的政绩好坏，作为升降的标准。

鲍承先与宁完我、范文程疏言："当察其建言，或实心为国，或巧言塞责，以为去留。"（《清史稿·鲍承先传》）降臣履新，倒是讲究起了什么是实心为国和敷衍塞责了。想当初，鲍承先在熊廷弼麾下，除了每经战阵，不逃则降外，毫无原则。如果当时熊廷弼因此勒令鲍承先退伍，遣还原籍，鲍氏也不能参与"设间诛袁崇焕"（昭梿《啸亭杂录》卷一）、助力皇太极攻明了。

往事如烟，崇焕已矣，而鲍氏在敌国殚精竭虑，忠诚得连皇太极一度也有些生气了。

天聪七年五月，原明皮岛总兵毛文龙麾下的干将孔有德、耿仲明跳出明军的围追堵截，前来归降。他们的船停留在镇江。

孔有德是在登州发动吴桥兵变起家的，那些跟随孔有德的登州军人称为登州水军，曾让追剿的明军吃尽了大亏。如今，孔有德带来的正是这一支英勇善战的部队。

鲍承先脑洞大开，赶紧上疏：我们应该快点以此为基础创建水军攻打明朝，否则，明朝再用水军来抵御我们，我们就不能有效攻打他们了。

毛文龙有"海上长城"之誉。袁崇焕连败努尔哈赤、皇太极，也是因为毛氏牵制有功。但其因能力超强，不听使唤，且索饷过重，被忌其军功见大、脾气见长的袁崇焕，背着崇祯和朝廷捏造了十二款斩罪，斩杀了这个战功卓著、影响巨大的大军阀。

孔有德、耿仲明率部来降，给皇太极带来了毛文龙留下的明朝辽东精锐。

皇太极狂喜，亲率众贝勒大臣出迎十里，行女真人最隆重的抱见礼，封孔有德为都元帅、耿仲明为总兵官，命统率旧部，各成一军，一曰天佑军，一曰天助军。

太祖年号天命，太宗改元天聪，两降将的部队被冠以天佑、天助之名，俨然天子之师。而且，不仅是皇太极盛情款待孔有德、耿仲明，就连诸贝勒也是逐次邀约宴请，视若上宾。

此等顶级待遇，鲍承先是不曾有过的。他患了红眼病，于天命九年正月上疏皇太极：我私下里看见都元帅孔有德、总兵官耿仲明为他们的老部下请求赦命，大汗允许他们自己决定。如果大汗维护自己的绝对权威，就应该注重自己的名号与仪制。"臣闻帝王开国承家，首重名器，滥则匪人倖进，豪杰灰心，而国之丧乱，因之如昔唐明皇、近明天启崇祯是也。臣见都元帅孔有德、总兵官耿仲明为其属员请敕，我皇上圣明，谕令随便给劄。夫上下之分，自有定礼。今待以诸侯之爵，隆重极矣。然元帅不识大体，未谙书史，复要请无已，甚失人臣礼。我皇上圣德优容，原不深较。然臣观古者齐桓公之臣管仲有大功于天子，方授上卿，况元帅之部将非管仲可比。元帅之功，爵亦非桓公可比。凡为国者，有大臣，有陪臣，自古及今，皆有一定之规。若任情滥予敕书，是窃名器也。名器一亵，贤者退，小人进矣。"（《清太宗实录》卷二十二）

鲍承先引经据典，谏阻皇太极以最高规格优宠孔有德及其部众，不惜抬出乱国的唐明皇、明天启崇祯，希望喜好读史的皇太极引以为戒。

他以齐桓公与管仲之喻，潜在劝诫皇太极莫学虚有其表的周天子，而让孔有德有机可乘地成为齐霸王。

鲍承先大胆奏言，有做帝王师之心，要给皇太极定百世之规，但，皇太极的帝王心术，不是鲍承先所能理解的。

所以，皇太极对鲍氏的抱怨很不以为然，直接说，你所说的不是辽东汉人相继而逃，而是孔有德等人率众航海远来，他们的功劳不小。任用贤人要说一不二。我诚心对待部下，之前已经有旨意了，怎么能随便更改？

皇太极话锋一转：你鲍承先当初来降有什么功劳，只不过是临阵被擒而已，我不是也让你列诸功臣，受到朝廷的恩养吗？

皇太极厚遇孔有德有自己的打算，但心腹还是心腹，责骂一番后，又委婉地开导鲍承先：我不是责备你，我也深知你是诚心进谏，但我希望你不要纠结于前来归顺的将领被重用是否有功劳。

鲍承先不傻，自然洞察到皇太极的别有用意。半年后，多尔衮征战察哈尔，得到元朝流落到漠北的传国玉玺，上有"制诰之宝"四字。此乃天子之印，鲍承先率先准备精美的盒子，马上召集文馆儒臣集思广益——他们要极力颂扬皇太极顺天意，合人心，皇太极可以受尊号，定国政，称皇帝了。

4

1636 年，皇太极称帝，改元崇德，并改文馆为内三院。鲍承先与范文程一起被授为内秘书院大学士。

按儒臣给皇太极的顶层设计："内秘书院，职掌撰与外国往来书札，掌录各衙门奏疏及辩冤词状，皇上敕谕文武各官并告祭文庙，谕祭文武各官文。"（《清太宗实录》卷二十八）他们要使内秘书院和内国史院、内弘文院所组成的内三院，具备明朝内阁的色彩。

内三院建制仿效明朝内阁，但初尝皇帝滋味的皇太极，并没有让大学士们实现梦寐以求的对臣工奏议的票拟权。真正的权力还是牢牢掌控在皇帝皇太极及以睿亲王多尔衮为首的诸部院分管王爷手中。

大学士只是帮助皇太极出谋划策、制约勋贵的顾问参谋，甚至可以说是皇太极幕中的宾客。

《清史稿》列传十九说："承先以完我荐直文馆，而先完我入相，参预军画。"最早进入文馆的宁完我，久预机务，遇事敢言，参与完善官制，但在改馆为院前夕，他因与大凌河降将刘士英聚赌被家奴举报，削去二等甲喇章京世职，尽夺所赐，安排在萨哈廉手下劳役，故而没有作为首批大学士入阁。直至顺治入关后，宁完我才被起用为内弘文院大学士，多尔衮死后，又被安排为内国史院大学士，命班位禄秩从满洲大学士例，寻授议政大臣。

鲍承先于宁完我，后来居上。

皇太极管理下的内三院，只是皇帝办公室，有大学士入值，但品级上并不高。

内三院大学士虽在品秩上有点明朝大学士的味道——很少很少，但因无票拟本章、内阁辅政的权力，所以在实际上难以企及明朝的大学士。

当然，也不能忽视，内三院为天聪汗权向崇德皇权转化、完成清朝皇权的初步建立起到了积极的推动作用。这是不争的事实，内三院不是可有可无的摆设。

太宗之后，从多尔衮摄政到顺治帝亲政，甚至到四大臣辅政，即便四辅臣意图在制度上恢复关外传统，使得大学士遭到边缘化，但他们还是在皇帝为首的清朝亲贵的严密监控下，起到了引导清朝皇权不断集中和强化的作用。

大学士们也在积极争取自己的权利。顺治元年（1644）六月，内弘文院大学士冯铨、内秘书院大学士洪承畴对摄政睿亲王提出了抗议："国家要务，莫大于用人行政。臣等备员内院，凡事皆当与闻。今各部题奏，俱未悉知，所票拟者，不过官民奏闻之事而已。夫内院不得与闻，况六科夫？倘有乖误，臣等凭何指陈？六科凭何摘参？按明时旧例，凡内外文武官民条奏，并各部院复奏本章，皆下内院票拟，已经批红者，仍由内阁分下六科，抄发各部院所以防微杜渐，意至深远。以后用人行政要务，乞发内院拟票，奏请裁定。"（《清世祖实录》卷五，顺治元年五月戊午）

人学士能够票拟"官民奏闻之事"，已是入关后的多尔衮网开一面，令"在京内阁、六部、都察院等衙门官员俱以原官同满官一体办事"，但在鲍承先等所处的开始设置内三院的时代，大学士是有其名而无其实的。

《清史稿》将鲍承先首批入院，视为登阁拜相，当是言过其实。

崇德三年（1638），改任吏部右参政的鲍承先，才在朝廷用人行政上有了一定的发言权。这是皇太极安排吏部分管亲王多尔衮作为举荐人而实现的。当时，多尔衮还举荐了希福、范文程、刚林等内院大学士，都被皇太极做了升迁。但与晚明内阁大学士的权位相比，还是有很大的差距。

皇太极要充分利用鲍承先们的才智治国，却始终只给他们名位，而不舍适当的品级和权力，并影响了后来很长一段时间。清初的内院主官大学士，在相当长的时期无定员，迄至乾隆十三年（1748），才正式固定大学士人数，并确定大学士官衔。乾隆帝特发上谕：“《大清会典》开载内阁满汉大学士员缺无定，出任简任等语。本朝由内三院改设内阁，大学士未有定数，自是官不必备，惟其人之意。”（光绪《钦定大清会典事例》卷十二《内阁二》）

内三院在顺治十五年七月正式改内阁、成为政府衙门时，尚且如此，在实权上不能同明朝内阁相提并论，即大学士“掌献替可否，奉陈规诲，点检题奏，票拟批答，以平允庶政”（《明史》卷七十二《职官一》），更何况内三院初设时？

即便在品级上，也是有区别的。明朝的大学士虽然定级正五品，但因兼部院主官、加衔虚荣，就拔高了大学士的身份。而至顺治年间，满汉大学士官品始终不同。顺治初年，满大学士为正一品，汉大学士为正二品，差了两个等级。这是多尔衮在初入关内时，要极力拉拢明朝降官“怀忠义之心”为己所用的精心设计。

著名的顺治遗诏，严厉自责崇汉抑满，但在世祖乾纲独断的顺治十五年改革内三院为内阁时，明文规定：满大学士为正二品，汉大学士为正五品。

与较之于明朝擢升一级部院长官品级相比，满大学士望其项背，而汉大学士望尘莫及，尤其在皇太极初设内院这一非正式政府衙门时，官品和建制更是混乱的。

所以，鲍承先出任吏部右参政，相当于后来的右侍郎，至少属于从二品，这在级别和俸禄上要比高级参谋之职的大学士要崇高优渥得多。

好景不长。崇德五年，鲍承先跟从郑亲王济尔哈朗等围困锦州，受命防守衮塔。正值耕作时节，明军箭射清朝农民，鲍承先退军不去援救，按律论死，被皇太极投入大牢，后来因病被放出，但被革职。

而就在前一年，贝勒岳托战济南病逝，皇太极追授岳托为克勤郡王，命吏部安排以郡王之礼祭葬，结果吏部误传岳托之子袭爵郡王。鲍氏分管，理应受罚，但被宽免。

荣华富贵迷乱了进取之心，遮蔽了谨慎谦恭。

鲍承先初以逃跑而降敌，在敌国崭露头角，然而还是因为犯了逃跑、慵懒的老毛病，最后落了个身败名裂。

康熙二十年（1681）出任武英殿大学士的吴正治曾称赞鲍氏："初，公从大兵攻永平、昌黎，诸将纵兵俘掠。公独严勒所部，秋毫无犯。全活以数十万计，民甚德之。又以创业之初，首需人才，既秉铨政，尤留意选拔，每下城邑。辄简拔奇俊之士擢用之。虽在大位，居高清谨，身殁之日，家无余蓄。在乡里尤多义举，士民景慕公德，于康熙丙寅年间，大同府庠及应州，大同县两学俱列崇祀乡贤。"

鲍氏纵然清廉，爱做公益，但真正能影响后世的究竟是什么？

是一以贯之的逃跑，还是谨终如始的忠诚？

即便他生前看到了自己自亏投效的后金——大清国，将成为继承中华帝制正朔的清朝，得到小皇帝顺治的召见和封赏，但他在陛见顺治的同时，是否想到过，他所叩拜的地方，曾是他效忠但也鄙夷的"明天启"皇帝的故地？

皇太极是重用过他，但他谏阻对孔有德等"待以诸侯之爵，隆宠极矣"，却被皇太极称帝之初封孔氏为三顺王之首的举动，狠狠地扇了一个大耳光！

鲍氏死后八十余年，雍正帝建成京师贤良祠，以范文程与宁完我入祀，此等殊荣亦为鲍氏所不能奢望。连这点荣耀都不能均沾，又从何遑论"草昧之绩，视萧、曹、房、杜，殆无不及也！"（《清史稿》列传十九）

祖大寿：
皇太极和阿敏的克星做了贰臣

1

在辽宁兴城祖氏石坊有一副对联，是这样写的："一代名将，据关外，收关内，堪称往复有忠义；两朝贰臣，悖前主，负后主，真个里外不是人。"

撰联者不详，但为谁写的很清楚，不然也不会挂在明末名将祖大寿的老宅。

祖大寿做过明朝的总兵官，也做过清朝的总兵官。明清之际，很多明将帮着新主子抢旧主子的江山，如李永芳，如佟养真、佟养性，如洪承畴。他们做了贰臣还老实，气节有亏，不再翻覆，为中国的统一做出了不小贡献。

祖大寿则不然。

2

祖大寿的祖上是原籍安徽的明朝军官，举家迁居辽东，世袭宁远卫军职，不断提升，至其祖父祖仁时，做了宁远总兵官。其父祖承训，曾随辽东总兵官、宁远伯李成梁抵御蒙古骑兵作战有功，得到提拔，出任辽东副总兵，他还是明朝的抗倭大将。

将门出虎子。祖大寿初任靖东营游击，被辽东经略熊廷弼上奏表彰，成为巡抚王化贞的中军游击。熊、王广宁兵败下狱，王在晋经略辽东。天启帝师孙承宗临危受命，以兵部尚书兼东阁大学士督师辽东，罢黜王在晋，提拔袁崇焕。

当时，祖大寿率残部逃至觉华岛，孙承宗抓住他要论罪诛杀，袁崇焕为他求情。

天启三年（1623），孙承宗和袁崇焕修筑宁远城墙，祖大寿负责工程，将城墙加高增厚，加强防守功能。孙承宗镇守辽东四年，努尔哈赤不敢贸然进犯。外患未除内忧正烈，朝廷的九千九百岁魏忠贤拉拢孙不成，便一而再再而三地向天启帝进谗言。

喊多了狼来了，没狼前来也有祸事。孙承宗主动辞职，天启帝不再强求。

孙大帅走了，袁大帅上位。袁大帅给魏太监修了生祠，给自己当保护伞。祖大寿同袁要好，很受重用。明天启六年（后金天命十一年）正月，努尔哈赤举大军攻宁远，被袁崇焕的红衣大炮击溃。炮手就是祖大寿手下的将士。

袁崇焕因宁远大捷，声名远扬。

祖大寿也以军功升副总兵。

时机决定命运！

第二年五月，后金新任大汗皇太极率军再攻宁远。祖大寿率精兵四千人绕到敌后，总兵满桂、尤世威等率军至敌前，形成掎角之势，和清兵激战于宁远城下。激战一月，清军败走，转战锦州，又是不克。

明朝举国欢腾，《清史稿》说："明人谓之宁锦大捷。"

崇祯帝正式任命袁崇焕督师辽东，坐镇宁远。祖大寿升为辽东前锋总兵，挂征辽前锋将军印，驻守锦州。

上阵父子兵，打虎亲兄弟。祖大寿拼军功上位，福泽亲兄弟堂兄弟、儿子侄子都到军营任职，上自总兵，下至副将、参将、游击，分驻宁远、大凌河、锦州诸城。

这是袁崇焕的用人之道。他要利用祖大寿对自己的感恩，从而充分使用祖氏家族的武将集群资源。他向崇祯帝上报，祖家世代镇辽有功，应在宁远城内敕建祖氏四世镇辽的功德牌坊。

一座虚荣的牌坊，换一家武将的死忠。

崇祯帝乐意。袁崇焕喜欢。祖大寿高兴。

3

崇祯二年（天聪三年，1629）的己巳之变，皇太极借道蒙古，统兵伐明，激发崇祯帝磔杀督师袁崇焕。此前，祖大寿随袁崇焕及时勤王，先在蓟门击败后金兵，继而在京师城外的德胜门、广渠门二战中，再次发挥先锋拼杀之能，再次获胜。

遗憾的是，十二月初一日，崇祯帝以商议军饷事务，召袁崇焕与祖大寿入城，平台召对。崇祯命人先解决袁督师的护卫属吏，吓得祖大寿在旁两腿打战，后经礼部尚书兼东阁大学士成基命求情放出。

崇祯"逮崇焕下诏狱，大寿与中军何可纲等率所部万五千人东溃"（钱谦益《牧斋初学集》卷四十七《特进光禄大夫左柱国少师兼太子太师兵部尚书中极殿大学士孙公行状》）。主帅被捕，关宁军失去了带头大哥兼灵魂人物，顿作惶恐失去斗志。祖大寿与何可纲东溃，朝野震控，谣诼纷起："人言大寿且与奴合关宁十万众反戈内向，祸在漏刻。又言大寿据关城，则自此以东数十城中断，将割以自王。而师之溃也，其势如崩山决河。"

谣言归谣言，失去主帅的祖大寿，却是害怕像力挺袁崇焕的内阁次辅钱龙锡那般被牵连下狱。他是想拥兵自保，但并没有拥兵割据，倒戈相向。大敌当前，内部又乱，辅臣成基命奏请崇祯帝，命袁崇焕在狱中给祖写信，很快稳住了祖大寿。继而，孙承宗舍弃袁崇焕，向崇祯帝保举祖大寿，命其追击收复被皇太极拿下的遵化四城。祖打得金国二贝勒阿敏落荒而逃。功不可没。

崇祯四年七月，皇太极卷土重来，又在大凌河以骑兵加炮兵击败重新出山的老帅孙承宗。他却对曾让他吃过大亏的祖大寿青睐有加。

皇太极与祖大寿打过交道。是这个悍将在宁锦之战及明朝京师保卫战中，多次击败了他。另外，祖大寿总兵锦州时，曾与监军道张春合军围攻滦州，打得后金二贝勒阿敏无力还手。

狭路相逢勇者胜，棋逢对手相怜惜。

孙承宗复出，祖大寿守大凌河。皇太极率两万大军战数倍于自己的明军，明军内部掣肘，给了他击溃孙承宗的机会。皇太极命佟养性率旧汉军推着新铸的几十门欧式大炮，击垮明军工事——台堡，又与诸贝勒联合击败了张春的四万援军。

大局已定，皇太极对大凌河城围而不打。

祖大寿有一万四千兵力，七千匹战马。皇太极志在迫降祖大寿，为此他先将城外的台堡一一打掉或收服。祖大寿死守大凌河城，粮绝薪尽。

悲剧发生了。

祖大寿吃人肉的传闻，不是捏造，而是事实。

祖大寿先是杀战马，后来士兵以人肉充饥。《清太宗实录》记载，祖大寿的部下王世龙越城出降，说城内先杀修城夫役为食，继而杀商贾为食，析骸而饮，最后杀羸弱的士兵为食。

骇人听闻。

皇太极射书入城，进行攻心战。

祖大寿坚守不降。但降者翻墙带出新的情报：城里的将领正在疯狂杀士卒。

祖大寿之所以不降，有三"怕"：一是怕人骂他卖国投敌，二是怕朝廷杀了他在后方为人质的家属，三是怕皇太极重演阿敏的永平屠城。

他待机突围。

相持不下，双方派出使者和谈。皇太极派出一副将，祖大寿派出自己的养子。皇太极和祖家养子谈了老半天，他的副将却连祖大寿的面都没见着。

一个对立的场景出现了：祖大寿临大节而不辱，皇太极临大节而不怒。

在皇太极保证不屠城、给高位、赐厚禄后，祖大寿先致书如何改打锦州，再保证："我降志已决。至汗之待我，或杀或留，我降后，或逃或叛，俱当誓诸天地。"他的潜台词：你不杀我，我便降你。

这份保证词，出自《清太宗实录》，是抄自祖大寿的原始信函，还是清史官的后来伪造？已查无实据。祖大寿出降时，绑了副将何可纲作投名状，说他是唯一拒降者。祖大寿向皇太极盟誓："若归降将士，怀欺挟诈，或逃或叛，有异心者，天地亦降之谴，夺其纪算。"

纪算者，寿命也。祖大寿发毒誓，来证明自己的不再叛逃。

这次三月围城，《清太宗实录》留下了一组黑色数据，是骇人的：城中原有三万军民，出降时只有一万一千六百八十二人。

还有接近两万人去了哪儿？

这不是血淋淋的人杀人，而是活生生的人吃人。

皇太极为战争制片，祖大寿是悲剧导演。

血色数据。

战争教训。

4

没过几天，皇太极以最高规格接见祖大寿，亲自用金杯为他斟酒，赐他御用黑狐帽、貂裘和白马，让他坐在自己的身旁，安排汗兄代善及诸贝勒坐席作陪。祖大寿向皇太极提出攻取锦州的两套方案，并说，愿意把子侄留下为人质，率一队人马去拿下锦州，并迎回其他家属。

皇太极相信了。祖大寿一到锦州，立即布置抗金，将随行的多尔衮大军拒之城外。

毒誓的墨迹还没干。反叛的旗号半遮掩。

皇太极派人催问祖大寿，何时拿下锦州，祖大寿总是搪塞。

崇祯帝知道他降过敌，然正是用人时，封其为左都督，镇守锦州。

崇祯帝下诏要见祖大寿，三次都如空文，祖大寿借故推辞。

他心里有愧也有畏。

清崇德七年（明崇祯十五年，1642）二月，皇太极发动了生前最后一次入口之战（在长城以内进行的战役）。松山城破，明军辽东最高统帅洪承畴被俘降清。

祖大寿在锦州，被围困了一年，又是粮绝援尽，城中重演杀人相食的惨状，于是率部众开城出降。

皇太极没有杀他，还是授其为自己亲率的正黄旗总兵官。

但是，清朝史官在撰写太宗实录时，对祖大寿的再次屈膝，并无好言语："天威一振，歼明援兵十三万……负恩之总兵祖大寿自知罪在不赦，冒死率众叩首乞降。"（《清太宗实录》卷五十九，崇德七年三月辛巳）

史官如此说，理应是皇太极冷眼待之。皇太极此间曾致书宁远总兵吴三桂，说明对宁锦降将的处理意见，除了洪承畴和率先投降的松山副将夏承德外，"其余抗命者，尽行诛戮"，而祖大寿、祖大乐兄弟等"因系将军之戚，故留之。锦州祖大寿归命，其眷属部众，俱获保全"（《清太宗实录》卷六十，崇德七年三月丁未）。

祖大寿也意识到了当初降而复叛的严重后果，故而跪着对皇太极摇尾乞怜，一再声明：臣的罪行，不同于洪承畴，降而复叛，"背弃洪恩"，"理应万死"（《清太宗实录》卷六十，崇德七年五月癸酉）。

梁启超在《袁崇焕》中说："祖氏兄弟，大寿、大弼、大乐以督师裨将，遵其方略，犹能为睢阳之守者岁余，非洪承畴之降，锦州固未易下也。"

这次降清后，祖大寿主动给镇守宁远的外甥——总兵吴三桂（祖氏为吴三桂继母兄弟）写信劝降。

值得注意的是，《清太宗实录》中，还长篇累牍地收录了这一封祖大寿致

吴三桂的劝降信:

"宁锦间隔,不相通问者岁余矣。春时松山、锦州相继失陷,以为老身必死无疑。不期大清皇帝天纵仁圣,不但不加诛戮,反蒙加恩厚养。我祖氏一门以及亲戚属员,皆霑渥泽。而洪总督、朱粮厅辈亦叨遇优隆。自至沈阳以来,解衣推食,仆从田庐,无所不备,我已得其所矣。幸贤甥勿以为虑,但未知故乡光景何如耳。以愚意度之,各镇集兵来援辽左,未一月而四城失陷,全军覆没。人事如此,天意可知。贤甥当世豪杰,岂智不及此耶?再观大清规模形势,将来必成大事。际此延揽之会,正豪杰择主之时,若率城来归,定有分茅裂土之封,功名富贵,不待言也。念系骨肉至亲,故尔披肝沥胆,非为大清之说客耳。惟贤甥熟思之。虎骨靶小刀一柄,是贤甥素常见者,故寄以取信。"(《清太宗实录》卷六十三,崇德七年十月己未)

曾经豪情万丈、降而复叛的祖大寿,写起劝降书来,亦是词情并茂,情理兼具。此信是随皇太极亲自招降"明宁远总兵吴三桂"的信一同发出的。

皇太极的信上,对"宁远城吴大将军"玩了不少文字游戏。

晓之以理:"今者,明祚衰微。"

动之以情:"将军与朕,素无仇隙。将军的亲戚,俱在朕处。"

威之以力:"将军相度势,早为之计。"

祖大寿之书,是奉命写的心里话,还是范文程等儒生捉刀,不得而知。但可见,此时的祖大寿,已无须钢刀架到脖子上,就能奴颜婢膝说着毫无道德感却有些判断力的昧心话。

次年正月,吴三桂回复"犹豫未决",使祖大寿劝降失效,新功难立。于是祖大寿主动向皇太极奏言:"臣深荷圣恩,至德宽厚,天地生成,无以加此。臣先执谬,自辱其身,深愧归降之晚,皆臣见识浅薄之所致也。"(《清太宗实录》卷六十四,崇德八年正月丙午)

祖大寿表示,自己已经深刻意识到没有早降的严重错误,大骂"吴总兵罪重忧深。文武官属,心皆恐怖罔知所措",而不谈自己的二次屈降,亦是情势所迫。

好一句"吴总兵罪重忧深"!

数十年后,做了降臣的吴三桂挑起"三藩之乱",学祖大寿玩了一次降而复叛,对大清确实是"罪重忧深"。那是后话。但在祖大寿感恩"圣主"皇太极洪恩时,吴三桂还是忠于苟延残喘的大明王朝的。

祖大寿忘了皇太极历数自己的罪行,"亦应万死!"(《清太宗实录》卷六十,崇德七年五月癸酉)

大凌河之战,城中军民杀人为食是诱因。

宁锦一役,呼应的友军出降是诱因。

但,他在明知没有援军的情势下还打着坚守待援的幌子,惨无人道地演绎了另一种大屠杀。从他的最后出降来看,他是为百姓而自亏,但他的非人道主义彻底毁了他的民族气节。

他不但气节大亏,而且是翻覆小人。

祖大寿复降如此。

吴三桂后叛亦然。

这样的人,虽是名将,但在那顶永远无法甩掉的贰臣帽子下,不自省也不反思,最终落了个里外不是人。

金庸的小说《碧血剑》,干脆拿祖大寿做戏,描述了他受命劝降袁承志而不惧追责、放走刺客、身在清营心在明的无可奈何。

屈膝的明巡抚
被乾隆高看一眼

1

乾隆四十一年（1776）底，清高宗诏令国史馆修编《明季贰臣传》，说：

"因思我朝开创之初，明末诸臣望风归附。如洪承畴以经略表师，俘擒投顺；祖大寿以镇将惧祸，带城来投。及定鼎时，若冯铨、王铎、宋权、金之俊、党崇雅等，在明俱曾跻显秩，入本朝仍忝为阁臣。至若天戈所指，解甲乞降，如左梦庚、田雄等，不可胜数。盖开创大一统之规模，自不得不加之录用，以靖人心，以明顺逆。"

这些贰臣，归顺了清廷，却背叛了明朝。乾隆皇帝钦定贰臣，又对他们做了区分，特地强调："又如龚鼎孳，曾降闯贼，受其伪职，旋更投顺本朝，并为清流所不齿。而其再仕以后，惟务腼颜持禄，毫无事迹足称，若与洪承畴等同列《贰臣传》，不示等差，又何以昭彰瘅。著交国史馆总裁，于应入《贰臣传》诸人，详加考核，分为甲、乙二编。俾优者瑕瑜不掩，劣者斧钺凛然，于以传信简编，而待天下后世之公论，庶有合于春秋之义焉。"（《清高宗实录》一千零五十一，乾隆四十三年九月乙卯）

乾隆以忠君为标准，把效忠清朝且有建树的降官列入甲编，充分肯定洪承畴在前明便是崇祯的重臣，降清后宣力东南、再建殊功，却把在明清之际堪称文化旗帜的龚鼎孳，无情地树为反面典型。

龚鼎孳与吴伟业、钱谦益同侪，合称"江左三大家"。三大家却都是著名的降清分子，无一幸免地入列乙编。龚鼎孳又与吴、钱不同，他在崇祯时因镇压张献忠有功，而由湖北蕲水令升为兵科给事中，成了一个大胆的意见领袖，多次弹劾内阁辅臣周延儒、陈演、王应雄和部院重臣陈新甲、吕大器等。

龚氏之胆大，曾创造"一月书凡十七上"的佳绩，上过《大奸本乎大贪之疏》《政本关系安危、已误不容再误之疏》《纠论怙恶之疏》《庇贪误国之疏》……也曾因弹劾首辅陈演，而被崇祯帝冠以"冒昧无当"之罪下狱。

崇祯十七年（1644）三月，李自成攻入京师，刚出狱不久的龚鼎孳最初想殉国，投井获救。严正矩《大宗伯龚端毅公传》记载："寇陷都城，公阖门投井，为居民救苏。"龚鼎孳不同于钱谦益被如夫人柳如是拉着投水，而是亲自率全家男女投水。

钱谦益不想自杀，大呼水太冷。龚鼎孳是被人救起的，但他马上找到李自成，旋即出任大顺政权的直指使，巡视北城。正因为他的卖力，很快受吏科给事中，不久改为礼科，迁太常寺少卿。

他不但降了闯，而且逢人就理直气壮地说他的理由，原来是禁不起小妾顾媚的软硬兼施，只好效命新主子。此事传到了南明首辅马士英那里，被当作耻辱大肆渲染："龚鼎孳降贼后每语人以小妾不肯为辞！"（徐鼒《小腆纪年附考》卷七）

又是一起同出身烟花之地的如夫人有关的风流趣事，不同的是：钱氏如夫人拉着钱谦益去死，而龚氏如夫人却劝着龚鼎孳去生。

荣辱死生门，大亏前后分。才子表活法，牵着如夫人。

清国的摄政睿亲王、奉天大将军多尔衮在山海关一战，大败李自成，降服吴三桂，继而打出"勿杀无辜，勿掠财物、勿焚庐舍"（《清世祖实录》卷四，顺治元年四月己卯）的大旗，浩浩荡荡地进京。

这回，龚鼎孳不再率众自杀了，而是主动迎降，获授吏科给事中，迁太常寺少卿、刑部右侍郎、左都御史等。

多尔衮虽然用了他，但还是瞧他不起。

顺治二年（1645）七月，浙江道御史吴达上疏弹劾仕清的前明阉党余孽冯铨及其党羽孙之獬等，给事中许作梅、庄宪祖等纷纷上疏支持吴达。

多尔衮正为前朝留下的南北党争纠纷愈演愈烈而恼火，于是召集科道各官员进行了一场现场辩论。

龚鼎孳率先发言：冯铨背负天启帝，党附魏忠贤作恶之人。

以大学士旧衔入内三院办理机务的冯铨回击："流贼"李自成攻陷京师，侵害明帝，窃取神器，你龚鼎孳反而顺从逆贼，做了大顺政权的北城御史。

龚鼎孳不以为耻，反以为荣：难道只有我一人降敌？还有谁不曾投降李自成？

他却忘了他主要攻击的对象冯铨——前明天启朝的户部尚书兼武英殿大学士，因崇祯二年打击阉党，罪列第二，直至明亡都没有被起用，还是多尔衮进京后，以书信召其入朝。

龚鼎孳踌躇满志，为自己的反击而得意扬扬，还补了一句："魏徵亦曾归顺太宗！"（《清史列传·龚鼎孳传》）

龚氏自比唐初谏相魏徵，却不知多尔衮安排这一场论战，就是要为支持冯铨表态。

多尔衮笑着说："人果自立忠贞，然后可以责人。鼎孳自比魏徵，而以李贼比唐太宗，可谓无耻。似此等人，只宜缩颈静坐，何得侈口论人！"

多尔衮闲置龚鼎孳，顺治曾将其降三级调用，下至南苑蕃育署管菜园，后又贬他去广州。

到了康熙朝，不但四辅臣将其召回京师，官复侍郎，起用为左都御史、刑部尚书、兵部尚书，而且康熙亲政后将其转任礼部尚书，两次出任会试正考官。

但是，让龚鼎孳没有想到的是，在他病逝九十六年后，行事以皇祖康熙为榜样的乾隆帝，却拿他做了三姓家奴的榜样。

2

乾隆帝钦定贰臣榜时，对于"闯来则降闯，满来则降满"的臣僚是痛恨的。

在《贰臣传》乙编中，有不少人的评传中都有类似"福王时，以昌曾降附流贼李自成，定入从贼案"（《清史列传·刘昌传》）的评语。

刘昌为天启五年（1625）进士，官拜户科给事中，降清后官至工部尚书、刑部尚书，加少傅兼太子太傅，荣休时得到的顺治帝的评语是"卿谨慎练达，历著勤劳"，但也改变不了他入列乙编的事实。

然而，与刘昌同年考中进士，也曾投降李自成的宋权，却被乾隆帝划入了甲编。

乾隆帝在诏令编修《贰臣传》时，还专门提及"及定鼎时，若冯铨、王铎、宋权、金之俊、党崇雅等，在明俱曾跻显秩，入本朝仍忝为阁臣"。所列名字的内院辅臣者，也只有宋权一人幸运地入列甲编。

党崇雅曾向李自成投降，被列入南明的"从贼"案。金之俊也被李自成擒获，被拷掠险些至死。而宋权向李自成投降过，却被清朝的史官将其屈辱的一页抹去，还没有上南明的"从贼"的黑名单。

南明的君臣对于曾投降李自成的官员，无疑是无比憎恨的。

福王朱由崧最恨"朕于皇考、先帝深仇，朝夕未尝去念"（计六奇《明季南略》卷七《史可法请恢复》）。先不说先帝崇祯因李自成攻陷京师而被迫在煤山找了一棵歪脖子树了却了悲壮的一生，朱由崧的父亲、老福王朱常洵虽然最后因为国破家亡而幸运地被追尊为恭宗孝皇帝，身后享受了皇帝的哀荣，但他却是在崇祯十四年正月二十一日李自成攻克洛阳时，被义军杀死在迎恩寺的。

所以，大学士马士英、阮大铖大兴"顺案"，对"从贼伪官"分六等定罪，朱由崧是很支持的。

虽然只望名止恨，但也是快意情仇。

所谓"顺案"，即对投降李自成大顺政权的前明官员所定的"从贼案"。马士英、阮大铖以李自成伪国号曰顺，见北都从逆诸臣有附会清流者，因倡言曰："彼攻逆案，吾作顺案与之对。"（李天根《爝火录》卷六）

所谓逆案，崇祯二年，崇祯皇帝将党附魏忠贤诸人分为六等，重者处死，轻者终身不用。阮大铖先依东林党，后依魏忠贤，以附逆罪去职，流落南京，得遇马士英。弘光朝马士英、阮大铖当国，重翻此案，并打击东林党人，以示报复。

在南明制定六等罪名时，马士英特地发表了一份长篇大论："缙绅之贪横无耻，至先帝末年而已极。结党行私，招权纳贿，以致国事败坏，祸及宗社。闯贼入都之日，死忠者寥寥，降贼者强半。侍从之班，清华之选，素号正人君子之流，如科臣光时亨力阻南迁之议而身先迎贼，龚鼎孳降贼后，每语人以小妾不肯为辞；其他逆臣，不可枚举。台省不纠弹，司寇不行法，臣窃疑焉！更有大逆之尤者，如庶吉士周钟劝进未已，复上书劝贼早定江南；寄书其子，称贼为新主，盛夸其英武仁明及恩遇之隆，以摇惑东南亲友。昨臣病中，东镇刘泽清来见，诵其劝进表云：'比尧、舜而多武功，迈汤、武而无惭德。'又闻其过先帝梓宫之前，扬扬得意，竟不下马。臣闻之不胜发指。其伯父周应秋、周维持皆魏忠贤门下走狗，钟又为闯贼之臣；枭獍萃于一门，逆恶种于前世。臣按律，谋危社稷，谓之谋反，大逆不道，宜加赤族之诛，以为臣民之戒。今其胞兄周铨尚厕衣冠之列、堂弟周镳俨然寅清之署，均当连坐，以清逆党。其余从贼诸臣，分别定罪。庶国法伸而人心儆，于新政不无小补矣。"（徐鼒《小腆纪年附考》卷七）

徐鼒不厌其烦地在《小腆纪年附考》中，胪列了南明所定的"顺案"六等罪犯名单：

一等应磔者：宋企郊、牛金星、张嶙然、曹钦程、李振声、喻上猷、黎志升、陆之祺、高翔汉、杨王休、刘世芳等十一人。

二等应斩决者：光时亨、巩焴、周钟、方允昌等四人。

三等应绞者：陈名夏、杨枝起、廖国遴、王承曾、原毓宗、何孕光、项煜等七人。

四等应流者：王孙蕙、梁兆阳、钱位坤、侯恂、王秉鉴、陈羽白、申芝芳、金汝砺、黄继祖、杨廷鉴、刘大巩、郭万象、裴希度、张懋爵、吴达等十五人。

五等应徒者：宋学显、沈元龙、方拱乾、缪沅、吕兆龙、傅振铎、吴刚思、方以智、傅鼎铨、张家玉等十人。

六等应杖者：潘同春、吴泰来、张琦、王于曜、周寿明、向列星、李楒、徐家麟等八人。

宋企郊、牛金星排于榜首，是因为宋企郊为崇祯元年进士，却依例授扬州府推官不赴任，而成为李自成吏政府尚书；而牛金星也在天启七年中举，鼓动李自成造反推翻明朝，官至大顺政权左辅兼天佑阁大学士。他们为李自成制定了一系列行军方略、招人策略，推动着李自成称王西安，建国大顺，改元永昌，攻入京师，名列榜首，实至名归。

其他皆为明朝的官员和有功名的士绅，或在李自成东征中积极投效，或在京师努力钻营为新政权的官吏。

刑部尚书解学龙在这一份长长的名单之后，还附了自绞以下听赎俟定夺者方大猷、党崇雅、龚鼎孳、刘昌等十九人也，另存再议者二十八人，但始终不见宋权之名。

河南归德府商丘名绅宋权，为天启五年进士，做过五年阳曲令，很有政绩，升作兵科给事中，因正直而被当权者外放山西为按察副使。他此次没干多久，就找了一个理由辞职了，回到了老家做乡绅。

崇祯十七年春，已被朝廷遗忘的宋权，突然寻找关系复出，备兵大名，改任顺广，又调遵化，寻迁佥都御史。但是，他机遇不得，在他获命就任顺天巡抚的第三天，李自成就攻陷京师，崇祯帝上吊了，大明朝也亡了。

宋权没有选择反抗，而是主动向李自成示好，被授予顺天节度使。虽然不是京兆尹，但也还是封疆大吏。

他选择了同李自成合作，准备参与新的统治秩序重建，既得到了旧酒装新瓶的官职，也躲过了刘宗敏们疯狂的超额拷掠。当李自成在山海关败退后，宋权的第一反应是将大顺军刚安排进入遵化地区的将领黄锭斩杀，作为降清的投名状。

3

明朝最后一任顺天巡抚宋权，经过李自成的节度使序列，摇身一变，成了大清朝的首任顺天巡抚。

他对自己两月三变的华丽转身，给出了一个冠冕堂皇的理由："我明臣，明亡无所属，有能为明报仇杀贼者，即吾主也！"（顺治《归德府志》卷七《人物》）

这契合多尔衮领兵入关，为了再次试验逐鹿中原而摆出的一副吊民伐罪的姿态。

多尔衮虽然在山海关一役，击败了李自成，进入了紫禁城，但他还没有十足的把握一统关内。所以，他需要像宋权这样的前明官员和汉人士绅对他们表示欢迎。

亲历过李自成进京一劫的学者张怡，在《谀闻续笔》卷一中记载，多尔衮进城后，下令为崇祯帝举哀三日，然后推行剃发改制："剃发令下，有言其不便者曰：'南人剃发，不得归。远近闻风惊畏，非一统之策也。'九王曰：'何言一统？但得寸则寸，得尺为尺耳。'"九王者，多尔衮也。

张怡为大顺军擒获后逃脱，不曾经历清兵入京，也没机会身历耳闻多尔衮说汉语的密谈，但斯言又何尝不是多尔衮尝试问鼎中原而信心不足的一种政治试验?

为了向宋权认同清军入关的表态表示感谢，清朝史官们将他出仕大顺职官的一笔，删得干干净净。《清史稿》本传说：宋权被崇祯帝授任顺天巡抚，"受事甫三日，李自成陷京师。权计杀自成将黄锭等。睿亲王师入关，籍所部以降，命巡抚如故。"《清史列传》文字略有不同，但同样隐没其降闯之事。

既然被多尔衮"命巡抚如故"，宋权就怀握投效的积极心态，而没有像部分官员和大多数京师百姓那样，认为清军会像大顺军一样，并非久留之主。

宋权向多尔衮"首献治平三策"（《清史列传·宋权传》）：

一、议定崇祯庙号，以彰显新清廷"至德"

宋权希望多尔衮以清朝的最高名义，充分肯定崇祯皇帝御极十七年，是因"民困寇起，卒致篡弑之祸"，体现崇祯生不逢时遭遇大明劫，体现大清"圣主歼贼复仇，祭奠以礼"（《清史列传·宋权传》）。

宋权与崇祯帝应该有过一面之缘。是否有过深入的交谈且不好说，但从他建议多尔衮给崇祯帝议定庙号一事看，似对故主很有感情。然其如今真正的目的，莫过于为新来的清廷树德，"以光万世，则天下咸颂大圣人之仁至义尽，四海可传檄而定"。这，对于多尔衮而言，既收买了汉人的民心，也能让南明君臣心存好感。

二、尽去明朝弊政，以复苏前明朝"民生"

清国要想顺利继承王朝正朔，成为天下之主，就必须以全新的惠民政策，收拢天下民心。

万历后期以来，明朝为了应对关内关外两场大战，不断向天下百姓重重盘剥："明朝以军需浩繁，有加派之征，有司假公济私，明征之外有暗征，公派之外有私派。"（《清史列传·宋权传》）

宋权呼吁清廷废除明末为筹集军需的"三饷"，建议以万历初年的《赋税全书》为正额，其他各项加增悉数蠲免，得到了多尔衮的快速回应。

顺治二年七月二十一日，清廷向全国颁发诏书，规定："凡各派辽饷、剿饷、练饷、召买等项永行蠲免；即正项钱粮以前拖欠在民者亦行蠲免"，同时规定："官吏加耗重收，或分外科敛者治以重罪。"（《清世祖实录》卷十七，顺治二年六月己卯）

顺天安，则京师定。

对于曾在三朝短暂主政顺天的宋权，摄政王是极为重视他提出的税赋改革建议的。

多尔衮不但废除了祸害了明末五十年的"三饷"弊政，还下令，凡清军驻扎过的或行军经过毁坏了农田的农村，该年税赋减免一半，北直隶地区也相宜减去三分之一。

三、不拘一格用人，重用明朝的经济人才

宋权虽然在崇祯朝只工作了胆战心惊的三天，然他对朝廷的能臣还是了如指掌的，"均济时舟楫，惟皇上召而用之"（《清史列传·宋权传》）。

果不其然，他向多尔衮推荐的前明大臣，基本上都被委以重任，当然也为后来乾隆的"贰臣榜"提供了一系列入选者：

原蓟辽总督王永吉初授大理寺卿，官至左都御史兼秘书院大学士，国史院大学士兼吏部尚书。

原监军道方大猷随礼部侍郎王鳌永招抚山东，擢升山东巡抚。

顺康名臣杜立德，也是宋权推荐给多尔衮的崇祯朝进士，于顺治末年以宽仁之术主刑部，得到顺治帝夸奖"此新授刑部尚书杜立德也！不贪一钱，亦不妄杀一人"（《清史稿·杜立德传》）。杜立德在康熙朝，先后为户部尚书、吏部尚书，国史院大学士，保和殿大学士，深得康熙帝好评："杜立德秉性厚重，行事正大。直言敷奏，不肯苟随同列。可谓贤臣！"

正因有了宋权这类汉人降官的一系列建议，多尔衮又乐意接受，才巧妙地使清廷新政府规避了许多明末政府这样那样的官场弊习、财赋风险和社会矛盾。

若无这些汉人的拜表归顺，多尔衮即便得到了吴三桂那一支能征惯战的关宁铁骑，对是留还是走仍模棱两可，因为他一直担心李自成的大顺军和还忠于明朝的正规军联合在一起攻打自己。

4

早在顺治元年（1644）正月二十七日，摄政王多尔衮就派遣使者迟起龙，拿着他的信件"欲与诸公协谋同力，并取中原。倘混一区宇，富贵共之"（《明清史料》丙编第一册《清帝致西据明地诸帅书稿》），取道蒙古去向陕西的李自成谈和。

不巧的是，于正月元旦建国大顺、改元永昌、颁永昌历、铸永昌钱的李自成国王，已经率五十万大军，大举东渡黄河。他没有看到被榆林守将王良智原路退回的多尔衮信件，也没有给多尔衮任何回应。

虽然这是多尔衮一厢情愿谋求"协谋同力，并取中原"，却可见多尔衮早有问鼎中原之志，同时也知道李自成必是他的拦路虎。所以，多尔衮在山海关击溃东征吴三桂的李自成后，及时听取了宋权等人的建议，颁发诏书公示天下，向南明弘光朝和还在观望的前明官员士大夫表示愿意联合剿闯：

"咨尔河北、河南、江淮诸勋旧大臣、节钺将吏及布衣豪杰之怀忠慕义者，或世受国恩，或新膺主眷，或自矢从王，皆怀故国之悲，孰无雪耻之患。予皆不吝封爵，特予旌扬。其有不忘明室，辅立贤藩，戮立同心，共保江左者，理亦宜然，予不汝禁。但当通和讲好，不负本朝，彼怀继绝之恩，以敦睦邻之谊。"（谈迁《国榷》卷一百〇二）

这份在措辞上很讲究且留有余地的诏书，发布于顺治元年六月。虽然多尔衮在后面紧接着说："若国无成主，人怀二心，或假立愚弱，实肆跋扈之邪谋；

或阳附本朝,阴行草窃之奸安。斯皆民之蟊贼,国之寇雠。俟予克定三秦,即移师甫讨,殪彼鲸鲵,必无遗种。"装出一份武力征服、胜券在握的样子,但此时的多尔衮还是希望效忠明朝的势力与李自成划清界限。

他要集中主力对付李自成。做过前明御史的顺天巡按柳寅东向他建议:"今日事势莫急于西贼,欲图西贼,必调蒙古以入三边。举大兵以收晋豫,使贼腹背受敌。又须先扼蜀汉之路,次第定东南之局。"(《清世祖实录》卷五,顺治元年六月甲申)被其采纳。但,他还是想办法稳住了南明督帅大学士史可法,使之猜测清军迟早会举兵南下的同时,还在一再请旨要求弘光帝:"今宜速发讨贼之招,严责臣与四镇悉简精锐,直指秦关。"(徐鼒《小腆纪年附考》卷八)

史可法明明知道"和议断断不成",却在侥幸奢望各怀鬼胎的左懋第、陈洪范、马绍愉通北使团找到早已成为清廷平西王的吴三桂,能够接受南明御封的蓟国公封号和万两白银,成功说服多尔衮率领本部人马先剿灭李自成后,自觉退回关外。

所以,当多尔衮派出英亲王阿济格、豫亲王多铎等多路大军西向进攻李自成,留出空虚的东部地区无有效兵力防守时,史可法这位任职多年的南京兵部尚书,却没有军事战略家的眼光及时趁机收复山东、河北。

迟缓,就是贻误战机。

侥幸,未必就是机会。

史可法之所以这样一次次的心怀奢望,除了四镇不听命令、君臣贪财好杀、派系斗争激烈而很无奈外,也被宋权等教给多尔衮安抚明朝遗民的治国安民之术障了眼。

宋权教给多尔衮的安明术,抓住了明朝遗老以及南明君臣"借虏平寇"的心理。

此策奏效,顺治二年初,清军成功攻陷大顺军的陕西门户潼关,使之被迫放弃都城西京(西安),退入河南、湖北。这一年五月初,永昌皇帝李自成在湖北通山县九宫山下，遭到隶属南明的地主武装力量的突袭，壮烈牺牲。

李自成的死，直接导致了大顺军一时群龙无首。四月后，刘宗敏也在撤至九宫山时被清军俘杀。大顺军内部为走向问题产生了矛盾。清朝已经控制江北，威逼江南，李自成的侄儿李过曾想与清方谈判，李自成的夫人高氏亦意欲归降清廷，但高夫人的兄弟高一功主张联明抗清。于是，南明隆武政权的湖广巡抚何腾蛟派人招降，高一功、李过遂归顺南明政权。

虽然高一功被李过等推为总统，成为隆武帝的龙虎将军 [明万历二十三年(1595)，努尔哈赤也曾受此职，只不过当时明朝的万历帝一统天下，而今也属明系的隆武帝却偏安一隅]，但是大顺军很快分崩离析，田见秀、吴汝义、郝摇旗等明里暗里地向清军具禀纳降。

5

清廷入关伊始，便在汉人居住区强制推行武力征服和剃发、圈地、投充、缉捕逃人等恶政，不啻一场颠覆祖制、惨无人道的灾难，侵害着主体民族的切身利益。

如清人的剃发改制，不留死角。顺治十年十月，刑部抓获两个没有剃发的优伶王玉、梁士子，他们称是为了男扮女相，地方不知如何处置，于是把案件提交到了被清朝亲贵视为崇汉抑满的顺治帝那里。

结果这位所谓"渐习汉俗"的青年天子勃然大怒，即刻给内大臣鳌拜、索尼御批道："前曾颁旨，不剃发者斩，何尝有许优人留发之令。严禁已久，此辈尚违制蓄发，殊为可恶。今刊示严谕内外一切人等，如有托称优人未经剃发者，著遵法速剃。颁示十日后，如有不剃发之人，在内送刑部审明正法，在外该管各地方官奏明正法。若知而不举，无论官民治以重罪。"（《清世祖实录》卷七十八，顺治十年十月戊子）

两个无辜的民间演员，就因为被发现没有剃发，而被戴上了"逆贼伙党"的帽子。顺治帝朱笔一挥，断送了两条活生生的性命。

他要杀一儆百，震慑天下，不留死角。

这是顺治帝亲政之后的事情，他貌似亲近汉人，喜欢汉文化，但他颁行严旨，全国上下无一幸免，发式遂告统一。

而多尔衮摄政之时，正是"留头不留发，留发不留头"（韩菼《江阴城守纪》上）的野蛮恶政强制推行之际。巡抚顺天的宋权除了率先垂范外，也不得不在辖区深入开展。

虽然有不少立身清廷的汉族官员上奏抗议，但宋权也不敢发声。因为多尔衮一再强调："有为剃发、衣冠、圈地、投充、逃人牵连五事具疏者，一概治罪，本不许封进。"（《清世祖实录》卷二十八，顺治三年十月乙酉）无疑，满人的民族征服政策，是不容宋权这一类授官封爵的汉人降官批评和劝止的。

宋权主政畿辅，殚精竭虑，投效新朝，自然会遇到一系列棘手的事情。圈地就是其中之一。清廷在顺治元年十二月，借口"无主田地甚多"，颁布圈地令。

多尔衮闯进了紫禁城，就不想走了。他要留在关内，定鼎中原，故而颁布安民政策："我国家不恃兵力，惟务德化，统驭万方。自今伊始，燕京乃定鼎之地，何故不建都于此，而又欲东移。"（《清世祖实录》卷五，顺治元年六月甲戌）

于是，他派人返回盛京，请顺治帝移驾入京。

为了稳住以阿济格为首的清朝亲贵，使他们长留关内，不再想返回辽东故土，多尔衮又以摄政王之尊，要把近京各州县"无主荒地"，"分给东来诸王、勋臣、兵丁人等"（《清世祖实录》卷十二，顺治元年十二月丁丑）。

真是无主荒地吗？是，也不是。

近京各州县的耕地不是无主荒地，而是前明皇家和勋臣、内监侵占的肥沃庄园。明朝亡了，那些肥沃的土地没了主人，但世代耕种这些土地的农民还在，他们却因为权贵无代价的掠夺，而变成了无家可归的人。同时，那些在京城附近有小额田地和产业的人，也因为大范围的圈地而成了受害者。

多尔衮入关时"若动人一株草、一颗粒，定以军法处死"（康熙《山海关志》卷五）的禁令，已是一纸空文。

对于这种惨无人道的掠夺，曾为崇祯十五年状元、官至九江知府的史惇在《恸余杂记》"圈地"条中说："圈田所至，田主登时逐出。室中所有皆其有也。妻孥丑者携去，欲留者不敢携。其佃户无生者，反依之以耕种焉。"

顺治二年二月，多尔衮"令户部传谕各州县有司，凡民间房产有为满洲圈占、兑换他处者，俱视其田产美恶，速行补给，务令均平"（《清世祖实录》卷十四，顺治二年二月己未）。勋贵们以残暴的手段，强制性地掠夺错杂的民田为旗地。最高领导人多尔衮虽然打出了"田产美恶，速行补给，务令均平"的旗号，并命令刑部"倘有瞻顾徇庇，不从公速拨，耽延时日，尔部察出从重处分"，但他在推出圈地恶政时说的这些冠冕堂皇的话，不过是掩耳盗铃，挂羊头卖狗肉。

即使补偿，也是抢了良田补些荒地。

满洲豪强们，不仅抢贫困百姓的，抢前明皇庄的，就是各旗之间也是尔虞我诈、强取豪夺，互不相让。多尔衮就纵容属旗人员在圈地时抢先皇帝白将的两黄旗一步，导致一场官司打到了康熙六年（1667），最后鳌拜置换成功，并处死内国史院大学士兼户部尚书苏纳海、直隶总督加兵部尚书朱昌祚、保定巡抚加工部尚书王登联，官司才告一段落。

权贵们尚且如此，官民之间更无平等。

无疑，宋权的辖区，是多尔衮三下圈地令的主要针对区域，宋权自然不敢提出反对意见，只好说"农民甫得易换之田，庐舍无依，耕种未备，请蠲租三年"（《清史稿·宋权传》）之类的话，无可奈何，也算是为有田被劫的农民争得些许宽心的政策。

宋权无奈的配合，也换得了多尔衮进一步的信任。

多尔衮并没有在第一时间安排为其逐鹿中原献策不少的宋权入内三院，参与机务，或如经略大学士洪承畴那样领兵南征，招抚一方，而是让他继续管理他献出的顺天一地，也就二十多个州县。

宋权巡抚顺天，主管民政，兼理军务。

这是拱卫京师的要津，多尔衮对他也是委以重任。

果不其然，文人出身的宋权先后清剿大顺军余部数千人，悉力擒治，颇有治绩。因为没有擒获对手的首领人物，宋权自请免职，结果被多尔衮以少年天子的名义温旨慰留。

被留任的宋权向多尔衮陈述前明遗留的祖军、民壮之害，说："明制，祖传军籍，隶在营路；选取民壮，隶在州县。身故则勾子孙，子孙绝则勾宗族，宗族尽则勾戚属，流离逃窜，乱由此阶。请特沛恩纶，除兹弊政。"（《清史列传·宋权传》）

明朝军队，长期以世袭军户充之，即便后来代之以募兵，但军户仍在，即便经商务农，他们的主要身份仍是军士，演绎成了一种特殊的武士阶层。将领之位皆是父子因袭，朝廷只走一个程序。很多军士拿着兵饷却不安心当兵，而是拿了高薪兵饷后以低廉的价格寻找贫困农民入伍做雇佣兵。

紧接着，顺天发生了一起某某私刻顺天巡抚大印伪造弹劾咨文提交吏部的案件，事情败露，当事人被抓。按理，对当事人量刑裁决，事情就该结束了。

但是，宋权把这件事当成一起制度问题，向多尔衮提出建议："用舍者君人之权，黜陟者铨枢之政，荐劾者抚按之职。请饬各省抚按，除商榷细事，准用咨文外，凡有关用舍大典，必具疏请，不须以咨文从事，则百弊俱清。"（《清史列传·宋权传》）

宋权以辖区之事，现身说法，希望朝廷把咨文当作一项弊政去做深化改革。

结果，宋权这两份关于废除旧制的报告一提交，摄政睿亲王都如其所请，行文为法令。这是有利于清廷统治进行制度性规范的报告，所以得到了赞同。

6

顺治三年，多尔衮授宋权为国史院大学士。虽然此时的大学士，已经有了票拟一些无关痛痒的"官民奏闻之事"（《清世祖实录》卷五，顺治元年五月戊午）的权力，但他还算不上真正的内阁辅臣。

多尔衮摄政时代，内三院尽管享有票拟本章的权力，但对朝廷用人行政之类的国家要务并无实质性的发言权。即便大学士冯铨、洪承畴向多尔衮提出抗议，得到了票拟范围的有限扩大，但很快，多尔衮就以"陈奏本章，照故明例，殊觉迟误"为借口，明确规定："今后部院一切疏章，可即速奏候旨遵行！"（故宫博物院印行《多尔衮摄政日记》闰六月初四日）

多尔衮擅权独专，既不让年轻的顺治帝参与实际政务，也不许人多的内三院在第一时间接触京官和外官送来的本章。

内阁大学士职权，远非从明朝过来的降官冯铨、洪承畴及宋权希望的那样。在前明，"至仁宗而后，诸大学士历晋尚书、保傅，品位尊崇，地居近密，而纶言批答，裁决机宜，悉由票拟。阁权之重，俨然汉唐宰辅，特不居丞相名耳"！（《明史·宰辅年表一》）

冯铨是弘文院大学士兼礼部尚书。洪承畴则是太子太保、兵部尚书兼都察院右都御史，入内院佐理军务，授秘书院大学士。二人也算是如明"大学士历晋尚书、保傅，品位尊崇"。而宋权职事国史院时，仅司大学士一职。他没有做过清朝的尚书，进位太子太保也是顺治六年九月以后的事了。

然而，大学士却有大学士的好处，宋权已然进入了顺治帝和摄政睿亲王的权力中枢，参与机务，也是实现了"地居近密"，做些"与各部无涉，或条陈政事，或外国机密，或奇特谋略"（《清世祖实录》卷十五，顺治二年三月戊戌）

的顾问事务。

他是多尔衮看重的人，像刚林、祁充格一样深得信任，而不至于同太宗儒臣范文程一般靠边站。

顺治五年，宋权因母丧请求终制，按礼须辞职回家守孝三年，然多尔衮却以顺治的名义，称"内院机务繁重，着照旧入值，私居持服"（《清史列传·宋权传》）。

宋权是深得多尔衮倚重的，除了充任纂修《太宗实录》的总裁官外，还两次以第一负责人的身份主持公务员国考。

多尔衮死后，顺治帝尊其为成宗义皇帝不到一月，就迅速开始对多尔衮及其心腹大臣们进行严厉的清算！

被顺治帝表彰为"我皇父摄政王坚持推让，扶立朕躬，又平定中原，混一天下，至德丰功，千古无两，不幸于顺治七年十二月初九日戌时以疾上宾，朕心催痛，率土衔哀，中外丧仪，合依帝礼"（《摄政王多尔衮以疾上宾诏书》）的多尔衮，被少年老成的侄皇帝开棺扬灰，开除宗籍。同时，顺治帝还有步骤地以党附睿王之罪处死多尔衮的亲信大臣。

给事中陈调元、王廷谏弹劾宋权母丧未除、主考会试，然而顺治帝没有立即做出判断，还是下至部议，最后给了宋权一个老病宜归、奉诏致仕的处分。

顺治帝没有像对待另一位国史院大学士刚林那样，以党附睿亲王之罪严惩宋权。想必，刚林和弘文院大学士祁充格利用总裁编撰《太祖实录》的机会，擅改事实，为睿亲王削匿罪愆、增载功绩的经验，并没有被主持《太宗实录》的宋权吸收。

都是多尔衮信任的大学士，刚林和祁充格不但被开除官籍，而且被开刀问斩。然宋权得以寿终正寝。

宋权死后，遭到了言官们的围攻，要将其祭葬减半。顺治帝仍网开一面，称其仕清无大过，且在清军入关之初诛杀李闯王部将有功，并率众首先投效清廷，"功不可泯"（《清史列传·宋权传》），给了他一个少保兼太子太保的追赠，以及按章办事的祭葬规格。当然，也赠给了他一个谥号"文康"，算是死后美评。

不说献策睿王、治理顺天有功，而只说背弃李闯王、投效清廷是功。

顺治言下之意，宋权对清廷建设并无多少建树。因为，那是多尔衮摄政时期的成绩。顺治帝亲政不到一年，宋权就被辞退了，难免乏善可陈。

然而，乾隆帝将他作为明朝降官的一个特例，编入《贰臣传》甲编，无疑是不计较他先降闯、后投清的丑闻：

一、是时正为乾隆帝为多尔衮平反之际，乾隆帝高度赞赏"睿亲王多尔衮，摄政有年，威福自专，扫荡贼氛，肃清宫禁。分遣诸王，追歼流寇，抚定疆陲，创制规模。奉世祖入都成一统之业，功劳最著。王之立心行事实为笃忠，感厚恩明君臣之大义"（《清史稿·多尔衮传》），爱屋及乌，不免要为多尔衮重任的宋权网开一面。

二、宋权之子宋荦，在江苏巡抚任上曾三次接待南巡的康熙帝，被康熙称许为"清廉为天下巡抚第一"（《清史稿·宋荦传》），擢为吏部尚书，加太子少师。乾隆自然考虑过不让一个清廉典范做贰臣反面典型的后代。

三、宋权、宋荦父子，曾从顺治、康熙的赏赐中得到一批名画，如北宋范宽《雪山萧寺图》、五代巨然《溪山林薮图》等名作。父子视为殊荣，相继保藏，同时购藏其他，大有可观。乾隆年间，宋家通过献纳或其他方式，投乾隆喜爱传世名迹之好。无疑，也是想改变宋权翻覆自亏的恶名。

宋权多次自亏是实，不会因为官方修史的主观修饰，而改变他作为一个典型的政治投机主义者的本来面目。

助力康熙除鳌的
两个关键人物

1

与康熙相关的影视剧，如《康熙王朝》《鹿鼎记》，都提到让康熙帝引为骄傲的第一大事，即铲除鳌拜。

这样的历史，给了艺术作品无限虚构的空间。《康熙王朝》安排康熙与魏东亭合力戮贼，《鹿鼎记》设计康熙和韦小宝嘻哈擒贼。

血战是必不可少的。

《康熙王朝》在血腥的战斗大场面之前，铺陈了各种各样的宫廷权谋。而陈小春、周星驰等版本的《鹿鼎记》，百十健童一拥而上的前戏，却多是狗血的情感爱恋。

《清史稿·圣祖本纪》记载：康熙八年（1669）五月"戊申，诏逮辅臣鳌拜交廷鞫。上久悉鳌拜专横乱政，特虑其多力难制，乃选侍卫、拜唐阿年少有力者为扑击之戏。是日，鳌拜入见，即令侍卫等掊而絷之。于是有善扑营之制，以近臣领之。庚申，王大臣议鳌拜狱上，列陈大罪三十，请族诛。诏曰：'鳌拜愚悖无知，诚合夷族。特念效力年久，迭立战功，贷其死，籍没拘禁。'其弟穆里玛、塞本得，从子讷莫，其党大学士班布尔善，尚书阿思哈、噶褚哈、济世，侍郎泰璧图，学士吴格塞皆诛死。余坐谴黜。其弟巴哈宿卫淳谨，卓布泰有军功，免从坐。嗣敬谨亲王兰布降镇国公。褫遏必隆太师、一等公"。

这段文字，讲述了如何擒拿鳌拜及处理鳌拜案，但未交代谁为康熙筹划出力。《清史列传·鳌拜传》也未载明，只说是康熙"八年五月，上以鳌拜结党专擅，弗思悛改，命议政王大臣等逮治鳌拜罪……于是康亲王杰书等列其揽权欺罔诸罪状，请革职、立斩、籍没"。最后念其是顾命老臣，从宽处理，拘禁至死。

帮助康熙除掉鳌拜的，真的是魏东亭、韦小宝这类亲力亲为的小人物吗？金大侠有提示，纯属虚构。

助康熙者，确是另有其人，而且是两个从前明走过来的降臣。

康熙八年，在兵部左侍郎黄锡衮的率领下，与被罢职的前户部尚书王弘祚配合，密助康熙主政于朝，逮捕鳌拜有功。王弘祚晋兵部尚书，黄锡衮升东阁大学士兼兵部左侍郎。

对于此事，《清史稿》似乎讳莫如深，《王弘祚传》中只有一句"八年，鳌拜得罪，起弘祚兵部尚书"。而黄锡衮这个主要人物，却是无传，让人遗憾。

2

明天启元年（1621），黄锡衮出生于福建晋江潘湖，七岁能诗，二十岁中进士，明末授广西巡抚，后弃官读书于武鸣县起凤山东峰读书岩。世乱归家。

顺治五年（1648），黄锡衮出仕清廷，复考选庶吉士授弘文院检讨；顺治八年晋升翰林院编修，受命典试江南，后来转工部郎中、广东按察使；顺治九年任巡按广西兼理湖南清军盐法。此后历任监察御史、左副都御史、右布政使、弘文院内阁学士、大理寺寺丞等。顺治十六年，黄锡衮被提拔为都察院左佥都御史。

康熙元年（1662），黄锡衮迁通议大夫、兵部右侍郎，六年例加一级臣晋通奉大夫、兵部左侍郎，兼理兵部事，考核百官，推行教化。

黄锡衮帮助康熙除掉鳌拜有功，深受圣祖倚重，康熙九年拜东阁大学士兼兵部左侍郎、武英殿总裁官，转任武英殿大学士管兵部事，兼兵部尚书衔。

康熙帝平定"三藩"叛乱，黄锡衮率军经略抵御耿精忠部，以平寇荣绩有旨复召入阁，寻解兵部务直讲筵官，其他兼官如故。康熙二十年十月，黄锡衮以病请辞假归，康熙特旨准以武英殿大学士衔在籍调用，十一年后才真正得旨准以大学士衔致仕回籍。他死后，康熙下旨，诰赠太子太傅、柱国光禄大夫，钦赐祭葬，谥文僖。

康熙对黄锡衮还是很感激的，让他身居相位二十二载，即便病休也是留职备用。

3

王弘祚比黄锡衮年长十一岁，于明万历三十八年（1610）出生在云南永昌，崇祯三年（1630）的举人，强习掌故，曾任蓟州知州，迁户部郎中，督饷大同。

顺治元年，王弘祚出任岢岚兵备道，被宣大总督吴孳昌以筹划军饷，请仍留大同。第二年，总督李鉴推荐，授户部郎中，主持修纂《赋役全书》。

《清史稿·王弘祚传》记载，王氏修书，"裁定赋役，一准万历间法例，晚末苛细巧取，尽芟除之，以为一代程式"。

修书期间，王弘祚加太仆寺少卿，迁太仆寺卿，擢户部侍郎。他给清廷出主意，如何在江南、江西、湖广丰稔之地，采米谷、储粮饷为进取计，以便进军还属于明朝辖区的云贵地区，征讨孙可望部。顺治帝采纳他的意见，下旨给经略大学士洪承畴执行。

顺治十一年，给事中郭一鹗弹劾王弘祚修书逾久未成，王疏辨，被郭复劾其巧饰。此后几年，王弘祚官运不通，屡遭弹劾，不是被罚俸，就是被降级。

顺治十五年，历十四年的《赋役全书》终于修成，朝廷记功奖励，擢王弘祚为户部尚书，加太子少保，进太子太保。此间，他和大学士巴哈纳等修订律例。《清史稿》评价："弘祚定赋役，文然修律例，皆为一代则，其绩效钜矣。"

康熙三年，授王弘祚为刑部尚书，不久复还户部，掌管全国财政大权。三年后，鳌拜奏请户部设满、汉尚书二人，将其死党玛尔赛安插进户部。王、玛不和，又遇户部失察书吏假印盗帑，清宗室、以领侍卫内大臣拜秘书院大学士班布尔善谄事鳌拜，独给王弘祚加罪，使之坐夺官。

不到一年，王弘祚配合黄锡衮密助康熙除掉鳌拜，真正实现亲政。

鳌拜倒了，班布尔善也被王大臣劾奏二十一条大罪，定罪以绞刑处死，子孙皆被废黜宗室资格。而王弘祚晋兵部尚书。

4

历史不会因为金庸在小说《鹿鼎记》中塑造了一个韦小宝，就忽略黄锡衮、王弘祚这两位帮助康熙帝铲除鳌拜的真人。

《清史稿·圣祖本纪一》记载：康熙八年五月乙未，"起王弘祚为兵部尚书。戊申，诏逮辅臣鳌拜交廷鞫"。王弘祚接掌兵部，到拿下鳌拜交廷鞫，前后不过十三天。

九个月前，时任户部尚书王弘祚因失察书吏造印盗银案，被免职丢官，如今却成了康熙帝清算鳌拜的兵部掌控者。足见王弘祚是康熙帝极度信任的重臣。

清制，户部设满、汉二尚书。监守自盗案发时，鳌拜刚刚处死政敌苏纳海，以侄儿玛尔赛接任户部满尚书。玛尔赛仗势欺人，与顺治朝便是户部尚书、太子太保的王弘祚不和。吏部商议处分户部尚书监管不力时，拟援引恩诏宽免，但被以领侍卫内大臣拜秘书院大学士的班布尔善独自拟票，将王弘祚一人罢免，而不处分玛尔赛。

班布尔善是太祖庶孙，谄事鳌拜，实则阴谋借势自立，与玛尔赛争权夺利但又隐忍对外。他严惩王弘祚，就是为了削弱康熙帝势力，却没想到王会被很快起用。

王弘祚掌兵部大权，配合康熙帝早安排在兵部主政的左侍郎署武英殿事黄锡衮，掌握京师卫戍权，筹划逮捕鳌拜。黄锡衮为行动执行者，王弘祚是这一场没有硝烟却不无血腥的战争的前线指挥员。这是康熙除鳌行动关键性的双保险。

苏克萨哈被杀，索尼已死，遏必隆坐观龙虎斗，鳌拜已由四辅臣之一成为唯一的摄政者，党羽遍布朝廷内外。嗜权的少年天子康熙帝，不甘沦为鳌拜的傀儡，但考虑到行动稍有不慎，就会打草惊蛇，酿成大变。

康熙挑选一批身强力壮的亲贵子弟，在宫内整日练习布库为戏，作为障眼法麻痹精明的鳌拜。鳌拜以为皇帝年少，沉迷嬉乐，不以为然，就连康熙不露声色地将他的亲信派往各地，他还以为是对自己的人委以重任，不料康熙帝迅速安排忠于自己的人接掌吏部、户部和兵部，以突袭战一举拿下擅权自专的鳌拜。

康熙帝对两位助力除鳌的大功臣，厚待有加。

康熙九年，六十岁的王弘祚以衰老请求离休，康熙帝批准，下谕他"乘驿归里，食原官禄"（《清史列传·王弘祚传》）。

告老还乡，被规定使用官道和公车，这是古代大臣衣锦还乡的一种荣誉。

王弘祚停职留薪，继续拿兵部尚书的待遇。两年后，他上疏请辞，康熙帝说：爱卿在任著有功劳，厥功至伟，年迈荣休，我赐你俸禄，要让你颐养天年，不要固辞。又两年后，王弘祚病逝，康熙按尚书例赐祭葬，追谥端简。

王弘祚这一份荣耀，比不得黄锡衮位列极品，官至武英殿大学士管兵部事，兼兵部尚书衔，即便以病请辞假归仍得旨准以大学士衔在籍调用，死后康熙帝辍朝赐祭。然《清史稿》却没有为黄锡衮立传，而王弘祚在众人合传中居首位。

清高宗在乾隆四十一年（1776）弄《贰臣传》，还是将王弘祚入列甲编。乾隆帝肯定他忠于本朝，但因他在前明做过蓟州知州、户部郎中，大节有亏，"不能念其建有勋绩，谅于生前；亦不能因其尚有后人，原于既死"（《明季贰臣传序》)。

王弘祚在明朝只是一个中层干部。而黄氏做过明末广西巡抚，他虽弃官归隐，但出仕清朝，也是投效，于顺治五年复考选庶吉士，授弘文院检讨。

黄锡衮同王弘祚一样，都是贰臣。

或许乾隆帝念及黄氏助其祖父主政于朝，平抚三藩荣绩卓著，深受圣祖倚重，而有意不使之入列《贰臣传》却导致后世编撰《清史稿》遗漏了这一个大人物。

5

乾隆帝厚此薄彼的做法，除了不尊重历史外，还直接影响了后世修史。

对于黄锡衮助力康熙除鳌的历史功绩，在其死后，姻亲弟子、文渊阁大学士兼吏部尚书李光地撰写墓志铭说："清康熙间，任兵部左侍郎，因密助圣祖主政于朝，深受圣祖倚重。康熙九年庚戌十月，入阁参与机务，拜东阁大学士兼兵部左侍郎，加光禄大夫。"虽未载明除鳌，但写到他因此受康熙帝倚重，入阁拜相，继续主持军务。

而出生于乾隆四十一年的第八代礼亲王昭梿在《啸亭杂录》中，谈及"圣祖拿鳌拜"时，既不说王弘祚，也没提黄锡衮。只说鳌拜辅政，"凡一时威福，尽出其门"，在不征得康熙帝同意的情况下，因正白旗圈地之事，言语发生冲突，便矫旨擅杀了直隶总督朱昌祚、巡抚王联登和户部尚书苏纳海。

鳌拜怕康熙在朝会上问情况，于是称病不上朝。康熙帝去鳌府慰问，来到床榻前，鳌拜装模作样要下榻跪迎皇帝，御前侍卫和托见鳌拜面色有鬼，便上前装作帮他收拾被子，结果被子下露出了利刃。

危急之际，少年天子急中生智，说"刀不离身乃满洲故俗"（昭梿《啸亭杂录》卷一《圣祖拿鳌拜》），不足为奇。

真不足为奇吗？回宫后的康熙帝，立刻以下棋为名，找来索尼之子，也是赫舍里皇后的叔父索额图，商议对策。索额图刚辞去吏部右侍郎，又出任一等侍卫。

从鳌拜卧榻藏刀、索额图转任侍卫二事来看，鳌拜与康熙帝的矛盾，已经到了兵戎相见、以防不测的一级戒备状态，已经到了决战时刻。

一战定输赢！一战定乾坤！一战决定谁是真正的王！

康熙帝与"索相国额图"密谋后不久，召集练习摔跤的少年侍卫说："你们都是朕的股肱亲旧，你们怕朕，还是怕鳌拜？"

大家说："怕皇上！"

于是，康熙秘密发布捕鳌的特级作战计划。

鳌拜入宫，康熙一声令下，少年们一拥而上，鳌拜猝不及防，被摔倒在地，束手就擒。

昭梿赞赏康熙帝"声色不动而除巨慝,信难能也"（昭梿《啸亭杂录》卷一《圣祖拿鳌拜》），却对此次宫廷政变控制兵权的两位重臣王弘祚、黄锡衮只字不提，反而强调当时官位不显后来居上的索额图，是疏忽，还是秉承某种意识形态而有意为之？

吴六奇不敢私藏
永历皇子入赘

1

康熙朝的三公是难封的，唯有遏必隆、鳌拜被封为太师。

这是康熙七年（1668）正月十九日的加封。半年前，即康熙六年七月二十一日，名义上亲政的康熙帝接受了议政王会议商定的结果，已对遏必隆、鳌拜另授一等公。

这是另授，而非加封，遏必隆原有的一等公由其子法喀袭替，鳌拜原有的二等公给了他的儿子那摩佛。

康熙亲政是国家大事，但此时的大权仍掌握在鳌拜手中。四辅臣时代进入了鳌拜时代，所以附和者要尊鳌拜及对其揽权擅政不干涉的另一个辅臣遏必隆为三公，是不难的。

鳌拜大权在握，甚至敢攘臂向前，强奏数日，直接以二十四款罪状，判处曾在辅臣序列，排位在遏必隆、鳌拜之前的苏克萨哈为极刑，满门抄斩。

苏克萨哈和首辅索尼，是无缘位列三公（太师、太傅和太保）的。但是，他们四人联合执政时，却能将一个南明降将两次晋升三孤（少师、少傅和少保）。要知道，当时四辅臣也顶多有三孤的荣耀。

此人为吴六奇，广东丰顺人。投清前，他是南明永历帝朱由榔的总兵，带领一支水师镇守南澳，顺治七年（1650）降清。

康熙三年六月，吏部对潮州总兵吴六奇考核合格，成绩报给四辅臣，晋少傅，加太子太傅。

《清史稿·职官一》谈师、傅、保时说："太师、太傅、太保为三公。正一品。少师、少傅、少保为三孤。从一品。太子太师、太子太傅、太子太保，从一品。太子少师、太子少傅、太子少保，正二品。俱东宫大臣，无员限，无专授。初沿明制，大臣有授公、孤者。嗣定为兼官、加官及赠官。"

吴六奇早在顺治十七年，就因捐造战船及御敌之功，已经加官太子太保，进入三师之列。四年过去，他的名字同时出现在清廷三孤、三师的名单中。

康熙四年五月，吴六奇病逝。四辅臣商定，以康熙帝的名义赠其少师兼太子太师。

不到一年时间，吴六奇被两晋三孤，无疑是有足够的成绩赢得四辅臣的赞赏的。

四辅臣是顺治帝临终前指定的顾命大臣。虽然他们请孝庄太后为见证人，在顺治帝灵前盟誓："协忠诚，共生死，辅佐政务，不私亲戚，不计怨仇，不听旁人及兄弟子侄教唆之言，不求无义之富贵，不私往来诸王贝勒等府受其馈遗，不结党羽，不受贿赂，惟以忠心，仰报先皇帝大恩。若复为身谋，有违斯誓，上天殛罚，夺算凶诛。"（《清圣祖本纪》卷一，顺治十八年正月辛亥）但是，他们很快自成集团，各结亲信，即便是曾誓死要立皇子，舍弃豪格、支持福临成为顺治帝的两黄旗大臣——正黄旗索尼、镶黄旗鳌拜，也是相互掣肘。

顺治帝安排内大臣为四辅臣，而不以宗室亲王辅政，就是要使嗣皇帝不再重蹈自己长达七年多受制于摄政睿亲王多尔衮的覆辙。然而，他以三比一的比例，设计三位两黄旗大臣（索尼、遏必隆、鳌拜）与一位正白旗大臣（苏克萨哈）入列，却加剧了两黄旗大臣，尤其是鳌拜与正白旗大臣苏克萨哈的矛盾。

鳌拜与苏克萨哈本是儿女亲家，关系最近，却斗得最狠。

四人的矛盾，要么明枪相对，要么暗箭互射。

军功彪炳的鳌拜——太宗御封"巴图鲁"（勇士）——日益骄纵，早在康熙三年四月初七日就拿内大臣费扬古开刀，称他的儿子倭赫——康熙的侍卫——和另外几位侍卫有"同侍御前，不敬辅臣""擅骑上所乘马，用上弓矢射鹿"（《清圣祖实录》卷十一，康熙三年四月己亥）等罪，处以绞刑，抄没其家产。

四辅臣的威势显赫，即便是几十年后康熙帝要扳倒武英殿大学士明珠时，也说："若等势重于四辅臣乎！"（李光地《榕村续语录》卷十四《本朝时事》）时过境迁，此刻的康熙帝是在炫耀自己已具有"我欲去之，则竟去之"的能力，但在康熙三四年间，还是一个傀儡皇帝的他只有接受朝拜的份儿。

政务大权牢牢掌控在四辅臣的手中。

论功赏罚的决定权，也只属于四辅臣。

四辅臣上台伊始，就以顺治帝的名义，发布著名的罪己诏，指责他们曾经效忠的主子顺治帝有"崇汉抑满"等罪十四款，将顺治十五年改革的内阁改回延续关外政统的内三院。

他们以顺治帝的口吻，旗帜鲜明地"罪己"："满洲诸臣，或历世竭忠，或累年效力，宣加倚托，尽厥猷为。朕不能信任，有才莫展。且明季失国，多由偏用文臣。朕不以为戒，反委任汉官，即部院印信，间亦令汉官掌管，以致满臣无心任事，精力懈弛，是朕之罪一也。"（《清世祖实录》卷一百四十四，顺治十八年正月丁巳）

四辅臣既然如此痛斥顺治帝重用汉臣，自是为他们顾命辅政崇满抑汉定下了基调。

四辅臣决定国家的一切，所以说吴六奇生前晋少傅，死后追少师，加官兼官依旧需要受顾命、决机务的四辅臣拍板。

看来，吴六奇与四辅臣的关系都不错！就在吴去世的当年二月，致仕大学士洪承畴去世，四辅臣也只给了他按例祭葬和追谥文襄的待遇。

2

其实，在吴六奇荣耀备至的一年里，不是没有人检举他的问题。

康熙四年四月，游击邱义向朝廷上奏了一纸弹章，上面赫然写着吴六奇的诸多罪行：一、私藏南明桂王（永历帝）之子，作为自己的上门女婿；二、同前明崇祯帝的皇子来往，私通朝廷搜捕的前朝皇子；三、在湖广燕子山私开银矿，在国家禁令下疯狂捞钱。

条条都是大罪，款款足以砍头。

问题一旦报上，势必会引起四辅臣为首的严密监督汉臣的亲贵们的戒心，遭到他们的追查。

这有谋逆的嫌疑！

四辅臣自然不会姑息。

没料到靖南王耿继茂从南方前线寄来一封信。他要为吴六奇证明清白，称邱义攻讦皆为捏造。

耿继茂送来的不是个人意见，他的背后还有平南王尚可喜。

四辅臣下令，将邱义处死。

吴六奇躲过一劫，却没有躲过死亡。

吴六奇是畏罪自杀，还是死于非命？史料只说他是病逝的。

而且很奇怪，就在吴六奇死前，顺治七年同他一起降清的总兵苏利，盘踞在碣石降而复叛，被清军围剿歼灭。

很快，吴六奇给四辅臣提交了申调报告："碣石既平，无须设镇，且臣乃潮人，不可久守潮土，乞调任他省。"（《清史列传·吴六奇传》）

吴六奇申请调离故土，是想自证清白，择清与苏利的关系，还是为国家吏治全局考虑？

朝廷还是郑重其事地将吴六奇的申调报告，下发给驻粤两大藩王（尚可喜、耿继茂）及广东水陆提督（常进功、杨遇明）讨论。结果还没出来，吴六奇就死了。

吴六奇和尚可喜、耿继茂是老交情。

顺治六年，平南王尚可喜和第一代靖南王耿仲明各率一万人马，进取广东。耿仲明因部下生事，私藏逃人，行至江西吉安，畏罪自缢。尚可喜带着耿仲明之子耿继茂，继续统率两万兵丁南下。第二年初，大军自南雄下韶州，南明南澳总兵吴六奇与碣石总兵苏利迎降。

苏利被安排继续镇守碣石。而吴六奇出身殷实之家，读了不少经史图籍，但因为嗜赌如命，败光了家产，充为邮卒，浪迹粤闽江浙，"乞食"为生，熟悉南方的山川显要。于是，吴六奇自请做尚可喜大军的向导，愿为前驱，结果事半功倍，招来了不少邻境的同僚率部来降。

流浪，成了将军深受大用的有效资本。

顺治十一年五月，潮州总兵郝尚久据城反叛，攻击大埔、程乡、镇平三邑。这位郝总兵，原为南明宁夏王李成栋的部下。顺治五年七月，已反清归明的李成栋据守广东，派郝尚久取代拥兵自重的潮州总兵车任重，并请永历帝封其为新泰伯。郝尚久是一个极不安分分子，经营潮州不到半年，就率兵出击福建同僚施琅，逼其投奔郑成功。郑氏也想拉拢郝尚久，结果遭拒。于是，郑氏势力以郝尚久立场"不清不明"为由，出兵攻击潮州，双方交战数次，互有胜负。顺治六年爆发的潮州之战，就是郑成功与郝尚久之间的战争。

南明的派系矛盾，时不时挑起一次兵戎相见的内讧，导致拥兵自重的军阀们打着反清复明的口号，却干着相互削弱、暗助强敌的勾当。

尚可喜兵临潮州，郝尚久降清，仍为潮州总兵，直接对抗盘踞揭阳的郑氏势力，迫使其在第二年退出揭阳。郝尚久随即又一举消灭了准备策反清总兵郭虎的前明九军首领刘公显的反清势力。

按理，尚可喜该对郝尚久奏功请赏，然而，他却打算以南赣副将刘伯禄取代郝尚久，改封郝尚久为参将，总领水师，结果郝尚久不从抗命，又经巡道沈时催促赴任，于是率部反叛，被南明东阁大学士兼礼、兵二部尚书郭之奇成功策反。

顺治十年三月十五日，郝尚久拘禁潮州的知府薛信辰，下令剪辫易服，自称"复明将军、新泰侯"，奉用永历七年年号，并向郑成功发出了联合抗清的求援信。

时袭任靖南王刚两年多的耿继茂，正在与连续斩杀清定南王孔有德、敬谨亲王尼堪的南明大将李定国相持于肇庆。清廷急调镶黄旗梅勒额真（副统领）咯咯穆为靖南将军，率兵自江宁至粤东征战。

援军未至，吴六奇奋力守御，坚持等来了耿继茂、咯咯穆二军十万人马合围潮州。三军围城超过一月，最后以云梯杀入城中。潮州城破，郝尚久退守金山，旗兵王安邦引清兵上金山，郝尚久见大势已去，与其子郝尧同投古井殉难。

郝氏最后没有重温再降旧梦，还是有一定英雄气概的。也是他的这点英雄气概，导致清军入城后疯狂厮杀。

惨绝人寰的"潮州之屠"，据说被杀十万之众，被后人写进了历史。顺治十八年，吴颖纂修的《潮州府志》，在卷七《兵事》专门谈到"郝尚久之变"：顺治十年"闰八月，靖南王耿帅兵讨尚久。九月克之，尚久赴井死。时靖藩统满汉官兵及士兵号十万，分驻城外逾月，大师以铳攻西北门，阴遣舟师登东城。尚久奔金山寨，与其子尧投井，命戮其尸，屠杀无算"。

从这次的战斗经历来看，悍将郝尚久的战斗力还是挺强大的。不料的是，他却碰到了比他更能坚持的"铁丐"吴六奇。

3

尚可喜因为不喜欢郝尚久，最终导致了"潮州之屠"这一场大灾难。

但是，他对吴六奇却青眼有加，也成就了坚忍的吴六奇。

尚可喜联合耿继茂向顺治帝为吴六奇请功，称："饶平地接漳、潮，海寇出没。六奇率先投顺，招抚有方，其所团练乡勇皆劲旅，粮糒器械毕裕。自郝逆倡乱，六奇亲赴军前奋勇杀贼。请给衔，以示激励。"（《清史列传·吴六奇传》）

原来，截至尚、耿联名为之请功的顺治十一年三月，吴六奇还是"无衔"的雇佣将领。

既然两王联名保奏，顺治皇帝朱笔一挥：授吴六奇协镇潮州总兵，统兵一千，驻守饶平。

协镇者，副手也。

早在吴六奇与苏利同时迎降清军时，苏利便是总兵，而吴六奇在大军前线干了四年多，却只混了个副将。如果换作他人，早反了。但吴六奇富有政治风险投资头脑。他知道跟着尚可喜、耿继茂，定能功成名就。

建功必须有我，功成自当在我。

吴六奇在饶平殚精竭虑，直接与郑成功强悍的抗清队伍抗衡。

就在郝尚久反叛前后，清廷和郑成功有过多次谈判：

顺治十年五月，清军于郑成功相继在江东桥战役大败浙江福建总督陈锦、在海澄战役以火大破镶红旗固山额真金砺后，决定对郑成功进行绥抚政策。顺治帝要敕封郑成功为海澄公。

郑成功不接受，却在八月又同清廷使者在泉州安平报恩寺内议和。郑军得以休兵筹措粮饷，稍事整顿。谈判有了结果，三月后，顺治帝拟再度敕封，并承诺给予泉州府之地让郑成功安置兵将。

郑成功还是不接受。此后摩擦不断。

顺治十一年，南明定西侯张名振、诚意伯刘孔昭、监军兵部侍郎张煌言等，见清军主力集中于福建，认为江浙等地防务势必空虚，于是向郑成功请师，率领百艘战舰北上，图取江南地区。张名振、刘孔昭、张煌言分批乘船进入长江口，这一支北伐之师拟沿长江进攻，直达金山寺，威胁南京城，但因后援接济不及，只得回师。张名振、刘孔昭、张煌言带领五百名军士登金山寺，朝东南方向遥祭明孝陵，题诗寄慨，复国无望。

这一年二月，清廷再遣使与郑成功谈判。郑成功以"兵马繁多，非数省不足安插"为由，一再加价。他要求"和则高丽、朝鲜，有例在焉"（杨英《从征实录》永历八年二月条）。浙江福建总督刘清泰也在揭帖中说郑成功"又比高丽，不剃发"，坚持多给土地安插兵众，甚至"坚持不奉东西调遣……不受部院节制"（《明清史料》丁编第二本《候代浙江福建总督刘清泰密揭帖》）。

与此同时，顺治帝命其已降清的父亲郑芝龙招降。郑成功回复："若清朝能信儿言，则为清人；果不信儿言，则为明臣而已。"（《从征实录》永历八年九月条）

郑成功的条件是做一个自立的藩国，当然也"请以安南、朝鲜之例，不废贡职"（刘献廷《广阳杂记》卷二）。

清廷为了招降郑成功，已由原来的泉州一府，增益三府，承诺给予兴化、泉州、漳州、潮州四府。哪知，郑成功玩权宜之计，"修禀聊述素志，和议实非初心"（《从征实录》永历八年九月条），再次拒绝清议，称"清朝没有诚意"，并谓"我一日未受诏，父一日在朝荣耀"，坚持抗清。

郑成功利用和谈之机，加紧掠夺泉州、漳州、潮州和惠州诸地，派人进犯吴六奇所镇守的饶平等地，所以清人留下的史料说"是时，海贼郑成功狡称受抚"。结果吴六奇等率兵抵抗，多有斩获，并击溃来犯之敌。

三个月后，顺治帝通过兵部给吴六奇和苏利同时发来了最高嘉奖令："平南王尚可喜、靖南王耿继茂等统率大军定广东时，原任总兵苏利、吴六奇率所部弁兵迎降，授以副将职衔，著有劳绩。又值潮州郝尚九作叛，伊等调集本部弁兵船只，忘身尽职，毫无迟误，故二王奏请加苏利、吴六奇为总兵官，随准部议，授以总兵官职衔，先行给扎，后领敕印，已有谕旨。"（《清世祖实录》卷八十四，顺治十一年六月丁卯）

虚衔改实缺，副将升总兵，顺治帝还觉得封赏不够，继续说："朕思苏利、吴六奇先经投诚,后复效力,所授官职不足以偿其功,宜加超擢,苏利擢升水军左都督,统本部官兵,驻扎碣石,防御海寇;吴六奇擢升左都督,统本部官兵,驻扎饶平,防御邻境盗贼。俱给敕印。"

清初沿袭明朝职官体系,让左都督延续了一段时间。苏利和吴六奇——两个来自南明声名不显的降将,却被顺治帝破格提拔为正一品的总兵官。

这,也算是此二人遇到了"渐习汉俗,于淳朴祖制,日有更张"(《清史稿·世祖本纪二》)的顺治帝,所得到的顶级荣耀。

然而,起于草莽的苏利对此并不满意,而是积蓄力量,蛰伏待发。至于他于康熙元年年底,自立王国,改元龙飞,建造王宫,公开反对清廷迁界,大展反清义旗,已是后话。

就在苏利与吴六奇同受总兵官加左都督后,郑成功率部来袭。吴六奇向苏利求援,然而苏利不理会,导致吴六奇出战失利,连丢揭阳、澄海、普宁三城。

丢城失地,本为大罪,但吴六奇没被责罚,于是他重整人马,继续进剿南明军队及其他反清势力。

4

无疑,吴六奇投效清廷,决意奋力拼军功,做一个矢志不移的剿明先锋。

康熙三年(1664)六月,他以考满通过吏部考评而被晋少傅。这是在用成绩说话。

清朝的官员考核是严厉的。与他差不多同期被考察的刑部尚书高景,就因考满不称职而被解任。

然而,这样一个死心塌地报效清廷的赳赳武夫,到了金庸的《鹿鼎记》中,却不知为何成了一个反清复明的天地会骨干、大力将军?

金大侠的小说中,流淌着强烈的反清情绪和仇满观念。在他的笔下,吴六奇还是康熙文字狱受害者、查继佐的救命恩人！当然，有文学家称查继佐曾对吴六奇有恩，故而被其反哺。而当事人查继佐的年谱中证言："葛如，方布衣野走，世传余有一饭之恩，怀之而思报。其实无是也。是则公在时已传其事，故公为之辨。"

葛如者，吴六奇号也。他与查继佐是否有私交，且不好说。毕竟吴六奇初始流浪时，到过查继佐的老家浙江海宁，若在此际受海宁名士查继佐赠资遣归，并荐入伍，也是很有可能的。只不过在清朝严密监控的制度下，吴六奇与查继佐故作陌生，也是自然的。

吴六奇与苏利有同降之谊，但他们却没有站在统一战线，甚至可以说他们依然是暗箭互射的对手。也正是因为这一点，所以在苏利反叛之时，吴六奇又陷入藏永历帝之子为赘婿、同崇祯帝皇子有联系等诸多疑案中，好在四辅臣对吴格外开恩，不仅如此，还特令其子吴启丰承袭总兵官，继续统率其投降时带过来的老部队。

清初的总兵官并无世袭之例，吴六奇之子却开了一个先例。

无疑，这是吴六奇用矢志降清换来的。当然，他也很幸运，遇到了同样自亏投效的尚可喜、耿继茂，并与他们结下了深厚的战斗情谊。

至于游击将军邱义举报吴六奇藏匿永历帝朱由榔之子一事，值得说明。

顺治十六年（永历十三年，1659），迫于清军进逼，永历帝在李定国的保护下逃至缅甸，被缅甸王莽达收留。吴三桂穷追不舍，于顺治十八年师出缅甸。莽达之弟莽白乘机发动政变，弑兄篡位，继而发动咒水之难，杀尽永历帝侍从，并将朱由榔父子献给吴三桂。

吴三桂擒获朱由榔，赶紧以"平西大将军、平西王"的身份，联名定西将军、内大臣爱星阿等联合向康熙帝（实为四辅臣）写了一份长长的捷报，如实奏报：曾两蹶名王的"伪晋王李定国先奔景线，伪巩昌王白文选遁，据锡波凭江为险。官兵自木邦，昼夜行三百余里，临江造筏将渡，白文选复奔茶山。吴三桂、爱星阿，遣总兵官马宁等，率偏师追之，自领大军，直趋缅城。先遣人传谕缅酋，令执送伪永历朱由榔，否则兵临城下，后悔无及。十二月初一日，大军至缅城，缅酋震惧，遂执朱由榔献军前，杀伪华亭侯王维恭等一百余人。总兵官马宁等，追及白文选于猛养。白文选降，滇南平。十二月初十日，大军凯旋"（《清圣祖实录》卷六，康熙元年二月庚午）。

吴三桂与领侍卫内大臣、一等公爱星阿统兵压境，威逼新任缅王扣押、献出永历帝朱由榔。

此前，李定国、白文选几番举兵攻缅，缅王拒交永历帝。白文选兵败腾越茶山，被马宝等南明降将追赶挟持，最后在仓皇之间降清。

李定国整兵再战，惊悉缅王献俘于吴三桂军前。大势已去，他只能哀叹"势既不敌，追无能为"（邵廷采《西南纪事》卷十），半年后，时在壮年的李定国在勐腊抑郁而终，留下宁死荒野誓不降的遗言。何其悲壮，何其苍凉！

吴三桂与爱星阿的捷报，传至京师，举朝欢腾。清廷昭告天下，并于康熙元年二月二十六日，由四辅臣代少不更事的小皇帝批示："览王等奏，大兵进抵缅城，伪永历及其眷属，全获无遗。伪巩昌王白文选逃奔茶山，大兵昼夜追及白文选，并伪官四百九十九员、兵丁三千八百余名、家口七千余名，全军归降。获马象甚多。具见王等调度有方，将士同心戮力，克奏肤功，朕心深为嘉悦！"（《清圣祖实录》卷六，康熙元年二月庚午）

永历帝及其孩子悉数成了吴三桂的阶下囚，这是吴三桂的辉煌战果。永历帝又岂会留下一子给并无交集的吴六奇呢？

朱由榔先后生子七人，四子早殇，长大的三子中，幼子即哀愍太子朱慈煊，后来被吴三桂命人用弓弦勒死，另有二子——长子怀愍太子朱慈爝、次子悼愍太子朱慈戋——在朱由榔逃离肇庆时流落民间。也就是说，在吴三桂的奏功报告中，擒获的永历帝皇子只有朱慈煊一人。

据戴笠《行在阳秋》卷下记载，吴三桂亲自部署和执行对永历父子的处决时，十二岁的太子朱慈煊大骂吴三桂："黠贼！我朝何负于你？我父子何负于你？乃至此耶！"

永历朝确实不负于群臣，但永历帝朱由榔，虽然曾是隆武帝死后广大官绅心目中理想的君王人选，但他有鲜明的性格缺陷："遇事毫无主见，用人又不当，实在承担不起中兴重任！"（顾诚《南明史》第十三章第一节《朱由榔在肇庆监国和绍武争立》）

朱慈煊难逃一死。

而顺治三年（南明隆武二年）十二月二十六日，永历政权和绍武政权火并，清将佟养甲、降将李成栋乘虚而入，迫使绍武帝自杀殉国、永历帝仓皇而逃，朱慈爝、朱慈戏消失于民间，不知所踪。

此时的吴六奇，正与其弟吴标纠集乡勇三十余人，称雄乡里，但未必进入了初建政权不足四十天的永历体系。即便他有可能藏匿朱慈爝、朱慈戏兄弟，或其中一个，待到他迎降尚可喜、耿继茂时，为何不把他们当作奇货可居的筹码呢？

倘吴六奇真的藏匿朱由榔的儿子，即便邱义不出手，吴三桂等三藩王也不会坐视不理。他们虽然割据了永历帝的土地，但是却没有忽视对反清势力的防患。

只有吴六奇以诚相待，耿继茂、尚可喜才会多次为之请功。邱义首告时，耿继茂率先辟谣。耿继茂与朱由榔并无交集，更不会为部下藏匿敌国皇子开脱罪行。故而，四辅臣对吴六奇还是颇为信任的，若无信任，断然不会因为两个降清的异姓王的庇护，就给予吴六奇无上光荣。

讨爵盖过索尼和鳌拜的
南明降将

1

康熙六年（1667）初，十四岁的清圣祖很忙。他在为争取提前亲政谋划。他似乎成功了。首辅兼太国丈索尼率四辅臣及满朝文武奏请康熙帝，于七月七日亲政。

是年三月，一个名叫黄梧的南明降将，给康熙帝打报告，说："臣自纳土归诚以后，窃计报恩必先灭贼，而灭贼必先用抚。故一面随征闽安，一面阴行间牒。十二年中，共招抚过伪官二百余员、兵数万余员，节经题报，有蒙赐封侯、伯且世袭者。惟臣之公爵未知何等及承袭次数，乞敕部定议。"（《清史列传·黄梧传》）

黄梧已然是公爵，此次大摆功劳，称建功已经有我，功成必须赏我，要康熙帝给他明确爵位等级和承袭次数。

他最想封为最高等，世袭罔替，不然也不敢说自己战功赫赫。这是公然强悍地要。

康熙帝与四辅臣商议，最后决定满足黄梧的要求，以其实心效力、著有劳绩，定封一等公，准袭十二次。

清朝的一等公，是对异姓功臣的顶级奖励。当时，索尼为一等伯，鳌拜为二等公，遏必隆的一等公是捡漏袭封的，苏克萨哈只是二等子。在黄梧之后，他们才陆陆续续地进位一等公。而曾出卖故主多尔衮的苏克萨哈，没受封就被鳌拜矫旨擅杀了。

此时的康熙，并没有结束傀儡皇帝的命运。给他讲授过几何和算术的法国传教士白晋回忆说："顺治皇帝去世的时候，康熙皇帝还没有成年，于是顺治皇帝立下遗诏为他选择了四位大臣作为摄政，这本是无可奈何的选择。"辅臣联合摄政末期，鳌拜权欲急剧膨胀，把持了六部和议政王大臣会议，只手遮天，十分嚣张。

黄梧之请，不啻逆天。但他成功了！

他究竟是何许人也，敢如此直截了当地要定等级和袭次？

2

黄梧在明崇祯十七年（1644）做过平和县衙役，富有智勇，任侠豪迈。清军入关之初，福建是南明隆武政权的主要辖区。大海盗郑芝龙在福州拥立唐王称帝，改元隆武。

清顺治三年（南明隆武二年，1646），招抚江南各省总督军务大学士洪承畴向征南大将军、多罗贝勒博洛提出：招降郑芝龙。郑成功留父不成，分道扬镳，接过反清复明的大旗。

久有投郑之心的黄梧，与门役赖升密谋，杀知县，往投成功。郑成功非常赏识黄梧，委以中权镇左营副将，不久升英兵营统领。

南明永历九年（清顺治十二年，1655）八月，已由英兵镇镇帅改任前冲镇（今海澄）镇帅的黄梧奉命，与前提督黄廷、左先锋苏茂一同被郑成功派驻揭阳。

第二年年初，清平南王尚可喜统兵万余，拿下揭阳，郑军损兵折将。郑成功论处揭阳丧师之罪，左先锋苏茂轻敌致败，镇帅黄梧、护卫左镇杜辉不及时应援反而临阵退却，都该处斩。众将跪告求情，郑成功仅斩苏茂一人，杜辉捆打六十棍。黄梧记下罪责，"戴罪代守海澄"。

郑成功御将以严著称，但性格过于刚强，失之偏激。苏茂轻敌寡谋，但勇于进战，负伤突围，本可从宽示警，以观后效，但郑成功坚决把他处斩，首级传示军中。

江日昇《台湾外纪》卷六记载，永历五年五月，施琅擅杀郑氏旧将曾德，郑成功断定他反形已露，密令援剿右镇黄山以商量出军机宜为名，逮捕施琅之弟施显；同时命右先锋黄廷带领兵丁包围施宅，拘捕施琅和其父施大宣。施琅被捕后，在一些亲信部将和当地居民的掩护和帮助下，用计逃脱，匿藏于副将苏茂家中。

施琅在《都阃安侯施公行述》说他被追杀，"以旧将苏茂仗义相周旋"，得以逃亡。

郑成功搜查不得，怀恨于心，因而借揭阳兵败处斩苏茂。郑成功杀死苏茂后，装模作样地哀悼"马谡非无功于蜀，然违三军之令，虽武侯不能为之改"。戴罪镇守海澄的黄梧知内情，害怕步苏茂后尘，于是与同守海澄的后冲镇副将、苏茂族弟苏明，密谋降清。

顺治十三年六月二十四日晚，黄梧、苏明杀了总兵华栋等，带领部将八十余员、兵丁一千七百余名，把海澄县献给清廷，并带去了数百万计军械粮饷。

海澄是郑成功多年来投注了大量人力、物力建造的堡垒。黄梧之降，使郑成功失去了一个拱卫厦门的重要据点。

定远大将军、郑亲王世子济度向清廷请旨。顺治帝封黄梧为海澄公，给予敕印，开府漳州，弹压闽南。顺治还追封黄梧祖上，赐金在他老家营造宗祠。黄梧甚感新主之恩，实心任事，戮力征战、屡建战功，为清廷死心塌地地追剿郑成功势力。

黄梧联手新任闽浙总督李率泰，在郑成功的势力范围，攻城略地。

李率泰为第一个降清明将李永芳的次子，有勇有谋，善于用兵，能与士卒同甘共苦，随多尔衮入关后，在进攻李自成军、打击南明桂王政权的战役中立下了大功。

黄梧对郑成功的军事布防、兵力部署了如指掌。他一边加紧攻击故主，一边倾囊献策新朝，提出所谓的剿灭郑逆五策，帮助清廷招降纳叛、行攻心战。

李率泰进言顺治帝，称郑芝龙不宜流放宁古塔，那里离海近，怕他趁机逃走，祸患更大。此建议是黄梧给的："成功父芝龙虽经禁锢，尚未伏诛；天下人心以为朝廷欲留之以抚其子。自海澄内隶以来，成功势力已绌，犹藉其父赍书下海，扬言抚局已成，致沿海人情摇惑，诸伪镇之欲投诚者反多观望，官军亦未敢尽力剿除。必速诛芝龙，则海上联翩投诚，而独夫坐擒矣。"（《清史列传·黄梧传》）

他要杀了郑芝龙，迫使郑成功集团内讧。在黄梧的眼里，当初赏识他、提拔他、重用他的故主郑成功，已然是一个"独夫"。他却忘记了，是郑成功给了他跳板，不然他顶多在平和县衙做个捕头，哪有机会成为清廷开疆拓土的马前卒。

降将受恩新朝，以怨报德，对故主的复仇更疯狂。

他亲自率人，掘开郑家祖坟，曝骨荒野。按理，他与郑成功并无深仇大恨，但却丧心病狂，彻底视郑成功为仇人。

他卖力围剿故主，清廷也慷慨：加太子太保，给足兵将配置，赐金匾"勋高九锡"。

3

相较于"开清第一功"的洪承畴，黄梧是殊荣登极。洪承畴以大学士致仕，朝廷几经争论，四辅臣才以康熙的名义，授以三等阿达哈哈番（轻车都尉），世袭四世。

轻车都尉还算不上正式的爵位。而先于黄梧降清而后有平台大功的施琅，也只封了一个靖海侯。清初替满人打天下的五大汉人异姓王：定南王孔有德、靖南王耿仲明、平南王尚可喜、平西王吴三桂、义王孙可望，要么死于非命，要么几代而亡，都不如黄梧世系，袭封至清朝覆亡，且有一人封郡王。

康熙十五年，郑成功之子郑经派军围攻漳州。第二任海澄公黄芳度率将士抵抗，因有叛将吴淑引敌破城，黄率兵巷战力竭，投井身亡，年仅二十五岁。其母、妻自缢，他的两个亲弟及叔父、堂兄等三十多人慷慨赴死。

郑军找到黄梧的坟墓，开棺戮尸，以示对叛逃者兼报复者最严厉的惩罚。

康熙帝闻讯后下旨："海澄公黄芳度矢志忠贞，保守孤城，剿杀逆贼，屡建奇功。叛将通贼陷城，阖家殉难，以尽臣节，深可悯恻。可优赠王爵，谥以忠勇，照多罗郡王例，遣大臣致祭。"清代异姓大臣死于战场，追封王者，黄芳度第一人耳。

黄芳度死后无子嗣，海澄公的爵位转给了黄梧兄子袭任。至康熙二十九年，才以黄梧侄孙应缵为芳度嗣子，得以传后。

故主之子联手又一个叛将复仇，致使黄梧付出了灭门绝嗣、爵归侄系的代价，换得这般死后哀荣。若黄梧地下有知，会不会因此而懊悔变节投效后负恩寡情地剿杀故旧呢？

著名的迁海令，闭关锁国，也是黄梧提出的，尔后由黄梧力荐的施琅积极推行。

施琅反清再降，
是报仇还是报国？

1

电视剧《康熙王朝》中，收复台湾是重头戏。

姚启圣、李光地和施琅，成为康熙收台一战的前线指挥官。

福建总督姚启圣总司其责，内阁学士李光地赞襄军务，而熟悉台湾、精通海战的施琅，则是官拜福建水师提督，负责统兵出海、冲锋陷阵的先锋。

当然，康熙帝为坐镇京师、远程遥控的最高领导人和全权决策者。

重访历史，却有些出入。

当时的李光地，并非贬官，而是康熙的新宠。他守制期刚满赴京，康熙指示不必候缺，直接升任内阁学士。不久，他向康熙帝举荐施琅领兵平台。

《清史稿·李光地传》记载：康熙"十九年，光地至京师，授内阁学士。入对，言：'郑锦已死，子克塽幼弱，部下争权，宜急取之。'且举内大臣施琅习海上形势，知兵，可重任，上用其言，卒平台湾"。

《清史稿·施琅传》亦云：康熙"二十年七月，内阁学士李光地奏：'郑锦已死，子克塽幼，部下争权，征之必克。'因荐琅素习海上情形，上遂授福建水师提督，加太子太保"。

郑锦，又名郑经，即郑成功的长子。顺治十八年（1661），郑成功因与南明永历帝麾下李定国配合不到位，调度不协调，导致最后一次夺取南京之战失败，几近全军覆没，于是渡海，一举击溃盘踞台湾近四十年之久的荷兰殖民者揆一集团，收复并成功据守台湾，命郑锦镇守思明州（今福建厦门）。郑锦与原配不睦，同四弟郑睿之乳母私通生子，被士大夫视为乱伦，其原配祖父、前明兵部尚书唐显悦致书郑成功，指责他治家尚且不严，又怎能治理好一方土地？郑成功大怒，命兄郑泰到思明斩妻子董氏、长子郑锦及刚生下来的孙子郑克臧。郑泰有所顾忌，提议只杀乳母及其子，留下夫人董氏和少主郑锦，成功不准，于是出现了诸将联合抗命事件。此时，北京传来其父郑芝龙被杀的消息，缅甸又传讯永历帝死于吴三桂之手，郑成功急火攻心，不久病逝。

据说，康熙闻讯，特地敬挽一联："四镇多贰心，两岛屯师，敢向东南争半壁；诸王无寸土，一隅抗志，方知海外有孤忠。"被后人刻于郑氏宗祠，意在彰显清朝最高统治者对郑成功不畏千险、历经万难地抗清表示敬佩和感叹。

康熙帝真的会这么做吗？四辅臣会容许他礼赞反对者吗？成功去世时，为康熙元年（1662）五月初八日，康熙还只是八龄稚童，能有如此历史观吗？此外，清朝统治者对反清首领们理应视为寇，又怎会敬称为"王"？

成功遽逝，在台诸将拥立其弟郑袭为主，郑锦亦在思明发丧即位，组建政府。郑锦为了东征，向清廷提出"比朝鲜不剃发，愿进贡投诚"（《明清史料·丁编》第三本《敕谕明珠等郑经比例朝鲜不便允从》），加入朝贡体系。然而，康熙帝于康熙八年九月发谕："朝鲜系从来所有之外国，郑经乃中国之人，若因居住台湾，不行剃发，则归顺悃诚，以何为据？"康熙以必须严格遵循清朝既定剃发国策为由，对郑锦裂土自立的阴谋给予了拒绝。

但是，郑锦充分利用与清休战的谈判之机，发兵攻台，成功拿下安平城，处死拥立郑袭的部众，并将郑袭幽禁思明，迫使郑泰自缢身亡。郑锦成了新一任延平王，经营台湾；在吴三桂挑起"三藩之乱"后，还积极加入反清阵营。

康熙二十年正月二十八日，郑锦病逝，其庶出长子郑克臧本为世子，监国多年，政绩不错，按理应即位，却被侍卫冯锡范联合郑锦之弟郑聪、大将刘国轩以"监国非藩主真血脉"为辞，迫使郑成功之妻董夫人出面，将郑克臧秘密处死，复立郑锦年仅十二岁的嫡出次子郑克塽。

郑克塽为冯锡范的女婿，少不更事，而被安排监国的叔父郑聪孱弱乏能，大权被冯锡范及对其感恩的刘国轩把持。台湾郑氏政权，虽然解决了承统问题，但内部争权不休。

李光地因父丧，回老家泉州丁忧三年，少不了对台湾政局进行深入研究。一旦返京，他就及时向平定三藩胜利在望的康熙帝建议：收复台湾！

李光地只在收台后方给康熙当机要参谋。而在前线的领导人，除加了兵部尚书、太子太保的福建总督姚启圣和福建水师提督施琅外，还有两人功不可没。一个是时任福建巡抚吴兴祚，他曾率部屡败郑锦的军队，因功进秩正一品，但在决战时，由其总理刑名钱粮诸务；一个是回福建晋江老家休病假的武英殿大学士黄锡衮，他离京不离任，在籍调用，继续影响着康熙帝的平台决策。

黄锡衮是康熙铲除鳌拜的第一助手，长期担任大学士管理兵部事务。《康熙王朝》没给他安排戏，《清史稿》和《清史列传》也没为他作传。但不能否认他在收复台湾后，鼎力支持施琅奏请的设官镇守，出师于台的功劳。

黄锡衮死后，李光地以文渊阁大学士兼吏部尚书的名义，撰写《皇清特进光禄大夫东阁大学士赠太傅谥文僖潘湖叟黄公墓志铭》，称："台湾初定，提督施琅请设官镇守，廷议未决，有谓宜迁其人弃其地者。上问阁臣，锡衮言：台湾孤悬海外，屏蔽闽疆，弃其地恐为外国所据，迁其人应如琅议。上韪之。"

有趣的是，黄锡衮是姚启圣的妹夫，而施琅为黄锡衮的妹夫。

并不复杂的联姻关系，结成力促康熙攻台的三角联盟。

阮旻锡《海上见闻录》卷二也记载：被康熙留任内大臣的施琅复出，姚启圣功不可没："福建总督姚启圣上疏请攻台湾，力荐内大臣施琅可任水师提督"，于是"朝命召见施琅，仍以靖海将军充水师提督"。

当然，从后来的有关史料来看，保和殿大学士李霨、武英殿大学士王熙也曾支持康熙再用施琅。

在收台一役中，施琅冲锋陷阵，被康熙封为靖海侯，世袭罔替，延续十三代，直至清朝灭亡。

2

对于台湾，康熙最初的认识也是短浅的："台湾仅弹丸之地，得之无所加，不得无所损。"（《清圣祖实录》卷一百一十二，康熙二十二年十月丁未）

他只把郑氏政权视为癣疥之疾，而非心腹大患。

这是收复台湾后，九卿詹事科道言官请加尊号时，康熙帝的感慨。他认为："台湾属海外地方，无甚关系。因从未向化，肆行骚扰，滨海居民，迄无宁日，故兴师进剿。即台湾未顺，亦不足为治道之缺。"（《清圣祖实录》卷一百一十二，康熙二十二年十月丁未）

如此短识，不能不称为康熙的不足。当初，郑锦在叔父郑袭继立时，靖南王耿继茂、福建总督李率泰兵逼招抚，他讨价还价。康熙对郑锦提出的"留恋台湾，不忍抛弃"（《明清史料·丁编》第三本《敕谕明珠等郑经比例朝鲜不便允从》），竟然同意"可任从其便"，只是把剃发当作了谈判的关键。

康熙的认识不足，也影响了其他满汉大臣。

镶黄旗满洲都统、宁海将军拉哈达认为：台湾"断不可取"（康熙《御制文三集》卷三）。

后为正白旗满洲都统的平南将军赉塔进攻造反的耿精忠时，曾致信郑锦称：本朝不惜海外一弹丸之地，只要郑军肯退守台湾，郑氏便可永据台湾，甚至可以不剃发称臣。

康熙二十三年七月丙戌，康熙北巡驻跸乌拉岱，召内阁学士席柱，询问福建水师提督万正色和施琅的品行，席柱说：万正色忠厚平和，为官优良。康熙说："万正色前督水师时，奏台湾断不可取，朕见其不能济事，故将施琅替换。"（《清圣祖实录》卷一百一十六）足见，时任福建水师提督、汉人万正色也认为"台湾断不可取"。

康熙最后下定决心收复台湾，施琅厥功至伟。

而施琅人生最初的使命，则是反清。

施琅是福建晋江人，年少时弃文学剑，从师修兵法。他十七岁从军，屡建战功，成为明将总兵郑芝龙的左冲锋官，后在郑成功帐前为将，进行抗清斗争。此时的郑成功，待他礼遇有加，视为得力助手，军机大事都和他商量。

顺治三年，郑芝龙降清不久，便招降施福、郑芝豹和部下总兵十员、兵将十一万三千名。

施福为施琅的族叔和从军引路人。施福降清，便带着族侄施琅一起投降。不料，他们给清廷卖力征剿前明残兵和抗清义师时，与从李自成阵营投降过来的李成栋发生了冲突。

李成栋为广东提督，却歧视南方兵将，在奏疏中说从福建带来的施琅等官兵"脆弱不堪，无资战守"（《明清史料·丙编》第七本《两广提督李成栋揭帖》），甚至伺机剪灭和解散。李成栋经常打压施琅等前明降将，又拉拢闽系将领反清复明，在将施琅遣回福建途中又派部将郝尚久进行暗算。

一路辗转，施琅拼死突围，且战且行，两个堂弟战死。他得以脱身，复投郑成功部下，再度反清。

对于此事，《清史稿·施琅传》写得挺含蓄，未涉及李成栋逼反："从征广东，戡定顺德、东莞、三水、新宁诸县。芝龙归京师，其子成功窜踞海岛，招琅，不从。成功执琅，并絷其家属。琅以计得脱，父大宣、弟显及子侄皆为成功所杀。"

《清史稿》是说施琅被郑成功抓住逼降，而非主动投诚，还说施琅以计逃脱，结果牵连父亲、兄弟、子侄被郑成功杀了。为何施琅前度降清，家人仍在台湾未遇害，而到了第二次才被杀？或者是施琅第一次降清时带走了家人，此次返台又将家人带回。看来，施琅被郑成功抓回台湾，是说不过去的。

其实，施琅重返台湾后，成为郑成功麾下第一骁将。顺治八年，施琅随郑成功下广东南澳勤王。

高手在一起，平等才团结，如有尊卑上下则易生矛盾。郑成功强调"舍水就陆，以剽掠筹集军饷"的战略，而施琅擅长海战，提出反对意见，引得主公郑成功很不高兴，削施兵权，令施琅以闲暇人员身份返回厦门。时遇清军马得功偷袭厦门，守厦的郑军主将郑芝莞惊慌弃城溃逃。施琅率六十余人抵抗清军，勇不可当，杀死清军主将马得功之弟，差点活捉马得功，清军残兵败将仓皇逃离厦门。

施琅以少胜多，却被视为功高盖主；施琅惯熟海务，自视战略家，却被郑成功目为骄纵跋扈。郑成功始终不恢复施琅的官职和兵权，引发其更加不满，施以剃光头发来对抗。

顺治九年，郑、施交恶，愈演愈烈，终于酿成曾德事件。曾德原属郑芝龙，后转为郑成功亲兵，与施琅不和，犯事被抓。郑传令保曾，施力促杀之，矛盾激化，郑、施公开决裂。施琅逃至清朝辖区，激怒郑成功将抓获的施家亲属悉数斩杀。自此，施琅死心塌地地帮助清廷灭郑。

当然，施琅最早是开门纳降的福建总督李率泰推荐给清廷的，时为顺治十年。

施琅二度降清，顺治十三年随定远大将军济度进攻福州有功，被授同安副将，但未受朝廷重用。顺治帝对这个反复之人，还是不甚喜欢的。

顺治帝绝对没有料到，就是这个不被他看好的降将，帮助他那同样不被看好的儿子康熙帝收复了台湾诸岛，实现了天下一统。

3

康熙元年（1662）七月戊戌，施琅由同安总兵升任福建水师提督，统率水路二师，防守台湾的郑氏政权。

八年前，他是作为被郑氏政权直追猛打的叛逃者投效敌国的，掌握的军事机密也就是他的投名状。

站在当时反清复明的角度而言，施琅的行为，无疑是背叛。他不但背叛了占绝大多数的汉人，而且背叛了刚刚从荷兰殖民者手中收复台湾的民族英雄郑成功。

姑且不论他是逆流而行，还是顺势而为，都不能改变他叛明降清的历史污点。

但是，由于执掌皇权的顺治帝对他兴趣不浓，他被长期闲置。顺治死后，以辅政大臣之名进入最高权力机构的索尼、苏克萨哈、遏必隆和鳌拜，都属于鹰派人物。除苏克萨哈外，索尼等两黄旗大臣，曾经面对摄政睿亲王多尔衮的淫威，誓死不屈。苏克萨哈也曾坐镇湖南，多次击败投效南明永历帝的张献忠猛将刘文秀。此四人主持大清军政，哪还怕小打小闹玩袭扰战的郑成功、郑锦父子。

他们力主对台武力征服。

就在任命施琅为福建水师提督的十四天前，四辅臣责成兵部会同兼管户部的内国史院大学士苏纳海、吏部尚书车克迅速议定组建浙江水师和福建水师衙门方案报批。四辅臣的指示是，两处各设提督一员、总兵二人，统兵一万。

浙江水师的主要任务，为防守和迫降南明兵部左侍郎加尚书衔的张煌言，即写了十首《建夷宫词》嘲讽孝庄太后下嫁多尔衮的那位著名的舆论战高手。

而熟习海务的施琅，则专司台湾郑氏政权，并被升为右都督。这是清沿明制的旧军职，意在将水师提督进行高配，以示朝廷的重视。

随即，施琅遣军击败郑锦进攻海澄的军队，并上书清廷，要求乘胜进取，将台湾纳入清朝的版图。

虽然得到了四辅臣的支持，施琅被封靖海将军，但他多次为复台上书，献策如何打击据守台湾的郑氏家族，都没得到朝廷的回应，甚至被裁汰水师提督，调北京任内大臣。

四辅臣时期，鳌拜把持朝政，主持军务，主张对台用兵，于康熙三年命施琅统领水师，前往征剿台湾郑氏政权，但三年后又在施琅所陈的《边患宜靖疏》上批示："渡海进剿台湾逆贼，关系重大不便遥定。着提督施琅作速来京，面行奏明所见，以便定夺。其施琅之缺，着施琅自行择人暂令代管。兵部知道。"（施琅《靖海纪事》卷上《边患宜靖疏》）

施琅被召入京师，授为内大臣，编入内务府镶黄旗汉军。

鳌拜改变了对台策略，要对郑锦进行招抚。施琅虽有收台之志，却迫于权势而无可奈何。

施琅《靖海纪事》卷上有时人曾炳、林麟焻叙言为证。

曾叙云："公时以内大臣奉朝请，即慨然有澄清之志。每蒿目时艰，歔欷扼腕，声泪俱下；忠孝之性，其天植也。时吾闽先生人士在都者，群诣公，私请平海方略。公指画明悉，凡征战机宜，以及绝岛巨浸、险阻厄塞之处，如列诸掌。盖公自其先任楼船，则已熟察环海形势，疏论寇可灭状，因诣阙痛切陈之。当事将为息边之计，持抚议；疏寝不行。公既留宿卫，逆知鲸穴未捣，终当为边患，寝食燕处，未尝一日忘歼贼也。"曾氏为翰林院庶吉士，候补主事，与施琅有交往，在等待实缺的同时，难免与被闲置的施琅把酒言愁。

康熙九年成进士，曾于二十一年授任副使敕封琉球国王的林麟焻，则对施琅赞誉有加，称他"惟天下之大智，然后可任天下之大事；惟天下之大勇，然后可成天下之大功；亦惟天下之至仁，然后可以承天而有其事与功"。这是对他成功收复台湾后的激赏，但也专门提到："方公之议伐郑也，天下有从而疑之者矣。匪惟疑之，又有从而阻之者矣。"

阻止他的，是权倾朝野的鳌拜，还是急欲掌权的康熙，且不好说。毕竟曾炳说："皇上稔知公智勇，威望素着，特简公南征之钺，得以便宜行事。"那么偃旗息鼓的罪责，也只能由被扳倒的大恶人鳌拜独自承担了。

施琅被安排在侍卫处任职期间，仍矢志复台报仇，虽宿卫京师，却密切注视福建沿海动向，悉心研究风潮信候，耐心等待朝廷起用。

康熙对三藩用兵之初，甚至早就忘记了施琅为不可多得的武将。

康熙对台，支持和硕康亲王、正南大将军杰书提出的"当内徙边海人民，坚壁清野，以待其困"（康熙《御制文一集》卷九）的建议。

而对施琅，康熙将他雪藏了。

十多年间，施琅的日子过得很苦，依靠妻子在北京当女红裁缝贴补家用。

有人将此事归罪于鳌拜的打压，这是不对的。

康熙与施琅之间的关系，其实很微妙。即便施琅的房侄孙施葆修在《重刊靖海纪事序》中说："我先靖海将军靖海侯襄壮公祖伯……及受圣祖仁皇帝特达之知，由闽省水提军门召授内大臣，侍直禁庭十余年，君臣相得之乐，有非他人所能喻者。"也还是有人说康熙对施琅不感冒。

杜瑧《粤闽巡视纪略》卷二记载，康熙曾斥责施琅为"粗鲁武夫，未尝学问。度量偏浅，恃功骄纵"。

杜氏所记，并非杜撰。

康熙二十三年七月丙戌，康熙帝与席柱的谈话中，专门问到施琅品行，席柱既肯定施琅的能力出众，善于用兵，又称其行事好胜。康熙帝直接说："粗鲁武夫，未尝好问。度量偏浅，恃功骄纵。此理势之必然也！"（《清圣祖实录》卷一百一十六）

不无恶毒之意。

这是后话。

民间传闻，得到了皇家证实。

历史却在最后，成就了施琅。

4

有志者，事竟成。康熙帝平定"三藩之乱"和察哈尔南犯后，终于腾出手来处理台湾事务了。其实，在平叛三藩时，李光地等不时敲打郑锦、刘国轩的进犯之敌，朝廷调能臣姚启圣为福建总督，就是为平台做准备。

姚启圣上疏：请攻台湾，可任内大臣施琅为水师提督。

在此之前，姚启圣多次追随康亲王杰书、海澄公黄芳度等，对郑锦势力进剿。

康熙二十年，延平王郑锦病逝，其子克塽接任，诸将刘国轩、冯锡范用事。新晋内阁学士李光地向康熙做台湾可取的形势分析，并推荐施琅，认为他熟悉海事，可当大任。

康熙下决心，复授施琅福建水师提督，加太子少保，谕相机进取，同时任命福建总督姚启圣为兵部尚书、太子太保，主持攻台大计。

姚、施二人，一主帅一先锋，身份不同，任务有别，但都是康熙平台大事主要执行者。

施琅至军营，便上疏："贼船久泊澎湖，悉力固守。冬春之际，飓风时发，我舟骤难过洋。臣今练习水师，又遣间谍通臣旧时部曲，使为内应。俟风便，可获全胜。"(《清史稿·施琅传》)

施琅既期待已平定三藩的康熙时刻关注攻台大计，又担心主子力促进攻，故而要报告天时暂时不利，同时表明他还在精心准备人事。

他要向康熙表达一个意思，人定胜天，如果顺应天理，则战果更大，"可获全胜"。

战前拖久了就是问题。这让负责粮饷和军费的户部官员还是很着急的。

曾在康熙二十年担任福建乡试主考官的户科掌印给事中孙蕙，是一个立朝敢言的官员，上疏请求康熙缓征台湾。

户部尚书兼管兵部的新任保和殿大学士梁清标，亦以七月见彗星为凶兆，劝康熙下诏暂缓进剿。

施琅又上疏："臣已简水师精兵二万、战船三百，足破灭海贼。请趣督抚治粮饷，但遇风利，即可进行，并请调陆路官兵协剿。"（《清史稿·施琅传》）

康熙下旨，以施琅意见为准，并下定决心，以施琅和姚启圣一起攻台。施琅前方作战，姚启圣后方筹粮，姻亲合作很成功。

《清史列传·姚启圣传》记载了姚、施的合作分工：康熙"二十二年六月，施琅击败贼众，取澎湖。八月，启圣至澎湖，经理粮饷。是月，施琅定台湾，郑克塽、刘国轩等皆降。启圣还福州。"

《清史稿·施琅传》对此战讲得很详细，重点说施琅统兵收台的战绩："二十二年六月，琅自桐山攻克花屿、猫屿、草屿，乘南风进泊八罩。国轩踞澎湖，缘岸筑短墙，置腰铳，环二十余里为壁垒。琅遣游击蓝理以鸟船进攻，敌舟乘潮四合。琅乘楼船突入贼阵，流矢伤目，血溢于帕，督战不少却，总兵吴英继之，斩级三千，克虎井、桶盘二屿。旋以百船分列东西，遣总兵陈蟒、魏明、董义、康玉率兵东指鸡笼峪、四角山，西指牛心湾，分贼势。琅自督五十六船分八队，以八十船继后，扬帆直进。敌悉众拒战，总兵林贤、朱天贵先入阵，天贵战死。将士奋勇衷击，自辰至申，焚敌舰百馀，溺死无算，遂取澎湖，国轩遁归台湾。克塽大惊，遣使诣军前乞降，琅疏陈，上许之。八月，琅统兵入鹿耳门，至台湾。克塽率属薙发，迎于水次，缴延平王金印。台湾平，自海道报捷。"

捷报传京师，正是中秋时。

《清史稿·施琅传》记载："疏至，正中秋，上赋诗施琅功，复授靖海将军，封靖海侯，世袭罔替，赐御用袍及诸服物。琅疏辞侯封，乞得如内大臣例赐花翎，部议谓非例，上命毋辞，并如其请赐花翎。"

在清朝，大臣能顶戴花翎，是一种实职的荣耀。亲王公侯未必就能戴花翎。施琅宁愿辞去侯爵，也要戴花翎，结果康熙不但未允辞爵之请，反而加赏花翎，足见康熙肯定施琅收台大功，龙心大悦。

作为施琅的直接上司，姚启圣不但有举荐贤良、总理后勤之功，而且有制定方略、稳定朝野之大功，却只得到了康熙"还兵福州"的一纸诏令。

故而，不少人为之受屈抱不平。

康熙四十七年，北方颜李学派的代表人物之一王源，应姚启圣第四子、淮安知府姚陶之请，撰写《姚少保启圣传》，称姚启圣"及克澎湖，先登陷阵，皆公所养将士。军资赏赉出于公者，犹十余万。台湾平，烺封靖海将军靖海侯，而公辞赏遂不复序"（李桓辑《国朝耆献类征初编》卷百五十九）。

"烺"为"琅"的误写，即指施琅。王文认为，施琅所率攻台将士、激励将士金银，都是姚启圣准备的，姚启圣交出了兵权，拿出了家产，成就了施琅。

姚启圣在康熙十八年招降的"伪官四百余员，贼兵一万四千余名"（《满汉名臣传》卷二十三），都是擅长水战的将士，姚启圣把他们悉数交给了施琅，为攻克台湾起到了关键性的作用。

《满汉名臣传》卷二十三记载：康熙"十七年五月，总督郎廷佐奏启圣自携兵千余，令其子姚仪统领，随大军剿贼，屡著捷功。其赡兵、购马、制械，先后用银五万余两，皆出己资"。

乾隆年间，浙东学派代表人物、著名史学家全祖望，为姚启圣重写神道碑，开篇即借古讽今，批评康熙赏罚不公，不如楚康王、晋武帝："呜呼，蔿子冯为楚画平舒之策，及其身后，屈建成之，而曰：'是先大夫蔿子之功也。'归封邑于其子。羊叔子画平吴之策于晋，及其身后，杜预、王浚成之，而武帝曰：'是羊太傅之功也。'告之于庙。古人旗常之公论如此其核也。"（李桓辑《国朝耆献类征初编》卷百五十九）

全氏以唐宪宗名臣裴度平定淮西之乱，爵封晋国公，却遭到品性忌刻、险谲多端的门下侍郎兼平章事、凉国公李逢吉排挤一事作比："唐裴晋公之平淮，则李凉公不免有惭德矣。然凉公之有憾于碑，非敢以掩晋公也，特欲轩之颜允、古通之上耳；且所争亦不过在文字，而酬庸之典则自晋公而下，颜允、古通固无不及也。今公以航海数千里之提封，滨海数百城之巨患，三世不宾之余孽，累年筹运，一旦而廓清之，又并非为、羊二公不及其身者之比。而彤弓信圭，移之别将，溘然长逝，并不蒙秬鬯、黄肠之泽，虽在劳臣报国，岂敢有言，而彼偃然开五等之封者，吾不知其何以自安矣。"

全祖望严厉地批判：施琅贪功揽权，竟然欣然接受靖海侯之封，并安之若素。

姚启圣有功不受赏，受屈难伸张，也是有缘故的。

他于康熙十七年叙功获授福建总督，屡建奇功，但对新任武英殿大学士明珠并不友善。明珠认为他太过招摇，故而唆使其党人、左都御史兼经筵讲官徐元文在康熙帝面前，狠狠地参劾了姚启圣一本，称其"自为香山县知县，秽迹彰闻，革职提问，永不叙用"（《满汉名臣传》卷二十三）。后来，徐元文出任国史馆总裁官，在撰写姚启圣评传时，对其功劳只字不提，而是将其弹劾文章照抄其上。

清宗室成员昭梿在《啸亭续录》卷四中有一条"姚公子"，写姚启圣长子姚仪孔武有力，但开篇谈道："姚制府启圣，佐先良亲王平闽，决意欲灭郑氏，以绝民望。尝与纳兰太傅明珠不睦，太傅嗾徐总宪元文劾之。立斋故为顾亭林甥，乃阴庇明裔者，亦嗦公所为，遂周内其罪，露章弹劾。幸仁皇帝察之，不究其事。"

立斋，为徐元文号。他为了打击姚启圣，竟然不惜玩阴谋，将自己暗中保护明朝宗室后裔之事，栽赃到姚启圣的身上。

当然，施琅在克取澎湖时，绕开了为之置办粮草而滞留在厦门的姚启圣，直接派亲信从海上抄近路进京飞报《克取澎湖大捷事本》，而姚启圣的报捷题本，比施琅的奏捷晚了近二十天，即在康熙狂喜之后。

5

相爱却难长相守。

这话，本是形容恩爱男女各自飞，但用在郑成功与施琅身上也适合：曾经的反清战友，最后在明清两阵营各为其主。

相爱相杀为哪般？

曾被鳌拜高调起用而后明升暗降，即便康熙亲政打响平藩持久战，能征惯战的施琅也始终被雪藏，藏得他虽有内大臣的高位和殊荣，却还得靠老婆给人做针线活来贴补家用。

好在施琅坚持不懈，坚持上疏，要为朝廷拿下台湾海岛。

对于他的坚持，时任内阁学士李光地曾说，康熙一直对施琅归降持有疑虑。

康熙二十年二月，李光地替施琅向康熙请求，希望朝廷为上一年被台湾郑氏政权杀害的施琅长子施齐（施世泽）叙功追封，理由是："施齐在海中，欲为内应降我朝，为贼所杀。"（李光地《榕村续语录》卷十一《本朝时事》）

施齐最初随父进京，于康熙十年奉父命返回福建晋江完婚，并留在老家打理家产，以补充施琅在京开支。三藩之乱爆发，郑锦派军围攻泉州，俘获来不及走脱的施齐，带回台湾，任命为将，使施琅有所忌惮，以阻止施琅率清军攻台。

康亲王杰书以征南大将军进攻福建，围剿叛乱的耿精忠和抗清的郑锦。施齐乘机逃脱，组织族人反击郑军，被杰书赏识，保为副将。

康熙十七年六月，台湾郑氏政权大将刘国轩围攻海澄，将随福建提督段应举驰援漳州而被迫退守海澄的施齐俘获。郑锦为了离间朝廷与施琅的关系，再次挟持施齐，还向招抚大臣孔元章不经意间表露施琅还同自己有联系。

孔元章不谙离间计，如实上奏，康熙生疑：施琅有二心，私通郑氏集团。

康熙在平藩大战中急需大将，却始终不用能征惯战的施琅，这是主要缘故。

姚启圣多次举荐施琅，也因此没有结果。

康熙对施琅，名为优待，实则软禁。

直至康熙十九年，施琅的问题查清，施齐及其堂兄弟施核（施明良——郑锦甚为信任的大将）试图绑架郑锦，失败。郑锦气急败坏，处死施家满门七十余人，全部沉海。

施琅获悉，发誓复仇。

而康熙面对施齐被杀，还是无动于衷的，故而对李光地之请，也是半信半疑，问道：施齐果真是因甘为我朝内应，而被郑氏集团杀害？

李光地说：施琅归降我朝，郑氏甚是畏惧，害怕为我重用，故意重用其子，促使您生疑而不重用施琅。施齐找机会归顺朝廷，结果被敌人察觉，郑氏认为不能与之同心，故而杀之。

施琅和郑氏，新添杀子之仇、灭门之恨。

加之此时，康熙正对福建提督万正色大为不满：康熙帝向来仰仗他行事，委以重任，而他却畏服郑军。

康熙这才问："施琅果有甚么本事？"（李光地《榕村续语录》卷十一《本朝时事》）

这，也使李光地举荐施琅的计划，开始奏效。

李光地说：关键在于用对人嘛！

他不能说康熙倚信的万正色不行，而称赞自己举荐的施琅堪当大任。

康熙问：爱卿心中可有合适人选，出任大将？

李光地并没有马上推出施琅，而是采取迂回战术，先拍康熙的马屁，称"皇上圣明神武，臣何敢与"，又说此等大事，他需要认真考虑数日。

李光地本是一个政治滑头。何况，康熙与他谈论澎湖、台湾时，态度不明朗，"既得之，亦无可奈何"，而且澎湖有郑氏政权的"重兵守之。其地又无井水可以驻军，且台湾取得澎湖甚远"。（李光地《榕村续语录》卷十一《本朝时事》）

他说，施琅自幼与郑氏集团生活在一起，有丰富经历，又熟络海路、熟谙海事，如今他归降大清，郑氏集团是很惧怕的。他并没有直接称这大将非施琅莫属，也是在试探康熙的决心。

几天后，康熙命内阁一号人物明珠大学士来询问，李光地说：臣下为圣主忧，考虑再三，还是施琅最合适。

理由嘛：

"他全家被海上杀，是世仇，其心可保也。又熟悉海上情形，亦无有过之者。又其人远有些谋略，不是一勇之夫。又海上所畏，惟此一人，用之，则其气先夺矣。"（李光地《榕村续语录》卷十一《本朝时事》）

李光地谈了四点意见，一是家仇保证没有二心，二是知彼堪为最佳人选，三是有勇有谋能做大将，四是敌人畏惧其气势逼人。

施琅也就成了康熙收台大计的不二人选。

李光地首先强调施琅的"全家被海上杀，是世仇"，足见施琅与郑氏集团的仇恨是人所共知的，可以保证施琅对康熙和朝廷的忠诚度，不再掺杂顾忌的成分。

李光地终于使康熙下定决心，推出了施琅，故而大生感慨："施将军确实辛酉生，海上是辛酉起事，那一年便生一施琅，又与金鸡合。"（李光地《榕村续语录》卷十一《本朝时事》）施琅生于1621年，辛酉年，而被康熙再次起用，则是1681年，又是辛酉年。

施琅复出，已是花甲。

李光地暗夸自己对他有再生之恩。

对于李光地说的施琅会为复仇而忠于朝廷，施琅并没有否认，并且在收复台湾后，在对康熙封侯嘉奖的谢恩疏上说："受命之初，窃意藉此可雪父弟子侄仇恨。"（《清史列传·施琅传》）

当然，复仇成功了！狂喜过后的他，还得感谢康熙给了机会，并表现自己大公无私的操守，或者是因公废私的做法："迨审量贼中情形，要当服其心，又不敢因私仇而致多伤生命。幸仗圣主威德，克成厥功。"（《清史列传·施琅传》）

好一句"不敢因私仇而致多伤生命"，将"圣德威德"普施台湾。

同时，施琅也通过李光地的笔，向天下宣示自己登上澎湖时，折箭起誓，表明自我："断不报雠，当日杀吾父者已死，与他人不相干。不特台湾人不杀，即郑家肯降，吾亦不杀。今日之事，君事也，吾敢报私怨乎？"（李光地《榕村续语录》卷十一《本朝时事》）

"报雠"即报仇。

杀其父的郑成功，诛其子的郑锦，确实已死。

他只要郑家人投降，不需要祖债孙偿、父债子还。

而此时据守台湾的郑氏大将刘国轩，正在做全民抗敌的总动员，称施琅是来复仇的，要杀一个"鸡犬不留"。

施琅起誓击破流言，并访得刘国轩的亲信，厚赏银钱，通过他去劝降刘国轩，称不但不找他报仇，还要举荐他，与他结为姻亲。

施琅搞定了郑氏集团最厉害的刘国轩，也就拆了郑氏政权最后的顶梁柱。

6

施琅复台成功，上疏吁请清廷在台湾屯兵镇守、设府管理，力主保留台湾、守卫台湾。

康熙二十二年十二月二十二日，施琅向康熙帝上《恭陈台湾弃留疏》："盖筹天下之形势，必求万全。台湾一地，虽属外岛，实关四省之要害。勿谓彼中耕种，尤能少资兵食，固当议留；即为不毛荒壤，必借内地挽运，亦断断乎其不可弃。唯去留之际，利害攸系，恐有知而不言。如我朝兵力，比于前代，何等强盛，当时封疆大臣，无经国远猷，矢志图贼，狃于目前苟安为计，画迁五省边地以避寇患，致贼势愈炽而民生颠沛。往事不臧，祸延及今，重遗朝廷宵旰之忧。"

他大声疾呼："弃之必酿成大祸，留之诚永固边圉。"

此疏既出，惊动朝堂。

第二年正月二十一日辰时，康熙御乾清宫听政，召集群臣商议施琅上疏请设台湾镇守官弁之事。"大学士、学士以折本请旨：福建提督施琅请于台湾设总兵官一员、副将一员、参将二员、兵八千，澎湖设副将一员、兵二千，镇守其地。议政王、贝勒、大臣，九卿、詹事、科、道会议准行。"（《康熙起居注》康熙二十三年正月二十一日）

康熙向汉大学士询问，觉得如何。

保和殿大学士兼户部尚书李霨、武英殿大学士兼礼部尚书王熙奏曰："据施琅奏内称，台湾有地数千里，人民十万，则其地甚要，弃之必为外国所踞，奸宄之徒窜匿其中亦未可料，臣等以为守之便。"

李、王是明确赞成施琅主守台湾的建议的。

康熙认为：台湾是弃还是守，关系甚大，而且镇守官员三年一换，也不是最好的办法。如果迁徙百姓，会导致失其居所。

他强调："弃而不守，尤为不可！"毕竟费尽军力和财力，收复了这块领土，再次放弃，则是他统治的污点，他责成李霨、王熙等会同议政王、贝勒、大臣，九卿、詹事、科、道，集体商议，再行确议具奏。

六天后，康熙御乾清宫听政，内阁首辅、武英殿大学士明珠奏言："前为台湾二事所降谕旨已传与议政王、大臣及九卿、詹事、科、道等官，公同详议。议政王等云，上谕极当。提臣施琅目击彼处情形，请守已得之地，则设兵守之为宜。"（《康熙起居注》康熙二十三年正月二十七日）

康熙下旨，在台湾设置三县、一府、一巡道，并让施琅驻台，肩负封疆之重。

这，成就了康熙的一统天下，也成就了施琅的平台之仇。

至于施琅再次降清，缘起同郑成功的矛盾情仇。《清史稿·施琅传》是这样说的："人谓琅必报父仇，将致毒于郑氏。琅曰：'绝岛新附，一有诛戮，恐人情反侧。吾所以衔恤茹痛者，为国事重，不敢顾私也。'"

报仇还是报国，历史任人评说。

《清史稿》评价："台湾平，琅专其功。"

而在《康熙起居注》中，康熙帝有言：收复台湾，"施琅之功甚大"（《康熙起居注》康熙二十二年闰六月二十六日）。

至于施琅为何执意平台，是为国收复失地，还是替己报私仇？礼部右侍郎并翰林院学士富鸿基为施琅《靖海纪事》作序，有言："澎湖既破，敌全师覆矣。有进而谓公者曰：'与郑氏三世仇，今郑氏釜中鱼、笼中鸟也，何不急扑灭之以雪前冤？'公曰：'噫！吾此行上为国、下为民耳。若其衔璧来归，当即赦之，毋苦我父老子弟幸矣；何私之与有？'"

他成了大公无私的榜样。

富氏还说："所获敌卒，悉放归弗杀；带伤者济以医药，给以口粮。敌觇公无屠戮意，遂籍户口请降。师入台湾，秋毫无犯也。士民壶浆箪食以迎公，皆唏嘘泣下，谓'我等未见公，望公如望岁也；今见公，如见慈父母也，但恨晚耳！'"

国姓爷的恩惠，还不如叛逃者吗？

耐人寻味。

毕竟重金求序者，求的是好话，求的是溢美之词。

下
篇

谢陛的大学士不是
清廷的发明

1

　　明朝的统治政治有点怪。洪武十三年（1380）起，朱元璋炮制深挖十年多、诛杀三万余的胡惟庸案，彻底解决了中国古代制度政治中尾大不掉的丞相问题，把皇权统治进一步推向了集中与强化。

　　朱元璋还在禁中树起了一块偌大的铁牌："宦官不得干政！"然而很快，朱皇帝们又大肆培植宦官势力。大明朝多次惊变，几乎都是与宦官干政有着直接的关系。

　　因为朱皇帝们玩特务政治，离不开这些身体毁损、心理扭曲、手段变态的另类。与此同时，通过八股科考进入仕途、坚守变了性的儒家礼教观念的士大大们，也想在这混乱的政坛分一杯羹，掌控宫外的政坛。

　　于是，所谓明朝文官集团就出炉了。

　　与其说是文官集团，不如说是文官团伙。

　　所谓的文官集团，不单指内阁大学士结纳亲信、自成集团的派系，也包括明朝中后期擅权乱政，危害国家而沆瀣一气的大学士文官体系。

　　明朝的大学士，是皇帝的辅臣，但品级不高，然而随着皇帝的信任、倚重以及文官自身的经营，这些被安排在中极殿、建极殿、文华殿、武英殿四殿和文渊阁、东阁两阁工作的御用大秘们，虽然只有五品官阶，但一旦兼了六部尚书，或做了经筵讲官、加了师傅保之类的虚衔，就非同一般了。

《明史·宰辅年表一》记载："成祖简翰林官直文渊阁，参预机务，有历升至大学士者。其时章疏直达御前，多出宸断。儒臣入直，备顾问而已。至仁宗而后，诸大学士历晋尚书、保、傅，品位尊崇，地居近密，而纶言批答，裁决机宜，悉由票拟，阁权之重，俨然汉唐宰辅。"

明朝大学士的官衔，多以某部尚书兼某殿阁大学士，尚书为本官，大学士为兼职。如著名的张居正，最初在隆庆元年（1567）以吏部左侍郎兼东阁大学士，入阁参与机务，同年四月又改任礼部尚书兼武英殿大学士，最后以吏部尚书兼建极殿大学士，取代高拱成为万历首辅。大学士只换了阁名，这是兼职，本官则是吏部左侍郎改为了礼部尚书、吏部尚书，官阶进了一级，班次上前一步。

不仅如此，张居正还是明朝唯一一位生前加官太傅、太师的文官，威权震主。《明史·张居正传》云："居正为政，以尊主权、课吏职、信赏罚、一号令为主。虽万里外，朝下而夕奉行。"《明神宗实录》亦记载：张居正"性沉深机警，多智数……及赞政，毅然有独任之志。受顾命于主少国疑之际，遂居首辅，手揽大政，劝上力守祖宗法度，上亦悉心听纳。十年内海寓肃清，四夷詟服，太仓粟可支数年，同寺积金至四百余万，成君德，抑近幸，严考成，综名实，清邮传，核地亩，询经济之才也。……惜其偏衷多忌，小器易盈，钳制言官，倚信佞，方其怙宠夺情时，本根已断矣。威权震主，祸萌骖乘。何怪乎身死未几，而戮辱随之"。就连张居正本人也经常对下属说："我非相，乃摄也。"

一个首辅大学士，以摄政自诩。这并非皇帝之幸，国家之福！

内阁有这样的权力威势，也难怪尚书想方设法地进内阁，阁臣尔虞我诈地抢首辅。

明初朱元璋废除丞相后，一切军政要务皆由皇帝独裁。皇帝建置大学士做顾问，每遇大事，皇帝专赴诸殿阁和大学士们商量，小事则由大学士在条子上写好送呈皇上审批。然而时间久了，后来的皇帝长年累月地不去内阁，像嘉靖皇帝、万历皇帝，在位都是几十年，但有二十多年不上朝，一切奏章、政务、军机，都由大学士们票拟，即用一张小条子拟具意见，送皇帝斟酌。

票拟本章，始于明朝正统年间，是内阁文官协助皇帝处理国家事务的基本形式，也是其权力之所在。《明史·职官一》记载：大学士"掌献替可否，奉陈规诲，点检题奏，票拟批答，以平允庶政"。

如果皇帝不批红，由亲信太监批，那么朝廷也就越来越乱了。

太监专权乱政，内阁专权亦乱政。

洪武帝朱元璋与永乐帝朱棣父子的发明，既加强和巩固了朱家皇权，也为明朝最后的覆灭埋下了祸根。

崇祯上位伊始，惩治了以魏忠贤为首的阉党后，此消彼长的内阁首辅揽权擅政，越发制约甚至威胁到皇帝的绝对权威。

李自成率五十万大军挺进山西后，有近侍大臣李明睿等建议崇祯南迁，做了全程保险的逃亡攻略，却不意在最高国务会议上，以首辅大学士陈演为首的文官们不答应，结果一拖再拖、一败再败。

李自成打到京师城下，向崇祯帝提出和谈，索银一百万两让他在西北自立称王，但继任首辅大学士魏德藻不同意，造成明朝灭亡不可逆转的命运。

所以，崇祯帝在上吊前哀鸣"文臣个个可杀"，也是一句大实话。

2

明朝中后期的首辅，都是力图独专权柄、操控朝政，但没有获取皇位、僭越皇权的奢望。这是明朝的制度所制约的。

当然，明朝的首辅不是人人都有机会当的。

山东儒臣谢陛于崇祯十三年（1640）四月晋太子少保（这已不是他第一次获加此衔了，早在崇祯八年三月就被加过一次，但因崇祯十年主考有误而被革去），任礼部尚书兼东阁大学士，正式入阁参与机务，不久又加少保、太子太保，改吏部尚书兼建极殿大学士。

他始终不曾为首辅，就连次辅都未为。

谢陞为万历三十五年（1607）进士，在地方四县做过县官，后被选入礼部主事，做过吏部文选司郎中。可以说，他的基层工作经验和基本业务水平还是挺不错的。在入阁前，他已经做了多年的吏部尚书，熟悉国家用人行政之要务。

然而，他一直与首辅无缘。

他入阁称为辅臣时，正值吏部尚书兼武英殿大学士薛国观职掌内阁。谢陞同薛国观颇有交情，兵科给事中王士鏮曾将他们二人与温体仁、杨嗣昌并称"四凶"。

当时，王士鏮提出这个"四凶"概念，让崇祯帝很恼火，忙问新任首辅周延儒："近日科道横，如杨枝起一疏荐四十二人，是用人不在铨部，只在科道。若杨嗣昌、温体仁已物故，薛国观已赐死，谢陞已处分，何王士鏮疏又云四凶？"（李清《三垣笔记·附识上·崇祯》）

周延儒说："尧有四凶！"

崇祯帝一心想成为天启帝寄望的尧舜大帝，听到周氏解答不由狂喜，狂喜在内忧外患的十字路口还有他赖以依托的元辅周延儒，还将他与尧帝相媲美。

文史大家张岱在《石匮书后集》中说："古来亡国之君不一，有以酒亡者，以色亡者，以暴虐亡者，以奢侈亡者，以穷兵黩武亡者。嗟我先帝，焦心求治，旰食宵衣，恭俭辛勤，万几无旷，即古之中兴令主，无以过之。"

即使到了国破身死时，崇祯帝还是怀着远大理想。

迫近亡国时，更想中兴日。

崇祯上吊近十四年后，已占据其留下的紫禁城的顺治帝，特谕工部："朕念故明崇祯帝，尚为孜孜求治之主，只以任用非人，卒至寇乱，身殉社稷。若不亟为阐扬，恐千载之下，竟与失德亡国者，同类并观。朕用是特制碑文一道，以昭悯恻之意。尔部即遵谕勒碑，立崇祯帝陵前，以垂不朽。"《清世祖实录》

卷一百零七，顺治十四年二月甲申）

顺治哀悯："崇祯帝之失天下也，非失德之故，总由人臣谋国不忠所致！"（《清世祖实录》卷一百二十四，顺治十六年三月丙午）当时，他正与以孝庄为首的贵族保守派闹政见分歧，产生了痛苦的心态。

故而也有故明遗老进一步说，顺治帝于顺治十六年（1659）十一月冬狩，途径崇祯帝陵，"尝登上陵，失声而泣，呼曰：'大哥大哥，我与若皆有君无臣。'"（李清《三垣笔记·笔记中·补遗》）

顺治为崇祯修陵立碑，确有其事，说崇祯乃锐意求治之主，"励精图治十有七年"，不可以无德败道的帝王视之，感叹其"有君无臣"，也见诸清朝皇家所修的《清世祖实录》。

而尧有四凶，崇祯亦有四凶，也是曾为崇祯帝工科给事中的李清所记，不该有虚言。虽然他因为关注民生，请为旱灾减负，遭到刑部尚书甄淑打压而被贬，但他还是坚持做一个正直官员，旗帜鲜明地针砭时弊："崇祯时，误国辅臣皆指周延儒、温体仁，误国枢臣皆指杨嗣昌、陈新甲。然历数前后辅枢，其智睿优长，又推四人最。盖将相乏才，故众口所诋，犹居然冠军，此国事所以不支也。"

无论是王士禛的"四凶"，还是李清的"四最"，都是崇祯一度倚重的心腹大员。

虽然薛国观因为唆使崇祯帝向皇亲国戚挑衅，最后死于奉旨自裁，然而崇祯帝曾对他寄予厚望。只是皇帝高贵的亲戚们爱钱不爱命，借着皇子夭折大做文章，迫使崇祯帝只好忍痛向薛首辅开刀。

薛国观死了，谢陞不得升迁。老迈的范复粹和贪财的张四知，相继接任首辅，但都是"学浅才疏，伴食中书，遗讥海内"（《明史·范复粹传》），最后，崇祯帝请回了周延儒。

短短两年多，谢陞连续参加了四届内阁。与前三任首辅相比，他有点屈才，但较之于周延儒，他还是能耐不济的。

在周延儒内阁，谢陞不但不及首辅，就连次辅吴甡也比不过。吴甡虽属于被擢升的礼部尚书兼东阁大学士，但他知兵，做过山西巡抚，在杨嗣昌时代就做过兵部侍郎，有过前敌指挥的实战经验，也熟悉何为防御、边寇、练兵、恤民四难，向崇祯帝历陈过议兵、议将、议饷、议用人四事。

按理，这样的班底，应该能有些舒展的空间，但是时运不济，西部义军狂飙突进，辽东战事也到了危急关头。

阶级矛盾加剧，民族矛盾激化。

李自成的队伍一路东进，先后杀死陕西总督傅宗龙、汪乔年，大败能征惯战的陕西巡抚孙传庭。后金大汗皇太极相继攻克锦州、松山、塔山、杏山等城，俘虏了辽东经略洪承畴。

西北危急。辽东危急。

而崇祯帝的朝堂，相互指责的骂声一片。

御史米寿图率先弹劾兵部职方郎中张若骐，指出他在松山监军时的诸多劣迹。

张若骐是作为兵部尚书陈新甲的特别代表监军松山，督促洪承畴速战速决的。张若骐虽是五品小官，但职权很大。他的背后是陈新甲，而陈新甲与崇祯身边的司礼太监王德化亲近，使得洪承畴以守为战，把清军拖疲拖垮的作战方略无法实施，迫不得已，进师松山。

陈新甲与洪承畴两个有才干、有魄力的人才，因权力之斗影响到关系国家的战术之争。洪承畴有心抵制陈新甲，而对王德化投鼠忌器，结果仓促出战，大败被俘。

张若骐是一个传话筒，是一个逃窜者，当然也就成了一只替罪羊。崇祯十五年四月，米寿图论监军张若骐罪，言："若骐本不谙军旅，谄附杨嗣昌，遂由刑曹调职方。督臣洪承畴孤军远出，若骐任意指挥，视封疆如儿戏。虚报大捷，躐光禄卿，冒功罔上，恃乡人谢陞为内援。陞奸险小人，非与若骐骈斩，何以

慰九庙之灵。"(《明史·米寿图传》)

米奏一出，廷议纷纷，商议将张若骐论死，而谢陞作为他的同乡，被其倚仗为势，也该一并斩首。

单看此处，谢陞似乎很无辜。

其实不然，陈新甲掣肘洪承畴，谢陞亦为帮凶。

崇祯十三年，兵部尚书傅宗龙因不能从谀承意，忤旨下狱，崇祯帝安排辅臣杨嗣昌的门徒陈新甲接掌兵部。陈新甲大胆地起用傅宗龙，命其以兵部右侍郎兼右佥都御史的身份去接替丁启睿，总督三边军务。从此事而言，陈新甲确实是不计前嫌。

但是，陈新甲还是走了杨嗣昌的老路，主张对清兵休战谋和，并在为傅宗龙送行时告知：皇帝考虑到关外难守，正打算罢兵和谈。当时，谢陞也在场。

不久，崇祯帝召见谢陞，谢陞不提陈新甲泄露最高机密，而说傅宗龙托他带话："倘肯议和，和亦可恃！"(《清史列传·谢陞传》)

究竟是谁在主和？

是杨嗣昌、陈新甲？

还是傅宗龙、谢陞？

或者崇祯帝？！

可以说，崇祯重新拼凑的一手牌并不很糟糕，但打牌的他却不谙牌理。

3

崇祯十五年，崇祯帝在吏部尚书兼建极殿大学士谢陞的怂恿下，密令兵部尚书陈新甲派人前往清国，向皇太极询问媾和的条件。

不慎的是，陈新甲当面说事关重大，却没有把议和的绝密文件锁进保险箱，而是放在办公桌上，被秘书当作普通文件转发给了塘报。

最高级别的绝密，成了最有看点的新闻。

朝堂大乱。崇祯气急败坏，命将陈新甲当众砍了。罪名是越权！

越权是虚，泄密为实。泄露了崇祯支持的对清议和计划。

谢陛难辞其咎，被罢官回乡。

对于这一次泄密事件的发酵，《清史列传·谢陛传》中写道，谢陛向崇祯帝进言支持和谈后，出来又告诉了给事中方士亮、倪仁桢、朱徽等人，称崇祯帝已在奉先殿祷告，决定与清和谈，并评论道："人主以不用聪明为高，今上太用聪明，致天下尽坏！"

结果，这些给事中如获至宝，纷纷弹劾谢陛泄露禁中机密，是大不敬之罪，是无人臣之礼。

崇祯杀了陈新甲，做了最高层次的替罪羊，也让谢陛滚回老家了。

李清在《三垣笔记·附识上·崇祯》中亦说："宁锦之溃，北边精锐几尽，而中州寇祸正张，上意亦欲以金币姑缓北兵，专力平寇，谢辅陛与陈司马新甲主之。"谢陛和陈新甲，都是崇祯末年主和派的领袖人物，只是陈新甲被身首异处，而谢陛嫁祸给了崇祯。

这，已不是谢陛第一次首鼠两端了。

早在崇祯元年，时为太常寺少卿的谢陛，请求吏部尚书王永光给他安排一个巡抚。王永光给他一个人情，遇到朝廷遴选蓟州总兵时，将他纳入候选人名单。孰料，谢陛赶紧向王永光说，他身体有病，不堪重任。

蓟镇，明九边重镇之一，官兵员额十万人，九边建置仅宣府、大同可与之比。著名统帅戚继光，就曾任此职。谢陛不愿就职，无疑是怕拼军功不成，反误了性命。

不久，廷推太仆寺卿，谢陛马上去王府拜会，称自己病已痊愈。

太仆寺卿，管马政的。无论是官品还是俸禄，都远远不及蓟州总兵。为何谢陛热衷此职呢？

一、他怕死，干不了苦差事。蓟州总兵是拱卫京师的，说不定要领兵前去西北、辽东御敌。他有自知之明，不是带兵的料。

二、他爱玩，不想离开朝廷。太仆寺卿虽然只是中层干部，但在大后方，他可以不担责、不忙碌、不忧虑地打发每一天。

他是一个庸官的代表。像这样慵懒之徒，在崇祯朝廷里不在少数。像后来陈新甲出任兵部尚书，乃是因没几个人愿意出头，结果让举人出身的陈新甲独占鳌头。

谢陞拈轻怕重，遭到了一位著名言官的弹劾。

此人便是毛羽健，官拜监察御史，他弹劾谢陞同王永光朋比为奸，应一同治罪。

就在此前，外任的毛羽健因娶小妾被正妻借驿路来一个六百里加急的突然袭击，坏了毛大人的好事，于是他一份改革驿站的建议，说动刚上台的崇祯帝大刀阔斧地裁驿，清理了一大批驿卒。十七年后推翻大明王朝的李自成，就是毛羽健裁驿改革的产物。当时，李自成还老实谨慎地在驿站系统刨食，就因毛羽健一纸奏章而下了岗，走上了造反的路。

毛羽健建议裁驿成功，那是因为处于底层的李自成们人微言轻。当他叫板王永光时，人家直接走进文华殿跟崇祯帝面对面地谈，要崇祯帝严惩小毛的不知轻重。

当时，崇祯帝正在大肆清洗魏忠贤余党，人人自危，不少人纷纷指责王永光为逆党中人。哪知王永光不怕死，借着毛羽健弹劾一事，大做文章，请求挖出他幕后的主使者。

王永光借题发挥，结果被老成持重、中允持正的首席大学士韩爌接住，提出一个"两不"的意见：不追究毛羽健，不追责谢陞。

不久，王永光称劳请辞。而谢陞被发往陪都，累迁为南京吏部尚书。

远在江南的谢陞，却时时刻刻想着重返京师。

崇祯四年，廷推都察院左都御史，谢陞积极写申请报告，却遭到了弹劾首辅周延儒、吏部尚书闵洪学等的御史路振飞的痛斥，使之落选。

三年后，廷推吏部尚书，谢陞又走门路参选。此时的路振飞正在巡按福建，不在京师。而内阁主政的新任首辅温体仁，与谢陞和南京都察院督御史唐世济私交甚好，于是他授意同乡大理寺卿朱大启举荐谢、唐二人，暗箱操作，终于使谢陞如愿以偿，重返朝廷，职掌六部之首的吏部。

后来，路振飞说："枚卜盛典，使夤缘者窃附则不光。如向者周延儒、温体仁等公论俱弃，宅揆以后，民穷盗兴，辱己者必不能正天下。"（《明史·路振飞传》）谢陞又何尝不是夤缘窃附者呢？

温体仁柄政，吏部尚书谢陞和新晋左都御史唐世济附庸擅政，朋比为奸，排斥异己，曾削除正直言官许誉卿的官籍，迫使礼部左侍郎兼东阁大学士文震孟、礼部尚书兼文渊阁大学士何吾驺愤然去职。

文官好利，相互构陷，彻底搅乱了崇祯朝的吏治，也彻底毁坏了大明朝的江山。

4

清军入关，派人招抚山东。已经七十三岁的前明废籍大学士谢陞在家坐不住了，赶紧联系前明在籍御史赵继鼎等带着降表，请求归降。

谢陞们对义军灭明大肆挞伐："闯贼李自成肆逆逞暴，神人共愤，臣等空切不共之仇，愧无回天之力。"（《清史列传·谢陞传》）他们把自己打扮成忠明模样，但他们这份忠诚只是短暂的。他们很快笔锋逆转，对清军入关极口谀扬："惟皇帝陛下智勇兼锡，威灵遐畅，笃凤昔之旧好，沛拯救之新纶，浩荡仁恩，有逾再造。"

这大有一种投敌不辱、理直气壮的味道：明朝被李自成灭了，让他们无国可报了，而今清朝皇帝能援手给他们复仇，那就是他们恩同再造、仁恩浩荡的主人。

他们把赶走李自成、鸠占紫禁城的清朝统治者，视作拯救者，彰显旧日好。

旧日好在哪里？

清廷入主中原，逐鹿关内，正需要前明官员对他们感恩戴德，视同再造。

此时为顺治元年六月，谢陞垂垂老矣还卑躬屈膝，一是他在崇祯末年支持陈新甲谋求的休战谋和得以实现；二是南明的兵部尚书兼大学士史可法也为他送来了福王在南京登基的诏书抄本。

史可法在争取谢陞。

因为谢陞刚刚策划了一起德州士民反闯的群体事件，成功磔杀李闯王委派的州牧吴征文、防御阎杰等所有官员，打得守将郭升望风而逃。

大顺军将领郭升奉命率数万大顺精锐，平定齐鲁，建置官员，旬日之间将山东发展成大顺的势力范围，然后按前明的官职大小定追饷数额、拷掠缙绅。在郭升的武力庇护下，走马上任的大顺官员们到任后，都是施尽浑身解数追赃助饷，"有户政府从事张琚者，谓之催饷司，拷掠宦家子，俾助饷。其被掠者以万历来科目为断，计三十余家。刑具夹楼外，有铁梨花、吕公绦、红绣鞋之名"（乾隆三十七年《历城县志》卷四十一）。

郭升丢弃山东。南明太需要这样的胜利鼓舞士气、提振朝纲了。

然而，谢陞对史可法的招抚并不感冒！质言之，谢陞对朱由崧、马士英们撑起的南明小朝廷没有兴趣。他曾在明朝的南京政府任职多年，如今好不容易才重返京师。

当然，他也明白史可法并非想召他去入阁拜相，只是想利用他继续在山东作为南明前哨。

毕竟他老了，他只有幕中运筹帷幄的能力，却无冲锋陷阵、浴血奋战的能耐。更何况，德州自卫反击战中声名远播的"谢陞"，只是因名字讹传，实际人物当是谢陛的弟弟——德州秀才谢陛。有史为证！《德州县志·纪事》记载：顺治元年"三月十八日，李自成陷京师，遣贼将郭升循山东；四月初八日，升陷德州，设伪武德道阎杰、知州吴徵文。州人御史卢世榷、赵继鼎，主事程先贞、推官李赞明、生员谢陛等合谋诛之；为怀宗发丧，起义兵讨贼，并诛景州、故城、武邑、东光等处官"。

但是，谢陛却没有因此向世人正名弟弟的功绩，而是在给多尔衮的降表中说，他鼓励德州士民"誓众登郫，激发远迩，共诛闯贼所置伪官，贼将郭升丧胆西遁。谨扫境图，以待天庥"（《清史列传·谢陛传》）。

这与多尔衮接受洪承畴、范文程等汉人的建议，积极推行争取中原士人和前明官员归顺的招抚政策，是吻合的！

谢陛也提到自己在李闯王势力入侵时，曾支持过一位前明藩王，暂时性地作为号召士民的旗帜。"倘蒙陛下兴灭继绝，不泯明祀，将皇仁益畅于中外，大义卓越乎千古，又是臣等所私心冀幸而未敢必者也。"（《清史列传·谢陛传》）谢陛主动降清，也不忘把自己打扮成爱明人士。

他这样的请求，虽然有些尴尬，但与多尔衮打出的招抚旗号并不违背。

而清朝派往山东的招抚大臣王鳌永，以礼部侍郎的身份巡抚地方，也给多尔衮送来了一份写有三十九人的推荐名单，领衔者就是谢陛。

所以，多尔衮对谢陛是慷慨的，于八月招其见面，命其以建极殿大学士原衔继续管理吏部尚书事务，继而进入内院与冯铨、洪承畴等降臣大学士共理机务。

在清朝职官年表中，谢陛是大学士，但殿阁名为建极殿。这是前明的原衔，而不是清朝的建置。清朝学习明朝建置的内三院，为国史院、秘书院、弘文院。

谢陛还未来得及等待摄政睿亲王给他安排正式的内院大学士名称，就因病情突发而去世。所以，清朝特殊的建极殿大学士，也仅谢陛一人，期限为半年。

从他决定降清到病死，前后不过八个月。虽然他最后得到了大清朝追赠的太傅之荣和封谥的清义之名，但也遮不住他在故国首鼠两端、于清朝自亏投效的骂名。

降臣陈洪范曾在《北使纪略》中说，谢陛曾作为内院高官奉命接待南明议和使者，"时而夷帽，时而南冠，默然忸怩"。这种丑状，是靦颜见故国同僚，还是羞愧在紫禁城中？

谢陛暴卒，时年七十四岁，是急病而逝，还是愧疚而亡？皆不好说！

乾隆帝将他列在《贰臣传》乙编中，无疑是因他降清日短，并无实质性的建树罢了。

金大学士原是
一个三姓家奴

1

萧一山《清代通史》卷上第三编第十五章《顺治时代之政说·开国之勋臣》有云："运筹策划，经略四方，管理机要，创制规模者，如范文程、洪承畴、金之俊、冯铨辈，虽以汉人投效，行节有亏，史书所载，黜之贰臣；然经营勤劳，亦不失为开国之良辅。"

范文程为辽东沈阳人，虽考过明朝的秀才，但天命三年（1618），后金八旗军攻下抚顺，范文程与兄范文案主动向太祖投诚，成为清朝开国元勋之一。太宗时，范文程深受倚赖，参与决策伐明策略、策反明官、进攻朝鲜、抚定蒙古、国家创制……

他为内院大学士之一。《清史列传》没将他列入《贰臣传》，是有道理的，毕竟他没有成为明朝有实职的臣子。萧一山将他列为贰臣，不无偏颇。

洪、金、冯则不然。洪承畴降清前，为明崇祯帝的兵部尚书、蓟辽总督。冯铨在天启朝谄事魏忠贤，以礼部侍郎兼东阁大学士入阁，旋即晋礼部尚书兼文渊阁大学士，加少保兼太子太保，后为户部尚书兼武英殿大学士。金之俊官职稍次，为兵部右侍郎。他们都是明朝要员，先后降清，陆续被令以大学士衔入内院佐理机务。

金之俊降清之初，品秩、官位都在洪、冯之下，但善于提建议，崭露头角。睿亲王摄政，领八旗入关，砥定京师，命前明官员各安原职。金侍郎职事兵部，不对治兵的摄政睿亲王言兵，却提关于户部、吏部以及都察院的建议：

一、请求蠲免京师附近甸民的田租。此举，能使新朝获得周边农民的支持，对初入北京的清朝定鼎大业，不失为稳定之策。

二、请求赦免率众前来归降的"土寇"的罪责，对抓获首领前来献上的按功劳赏赐。此策，对于前明与义军的反抗势力，为招抚之计。

三、接受安抚的民众，编为保甲，使其重操旧业，同时对没有稳定职业的人重新安排。大顺军、八旗兵先后攻入北京城，烧杀抢掠，民不聊生。此计，正是亟须保养民力、恢复经济的与民休息政策。

四、举荐前明蓟辽总督丁魁楚、陕西总督丁启睿、陕西巡抚练国安、副都御史房可壮、吏部员外郎左懋泰、河东守道郝绚等。清军入关，虽然得了一大批前明降臣，但他们有何能耐，正需要像金之俊这样的人介绍，人尽其能，才堪其用。反正他们的民族气节已亏，算不得厚德忠臣，就先用其才，以观后效。

五、弹劾通州道郑辉生活悠闲无为并且姑息纵容盗寇、三关总兵郝之润纵兵抢掠百姓的财物，请求将他们罢官免职。老金不说八旗兵将的杀戮而说自己的昔日同僚，此招不过借大义灭近而表投诚之志，实与前时李闯王入京，严刑索财，许多明朝降臣纷纷追赃助饷无异。

六、请求召京畿附近的巡按及监司以下的官员前来为新王朝效力，禁止满洲官役额外需要驿递人员和马匹的情况。金之俊此谋，玩的是拉更多的同僚旧属下水。

2

金之俊是明清之际一个典型的政治滑头。摄政睿亲王接到金之俊的报告，欣然采纳。他从关外来，摄政北京，掌管和经略拥有更大疆域的国家，正需要这样有谋略、无原则的能臣干吏，当然会在朝堂上对金之俊进行物质上和精神上的嘉勉。

金之俊受宠若惊,继续献计献策,如为配合朝廷征战江南,设漕运总督和漕运御史,并先出"漕运八事"条陈。这样的官员,聪明的摄政睿亲王不会亏待,让他在兵部做日常服务可惜了,干脆平调到吏部做副部长(右侍郎),配合摄政王分管官吏任免、考课、升降、调动等事务。吏部班列次序,在其他各部之上,而且清朝侍郎承明制且拔高了半格。也就是说,金之俊挖空心思献了不少良策,但清廷只给了他一个职位相当、品秩虚长的位置。

金之俊不气馁,在吏部任上继续用心,"疏请酌改铨选进士之制"(《清史列传·金之俊传》),得到了朝廷采纳。这对以军功世袭的旗人社会入主科考功名的汉化中原,重新构建符合汉化的先进人才组织建设,是有着不小的贡献的。但是,摄政睿亲王并未给他加官晋级奖励。

直到顺治五年(1648),金之俊才被擢升为工部尚书。第二年,金之俊请假归葬,多尔衮并未以国家需要而夺情,而是爽快地批假,并给了他一顶太子太保的虚衔,衣锦还乡,作为他让出工部尚书实缺的回报。

顺治七年,金之俊假满回京,多尔衮并没重授实职,这与满人崇满抑汉的既定国策有关。用汉人之智谋,但不重任其位。

3

多尔衮死后,顺治帝亲政,金之俊的春天来了。顺治八年,金之俊迁兵部尚书,晋少保,兼太子太保,两年后调都察院左都御史。虽品秩与原任工部尚书无异,但职权和班次发生了变化,而且进入了顺治帝经常垂询顾问的核心层。

顺治帝对他是倚重的。顺治十年二月,革职总兵任珍被追论在兴安时自治其家属淫乱,擅杀多人,行贿兵、刑二部,不久又被其奴婢讦告被谪怨望、言动狂悖诸罪状,下三法司鞫讯,论斩决籍没。都察院左都御史金之俊与秘书院大学士陈名夏奉命审理。金之俊曾掌兵部，涉嫌受贿，党附任珍，按律论死。顺治帝下旨，对金之俊"从宽削加衔，罚俸一年"，即金氏仍掌都察院。

金之俊受罚，仍被顺治帝重任。他因自己的受罚，专门上奏："审拟盗犯，请用正律，不宜概行籍没，致累无辜。"（《清史稿·金之俊传》）顺治帝接受了他的建议，审查犯罪之人，一定要按照法律行事，不宜将所有的人都牵连进去，导致无辜之人受牵连。但是不久，内国史院大学士兼议政大臣宁完我弹劾陈名夏徇私植党，滥用匪人，欺君枉法，党附多尔衮罪，被顺治帝处以绞刑。而金之俊寻迁吏部尚书，授国史院大学士，充会试主考官，正式进入决策层。

金、陈二人，都为贰臣，对清朝定鼎中原有献策之功，然荣辱霄壤有别，根本的问题是如何站队任事。陈名夏陷身顺治帝与摄政王的君臣权力之争，而金之俊出主意但不受多尔衮真正重任。故而，金之俊作为权斗之外的幸运儿，被顺治帝倚为重臣。

4

陈名夏之死，应该狠狠地给金之俊敲了一记警钟。即便老金没有依附过多尔衮，也难免不干净，毕竟任珍案牵扯了他。顺治十二年（1655），位高权重的金之俊以病重为名，告老还乡，顺治帝不许，并且派画工去他的府邸画像。

顺治帝还在朝堂下发谕旨，以金之俊请辞之事来告诫群臣："君臣之义，终始相维"（《清史稿·金之俊传》），不要总念着因年老而离休。顺治帝说，你们忍心舍我而去吗？我又怎么忍心让你们告老还乡呢？金之俊病重，我遣人去给他画像，念他已老，唯恐不能再见，所以不胜眷恋。对我所选拔的人，我是真想要和他们白首相依的，实在不忍心分离啊！

金之俊之初确实给摄政睿亲王出了不少主意，但不被真正待见。也许正凭这一点，他才被顺治帝重新选拔，视为心腹股肱。顺治十五年九月，世祖改内三院为六殿阁，以中和殿、保和殿、文华殿、武英殿、文渊阁、东阁系衔，太宗堂弟巴哈纳与金之俊同为中和殿大学士。金之俊兼吏部尚书，为六部之首（巴哈纳兼刑部尚书），并同校律例。第二年，世祖下诏为崇祯帝立碑，命金之俊撰文。不久，金之俊加太保兼太子太师，但他再次请求回乡。顺治十七年，金之俊再次上书祈求回乡，世祖下诏婉言将他召回，金之俊未至，加太傅。

董鄂妃病逝，顺治帝为最爱亲制行状，特命金之俊为之作传。可见顺治帝对金之俊的信任和亲近之深。

5

就降清之后的仕途而言，金之俊是贰臣中少有的扶摇直上者，位极人臣。他屡以衰老乞休，却一再被世祖真情挽留，不见疑虑。世祖染痘病逝后，金之俊以复三院之后的秘书院大学士，平安过渡到康熙元年（1662）致仕。

金之俊家居数年后，某日下人报告，大门上被人张贴匿名帖，"多言其脏私暧昧事"（《清史列传·金之俊传》）。什么脏私暧昧事？发生在何时？《清史稿》《清史列传》的金之俊本传并未言明，只说他请江南江西总督郎廷佐帮忙侦查，深究穷治，牵累甚广，却不能查明，传到了朝廷。

《清史稿·郎廷佐传》记载：郎廷佐于顺治"十八年，分江南江西总督为二，以廷佐专督江南。康熙四年，复旧制，仍兼江西。七年，以疾解任。致仕大学士金之俊家居，得匿名书帖，诋其曾降李自成，之俊诉廷佐，令有司穷治。上闻，虑株连无辜，责之俊违例妄诉，廷佐俟病痊起用，镌二秩"。原来让金之俊头痛不已的匿名帖案，发生在康熙四年至七年之间，有人揭发他曾经投降李自成。

《清史列传·金之俊传》记载："流贼李自成陷京师，之俊不能死，被拷索。"明崇祯十七年（1644）三月，李自成率大顺军攻入北京城，曾下令"敢有伤人及掠人财物妇女者杀无赦"，但以刘宗敏为首的农民军拷掠明官，四处抄家，规定助饷额为"中堂十万，部院京堂锦衣七万或五万三万，道科吏部五万三万，翰林三万二万一万，部属而下则各以千计"。刘宗敏制作了五千具夹棍，"木皆生棱，用钉相连，以夹人无不骨碎"。城中恐怖气氛逐渐凝重，人心惶惶，"凡拷夹百官，大抵家资万金者，过逼二三万，数稍不满，再行严比，夹打炮烙，备极惨毒，不死不休"，"牵魏藻德、方岳贡、丘瑜、陈演、李遇知等，勋戚冉兴让、张国纪、徐允桢、张世泽等八百人追赃助饷"。李自成手下士卒抢掠，臣将骄奢，"杀人无虚日，大抵兵丁掠抢民财者也"。谈迁《枣林杂俎》对此事有详细记载，称死者有一千六百余人。

金之俊大难不死，除在"八百人追赃助饷"之列外，不免有变节投敌之嫌。事情过去二十余年，又有人揭发旧日丑闻，致仕大学士金之俊仍不胜惶恐。若其属实，他虽以忠诚投清而得以高位离休，但曾身历目睹顺治帝大范围肃清多尔衮党羽，主持过法纪监督的清朝都察院，并参与校定大清律令而熟谙刑罚条例，自然恐慌于权力场上捕风捉影、秋后算账的严惩。

应该是金之俊精于权谋圆滑，善于置身权斗事外，没有树敌于朝堂，朝廷获悉此事后，只是说："匿名帖乃奸恶之徒造写，陷害平人者，如见其投掷拿获，理应照律从重治罪。若因此究问，则必致株连无辜。律载收审匿名贴者，将审问之人问罪。金之俊将匿名帖送究，郎廷佐收受察拿，俱生事不合，着议处。"（《清史列传·金之俊传》）是时，康熙帝已亲政，却不对金之俊降清之前是否投诚李闯王之事深究，而是下旨斥责匿名帖为奸恶之徒所伪造，如拿获后将从严治罪，无疑是宣布金之俊前度变节之事不论是否属实，都不深究。这样的处理，无疑顾及金之俊为先帝世祖心腹重臣，不便告诉世人世祖极度重任的是一个不折不扣的三姓家奴。

金之俊再次侥幸躲过一劫，但还是以削加衔的形式稍做处罚，不过此事却击垮了他，使之不久病卒。康熙帝还是善待了他，按大学士例赐祭葬，谥号文通。

对于此事，天嘏《满清外史》记载："流贼李自成陷燕京，之俊不能死，被夹拶甚苦。迨清兵入燕京，之俊又降，仍原官。旋由尚书而为内院大臣，拜大学士。康熙元年，始以予告致仕。越八年乃卒，谥文通。盖之俊之效力于满清，凡十有八年。开国方略，咸出其手。当因当革，条理井井。故时人为之语曰：'从明从贼又从清，三朝元老大忠臣。'盖丑之也。"说的就是金之俊的二度变节，而其忠于者，是利益，是生命，而不是气节，故而禁不起夹拶之酷刑。

6

天嘏为清末民初之人，但究竟为谁，史料未载明。《满清外史》以清朝兴亡为线索，连缀若干宫闱秘闻、绮闻琐事而成，但有多少史料价值，尚不好说。毕竟官方正史多伪饰，野史遗闻少遮羞，虚实掩映，交叉读之也有不少趣味，裨益于对"汉族中心论"或"满族中心论"的差异性辨别与反思。

民谣所传清初的"十从十不从"，《满清外史》有记载："然闻其投降时，先遣人谓多尔衮曰：'我有十事，当与尔要。尔能悉从，则我降，不则有死而已。'多尔衮令召至，叩其故。之俊曰：'兹事于满洲则无损，于汉人则甚愿。尔如许之，将以不从者而饵其从，某度江南不难下矣。'多尔衮复愿闻其详。之俊乃提'十不从'之纲曰：'男从女不从，生从死不从，阳从阴不从，官从隶不从，老从少不从，儒从而释道不从，娼从而优伶不从，仕官从而婚姻不从，国号从而官号不从，役税从而语言文字不从。'多尔衮皆允之，于是之俊降，旋得参机密。"

金之俊的"十从十不从"之策，与明清鼎革剃发易服有关，在一定程度上是为了配合清朝统一中国，缓和民族矛盾所推行的民族政策。这是为照顾满与汉两大族群心态而提出的，既可以缓解汉人对满人入侵的仇恨敌视，又有利于满人入主中原的迅速拓展。但经过民间不同版本的渲染，却被理解为"十降十不降"的疯狂杀戮。"留头不留发，留发不留头"成了八旗入关时清朝统治者奉行的野蛮政策，甚至直至今日还为国人谈之色变，憎恨不齿。

金之俊神乎其神地提出此策，被多尔衮欣然接受，但民间仇满群情激愤，将"从"视为顺从异族统治的变节，而"不从"则是沿袭汉族传统而要杀头。

其实不然，金之俊既为汉人争取了一些不渝旧俗的空间，同时还搬来前明规制限定了旗人甚至权贵。

《满清外史》写道："当时定制，凡旗人不得经营商业，王公不得私离京城，内奄出宫者斩。若斯之类，皆之俊辈为之谋也。后弘历始悟其诈，大恨之。欲尽改革，又以其皆祖制，不敢动。乃厕其名于《贰臣传》，以泄愤焉。"金之俊提出严治旗人之策，为的是帮助最高统治者巩固皇权，却被自负的乾隆帝打入贰臣之列，警示后世。

当然，金之俊不论对清朝如何献计献策，他的贰臣身份是不可改变的历史事实。

王永吉：
吴三桂降清时的顶头上司

1

清顺治年间有一个大人物，叫作王永吉，官至国史院大学士管吏部尚书事，是前明过来的降臣。清朝官方给他留下的前明履历，写得极其简单。《清史列传》本传记载："王永吉，江南高邮人。明天启间进士，官至蓟辽总督。"《清史稿》本传多了"字修之"三字。

大家都知道，吴三桂引清军入关。时吴三桂是驻守山海关的宁远总兵，然他的顶头上司，则是蓟辽总督王永吉，手握实际兵权和主要兵力。这样一说，你懂的！

长城虽长，但非天险。崇祯十五年（1642）底，清军曾突破长城，穿过北直隶，长驱直入山东和苏北，短短两个月就掠走了黄金一万二千两、白银二百二十万两。返回时逼近京师，吓得崇祯帝仓促派兵，让首辅周延儒挂帅弄了一桩大胜清军的乌龙战。

清军入关并不为长城阻拦。吴三桂之耻，就可耻在做了清军的前锋走狗，带着敌人攻城略地、屠杀同胞。不能否认，没有王永吉的赞同，吴三桂是不敢轻举妄动的。吴三桂一人背下了整个大黑锅，而王永吉的决定性作用却被人忽视了。

这件政治大事的关键人物王永吉，究竟是明朝天启哪年进士，是怎样当上蓟辽总督的，二十多年的仕途究竟做过哪些官职，有过哪些政绩？不得而知。

明朝的总督虽不像清朝的总督有品级，但像蓟辽总督能节制巡抚、总兵之类的地方官员，自然是位高权重。洪承畴出任蓟辽总督前已是太子太保、兵部尚书，可想而知王永吉出任蓟辽总督前，也应官职不小，品级不低。

清军入主北京，规定明朝降臣仍按原来品级任职。洪承畴降清，便是官居一品的大学士。为何王永吉却只是一个正三品的大理寺卿，还是顺天巡抚宋权推荐的呢？

其中必有缘由。

难道刻意隐瞒？

隐恶或者遮丑。

2

都该记得，明清之际的大文人吴梅村（吴伟业）在著名的《圆圆曲》中写道："恸哭六军俱缟素，冲冠一怒为红颜。"气吞山河，惊艳动容，吴三桂名义上要给自缢煤山的崇祯帝复仇，实际上是为了抢回被义军第一猛将刘宗敏霸占的爱妾陈圆圆。

这是明清之际的政治大事。

吴先生嘲笑吴将军的复仇，兵燹为红颜，红颜成祸水。

陈圆圆有一个苦出身，生在货郎家，母亲早逝，被寄养在姨父家。姨父重利轻义，将她卖给梨园。几经辗转，她成为善演弋阳腔戏剧的苏州名妓。她色艺双绝，吴江才子邹枢称她："少聪慧，色娟秀，好梳倭堕髻，纤柔婉转，就之如啼。"《十美词纪》她栖身梨园，难免以色事人，初属意邹枢，常在他家演剧，流连不去，邹氏却无意婚娶。江阴贡若甫以重金赎陈圆圆为妾，然不为正妻所容。后来，冒襄因无法给董小宛偿还其父以她的名义四处借的高利贷，与陈圆圆有过一段情缘。陈圆圆遂有许嫁冒襄之意，二人感情缱绻，申以盟誓，冒襄却因丧乱屡失约期，又得柳如是的丈夫——文人钱谦益慷慨解囊，与董小宛复合。陈圆圆被崇祯帝的岳父田弘劫夺入京。田贵妃病逝，田国丈见吴三桂手握关宁铁骑，受崇祯帝重视，不惜忍痛割爱，置办了丰厚的嫁妆，将圆圆转赠给垂涎其美艳的吴三桂。

始乱终弃。

一团混乱的情事。

边事紧急，吴三桂赴前线，把陈圆圆放在北京府中。崇祯十七年三月，李自成攻陷京师，刘宗敏大肆追赃助饷，闯入吴府，抓住了吴襄，并将陈圆圆掳至自己的营帐。

绝色的陈圆圆，又成了锻工刘宗敏的侍妾。

与此同时，李自成对吴三桂玩起了劝降。

李自成派明降将唐通带着四万两银子，和牛金星草拟、吴襄手书的劝降信，来到吴三桂驻守的山海关。

而在此前，吴三桂已降清的老上司洪承畴与娘舅祖大寿，都给他送来了劝降信。操盘手是清国的最高领导人皇太极。

吴三桂也在寻路。

李自成送来银子，解了吴三桂兵饷急需。杯水车薪也是雪中送炭。唐通说，吴老总兵正受着大顺国李皇帝的优待，期待吴少总兵回京做开国元勋。

这时，京城内线给吴三桂传来消息，说刘宗敏霸占了他的爱妾，给他老爹下达了二十万两白银的助饷指标。吴襄筹了五万两，结果被严刑拷打。

抢了他家全部家当，给他一块小骨头，要他当屈膝臣服的狗。这样的买卖，傻子都不干，更何况手握重兵、年轻气盛的吴三桂。

吴三桂说：逆贼如此无礼！我吴三桂堂堂丈夫，岂能背降此逆贼，受万世唾骂？忠孝不能两全。

吴三桂将唐通的两员随从直接砍了，要他给李自成带话：吴三桂要为大明尽忠，不做逆贼降臣。

他对部众玩起心理战，说："吾忠不成忠，孝不成孝，何颜立天地间乎？"（《明季北略》）边说边做抽剑抹脖子状，好一个忠孝两难全。众将急忙劝阻：我们愿意追随总兵大人"效死杀贼"，现在不如收了银子，犒赏士兵，然后起兵偷袭。

既然要同打过了大半个明朝来到北京城的李自成开战，必须有一个能得到绝大多数人支持的旗号！

吴三桂想到了要找到崇祯帝的太子，打出"复君父之仇"的大旗！

3

要跟李自成干，还得有援兵。

援兵哪里来？

江南的南明政权还没搭台；左良玉拥兵自重，打着平贼的旗帜干祸害大明的事；其他军镇大佬忙着争地盘自保。

远水也解不了近渴！

他又想到了清国新任摄政睿亲王多尔衮的八旗兵。他最初镇守宁远时，清军绕过宁远，打下后所、前屯卫、中前所，使宁远成了山海关外一座孤城，失去了战略意义。如今，他们打到了山海关外。

但是，吴三桂纵有吞天的胆子，也不敢冒此当"汉奸"的大风险。

个人事小，卖国事大。

更主要的是，他所在的军队，最高指挥官不是他，而是他的顶头上司——蓟辽总督王永吉。无论权力，还是兵力，王永吉总督蓟辽保定军政。前不久，李自成进驻宣府，朱由检急忙派御前太监给坐镇遵化的王永吉送来手诏，命他和吴三桂撤守宁远、入卫京师。《清史列传·吴三桂传》说："王永吉徙五十万入卫，三桂留精锐殿后。甫至山海关，闻流贼李自成陷京师，入卫兵已溃，不敢前。"

　　吴三桂并没与大顺军正面交锋，他见到王永吉大军溃败，便胆怯了。这可以说明两点：一、吴三桂自知不是强悍义军的对手；二、王永吉的兵力要强过吴三桂。

　　如果没有王永吉的最后拍板，吴三桂即便有再大的国仇家恨，也不敢贸然引清军入关。只有他们达成一致意见，方可以正式向清军借兵剿闯，答应事成后"裂地以酬"。王永吉决定，吴三桂作为执行人，以寡不敌众为由，亲往大清国请兵十万，为大明王朝雪耻，与多尔衮达成协议，规定清军只能从中协（遵化一带）、西协（密云一带）入关作战，他们则把控着东协山海关，给人感觉不是他们放入的。

　　多尔衮内心狂喜，却没表现出来，一直处在观望状态。当李自成集结十万大军东征，打得吴三桂领着残余向多尔衮屈膝求救时，多尔衮才下令，让阿济格、多铎迅速出兵，利用吴三桂与李自成谈判之机，突然向李自成发动攻击，在一片石战役中同吴三桂合力击溃李自成。吴三桂军队肩系白布为标识，多尔衮统兵入关，一路追击李自成。多尔衮下令关内军民剃发，晋爵吴三桂为平西王。此后，吴三桂跟随靖远大将军、英亲王阿济格继续西征李自成的大顺军。

4

　　吴三桂最初嚷着"复君父之仇"，究竟是为忠君爱国，还是"复家父之仇"呢？当他带着清军在庆都再败李自成时，李恼羞成怒，砍下随军为人质的吴襄头颅，挂在高杆示众，回京后又杀了吴家三十八口灭门，再整队出武关南走。陈圆圆当时是刘宗敏的爱妾，李自成来不及带走就留在了北京，留给了吴三桂。

　　吴三桂复仇只是旗号，为了陈圆圆也是人们对情史的猎艳惊奇，以此来表示对吴三桂出卖族群利益的最大愤怒。

　　刘建《庭闻录》记载吴三桂说："大丈夫不能保一女子，何面目见人耶！"

吴三桂真是一个情痴吗？痴迷一个刚缠绵几次且无感情的妓女，而放弃国仇家恨？若真如此他也枉为一个大丈夫。

计六奇《明季北略》中谈"吴三桂借兵始末"，援引了一个叫钱敷的人的话："陈沅身价千金，皆有司敲扑万民之膏血也，遂以杀吴襄一家，不血刃而易中国之天下，其果倾城何如？以一妇人而忠孝两病矣！"陈圆圆，名沅，字圆圆。

一场国家鼎革的兵燹浩劫，矛盾焦点给了一个被侮辱、被损害的不幸女人。

一个权益交易的牺牲品，成了罔顾忠孝的借口，成了国破家亡的祭品。

可悲。可笑。可叹。

应该说，吴三桂是因为杀父之仇、灭门之恨，而与李自成成了最大的死敌。夺妻之恨，只是无聊文人丑化他不知轻重、重色轻亲、重欲负国的笑柄。古往今来，许多人为了复仇，不惜引狼入室、以恶报恶，宣泄最大的愤恨和怒火，不惜出卖肉体、出卖灵魂、出卖国家。

气节，操守，早已被复仇的烈火焚烧殆尽。

后来，吴三桂剿杀故主崇祯帝的亲人，换得了坐镇云贵、形同自立的王者荣耀，被更多的汉族同胞不齿。待其势力坐大，敢于向新主子坐地起价时，又遭亲政后的康熙帝武力削藩，他便铤而走险，挑起"三藩之乱"，自立为大周皇帝，身败名裂。

复仇，他是带着强烈的政治理想和权利追求的。

复仇，使他放弃了灵魂深处的理性自主和道义上对民族气节、社会稳定的承诺。

他成了大清王朝的第一号逆臣。

这样声势浩大的恶名，只会加重清朝皇帝对他的仇恨，于是着力突出他是如何屈膝投降的，如何低俗变节的，如何反复无常的，从而淡化了曾为顺治帝大学士管吏部尚书事的王永吉的首鼠两端、支持借兵。

所以，清朝官方将王永吉的政治履历记载删得很干净，就连他如何在前明出仕二十余年、官至朝廷重臣蓟辽总督，都是一句简单的话带过。而对吴三桂则不然。

后来为王永吉写神道碑的吴梅村，尽心为好友推卸全责，又给吴三桂造了一个大势。

5

王永吉第一次在清朝做官没做多久，摄政睿亲王要擢升他为工部右侍郎。他上疏辞职，触怒多尔衮，认为他不是真心辞职而是"徒尚虚名"（《清史列传·王永吉传》），干脆顺他的意，以尚未亲政的顺治皇帝的名义下谕："永不录用。"

大理寺卿位列九卿，是掌管全国刑狱的最高长官。工部侍郎，品级高了半格，但是部门尚书的副手。

宁做鸡头不做凤尾。

王永吉有政治追求。

多尔衮死后，顺治帝亲政，下诏起用废员，王永吉才返回京师。吏部上报，王永吉才品不错，举荐他做户部右侍郎。

王永吉这次不再嫌弃户部尚书的第二副手了，因为户部是大衙门，要经常向皇帝奏报问题。

他是一个有准备的人，上任半年后，结合本职工作向皇帝提出三条建议：

一、前明各卫所屯地分上、中、下三等，请将上田拨给漕粮搬运工，当作薪酬。这样，既解决了工资的出处，又耕种了荒废的好地，还在民族矛盾激化的十字路口拉拢了民心。

二、前明推行的税粮、徭役折收的银子（折色银），请仍然下令各级官府继续收缴，官员实物充当的办公费用也采取折价采买。明朝给官员的俸禄、经费都是按稻米若干计算的，分两种：一种以银子折算，谓之折色；一种为本色，就是米、布之类实物。足额适当增加，减少老百姓负担，缓解了物价上涨而官员向百姓攫取额外税费引发的社会矛盾。

三、丈量洲田，加重了百姓负担，请以湖田税收并入州县考成，五年一次丈量。不被地方官府和底层百姓重视的湖田，被给予了一些政策。

这些为老百姓减负的实惠性建议，对于入关不久、根基不稳的清政权，在实现全国统一、社会稳定、恢复生产等方面，是有好处的，契合顺治帝亲政后奖励垦荒、休养生息的经济政策。清军入关之初，虽然以明朝的会计录征收赋税，但前后长达数十年的战乱，以及权贵大规模的圈地运动破坏生产，造成了严重的地荒丁逃，赋无所出。加之清军连年对全国用兵，国库耗支巨大，已入不敷出。顺治八年（1651），各直省钱粮缺额四百余万两，赋亏饷诎，出现了严重的财政困难。

大乱思治，恢复生产，与民休养，这是历来的新生政权都要做的天下第一件大事。

清政权要想在传统农业经济下的汉人地区站住脚跟，就必须迅速地解决吃饭的第一需求。

农业兴，人心稳，天下安，百业旺。

生产出问题，土地变荒废，社会不稳定，国家不太平。

这并非王永吉的首创。汉地每朝开国都会推出换汤不换药的经济政策，解决大规模群体性的逃荒和大面积荒废的土地问题，激发农民重归生产，缴纳赋税的积极性，推动国家经济的复苏繁荣。

但这对于初次接触汉文化社会的顺治来说，是新鲜的、值得采纳的。

从这些问题来看，王永吉主要在做关于水的文章。

上善若水。老子的话，本身就是哲学思想。

水能载舟，亦能覆舟。

难道王永吉想以水治国？

不然!

他只是利用家居的时间,认真研究了明朝黄河下游的淤壅为害问题。所以他建议修建泾河闸,疏通射阳湖,希望顺治帝派出河漕重臣调度治水,廷臣筹足粮饷救荒。

他无意做治水名臣,只是提意见把难事推给皇帝。但,踌躇满志的年青皇帝更加兴奋了,认为"王永吉必有良策"。

王永吉官运来了。他被顺治帝"破格超擢",出任兵部尚书不出一年,转都察院左都御史,擢秘书院大学士,一年后改授国史院大学士,加太子太保,领吏部尚书。

他没有成为治水能臣,却成了顺治帝整肃吏治、改良政治的帮手。

在顺治帝的眼里,王永吉是大才,是真金。

真金不怕火炼。但不是真金,则会被烧得面目全非。

顺治十四年夏,全国大旱。王永吉建议顺治帝下旨给各省督抚巡按,要迅速清理狱囚,"如有殊常枉屈,奏请上裁;赎徒以下,保释宁家"(《清史稿·王永吉传》)。清理冤案是好事,但把天灾认定是人祸,却是典型的胡作为、乱作为。

他想导演新时代的"窦娥冤",摄人心魂。

顺治帝懵懂地批准了他的建议。哪知囚犯放了不少,灾情也增了不少。减灾不成,他又以地震为由引咎辞职。

他要躲开。

他露馅了。

一个曾经掌管全国刑罚的高官,把自然灾害归罪于冤狱所致,不无荒唐。这次,回过味儿来的皇上发火了,"复责其博虚名"(《清史稿·王永吉传》)。顺治帝说:王永吉身为大学士,在地震发生后不修身反省,反而虚饰说是冤情,这样一个博取虚名的人又怎能实心作为?

也许有人会问,王永吉那些给百姓减负的主张,那些治理水害的建议,似有能耐。但当我们翻开明朝的历史，就会发现王永吉都是现学现卖，都是从明朝的社会理论和漕运管理机制、漕粮运输、征税与劳役体系中搬抄过来的。

顺治帝作为从没经历过大型水灾的青年皇帝，感兴趣的同时，被王永吉的机械主义玩了几回障眼法。虽然他很不情愿承认自己受骗，但还是派人调查王永吉，借了王的侄儿私通科场关节，下旨将王永吉"降五级调用"，不再给予重任。

政治投机分子不见重用，抑郁而卒。

毕竟是内阁旧辅，顺治帝说了一些勤劳素著的客套话，赠少保兼太子太保、吏部尚书，照一品例给予祭葬、立碑，谥文通，但在给吏部的谕旨中强调："前因王永吉好胜沽名，故降级示抑，使省改自新，不意遽婴疾奄逝。"（《清世祖实录》）。

王永吉死了。顺治帝对他的改造，并不满意。

若干年后，乾隆帝下旨编写《钦定胜朝殉节诸臣录》表彰明末抗清遇难的官员，同时编了两卷《钦定国史贰臣表传》，说："因思我朝开创之初，明末诸臣望风归附……胜国臣僚，乃遭际时艰，不能为其主临危受命，辄复畏死幸生，忝颜降附，岂得复谓之完人。"（《明季贰臣传序》）

王永吉名列其中，放在乙卷。

6

《梅村家藏稿》《扬州足征录》和《碑传集》，都收有著名文人吴梅村所撰《王永吉神道碑铭》，对其明朝仕途有些记载："公生而瑰异，长身修髯，具文武材略。由进士起家，再为县令于大田、于仁和，一为推官于饶州，咸著异政。从户部郎备通州兵事，有威名，遂推以巡抚山东。"王永吉做蓟辽总督前，经廷推成为山东巡抚，看来他是很有影响的政治明星。

对于王永吉如何降清，吴梅村绕来绕去写得很含糊："未一岁，改蓟门总督。

其时流寇已獗突，河华滔天，阻兵群孽，扇行所在，蚁结燕、齐、云、朔，鱼烂土崩。公受赈于仓卒之时，投袂在败亡之日，犹能辑宁东夏，拥护岩关，障遏奔冲，叫呼揢拄。既而有谋不用，势竟莫支，变服闪行，投死无二，忠著于前史，事隔于兴运，故不得备书。"

言辞闪烁，只为遮丑。

遮友丑，抑或遮己丑。

《贰臣传》传世，吴梅村也丑在乙卷。

物以类聚，人以群分。乾隆帝弄甲、乙两编，深恶痛绝者居其次。

神笔王铎也上了
贰臣恶人榜

1

乾隆四十一年（1776），清高宗为明季殉节诸臣编了一部《钦定胜朝殉节诸臣录》后，又诏令国史院弄了两卷《钦定国史贰臣表传》。《贰臣传》分甲、乙两编，甲编收对清朝赤胆忠心、积有功勋者，乙编为对明清都不尽忠且无建树的降官。

殿堂级书法大家王铎，迄至今日还很著名，有书法《拟山园帖》《琅华馆帖》《王屋图诗卷》和绘画《雪景竹石图》等一批好作品传世，却被爱好书法的乾隆帝在序言中点名："因思我朝开创之初，明末诸臣望风归附。如洪承畴以经略表师，俘擒投顺；祖大寿以镇将惧祸，带城来投。及定鼎时，若冯铨、王铎、宋权、金之俊、党崇雅等，在明俱曾跻显铁，入本朝仍忝为阁臣。"

王铎和曾靠附逆魏忠贤起家的冯铨一样，不同于洪承畴、祖大寿那样在明亡前被清军迫降，是在清军入关后才参加新朝的国家建设的，却未幸免名列乙编的贰臣恶人榜。

2

王铎没有王羲之的显赫出身。其父只是一个爱读书的农民，种了十三四亩田地，但遭豪绅侵占陷害，贫困时不能一日两粥。他十二三岁才接触笔墨，先练了王羲之的《圣教序》,又开始零散地读古文。幸好有个舅舅组织乡学,他十五岁才得以进正规的学校,接触到系统的四书五经。那一年,家里给他娶了一个大他两岁的老婆。

舅父陈具茨、岳父马从龙和发妻马氏,成了他的主要助学人。天启二年(1622)三月,年届而立的王铎进京参加殿试,名列二甲,赐同进士出身,与倪元璐、黄道周同改庶吉士。三人深交,始于此年,后来有了"三株树"与"三狂人"之称。

王铎供职翰林院编修,没有倚为靠山的政治资源,只能在魏门走狗顾秉谦、黄立极、冯铨的领导下颠倒是非,攻击东林党人,全盘推翻既定的梃击案、红丸案、移宫案的结论,为魏忠贤歌功颂德。

虽有谄事魏阉之嫌,然王铎是奉命参与者,故崇祯帝追责魏党时,没有株连王铎,而是安排他到东宫任职,做过右春坊左谕德、右庶子。他职权不高,但诗书盛名在外。温体仁主政时,王铎不屑与之为伍,主动申请调到南京掌翰林院事。

两年后,王铎被召回北京任詹事,兼经筵讲官。他给崇祯帝讲儒家典籍,讲《中庸·唯天下至圣》时,结合时事,言语有"白骨如林",激怒崇祯帝,差点治罪。

崇祯十二年(1639),太子朱慈烺正式入主东宫,设置机构,由翰林院和詹事府出员兼任。廷议推荐翰林院侍读学士兼经筵讲官黄道周,遭首辅大学士张至发反对,张支持王铎成为东宫侍班。给储君当师傅兼管家,前途无量,但王铎没干多久,因次女病逝,两次请假归里,后来他返京任翰林学士,不到一年又赴南京做礼部尚书。

王铎以家人先行,取路暂返老家孟津,他率家丁随后。家人半路陷入两千多人的农民义军重围中,王铎以二十五骑驰突往救,救出家人冲出重围。他还没抵达南京,老父病故,于是辞官服丧。不久,其母亡故。刚将父母葬入祖茔,妻子又病逝。

家人不断离世，使他无法回京任事。崇祯十七年三月，朝廷命他回京任礼部尚书，他还没来得及赴任，就收到崇祯帝自缢煤山的噩耗。福王朱由崧组建南京政府，王铎与詹事姜曰广任东阁大学士。权臣马士英排挤史可法和姜曰广，却对王铎看重，加其太子少保、户部尚书兼文渊阁大学士，成为流亡内阁的次辅。

王铎六次上书请辞，弘光帝挽留，晋少傅。这次没走，却使五十四岁的王铎在多铎大军围攻扬州时，临危受命，作为弘光帝逃亡芜湖后的南京最高长官。

3

顺治二年（1645）五月十六日，清军围城，王铎同礼部尚书钱谦益率留守南京的文武百官，在滂沱大雨中开城门，跪迎清廷的豫亲王、定国大将军多铎。

王铎跪掉了民族气节。摄政睿亲王对他很看重，命他以原职礼部尚书管弘文院学士，充明史副总裁。他的南明皇帝朱由崧，却被清廷押解进京处死了。

多尔衮摄政，王铎做过殿试阅卷官。他们的政治合作还算顺利。王铎因侍妾去世归葬返京后，被安排到礼部做左侍郎，兼《太宗文皇帝实录》副总裁。顺治帝有意拉拢王铎，下恩诏晋其为太子太保。顺治八年，大权在握的世祖将王铎升为少保。

御史张煊弹劾吏部尚书陈名夏"私庇南人"，压制资深的北方人王铎不能升尚书，而力荐资浅的南方人陈之遴为礼部尚书兼弘文院大学士。后陈之遴被劾与陈名夏营私结党，不宜重用，但顺治帝认为他是个人才，并不治罪，调任户部尚书。顺治帝任命王铎为礼部尚书，时为顺治九年三月，而王铎已经请假返回老家，重病在床，并未就职，同月病逝。朝廷收到讣告后，赠太保，谥文安，荫其孙中书舍人。

但是，乾隆帝知道，王铎在明末政坛以忠直闻名，极力反对权臣杨嗣昌对清军的主和政策。当其好友黄道周批驳杨嗣昌对清休战谋和，遭处以贬官六秩之严惩后，王铎仍上疏："言边不可抚，事关宗社，为祸甚大，懔懔数千言。"杨嗣昌大怒，使人向崇祯帝告发，请求对王铎课以廷杖刑罚。消息传出，王家老小惊恐不已，而王铎神态自若，毫无畏惧。他还向朝廷举荐其四弟王镆，请求允许他们兄弟领四千强兵，请缨以击寇颈，致意阙下。

而到了清朝，王铎虽非极受重用，也是位高权重，但他缄默无声，碌碌无为。他仕清七年，写了不少有名的字帖和诗作，却在本职工作上政治建树寥寥可数：一、顺治八年三月，疏请皇帝尊师重道，"幸学释奠""修葺圣庙"，照例调衍圣公及四姓博士赴京陪祀，行孔孟之道；二、九年二月，代表皇帝祭告西岳、江渎。除此之外，再无其他政绩记录了。

治绩不佳，但艺术成就高。王铎博学好古，诗书盛名在外，力矫积习，独标气骨，苍郁雄畅。后人给其"神笔王铎"的美誉，甚至认为其草书"后王胜前王"，即超过了王羲之。仕清后，他的字越写越好，布局匀称，线条飘逸舒展，行笔充实，转笔畅达，参差起伏，跌宕自如。他终生坚持"一日临帖，一日应请索，以此相间，终生不易"，遍临魏晋、唐宋法帖，一生的书法作品超过万件，传下来的墨迹本有近千件。此外，他还是一个高产诗人，写了两万余首诗，多有忧国忧民的情怀。

取得这份伟大的艺术成就，需要大量的时间和精力，这也使同样爱书法、写诗高产的乾隆帝质疑他的忠诚度：身居要位而不务正业，纵有神笔美誉，纵有忧乐情怀，也替代不了他的政治作为。

他把大量的时间给了临创书法、写诗作文、游山玩水，既不像洪承畴那样为统一大业殚精竭虑，也不同于冯铨、金之俊为内政治理出谋划策，完全是怠政不作为。

这些受顺治帝礼遇或重用，为清朝一统天下建功立业的降臣，在一百多年后，都被乾隆帝嗤之以鼻，悉数打入《贰臣传》。乾隆帝认为曾祖父顺治帝之所以用他们，为"开创大一统之规模，自不得不加之录用"。他用近乎仇视的眼光，看待这些贰臣："朕思此等大节有亏之人，不能念其建有勋绩，谅于生前；亦不能因其尚有后人，原于既死。今为准情酌理，自应于国史内另立《贰臣传》一门，将诸臣仕明及仕本朝名事迹，据实直书，使不能纤微隐饰，即所谓虽孝子慈孙百世不能改者……此实乃朕大中至正之心，为万世臣子植纲常！"（《明季贰臣传序》）

乾隆帝这么做，有自己的政治目的。他不好明说顺治帝崇汉抑满的是非观，而以此作铺垫，在此后不久，即乾隆四十三年（1778），为遭顺治帝削爵扬灰的多尔衮正式平反，恢复睿亲王封号，评价其"定国开基，成一统之业，厥功最著"。

多尔衮身后荣辱，百年巨变，那是皇家内部争斗此起彼伏的结果。而贴在王铎等身上的贰臣标签，却因历史的存在而不可能被揭去。哪怕他因气节自亏抑郁而卒，哪怕他的诗书名气再大、影响再久、成就再高，也无法改变他屈节降清的事实。

这是王铎那一类人的不幸和悲哀。

当然，历史也不会因为那些贰臣的标签甚至烙印，而淡化他们为明清之际社会秩序重建所贡献的大大小小的力量。

王铎虽政治作为不大，但留下的笔墨还是当时文化界的一大亮点，这是附庸风雅、标榜文治的乾隆无法比拟、不无嫉妒的。

多尔衮、顺治都爱上了
魏忠贤头号走狗

1

1644 年，摄政睿亲王多尔衮督率清军入关，人马总共不过十八万，却利用李自成与吴三桂之间的争斗，很迅速地迫降明蓟辽总督王永吉、宁远总兵吴三桂的数十万军队（《清史列传》说崇祯帝"令王永吉徙宁远兵五十万入卫，三桂留精锐殿后"），也很快将李自成东征的二十万大军击溃。

比较三股力量，多尔衮是不如吴三桂和李自成的。但，多尔衮有两年前投降的洪承畴出主意，"不屠人民，不焚庐舍，不掠财物""有首倡内应立大功者，则破格封赏"（《清世祖实录》卷四，顺治元年四月庚午）。吴三桂提出借兵分治，多尔衮并未及时出兵，待其真正屈膝时，才说平西伯"若率众来归，必封以故土，晋以藩王。一则国仇得报，一则身家可保，世世子孙，长享富贵，如河山之永也"（《清世祖实录》卷四，顺治元年四月癸酉）。

多尔衮出手大方，直接封王，世袭罔替，不像李自成仅升侯，还霸占了人家的爱妾和家产。吴三桂降清得福，愿为前驱，追击李闯王，成了多尔衮收降最好的榜样。

多尔衮一改过去劫掠财货、人口和牲畜的做法，严禁妄杀、奸淫、抢劫和偷盗，违者杀之。这有别于李自成进城后的所作所为，让曾惨遭刘宗敏、李过等义军首领疯狂清洗、掠夺和欺压的京城百姓和百官，可以接受另一伙战胜者，甚至与他们合作。

多尔衮要定国安民，创建大业，下令让明朝降官按原来的官位品级任事。他极大限度地使用降官，与其说是拉拢这些人，使他们不排斥关外来的统治者，还不如说是利用他们对新朝的效忠，为入主中原、统一中国贡献力量。

不知何人推荐，多尔衮给罢官十七年的冯铨写信，请他入朝做官。冯铨得信后随即赶去报到，被赐以朝服衣帽及鞍马、银币，命以原衔进入内三院佐理机务。

2

不能否认，冯铨有才能，十九岁中进士，入翰林院任检讨。其父冯盛明做过河南布政使，后任蓟辽兵备道，被熊廷弼治罪罢职，冯铨随父回籍。天启四年（1624），魏忠贤到涿州进香，冯铨跪于道旁，哭诉其父被东林党弹劾丢官的经过。魏忠贤正借熊廷弼兵败辽东事件，大肆攻击东林党人，于是命冯铨以原官起用。

冯铨因那一跪，被魏忠贤倚为心腹。杨涟弹劾魏二十四宗罪，冯铨致书魏侄良辅联络，"言外廷不足虑"（《清史列传·冯铨传》），并教唆魏忠贤行廷杖以立威。冯铨被升少詹事，补经筵讲官。虽是正四品，但管皇后家事，还给天启帝当老师。

魏忠贤如此安排，使冯铨近距离接近皇帝。冯铨投桃报李，以廷弼之名伪作《绣像辽东传》刊行于世，利用给皇帝讲史时呈上，栽赃诬陷。熊廷弼死后，冯又暗设圈套，杖毙熊之姻亲、御史吴裕中。

冯氏所为，一是报恩，二是复仇。魏忠贤兴奋了，赶紧让天启帝晋升冯为礼部右侍郎兼东阁大学士并入阁，一个月后升礼部尚书兼文渊阁大学士。

短短一年间，冯铨连升十多级，位极人臣。他在魏忠贤的授意下，主持编修一部篡改历史、恶名昭彰的《三朝会典》，为主子魏大太监歌功颂德。

狼狈为奸，权势炙热。魏忠贤的心腹、司礼秉军太监涂文辅说："内有涂文辅，外有冯振鹭。"冯振鹭即冯铨，是魏忠贤在朝堂的头号走狗，被进少保兼太子太保、户部尚书、武英殿大学士，位在魏忠贤养子、"五虎"之首崔呈秀之上。崔为兵部尚书兼都察院左都御史、少傅兼太子太傅，权倾朝野，却没入阁。

他们沆瀣一气，唯魏忠贤是瞻，然冯铨主管财政，贪贿太甚，被崔嫉妒。崔呈秀使冯铨在魏忠贤倒台前一年丢了官职。冯仍讨好魏忠贤，为其书百韵祝寿诗，但没被重新起用。

崇祯帝上台，清算魏忠贤，钦定逆案。崔呈秀自缢而死，仍被戮尸。另一百二十九人因谄事魏，属"论徒三年输赎为民者"。靠座主冯铨抱上魏忠贤大腿的"十狗"之一、太仆少卿曹钦程，罪列首位。罢职在家的冯铨，也未能幸免，论罪陷害大臣、谄媚阉党，罪列第二，削籍。崇祯十四年（1641），周延儒复出重新组阁，冯铨攀同年关系，拟借援守涿州和运炮有功复职，但被吏科都给事中章正宸力阻而未成。

<h2 style="text-align:center">3</h2>

这样一个品德卑劣、靠附逆魏忠贤起家的人，却成了多尔衮摄政的帮手和心腹。

冯铨揣测主子的心意，迎合任事，会集群臣于武英殿向多尔衮上表称贺。多尔衮命查明并赡养明诸王的遗腹子，冯铨赶忙叩头谢恩。多尔衮称他不忘旧主，冯铨答曰：一心可以效忠两位君主，但对一位君主不会二心。

冯铨为自己的屈节臣服诡辩，又向新主子表忠诚，但还是有人对他的行为很不齿。

御史吴达弹劾冯铨是"逆珰魏忠贤干儿，阴谋篡弑，载之大案，炳如日星"，仕清后，"列入内院，四海浩叹，咸曰刁珰余孽，岂堪为开基元老"。他作为内院大学士揽权纳贿，曾向姜瓖索银三万两，准以封官；纵令其子盛宴诸官，结纳党羽。冯铨请复明朝内阁票拟制后，"票拟自专"，"使人畏惧逢迎"。"狐媚成奸，豺狼成性，蠹国祸民，如今日之冯铨者也。"（中国第一历史档案馆《宫中杂件·浙江道监察御史吴达题参冯铨本》，顺治二年八月初一日）言官如江西道御史李森先、陕西道御史罗国士、贵州道御史桑芸、广西道御史王守履、工科给事中许作梅等，纷纷谴责冯铨，请求摄政王将冯"立彰大法，戮之于市"（《清史列传·冯铨传》），将其罪行公诸天下。

朝议汹汹，多尔衮亲自裁决。

冯铨仰仗恩宠，逐条反驳，说吴达们所劾诸事"俱无实迹"。

多尔衮说，前朝旧事不当追论，冯铨"恪遵本朝法度"，有功无过。（《清世祖实录卷》卷二十，顺治二年八月丙申）

他以摄政王之尊严厉警告弹劾者："故明诸臣，各立党羽，连章陈奏，陷害忠良，无辜被罚，无功滥用，酿起祸患，以政明亡。今尔科道各官，如何仍蹈故明陋习，陷害无辜！"（《清世祖实卷录》卷二十，顺治二年八月丙申）由于多尔衮的爱，奸恶之人冯铨成为忠诚者、受害者、无辜者。

给事中龚鼎孳说冯铨"乃背负天启，党附魏忠贤作恶之人"（《贰臣传·龚鼎孳传》），冯铨便揭发龚在京师陷落时投井自杀，被人救起后辅佐李自成，任直指使，巡视北城。多尔衮询问属实否，龚以魏徵曾降李世民一事辩护，被斥无耻。其他言官不是夺官，就是降调，而冯铨更为多尔衮所宠信，授弘文院大学士，加少傅兼太子太傅，还奉命"总裁明史"，两任会试正考官，出任《太宗实录》总裁官。

冯铨和满人刚林、祁充格成了多尔衮宠信的大学士。范文程于开国定制大有贡献，威望甚高，从顺治元年起就名列大学士之首，却逐渐被排除于议政之外。冯铨在大学士中名列第四，位于洪承畴、祁充格等满汉同僚前。顺治三年（1646）正月，冯铨请求多尔衮：按尊贤敬客之论，他该在范文程、刚林之后；

以新旧为次序，他当列于祁充格、宁完我之后。多尔衮说："天下一统，满汉自无分别。内院职掌等级，原有成规，不必再定。"（《清史列传·冯铨传》）

顺治七年十二月，多尔衮病逝，清世祖亲政，朝中格局发生巨变。不少受多尔衮重用的大臣，被以党附之罪严厉惩罚。祁充格、刚林都被诛杀。

廷议吴达弹劾冯铨受贿一案，范文程说"诸臣疏劾大臣，为君为国"，那些弹劾冯铨而被追责的官员被复职。辅政叔王济尔哈朗弹劾冯铨，使之降调。顺治帝给吏部下谕："国家用人，使功不如使过。原任大学士冯铨素有才学，召入内院办事，数年以来，未见有所建明，且经物议，是以令其致仕回籍。"但是，顺治帝又说，冯铨无显著过错，"博洽典故，谙练政事，朕方求贤图治，特召以观自新"。

冯铨第二次复出，仍被授弘文院大学士。他侥幸重获恩宠，但旧习不改。顺治帝问他翰林官员能力时，他借机打压同他一起投降清廷的前明降官，说："南人优于文而行不符，北人短于文而行或善。"

冯铨这一招借力打力，以说反话攻击，攻击的对象是他的前明同事、复社名士陈名夏。陈名夏是江南人，官拜秘书院大学士，掌吏部尚书事，为南方官员的领袖。他曾是多尔衮的心腹，因文章写得好，也很受顺治帝赏识。有投降李自成污点的陈名夏被绞死后，顺治帝怀念他"多读书，问古今事了了，即所未见书能举其名"。

源于明末的南人与北人之间的党争，入清后仍然"南北各亲其亲，各友其友"，一直明争暗斗不断。北方集团的代表人物冯铨，虽几次遭升任左都御史的龚鼎孳等人的弹劾，却被顺治帝降级留任，或很快起用。

顺治帝对冯铨格外恩宠，就是冯母亡故，也破例赐祭葬，还命他夺情入值如故，没过多久又下谕称他"翼襄政务，称缺委任"，加少师兼太子太师。

顺治十三年，六十二岁的冯铨以年老请辞，顺治帝特加太保兼太子太师、秘书院大学士、礼部尚书致仕，但仍留在朝廷以备顾问，其后经奏请皇帝批准回到原籍。三年后，顺治帝改革内三院为内阁，还专门下诏让冯铨以原衔兼中和殿大学士。

荣休多年还身兼数职，还出任新设的大学士，可以说冯铨有超强的能力，让顺治帝离不开。顺治帝明明看到了他身上的种种污点，却坚持付以重任，足见这位年轻天子的人才观。

康熙十一年（1672）十一月，冯铨卒于家中，享年七十八岁。康熙帝按规定赐祭葬，谥文敏，但很快以冯铨品行不端、名声不好而剥夺谥号。如此推翻已经盖棺论定的结论，康熙帝算是为其父的唯才不唯德做了一个正式更正。

至于冯铨仕清后的治绩，萧一山《清代通史》说了一句肯定的话："运筹策划，经略四方，管理机要，创制规模者，如范文程、洪承畴、金之俊、冯铨辈，虽以汉人投效，行节有亏，史书所载，黜之贰臣；然经营勤劳，亦不失为开国之良辅。"冯铨狡黠成性，谋上位而昧天理良心，但作为顺治朝宰辅之一，还是有作为的。

敢对顺治帝暴跳如雷的贰臣
很可怜

1

顺治七年（1650）十二月之后的顺治帝，终于扬眉吐气了。把他当了七年儿皇帝的皇父摄政王，出猎古北口外，从马上跌伤致死，不再有人在权力场上敢与之争锋。即便复出的辅政叔王济尔哈朗，假公济私向已被追封成宗义皇帝的多尔衮复仇，也得看十五岁的少年天子的脸色。

在激烈的皇权争斗中，顺治皇帝已由一个不谙世事的六龄童，历练成了一个少年老成、深有城府的"英年睿主"（萧一山《清代通史》卷上第三篇第十六章《康熙之初政》）。

曾被他接见过的天主教耶稣会意大利籍传教士卫匡国，在《鞑靼战纪》中说："这个皇帝虽然年轻，但一开始治理国事就表现得深谋远虑，受到各个阶层、各个集团的赞扬，胜过了头发灰白的最有才智的大臣们。他已经不再是一个傀儡了，在处理政务方面也表现出惊人的判断力。"

顺治帝成了天下真正的王。但在一次朝会上，他却碰到了一个大臣冲他发火。

事情发生在顺治十七年六月。

左都御史魏裔介与浙江道监察御史季振宜，弹劾少傅兼太子太傅、文华殿大学士管吏部尚书事刘正宗为政阴险、欺上罔下，弄了多条罪状：

一、浙江布政参议李昌祚"叛案有名，票拟内升"，刘正宗力推其为大理寺卿。有人揭发李是反清人士，刘正宗称只是姓名相同而已，也没向顺治帝报备。

二、原刑部右侍郎、吏部右侍郎董国祥，被降调员外郎，被刘正宗举荐为文选司郎中，因替上司卢慎言寄收过金银，事发而被流放。吏部主事梁羽明也有问题，被举荐为太常寺少卿。刘正宗两次荐举不当，却不引罪作自我检讨。

三、刘正宗的堂弟刘正学，原为明将李成栋的参将，顺治四年投诚复叛，南逃广州为郑成功效力，三年后再次投诚。刘正宗安排山东巡抚耿焞授其弟守备，还编造了一个擒获逆犯的功劳上报朝廷，而不说他降而复叛的事情。

四、刘正宗与前明尚书张缙彦为好友。张缙彦降过李自成，降清后一直不受重用，他给刘正宗的诗歌《逋斋诗集》作序，称赞他是"将明之才"，有复明之嫌。

好友用心良苦的恭维，却被政敌们认为是居心叵测。

2

顺治皇帝看过奏疏后，暗示刘正宗，希望他交代清楚。

然而，刘正宗不说事实，只说自己是衰老的孤臣，没有搞团伙，直喊被诬陷。

被诬告、受陷害、是冤枉，但要证据。

顺治帝积极为刘正宗创造机会，只要他承认错误，便宽大处理，哪晓得他坚决与组织对抗。

顺治帝命令王公、贝勒、九卿、科道到刑部，集体问案，收到报告"刘正宗性质暴戾，气量褊浅，持论矫激偏私，罔揆于理；处事执谬自恣，务显其长"（《清史列传·刘正宗传》）。

有人认为刘正宗与魏裔介有矛盾，是那些御史捕风捉影，玩文字狱，但，皇帝给足了他辩护的机会，让群臣都到场做见证，为何刘正宗不自证清白，反而咆哮公堂呢？

顺治帝对自己宠信的政治重臣兼诗文挚友刘正宗，是很有感情的，决定亲自主审。他在朝会上宣读都察院弹劾的奏疏，希望刘正宗抓住最后的机会，当众谢罪。

只要他认错，顺治帝就乾纲独断地用霸权手段把这一起集体弹劾案摆平。

在顺治帝的心里，魏裔介们弹劾的都是小问题，不足以处以绞刑。

刘正宗是顺治培育的重臣。清军入主北京后，山东巡按李子奇向朝廷举荐因躲兵祸退回老家的刘正宗是人才。摄政睿亲王下旨，刘正宗于顺治三年正月进京上任国史院编修。此后七年，刘正宗一直在弘文院、秘书院打转，做个普通学士，还差点被外调。顺治十年四月，皇帝到翰林院视察，发现了刘正宗，很快让其出任吏部右侍郎。顺治帝发疯般地给予迅速提拔，第二个月升弘文院大学士，五月后特加太子太保，管吏部尚书事。刘正宗以病请辞，顺治帝好言慰留，先加少保兼太子太保，后升少傅兼太子太傅。

顺治十一年三月，刘正宗联手辽东旧人、国史院大学士宁完我，疏劾秘书院大学士陈名夏结党怀奸、擅权乱政。十天后，顺治帝以结党营私罪对陈名夏处以绞刑。

顺治帝喜欢陈名夏的文章，欣赏他的才华，但陈名夏涉嫌党附多尔衮，庇护谭泰等。顺治帝杀他，是杀给觊觎分权的权贵们看的，是为了解决皇权和议政王大臣会议之间的矛盾，而不得不让这个骑墙主义者成为权斗的祭品。

3

刘正宗出事了，最高审判者给机会，但当事人不给面子！

刘正宗不是认错，而是暴跳如雷，大呼这是诽谤，那是诬陷。

他争辩："李昌祚为叛党，裔介身为法司，何不早行纠参？例凡荐举之官，在本任不职,追坐举主。国祥、羽明皆升任后得罪。缙彦序臣诗有曰'将明之才',臣诗稿见存,缙彦序未见此语。"(《清史稿·刘正宗传》)

刘正宗理直气壮、声色俱厉、义正词严,却让有心帮他的顺治皇帝下不了台。

顺治帝情愿相信宠臣刘正宗,但需要一个合理的解释去说服满朝文武。

刘正宗希望顺治帝相信自己,却不以事实说话。刘正宗以为还可以像从前那样,御史们弹劾他提拔官员分彼此、昏庸衰老行懒政、背公徇私玩心计等,他便引咎辞职,顺治皇帝会一次次宽容挽留。

这次却不行了!行事偏激的青年皇帝,正因已患病三年的董鄂妃濒临大限而痛苦不堪。这是他一生最钟爱的女人。廷鞫时,刘正宗完全一副与皇帝叫板的态度。

顺治帝曾多次敲打权势炙热、树敌太多的刘正宗,说皇帝委任大臣希望有始有终,要他痛改前非,对得起皇帝"优容恕过之意"(《清史列传·刘正宗传》),而他并未因此警惕。魏裔介出手击垮他的政敌、弘文院大学士陈之遴之后,对他反戈一击,而他又不谙情势地冒犯了顺治帝的政治底线。

没有问题,也有问题了。

目无君上,咆哮朝堂,就是死罪。

刘正宗"悖愎琐屑,负气乖张"(《清史列传·刘正宗传》)。顺治帝大怒,说:"惟以沽名好胜为事,弗顾国家大事。"若称心如意,便骄矜夸耀;一旦不如意,就愤懑不平。这不是一个喜乐正道、心怀宽容、气魄宏大的老臣该具备的。

顺治帝下旨,罢免刘正宗一切官职,剥夺所有荣誉,三法司对其立案审查。顺治帝念其多年辅佐,从宽免死,抄没一半家产入旗,不许回籍,还株连其亲朋故旧。

半年后,顺治帝驾崩,康熙帝继位,辅政四大臣重提先帝遗诏内曾写到的刘正宗罪状,应当处以重刑,但念其年老而特予宽免。刘正宗一病不起,当年年底病逝,寄厝于北京西直门外。直至康熙四十五年(1706),才获准将其灵柩运回归葬刘氏祖茔内。

刘正宗去世七十五年后，乾隆帝登基，平反清初的冤假错案，认为他仕清以来清正耿介、政绩卓著，被罢官削籍，是朝廷内派系斗争所致，无反清罪行。他是顺治帝亲政以来多年的宠臣和诗友。于是，乾隆二年（1737）正月，皇帝降旨，定他为顺治帝祀庙的配享，恢复原职，诰授光禄大夫、少傅、大学士，长辈俱受赠，晚辈皆得荫。

又是四十年过去了，乾隆四十一年，清高宗组织大臣编撰《贰臣传》，却以刘正宗对明清两朝均不忠且毫无建树，入列乙编。

乾隆四十一年出生、嘉庆十年（1805）袭封第八代礼亲王的昭梿在《啸亭杂录》卷一《世祖勤政》中说："世祖亲政后，任法严肃，凡大臣专擅如陈名夏、谭泰、陈之遴、刘正宗辈，无不立正典刑。故人知畏惧。"刘正宗及其政敌们的死，都成了皇室宗亲宣示顺治帝"夙弊尽革，以成一代雍熙之治"的典例。

文坛领袖的气节
还不如一个妓女

1

明崇祯元年（1628），朱由检下旨，将天启六年（1626）忤魏忠贤专权而被贬为庶民的前少荫事官刘鸿训召回，拜礼部尚书兼东阁大学士，参与军国大事，不久加太子太保，进文渊阁大学士，成为内阁首辅。此时，魏忠贤虽被贬，但其党羽尚在，每逢有提出新建议者，常遭他们攻击，大臣多不敢言。刘鸿训力主正义，痛斥魏党杨维垣、李恒茂、杨所修、田景新等狼狈为奸。当年年底，刘鸿训遭奸佞陷害，称篡改崇祯敕书，被贬往代州守卫边防。

刘鸿训被革职，首辅不能空缺。于是，重获权力的东林党人推举礼部侍郎兼国子监祭酒钱谦益竞聘。同时被史部推举阁臣的，还有钱氏的顶头上司、礼部尚书温体仁和同事，礼部右侍郎周延儒。

都是礼部高官，他们都要当内阁首长，便不讲礼了。

钱谦益见温、周名在己上，故阴谋阻止，遂派门人、礼部给事中瞿式耜进言主推者抛弃二人，以成基命及钱谦益等十一人名单报告皇帝。钱谦益不但诗写得好，且擅长舆论攻略，势在必得。

为了上位，温体仁翻出天启元年与钱谦益有关的一个案子。举人钱千秋在科考中作弊，标记每段文后关键语，被成功录取，后被告发。钱谦益作为乡试主考官，也被卷入这一贿赂舞弊案中。此案是钱谦益举报给朝廷的，事后他也受了轻微的处罚，但没有证据证明他直接参与其中、接受贿赂。

这次竞选是激烈的。一方是强势钱氏，一方是温周同盟，两方都是绞尽脑汁，施展浑身解数。就像美国总统竞选，一方候选人为了击倒对手，除了虚构白人生了一群黑皮肤的私生子，还能用科技的手段弄到她删了邮件的准确数量。只是钱与温周之争的评判者，不是普通的选民，而是端坐在蟠龙金椅上的最高统治者崇祯帝。

崇祯帝下令，三天后，内阁六部科道官员至文华殿，听取竞选者登台竞聘。于是，钱谦益和温体仁都抓住了决定者朱由检的心理。

2

钱谦益大展最具才气的文学批评大家和诗坛领军人物的看家本领，盛气凌人，称温体仁参与了什么什么党派活动。

温体仁不甘下属捷足先登，自告奋勇地向崇祯帝表示，愿意彻底清查并根除一切党派活动，严防新的党争爆发类似天启朝因党争引发的政治危机。他把东林党人定为打击目标，也就是打击竞争对手钱谦益。为了实现打击的最佳效果，温体仁还铤而走险地将魏忠贤余党霍维华等拉来帮忙打援，但他还是聪明地将自己装扮成反东英雄。

温体仁以退为进，先声明自己不是言官，不便乱说话，加之是竞选者，更该避嫌，但是选内阁大臣涉及社稷安危，而钱谦益结党营私，收受贿赂，满朝大臣没有一个敢出来说话的，自己不忍看到皇上被孤立，不得不说。

温体仁隔山打牛，以浙江科考舞弊案向钱谦益发难，但旁听的同僚们发觉自己也中了刀，于是纷纷站队，斥责温体仁是诬陷贤臣的小人。吏科都给事中章允儒为钱谦益辩护最为积极：温体仁热衷权力，如果钱谦益有错，为什么他等到今天才揭发？

这下，文华殿热闹了！大家都在支持钱谦益，却在无形中做足了钱氏营私结党的证据。

作为真正的决策者，崇祯帝最怕廷臣结党。他在天启朝虽只是一个潜邸的王爷，但对党争危机还是很记忆犹新、惶恐忌讳的，毕竟这样那样的派系势力专权擅政险些提前结束了他们家的天下，不然哪会轮到他踩着兄终弟及的政治非常轮轨，看似幸运地接过了一个外强中干的烂摊子。

他知道，天启五年，钱谦益曾被弹劾参与东林党人活动。魏忠贤借熊廷弼案，大肆清剿东林党及其外围力量，当时执掌起居注和国子监的钱谦益，就因与东林党来往密切，因领袖东林而引咎辞职。崇祯初年，不少东林党人奉旨回朝，但他们时刻被朱由检提防着。不然，短短的崇祯十七年，又怎会有五十人像走马灯一样在相位闪烁一现呢？

于是，他命令礼部取来钱千秋的卷子，当堂对质，责难钱谦益。一笔写不出两个钱字，钱谦益再清白也是不清白。崇祯帝说："微体仁，朕几误！"（《明史·温体仁传》）他的意思是没有温体仁，几乎要误事了。

3

钱谦益被下狱论罪，挨了一顿杖罚，判了一月徒刑后，成了贬黜为民的废籍礼部侍郎。

温体仁虽然第一次入阁失败，但成了崇祯帝的心腹宠臣，即便不久被弹劾娶娼妓、收受贿赂、夺人家产等诸多不法行为，崇祯帝还是一再宽免慰留。崇祯三年，周延儒组阁，温体仁顺利以礼部尚书身份兼任东阁大学士，实现了入阁的愿望。

温体仁入阁成功，不买内阁老大周延儒的账，而是借助崇祯帝的宠信，将周弄得被迫辞职。温体仁成了新的内阁老大，独揽大权，开始对昔日政敌钱谦益进行打击。

　　七年后，温体仁指使常熟士人张汉儒诬告钱谦益贪肆不法，意欲彻底颠覆钱氏给世人的刚正清廉的名臣形象。巡抚张国维、巡按路振飞上书为其鸣冤。钱谦益向司礼太监曹化淳求救，被温体仁侦知，报告崇祯帝说钱、曹勾结。廷臣交际内臣，本是明朝屡禁不止的政治现象，但深为历任皇帝忌讳。崇祯帝责罚钱谦益，但又出卖温体仁，将温的弹劾奏折给了曹化淳。曹迅速反应，说温一直在破坏钱氏声誉，大有欺君罔上、依权仗势、制造冤假之势，这不仅有违辅政公正、吏治清明的为政之道，更是辜负了皇上的信任和重托。

　　虽然都是宠臣，但曹化淳与崇祯帝相知更早、关系更近，他早年给还是皇子的朱由检当大伴，后为崇祯管理司礼监，还算是不干枉法事的忠诚的奴才，于是崇祯帝下令：将张汉儒刑罚至死，迫温体仁称病辞职。同时，钱谦益也被削籍归乡，但他因曾为曹化淳的恩公太监王安写过一篇漂亮的墓志铭，换得曹化淳出手，帮他彻底地给了温体仁反戈一击。

　　温体仁不再被起用，第二年病逝家中，然崇祯帝追赠太傅，说他"纯忠亮节"，谥文忠。崇祯帝对这位对自己还算忠诚的辅臣还是挺有感情的。只可惜后来撰修的《明史》，称其"为人外谨而中猛鸷，机深刺骨"，将他纳入《奸臣传》。

　　温体仁作为崇祯一朝任期最长的辅臣，在频繁的人事变动中稳居内阁要职达八年之久，官至少师兼太子太师，进吏部尚书、中极殿大学士，阶左柱国，兼支尚书体禄，是其他人难以企及的。

　　温体仁为人圆滑，老谋深算，是一个为了权力不惜搬弄是非、误国误民的巧官。他受崇祯宠信和重任近十年，身在要职，对内如何平定李自成与张献忠叛乱，对外怎样对抗辽东金兵南下，未尝建一策。他向朝廷推荐的人，多为南郭先生，苟以充位而已，反而支持盘踞在皮岛的军阀毛文龙坐大，独霸一方，与辽东经略袁崇焕对抗。如此之徒长期懒政怠政，庸碌无为，加剧了本来就已千疮百孔的明末大败局的快速形成。将他打上"大奸臣"的烙印有道理，但还是有些过分。毕竟当时主政的崇祯帝自负刚愎，打着中兴的旗号，同样干尽了追名逐利、争权好功的傻事。

与温体仁相比，钱谦益更是一副毫无原则性的文人士大夫嘴脸，气节操守远不及一个妓女。花甲之年娶的名妓美妾柳如是，在明亡之际，劝钱殉节，如是奋身投水，钱氏假装入水，做了一回落水狗，赶紧托起柳氏，使之身殉未遂。他曾经的好友朱鹤龄说："与钱谦益为同郡，初亦以其词场宿老，颇与倡酬。既而见其首鼠两端，居心反复，薄其为人，遂与之绝。"（《四库全书总目提要·愚庵小集》）

朱鹤龄和钱谦益均为明清之际的大学者，同为苏州人士，二人最初因相近的民族立场和学术旨趣走到一起，合作笺注杜诗七年，但后来却因钱氏变节而反目成仇。

4

钱谦益五十九岁那年（崇祯十四年），迎娶二十三岁的名妓柳如是做继室夫人。

一时传为佳话，也致非议四起。

柳氏生于万历四十六年（1618），父母无考，只知其为浙江嘉兴人，被卖给名妓徐佛做养女。名为养女，不过是养在深闺、待长而沽的摇钱树。

她本姓杨，名云，复字朝云，号影怜，因读宋朝辛弃疾《贺新郎》"我见青山多妩媚，料青山见我应如是"，故自号如是。

早在崇祯五年，年仅十四岁的柳如是便嫁与年逾花甲的致仕大学士周道登为侍妾。

周道登，苏州吴江人，据说是宋代大儒周敦颐的后裔，万历二十六年考中进士，进入仕途，被选入翰林院做庶吉士，天启初年官至礼部左侍郎，五年被廷推为礼部尚书。还没正式入选，擅权的魏忠贤就让他罢官回家了。

天启七年，崇祯即位，因不喜欢大学士黄立极、施凤来、张瑞图、李国普等四人，特发谕旨，要遴选新内阁。被推选的十人中，便有奉旨还朝的老周。入选者多，崇祯采取抓阄的方式决定最终人选，第一次抓取钱龙锡、李标等四人，不满意，于是再抓，抓到了老周和刘鸿训等。

崇祯下旨，周道登和刘鸿训皆以东阁大学士兼礼部尚书参与机务。刘鸿训得罪魏忠贤余党，被构陷贬至代州守卫边防，而周道登本是一个愚蠢木讷、不谙学术之人，爱装孙子，奏对鄙浅，传为笑谈。

崇祯开经筵，与阁臣对讲。

崇祯问：宰相须用读书人，当作何解？

周道登答：皇上，这个请容臣等到阁中查明后再回奏您！

崇祯哭笑不得。

崇祯又问：近来诸臣奏疏中，总有"情面"二字。何谓情面？

周道登回答：情面者，面情之谓也。

这样的人，不仅是迂腐至极，也可说是愚蠢透顶，却充斥在崇祯的首届内阁中。

这样的阁老，无疑是尸位素餐，少不了招致同僚的弹劾。吏部尚书王永吉，御史田时震、刘士祯、王道直、吴之仁、任赞化纷纷上疏弹劾。

他主管的礼部也有官员要检举揭发。礼科给事中阎可陛，虽然级别低，但有监察长官、上达天听的权力。他在报告中说：崇祯元年，东阁大学士兼吏部尚书周道登，利用负责选翰林院庶吉士之便，将有私交的江西南昌宗室成员朱统饰入选，"虽云无私，而实有意"（《烈皇小识》卷二），这是违反朝廷规定的。

周道登辩解："国家唯才是兴，今宗人例得入仕，既可外职，奈何独限其词林乎？"（清乾隆《吴江县志》卷二十八）

虽然这次崇祯没有深究，但是王永吉等继续发力，终于迫使崇祯帝将不学无术、以权谋私的周道登赶回老家。

致仕大学士回家，却因祸得福，在家中看到了妙龄少女柳如是。柳如是当时正为周道登老娘的侍婢。周见她能歌善舞，伶俐可爱，于是讨作陪床侍妾，并因柳氏生得矮小，常把她抱于膝上，教她读诗学文，引得其他妻妾醋意大发。

老夫少妾，如同爷孙。封建专制时代，剥削阶级就是如此干尽了奴役穷苦、灭绝人性的丑事。

但是好景不长，崇祯五年，周道登一命呜呼。周某死后，柳如是被迫下堂，重操青楼旧业。柳氏在松江与复社、几社、东林党人交往，与李待问、宋征舆、陈子龙等文人先后演绎了不为礼教所容许的恋情。柳氏最爱年长她十岁的年轻俊彦陈子龙，同居有年，而陈的原配夫人带人打上青楼，严重侮辱了柳氏。

柳氏擅近体七言，分题步韵，作书得虞世南、褚遂良笔法。她出身青楼，混迹青楼，但择婿要求很高，许多名士求婚她都看不中，直至二十岁时来到北京城，遇到前礼部侍郎、著名老文人钱谦益，深得老钱喜爱。

明朝遗老余澹心《板桥杂记》记载：柳如是名列秦淮八艳之首，之后为顾横波、马湘兰、陈圆圆、寇白门、卞玉京、李香君、董小宛。老钱娶得小柳当美妾，虽然家中已有多个妻妾虎视眈眈，争风吃醋，但他下令，家人一律叫柳氏为"夫人"，不得称"姨太"，不把她当作姬人和妾，并自己带头，敬称柳如是为"河东君"，还专门为她在虞山盖了壮观华丽的绛云楼和红豆馆，金屋藏娇。

两人读书论诗相对甚欢，钱谦益戏称柳如是"柳儒士"。

老夫少妻，情趣相投，也恩爱一番，在那个特殊的年代诠释了一次少有的男女自由平等的激情。

这是柳如是想要的生活。

但是，好景不长。国家的命运决定了民众的生存。

崇祯十七年，李自成攻破北京，崇祯帝自缢身亡。明亡，但南京还在明朝王爷和遗老手中。钱谦益为首的东林党人，以立贤为名，主张立神宗之侄潞王朱常淓，而马士英要立福王朱由崧。史可法称福王"在藩不忠不孝，恐难主天下"。

及福王被四镇总兵拥立于南京，建立弘光政权，钱谦益赶紧上书给马士英歌功颂德，马遂荐钱任南明朝廷礼部尚书。钱谦益力荐阉党阮大铖为兵部侍郎。东林党预谋立潞王事发，马士英尽诛东林党诸人，但放过了钱谦益，还让他做了礼部尚书。

清顺治元年（1644）十月，豫亲王多铎受封定国大将军，统兵南征。

第二年五月，多铎兵临南京城下，柳如是劝钱谦益与其一起投水殉国。

钱谦益沉思无语，率家人、故旧载酒常熟，声言欲效法屈原，投水自尽。

哪知钱大官人最后走下水池，试了一下水，说："水太冷，不能下。"

柳如是"奋身欲沉池水中"，却给钱谦益硬托住了。

钱氏装模作样却是怕死，还不如出身青楼的柳如是知民族气节。

这也成了执掌江南文坛二十余年的领袖人物钱谦益人生的一大污点。

5

商女亡国恨红尘，士子放诞苟活命。

顺治二年五月十五日，钱谦益率诸大臣在滂沱大雨中开城，向多铎跪拜投诚。他成了倒卖南明皇权的投机名臣。

史惇《恸余杂记》记载："豫王下江南，下令剃头，众皆汹汹。钱牧斋忽曰：'头皮痒甚。'遽起。人犹谓其篦头也。须臾，刚髡辫而入矣。"牧斋，即钱谦益的号。清人强制汉人剃发，钱谦益不以为耻，反而主动剃发，更是一副滑稽嘴脸。

当时流传一首诗："钱公出处好胸襟，山斗才名天下闻。国破从新朝北阙，官高依旧老东林。"就是讽刺钱谦益的投降屈节。河南巡抚越其杰、河南参政兵巡道袁枢，都与钱谦益交好，俱誓不仕清，相继绝食而死。

据故宫博物院编《多尔衮摄政日记》记载，大清国的摄政王多尔衮了解过钱谦益的情况。顺治二年"六月初三日，王又问：'江南既下，有甚好人物？'

大学士等对：'地方广大，定有人才。'王又言：'不是泛论地方贤才，只是先生们胸中有知道的否？'大学士等对：'钱谦益是江南人望。'王又问：'如今在否？'大学士等对：'昨归顺，文册上有名字，现在。'王颔之"。

冯铨等降清大学士，都是钱谦益在前明的老同事，他们向多尔衮推荐了钱谦益。

钱谦益变节投效，上京候用，被以前明而非南明旧职续任新朝，成为礼部右侍郎管秘书院事，充修《明史》副总裁。

官职降了一级，品秩按清朝普遍制度升高了半格，但事情还是原来的那几样。

老夫北去。年轻貌美的小夫人柳如是，却耻于同行，留居南京。

升官无望，加之年近古稀，置身在崇满抑汉的政治环境中，本怀着无龄感热心政治的钱谦益钻营无门。

电视剧《孝庄秘史》设计多尔衮向太后逼婚，是钱谦益出的主意。洪承畴从南方带回的张煌言的《建夷宫词》有句"春官昨进新仪注"，即礼部进呈结婚的礼仪程序，被演绎成礼部尚书钱谦益为主子多尔衮草拟了太后下嫁仪注。这个礼部太后下嫁"新仪注"，后来没有见到，要么是早被顺治亲政后烧了，要么本来就是子虚乌有。

钱谦益做过南明弘光小朝廷的礼部尚书，但他做了一个月的清朝礼部侍郎后，便以病退休，返回南京，携柳如是返常熟。顺治五年冬，多尔衮称皇父摄政王时，钱谦益早已返回原籍，没有机会以礼部尚书领衔奏事太后大婚。

他不仅没有机会策划太后下嫁的婚事，而且称疾辞归后，多尔衮摄政的清廷，对他这位"文章宗主"、东林领袖、"四海宗盟五十年"（黄宗羲语），还是不放心的，下令巡抚、巡按随时监视上报。

问题来了，钱谦益两次经历牢狱之灾。柳如是或扶病随行，上书陈情，誓愿代死从死；或全力奔走营救，斡旋。钱谦益得以免祸，感慨万千："恸哭临江无孝子，从行赴难有贤妻。"最后，钱谦益被管制在苏州，寄寓拙政园。

6

大难不死，钱谦益表面居家，暗中与各股反清复明势力联络。

顺治六年，他致书南明桂王政权桂林留守、学生瞿式耜，以"楸枰三局"作喻，痛陈天下形势，列举当务之急著、要著、全著，并报告江南清军将领动态及可能争取反正的部队。瞿式耜得书后，上奏桂王说：钱谦益"身在庑中，未尝须臾不念本朝，而规划形势，了如指掌，绰有成算"，"忠躯义感，溢于楮墨之间"。

钱氏不顾年迈体弱，多次亲赴金华策反总兵马进宝反清。顺治九年，李定国克复桂林，承制以蜡丸书命钱谦益及前兵部主事严拭联络东南。钱谦益"日夜结党，运筹部勒"。

顺治十四年，郑成功北伐金陵，钱谦益与柳如是"尽囊以资之"。起事失败，钱不灰心，仍与反清复明志士秘密策划，以接应郑成功再度北伐。两年后，郑成功、张煌言配合，率十七万水路大军再攻南京，连克数镇，钱谦益欣喜若狂、慨然赋诗，歌颂抗清之师，直斥清廷"沟填羯肉那堪脔""杀尽羯奴才敛手"。近代史学家陈寅恪晚年在目盲体衰、极端困难的情况下，口述而由助手笔录成书的《柳如是别传》，百余万字，就是看似立传柳如是，实写钱谦益在降清之后如何与郑成功合作反清复明。

北伐三次失败后，他心灰意冷，痛感"败局真成万古悲"。几年后，钱谦益以八十三岁高龄去世，葬于虞山南麓，并未被朝廷追责、剖棺戮尸。

难道清廷不知钱谦益二度变节、图谋复明吗？在其病逝一百一十多年后，即乾隆四十一年（1776）十二月，乾隆帝下旨，将钱谦益列入《贰臣传》乙编，以示与洪承畴、金之俊、冯铨之别。

同样是变节降清，洪承畴一众人等真诚投效，为清朝统一中国做出了不小的贡献，而钱氏一旦机遇不得，便反复变节，以冠冕堂皇的爱国悔悟，造成更多的家国混战、生灵涂炭。

乾隆帝在《钦定胜朝殉节诸臣录》说："至钱谦益之自诩清流，腼颜降附；及金堡、屈大均等之幸生畏死，诡托缁流，均属丧心无耻！若辈果能死节，则今日亦当在予旌之列。乃既不能舍命，而犹假语言文字以自图掩饰其偷生，是必当明斥其进退无据之非，以隐殛其冥漠不灵之魄。"

钱谦益借助文坛领袖的盛名，却投机政治，出口谈节义，变节玩反复，完全是追名逐利的伪君子形象。

还是近代学者刘声木《论钱谦益》说得一针见血："自知大节已亏，欲借此以湔释耻辱，此所谓欲盖弥彰，忏悔何益？"

崇祯禁中卫帅
被多尔衮高衔低配

1

1644 年，清国摄政睿亲王多尔衮兼领奉命大将军，利用李自成东征的机会，彻底迫使徘徊在山海关的吴三桂亲自出城，正式投降。

此前，多尔衮还给吴三桂写了一封承诺满满的书信："昔管仲射桓公中钩，后桓公用为仲父，以成霸业。今伯若率众来归，必封以故土，晋以藩王。一则国仇得报，一则身家可保，世世子孙，长享富贵，如河山之永也。"(《清世祖实录》卷四，顺治元年四月癸酉)

多尔衮在彰显自己不记仇、以德报怨、大度无疆的风度，对吴三桂诱之以利。但从结果来看，多尔衮以两千多年前管仲事齐桓公为例，已然摧毁了明平西伯吴三桂原来分界而治的政治心理。

在李自成东征进入京师时，吴三桂请求多尔衮：一、不得伤害老百姓；二、不得侵犯明陵寝；三、待他寻访到崇祯帝的东宫太子及二皇子，准其在南京重新立国。只要多尔衮同意，吴三桂保证：黄河为界，南北通好。

他要和多尔衮以黄河为界，隔河而治，裂地以酬(《清世祖实录》卷四，顺治元年正月壬申)。此时的吴三桂虽割地丧权，但也是无奈之举，他还想重建大明政权，保住故国天下。

吴三桂还想着做明朝的中兴之臣，当然也想以社稷再造、厥功至伟成为真正的王。但是，李自成的东征，让多尔衮想到了彻底解决吴三桂举棋不定的办法。

他的意思很明确，只要吴三桂投降，他可以不计前嫌，封其为异姓王，世袭罔替。

这是有潜台词的，那就是警示吴三桂要想成为管仲，就必须臣服于齐桓公，臣服于大清国。

崇祯皇帝在煤山上吊后，吴三桂和李自成讲条件失败，盘算着用清军占领的辽西土地换得清军助力，实现联清抗李。多尔衮没有拒绝，却坐山观虎斗，同时向进军沿途的汉人传递出一个信息："义兵之来，为尔等复君父仇，非杀百姓也。今所诛者，惟闯贼。官来归者，复其官；民来归者，复其业。必不尔害。"（徐锡龄、钱泳《熙朝新语》卷一）

这是带病随征的内秘书院大学士范文程为多尔衮草拟的安民布告。

前明的小秀才成了清朝的大学士，范文程明白底层老百姓，尤其是北方的边民需要什么。

战乱频仍，谁能给老百姓以安居乐业，那就是他们欢迎的救星、期待的希望、久远的梦想。

李自成的大顺军一路向东，势如破竹，就是因为打出了"均田免赋"的旗号。谁料，老百姓信心满满地"迎闯王，不纳粮"，一路欢呼李自成的军队攻入京师后，李自成的大将刘宗敏、李锦等却对前明官员士绅拷掠追饷，同时对曾经欢迎他们进城的老百姓疯狂劫掠烧杀、欺侮奸淫，弄得民不聊生、怨声载道。

多尔衮早在收到京师城破、崇祯上吊的消息后，就立马找到太宗费尽心思招降又久作闲置监视的前明兵部尚书、辽东经略洪承畴垂询。

洪承畴建议：改伐明大计为给崇祯报仇，把李自成的大顺军定为主要敌人。

洪氏复仇，是报答崇祯帝重用他，闻其殉国而亲自主持祭葬，还是报效摄政王屈尊来问计，给了他备受重视的机会？

这只有天知道，地知晓。

然其给多尔衮设计的战略部署，无疑是一招大手笔："今宜先遣官宣布王令，示以此行特扫除乱逆，期于灭贼，有抗拒者必加诛戮，不屠人民、不焚庐舍、不掠财物之意。仍布告各府州县，有开门归降者，官则加升，军民秋毫无犯；若抗拒不服者，城下之日官吏诛，百姓仍予安全。有首倡内应立大功者，则破格封赏，法在必行。此要务也！"（《清世祖实录》卷四，顺治元年四月庚午）

紧接着，洪承畴为多尔衮分析大顺军的战斗情形："流寇初起时，遇弱则战，遇强则遁，今得京城，财足志骄，已无固志。一旦闻我军至，必焚其宫殿府库遁，而其骡马不下三十余万，昼夜兼程可二三百里。及我兵抵京，贼已远去，财物悉空，逆恶不得除，士卒无所获，亦大可惜也。今宜计道里限时日，辎重在后，精兵在前，出其不意，从蓟州密云近京处疾行而前，贼走则疾行追剿。倘仍坐据京城以拒我，则伐之更易。"

洪承畴不愧是战略高手、义军克星，知己知彼。他以书生冲杀沙场，铁腕镇压起家，曾把高迎祥、李自成、张献忠打得落荒而逃。倘不是京师危急、辽东危急，崇祯将其调离西北战场，历史说不定又会是另外一番模样呢。

其实，李自成提出的"均田免赋"，是他一路东进的利器。利器背后，他也在不断劫掠。

然而，冠冕堂皇的口号最后成为虚幻的幌子。这一根原本用来冲出明军重重包围的救命稻草，也被利欲熏心的他和他的合作者们彻底放弃了。

往事如烟。历史的现场，不容重新布置情节。而今多尔衮请出洪承畴，自然是李自成的噩梦。

多尔衮接受了洪承畴的建议，把曾经尝试联李伐明的方略，径直改为联明抗李。

就在是年正月，多尔衮曾派人给大顺国永昌皇帝李自成送去了一封信，提出："欲与诸公协谋同力，并取中原，倘混一区宇，富贵共之。"（《明清史料》丙编第一本《清帝致西据明地诸帅书稿》）他要和李自成分了大明江山。

但李自成拒绝了，而且独占京师。所以，多尔衮改变策略，接受了洪承畴的建议。大计议定。长于文字的范文程，为多尔衮把矛盾直接指向"闯贼"，同时发布妄杀、哄抢、奸淫等依律斩杀的命令。此令一出，马上受到了老百姓的欢迎。

虽然最初老百姓欢迎的是吴三桂的队伍，对新来的"大清国"客人并无多少好感——因为大明子民的心中还是期待着吴三桂拥立明太子复国，但没料到他们的大救星平西伯已经响应清人的剃发令，背叛了大明朝。

就在洪承畴、范文程等积极为大清国摄政睿亲王出谋划策，制定联明剿闯、律己安民的一系列政策时，李自成手下的谋士干将牛金星、刘宗敏们却忙于追名逐利、逼民造反。

虽然清醒的李岩，孤掌独鸣，暂时惊醒了躺在崇祯帝龙榻上睡崇祯帝女人的李自成，但当李自成想要大家支持他做个好皇帝时，却招来了大将们的强烈不满："皇帝之权归汝，拷掠之威归我，无烦言也！"（钱士馨《甲申传信录》卷四）

这是制将军说的。制将军者，李自成的侄儿李锦也。

2

多尔衮在清军入关时，推出的安民剿闯政策，其力量不啻一支势不可当，势如破竹的精锐，直入京师。

天子脚下，繁荣是百姓的，更是帝王家的。帝王家居住在宫殿华堂中骄奢淫逸，老百姓只能含辛茹苦地匍匐在社会底层，接受帝王家及其豢养的大官小吏百般欺诈、千种奴役、万重盘剥。

谁能让他们安居乐业，他们就欢迎谁。

即便他们对大清国颁发的一系列关于"永享太平"的摄政王令旨仍持怀疑态度，甚至怀疑这些鞑子兵也会像大顺军一样很快离去。但他们的生活随着多尔衮的到来，确实有限地解禁了，尤其是多尔衮谴责李自成攻陷京城四处拷掠劫财并以帝礼改葬前明末帝崇祯后，"官民大悦，皆颂我朝仁义声施万代云"（《清世祖实录》卷五，顺治元年五月辛卯）。

开心的不止京师的"官民"，就连拼凑有百万"雄兵"的南明政权，也对进入紫禁城的大清国军队、暂居武英殿的多尔衮，抱有了浓浓的期待，期待他们伸出援手，帮助南明王朝，勠力同心消灭大顺军。

虽然左良玉麾下的八十万兵力，有不少是李自成部在武昌分裂投降过来的大顺军，但在南明弘光帝及兵部尚书史可法等实权派的眼里，是大顺军逼死了先帝崇祯！

弑君之仇，远大于鸠占鹊巢。

紧接着，多尔衮在六月十五日发出的一道新命令传到了江南："予闻不共戴天者，君父之仇。救灾恤患者，邻邦之义。惟尔大明太祖高皇帝，斥逐胡元，剪我仇国，永世宥民，代为哲王。"（谈迁《国榷》卷一百〇二）

多尔衮将征服辽东自立、三次入关劫掠的清军，打扮成为明朝复"君父之仇""救灾恤患"的"邻邦"，并大书特书明太祖驱逐蒙元、恢复中华的历史功绩。多尔衮不提其祖上自六世祖孟特穆起便是臣服于明朝天皇帝的世袭武官，也不谈其父努尔哈赤乃建州都督、龙虎将军，后叛明自立，而是挖出朱元璋灭元、替其报了元灭金国之仇的事迹，以期拉近与南明的距离。

数典忘祖成了冠冕堂皇的同仇敌忾。

继而，多尔衮极口颂扬崇祯之德："迄乎末造，吏偷民穷，群盗满野。然大行崇祯皇帝，秉恭俭之心，弘仁孝之行，德高世替，惟日不宁。"他话锋一转，大肆谴责："蠢兹逆贼李自成者，狗盗之雄，鸱张兽视，忘累世之深恩，逞滔天之大恶，喋血京师，逼殒皇后，焚烧宫寝，流毒缙绅，以金银为营窟，视百姓如草菅。"（谈迁《国榷》卷一百〇二）多尔衮结合李自成为乱京师四十二天、拷掠群臣、荼毒百姓的暴行，直指其如鸡鸣狗盗之辈，禽兽不如，却不说自己父子兄弟侵害明朝数十年的滔天罪恶。

毕竟，此时的多尔衮是高蹈着胜利者的姿态，以救世主的模样，向偏安江南却势力不容小觑的南明政权示好："皇天震怒，日月无光。我大清皇帝义切同仇，恩深吊伐，六师方整。蚁聚忽奔，斩馘房遗，川盈谷量，游魂西遁，指日擒遗。予用息马燕京，抚兹黎庶，为尔大行皇帝缟素三日，丧祭尽哀。钦谥曰怀宗端皇帝，陵曰思陵，梓宫聿新，寝园增固。"（谈迁《国榷》卷一百〇二）

崇祯的思陵，本是李自成命人将朱由检及周皇后合葬于两年前修建的田贵妃之墓，并将墓葬改名思陵，使其成为明十三陵中唯一一座帝后与妃嫔合葬之陵。多尔衮玩了一次"拿来主义"，虽曾下令以礼改葬崇祯，营建思陵，但后代修前朝皇帝的陵寝，难免不尽心，不仅银两不能及时如数到位，就连监工的前明太监们也不能尽力，故而相较于明朝其他皇陵，思陵的规模无疑是较小的。

思陵虽小，但多尔衮的这一份心意却打动了很多前明遗老。多尔衮曾以一句"尔朝皇帝尚未收敛，明日即欲令京城官民人等哭临。无神主，何以哭临？无谥号，何以题神主？"（计六奇《明季北略》卷二十《吴三桂请兵始末》）强迫还未来得及逃走、曾力劝崇祯南迁的左中允李明睿，感激涕零地出任清朝礼部左侍郎。

崇祯帝、周皇后被追谥怀宗端皇帝、烈皇后，安奉神主于帝皇庙，就是多尔衮安排李明睿弄的。虽是形式上的虚荣，却如一股暖流，慰藉着正因亡国丧主而感觉前路迷茫的前明遗老。

从李明睿感激一事上，多尔衮看到了希望，所以他要向南方的朱明臣民们传递出友善，传递出"希望"，传递出他有心为他们复"君父之仇"的殷殷情意："深痛尔明朝嫡胤无遗，势孤难立，用移我大清宅此北土，厉兵秣马，必歼丑类，以清万邦，非有富天下之心，实为救中国之计。"（谈迁《国榷》卷一百〇二）

多尔衮洋洋洒洒地说了一大通煽情的鬼话，就是要烧起南明的复仇火焰，宣扬自己在攻打李自成的老巢秦地，就是以此激励南明军队对南下的大顺军围追堵截。因为如果李自成重整旧部，并联手张献忠等义军，与清军进行大决战，多尔衮的胜算不大。

借力打力，死敌也能成为盟友。

多尔衮赞赏南明政权的支持者们"不忘明室，辅立贤藩，勠力同心，共保江左"，这不但让马士英、史可法们尤感欣慰，就连那个贪鄙好利、沉迷酒色的弘光帝朱由崧，听到"贤藩"二字，也是趾高气扬，心旌摇曳。

要知道，就在两月前，南京诸臣议立新主时，吏部尚书兼左都御史张慎言、兵部侍郎吕大器、詹事掌翰林院事姜曰广等还同议："福王由崧，神宗孙也，伦序当立，而有七不可：贪、淫、酗酒、不孝、虐下、不读书、干预有司也。潞王常淓，神宗侄也，贤明当立。"（《明史》卷二百七十四）他们给史可法写信，可法亦以为然：福王"在藩不忠不孝，恐难主天下"（计六奇《明季南略》卷一《南京诸臣议立福藩》）。

如果不是凤阳总督马士英贿赂操江提督、诚意伯刘孔昭和镇将刘泽清、刘良佐、高杰、黄得功等，进行内外联名推戴福王，迫使史可法、吕大器们无可奈何地接受"以序为贤，无如福王"，朱由崧的皇帝美梦也无法成真。

如今，把强大的李自成从紫禁城赶走的大清国摄政王多尔衮，却盛赞他为"贤藩"，朱由崧自然更加愿意相信他的友好诚意。

于是，南明君臣相信了多尔衮。

哪怕他拿的是一纸空文。

3

多尔衮之所以在拿下前明京师后，主动对初建的南明政权示好，动之以情，威之以力，就是想暂缓两支正规军的直接交锋，使其有充足的精力和兵力去追击李自成尚未彻底失败的杂牌军主力。

当然，他也想激怒南明政权，号令前明军队对大顺军进行复仇式围剿。

为此，多尔衮在派出英亲王阿济格作为靖远大将军，率吴三桂等西征的同时，还命豫亲王多铎为定国大将军，同样是一路向西，追击李自成。

南明朝廷积极响应清朝提议，把李自成当作了共同的敌人。

拥戴有功而贵为弘光朝首辅、东阁大学士兼兵部尚书的马士英，在得到多尔衮"欲与尔大明和好，永享太平"的表态前，就在策划通过吴三桂"款虏"（《南渡记》），并推荐了"陈新甲曾使款奴"的马绍愉，去找督师史可法详谈此事。

随后，史可法一份奏疏被送到了弘光帝的案头，他强调："此前最急者为办寇！"（《史可法集·请遣北使疏》）

史可法虽然手下只有数千人马（如李成栋部的四千人）可以自主调动，但还是以南明王朝的督师自居。毕竟他是崇祯先帝任命的南京兵部尚书，弘光帝又给他加了武英殿大学士。虽然他与马士英争权失势，但他还是希望利用督师江北、统筹四镇、办理机务的机会建功，以待功成。马士英在与清休战谋和的事情上尊重他，派人来商议，所以他信心倍增，将早已剃发降清封王的吴三桂追击李自成的局部胜利，拿来当作捷报。

史可法在给朱由崧的奏疏上说："近闻辽镇吴三桂杀贼十余万，追至晋界而还。或云假之以破贼，或云借之以成功，音信杳然，未审孰是。然以理筹度，宁前既撤，则势必随以入关，此时畿辅之间必为所有；但是既能杀贼，即为我复仇，予以义名，因其顺势，先国仇之大，而特宥前辜；借兵力之强，而尽歼丑类，亦今日不得不然之着数也。"

史可法最希望吴三桂复君父之仇是真，曲线救国也是真。

《南明野史》卷上记载："史可法、马士英各疏奏吴三桂杀贼功。封三桂蓟国公，世袭。遣海运中书沈廷扬运米十万石、银五万两济其军。"

既然政见不同的首辅和督师不约而同地赞同联清抗李，朱由崧索性拍板，派出一支大规模的使团北上，去与远方的客人实现"通和讲好"的美好愿景。

以朱由崧与马士英、史可法为首的南明君臣，自然希望收复失地，重返故都，那样厥功至伟不说，更是会成为名副其实的统治者。所以，他们期待以馈赠厚礼、让出关外和每年输银十万两的代价，送走以多尔衮为首的清军。

他们忘记了清军为了入主中原，承继中华王朝正朔，已经谋划、敲打了三十余年。努尔哈赤为了伐明，公开宣读"七大恨"，公然向天皇帝宣战。皇太极初继大汗，也是以征明为己任的，天聪三年（1629）年底，他就尝试攻打京师，迫于明军成功阻击，他留下了一句"城中痴儿，取之若反掌耳。但其疆围尚强，非旦夕可溃者，得之易，守之难，不若简兵练旅以待天命可也"（昭梿《啸亭杂录》卷一）的豪言壮语。

清廷入主中原，是蓄谋已久，是狼子野心，是自许天命，是雄图大略。这岂是南明估算的蝇头小利所能打发的？只是南明的痴儿太多，有着太多的理想主义者、空想主义者和幻想主义者罢了。

大计初定，马士英就忙于寻找议和人选。

曾两释张献忠放虎归山的原昌平镇总兵、加左都督陈洪范第一个请缨。他被马士英极力推荐给弘光帝。就在他入选的当天，已投降清廷的参将唐虞时也将陈洪范推荐给了多尔衮："若虑张献忠、左良玉首鼠两端，则有原任镇臣陈洪范可以招抚，乞即用为招抚总兵。臣子起龙乃洪范婿，曾为史可法标下参将。彼中将领多所亲识，乞即赍谕往招，则近悦远来，一统之功可成矣。"（《清世祖实录》卷五，顺治元年六月壬申）陈洪范原是有亲朋好友在敌营工作，所以汉心已然摇荡。

兵部右侍郎兼右佥都御史左懋第最初是反对议和的，极力主战，并请求率兵北上收复失地，力劝弘光帝"时时以先帝之仇、北都之耻为念"，"勿以北行为和议必成，勿以和成为足恃"。但他在拒绝北上议和后，突然毛遂自荐。他自荐的理由很荒唐："母死于北京。"（《明史·左懋第传》）这样一个主意翻覆之人，却被马士英安排为通北正使。

《南明野史》说："既而闻清师南下，始召原任都督陈洪范、应天巡抚左懋第，加洪范太子太傅、懋第兵部侍郎，赍国书至燕京通好，以经理河北，联络关东。给路费银三万两以往。"陈洪范的《北使纪略》将左懋第署作"兵部侍郎"，而且开篇就对南明君臣的重用感激涕零："闯寇肆虐，逼犯北京；先帝宾天，宗社沦丧。洪范世受国恩，迩年废居海滨，惊闻异变，泣愤同仇；徒跣至镇江，史阁部招同过江，议安将士。忽接礼部札付，奉旨召对；始知为吴三桂借兵破贼，顾大宗伯荐往北使。蒙皇上面命，谨对：国事多艰，惟命所之，义不敢辞。"

陈洪范虽然品级在左懋第之上，但他是离任官员受命。左懋第对陈洪范当副手，是表示欢迎的。但他对于另外一个副手、太仆寺少卿马绍愉，又是耻与为伍的。

左懋第认为，崇祯十五年（1642），马绍愉曾奉兵部尚书陈新甲之命出使清廷，休战谋和，奴颜婢膝，因而对马绍愉深恶痛绝。当时他还曾力谏主使者崇祯帝对其严惩。

马绍愉是三人中唯一有过议和经历的南明官员。经验谈不上，毕竟那是失败的。那一次崇祯帝再次失信于皇太极，遭到了清军的反击。但是，当时南明朝廷只有马绍愉与清廷方面有过近距离的接触，更何况他是马士英、史可法力主和谈的联系人，所以左懋第的反对是无效的。

为了自证清白，马绍愉特地对弘光帝重提陈新甲议和旧事，谈及陈新甲因遭言官弹劾而被弃市，本为救国，结果做了替罪羊。他这是在为自己留后路，向弘光帝提前讨一份特赦令。结果弘光帝大张旗鼓地要为陈新甲平反，更加坚定地支持马绍愉做议和的关键人物。

和谈人选议定，南明君臣便商定底线。

李清《三垣笔记·笔记下·弘光》记载，南明决策层专门讨论议和条件，有人提出以两淮为界，礼部尚书兼东阁大学士高弘图却认为："山东百二山河，决不可弃。必不得已，当界河间耳。"

南明的条件是，只要清廷愿意戮力击闯，他们愿意实现南北分治。当然，南明还有更积极的打算，那就是找到手握重兵的吴三桂，寄望他直接与南明合作，去说服清国当权者退回关外。

为了实现这样一个空想，南明朝廷对使团带去的金银财货做了一个规划：

一、送给吴三桂一万两银子和两千匹绢；

二、送给清廷一千两黄金、十万两银子和一万匹绢；

三、安排三万两银子送礼，三万两银子作为差旅费。

在财政实力疲软、军费严重短缺、军士四处劫掠、百姓生活困苦的时刻，南明政权一次性拿出了一千两黄金、十七万两银子和一万两千匹绢，派出三千二百多人的庞大队伍，浩浩荡荡地去和野心远比李自成、张献忠巨大的清廷"通和讲好"，无疑是送一群肥羊去虎口，希冀凶恶的老虎乖乖地退至铁笼。

空想是伟大的，幻想是奇特的，梦想是虚幻的。

使团还没有见到清廷的实权人物，就在北直隶遭到了一个原来在崇祯朝的老同事的百般纠缠。

4

阻挠南明通北使团顺利进京的老熟人，为崇祯朝的锦衣卫指挥使骆养性。

锦衣卫是明太祖朱元璋的一大发明，最初是为了收集军政情报而设，建置的目的是针对不法之臣进行特务工作。《明史·刑法志》记载："胡惟庸、蓝玉两案，株连且四万。"这就是锦衣卫在明初的最大成绩。他们短短几年便为朱元璋解决了两个侵害皇权的潜伏大佬。

皇帝的绝对权威得到有效维护之后，就要做有力的拱卫。明成祖朱棣篡位成功，将洪武二十年（1387）废除的锦衣卫重新设置，于是锦衣卫成了侍卫皇帝的专门机构。

我们在影视剧，如《锦衣卫》《绣春刀》中，看到锦衣卫一身飞鱼服，一把绣春刀，煞是威风。他们是工作在皇帝身边的特勤人员。其带头大哥指挥使大人，身着蟒袍，腰缠玉带，直接对皇帝负责，官职为正三品，一般由皇帝的亲信担任。

骆养性的指挥使，是世袭其父骆思恭之位，是锦衣卫指挥使二代。骆思恭自万历十年（1582）就在锦衣卫工作，为万历朝鲜之役输送了大量的情报人员，后来在泰昌元年（1620）的"移宫案"中，配合东林党魁、朝廷重臣杨涟、刘一爆和太监王安，护卫皇长子朱由校顺利继位，毁灭了李选侍和李进忠欲挟幼主以令天下的阴谋。

李进忠改名魏忠贤，与熹宗乳母客氏"对食"，夤缘变成了司礼秉笔太监，专擅朝政，在打击东林一党时，陷害骆思恭至死，安排亲信田尔耕接任锦衣卫指挥使。

田尔耕为魏忠贤"五彪"之一，专主杀戮，阴险歹毒，短短两年间便被累加少师兼太子太师，最终被上台的崇祯帝以阉党主犯处死。

作为忠臣之后，骆养性袭任父职，做了大内高手的带头人，无疑深得崇祯帝的信任和重用。他虽不及田尔耕进位三孤之列，但也被升至左都督，加太子太傅。

本就是三品官员，因此升迁加衔后，骆养性也是位极人臣，影响朝野。崇祯十四年九月，前首辅周延儒被召还京师，重新组阁，复为首辅，加太子太师，进吏部尚书、中极殿大学士。他想将骆养性援引入阁，却遭到了次辅、礼部尚书兼东阁大学士吴甡的强烈反对。

二辅为骆养性争得面红耳赤，于是此事闹到了崇祯帝那里。

崇祯有意支持亲信骆养性入阁。

吴甡直言不讳：厂卫入阁，弊大于利，骆养性为锦衣卫中人，不能入阁！

曾遭皇帝的另一个亲信温体仁排挤出阁的周延儒幡然醒悟，随之附和吴甡。

崇祯无法，便不强求。

然因此事，骆养性既恨吴甡拦路，也怒周延儒不争。虽然他已是一品大员，扼守禁中，比周延儒、吴甡还容易见到皇帝，甚至周、吴要想一睹天颜，也需要他不刁难，但他的工作主要在朝堂之外。阁臣辅政，协助皇帝处理国家军政要务，负责朝廷用人行政，自然比他一个高配的指挥使要显赫得多。

时行人司副熊开元因求职光禄寺丞，遭到周延儒搪塞拒绝，因此多次弹劾周延儒排除异己、安插心腹："辅臣心事明，诸臣流品亦别。陛下若不察，将吏狃情面贿赂，失地丧师，皆得无罪，谁复为陛下捐躯报国者？"（《明史·熊开元传》）

中层干部叫板内阁首辅、皇帝救星，很快引发了一次大规模的廷议。

大理寺卿孙晋、兵部侍郎冯元飙等纷纷指责熊开元诬陷朝廷柱国首辅："首辅多引贤者。首辅退，贤者且尽逐。"这是契合崇祯公开执师礼事周延儒之举，期待其力挽狂澜，拯救大明于劫难之中的。

熊开元欲说还休的攻击，彻底激怒了崇祯帝。

崇祯下令锦衣卫，逮捕熊开元下狱。

骆养性与熊开元是老乡，好不容易逮住了这个不怕死的疯狂攻击周延儒的人，于是，他火速结案，草草了事。

这回，崇祯帝不高兴了，说：熊开元构陷中伤辅弼周延儒，使朕孤立于上，好方便他暗中行私，其中一定有主使。骆养性不加刑拷打，就是严重渎职。

崇祯将此案发还锦衣卫，责令骆养性严加审讯，不出结果不罢休。

结果，骆养性为了交差，授意同僚将熊开元和另外一个下狱官员活活打死。

同僚问为何，骆养性说是奉了皇帝的密旨。

这是玩忽职守、草菅人命，还是泄愤不成、杀人灭口？

兹事体大，同僚不敢盲从，怕惹祸上身，于是劝告骆养性不要步了田尔耕、许显纯的后尘，继续像天启末年那样大搞冤假错案。想必，这位同僚也会提及骆父思恭是如何正直无私，田尔耕等是怎样不得善终的。

同僚一番话，养性一身汗。这样也就保住了熊开元的命，也为后来南明唐王政权留下了一个不肯就职的东阁大学士。

骆养性虽然狡诈多变，但又胆小如鼠，他把这一次对话告诉了另一个老乡、户科给事中廖国遴。廖国遴是周延儒的心腹，于是将此事说与兵科给事中曹国直。

曹国直人如其名，忠贞于国，为人耿直，于是给崇祯帝上疏弹劾骆养性："归过于君，而自以示恩，若无此旨不宜诬谤，即有之不宜泄，请诛养性。"（《清史列传·骆养性传》）

结果让人更加惊诧："疏入，留中。"

就曹氏一疏而言，骆养性犯了三个该执行杀千刀的罪名：

一是让皇帝背负骂名，而彰显自己私德。此为欺君之罪。

二是没有密旨却称密旨，他诬谤定罪。此为矫旨之罪。

三是有密旨而违抗密旨，泄露机密。这是泄密之罪。

此事蹊跷，按理，自负的崇祯该自证清白，处死骆养性。

然而，崇祯帝不怒也不罚，反而息事宁人。

看来骆养性所谓密旨一事，崇祯帝心知肚明，确有其事，唯有不了了之。或者说，骆养性矫旨杀人，崇祯帝暗有此意，被他心领神会。

躲过一劫的骆养性，终于在崇祯十六年逮住了一石二鸟的机会。他先是联手户部尚书兼武英殿大学士陈演构陷吴甡奉命督师湖广却拖延罢任，使之下狱议罪，遭戍金齿；继而告发周延儒督师通州，不战而假传捷报，被罢任召回，然"养性复腾蜚语。帝遂命尽削延儒职，遣缇骑逮入京师"（《明史·周延儒传》），不久，周延儒自缢于官邸，传旨监刑者正是骆养性。

两个月后，负责守城的骆养性放弃抵抗，方便了李自成顺利攻陷京师。骆养性主动跪在了李自成的脚下。

清朝史官后来很不客气地说:"养性从贼!"(《清史列传·骆养性传》)

李自成、刘宗敏并没有因为骆养性的顺从,而不让他捐银助饷。骆养性无法,一次性交付了三万两银子。

四十二天后,李自成败退出京,骆养性约定御马监张太监出城迎接多尔衮的大军,同时与锦衣卫都指挥使同知王鹏冲为清军组织了一支声势浩大的仪仗队。

骆养性跪拜摄政睿亲王,只报前明官职,引导多尔衮进入武英殿。

多尔衮需要一个熟悉紫禁城的人拱卫皇宫,于是命其继续担任锦衣卫指挥使。虽然安排了一个趋炎附势的降官专司其事,但少不了安排来自关外的亲信紧跟其后,说是补充警力,说是加强队伍,但说到底是严密监控和快速掌控。

5

锦衣卫在清朝只是一个过渡机构,一年后被改为銮仪卫。明朝过来的指挥使骆养性会来事,仅仅在新朝的锦衣卫干了一个月,便被多尔衮安排到天津总督军务。

多尔衮是要重用狡诈多变的骆养性吗? 未必!

多尔衮不知骆养性行事阴毒、工于心计、能力一般吗? 非也!

摄政睿亲王为何让这位前明护主不力、投效李闯王的首鼠两端者做封疆大吏呢?

多尔衮初入京师,骆养性屈膝迎降。多尔衮命骆养性继续负责禁中的保卫工作,追剿李闯王余部,但是很快将其调离,外任天津总督,名为封疆一方,实为开疆拓土。

多尔衮之所以这样考虑,自然有特殊的安排。与其说他是要重用骆养性,还不如说是利用骆养性。

一、骆养性长期担任禁中卫帅，熟悉畿辅要津各种复杂情形。

二、骆养性擅长特务政治手段，能够及时处理大范围的应急突发事件。

三、天津距离京师近、辖区小，一旦骆养性降而复叛，清军可快速派出机动力量围剿。

久在权力中枢任事的骆养性，自然洞察到了多尔衮的王者心术。

所以，他上任伊始，便拿盐税开刀，并及时请示摄政睿亲王，要废除明季以来形形色色的苛捐杂税。

他没做成亡明的阁中重臣，却在新朝荣任封疆大员，新鲜，也想做点实事。他在给多尔衮的报告中，说了一句难得的恤民实话：繁重的盐税，外加辽饷、练饷等，"在各商苦于上纳，食盐之民又苦价高。病商病民，莫此为甚"（《清史列传·骆养性传》）。

一个久在崇祯身边工作的人物，能说出此话，未必是新观察，而可能是崇祯也曾发出此般感慨。只是如烟往事，莫由追悔。

或者说，时运不济，进退失据。或者说，予取予求，左右无源。

当然，他主政地方，既有戡乱维稳之重任，也有开源节流之想法。于是，他又给多尔衮送去了一份报告，他要疏请征纳钱粮，照旧例每两加火耗三分。

每两加三分火耗，相较于明廷每两加银六钱五分七厘，算是大大的减负了。但是，他这一份貌似取悦朝廷的提议，却遭到了多尔衮严厉的批评。

多尔衮说：钱粮征纳每两火耗三分，就是明廷贪婪的一大弊政，哪是什么旧例？何况朝廷正在考虑对钱粮正额进行蠲免，怎还容许你额外加收？！

多尔衮驳回了骆养性的财税计划，"着严行禁革！"

多尔衮不给骆养性推行新政的机会，却任命了他推举的前明官员。清初的内国史院大学士党崇雅、都察院左都御史房可壮、刑部尚书李化熙和天津巡抚张忻，都是骆养性推荐给多尔衮的。

三个月后，算对清廷忠诚的骆养性，却受到了更加严厉的惩罚——吏部要将他革职为民，原因是：他擅自接待了南明福王（弘光帝）派来的左懋第议和团。

南明主动派团北上议和，是对多尔衮联明抗李政策的回应。他们必须经过骆养性的辖区。

南明使团副使陈洪范在《北使纪略》中几回写到骆养性——

"十五日晚，临清有旧锦衣骆养性……用为天津督抚，遣兵来迎。"临清在山东境内，时为方大猷的辖区，骆养性派人越境来迎，无疑是热情过头了。

"二十六日，骆养性亲到静海县，将三使臣所带官丁止许百人进京，余尽安置静海古寺中，以□官守之。（注：古籍原文缺字）养性虽奉旨，语言之际，似尚不忘故国。谍者侦知以报；摄政王怒，疑养性，削职逮问。"

他强令原来配有三千护卫的使团，将兵丁缩减至一百人，然后派出自己的队伍护送他们进京。骆养性是为不发生武力冲突、流血事件考虑的，提前解决了南明使团的警备力量，算防患于未然。当然，这是多尔衮的命令。早在使团经过临清时，山东巡抚方大猷就宣布："奉摄政王令旨，陈洪范经过地方，有司不必敬他，着自备盘费。陈洪范、左懋第、马绍愉止许百人进京朝见，其余俱留置静海。"（陈洪范《北使纪略》）

骆养性也是在执行多尔衮的指示，收归南明使团多余的兵丁。职责所在，但他不该不经请示，擅自在静海县私自接待左懋第一行。虽然他是以清廷总督的头衔，去训令南明使者，彰显大公无私，但这却是得意忘形，忘记了他有前明降臣的身份。

同样是前明降臣，洪承畴、冯铨、谢陞、吴三桂却很聪明，丝毫不给南明使团以亲近的机会。

使团抵达京师后，被安排在会同四夷馆。内院大学士洪承畴、谢陞、冯铨受命接见他们，洪氏两次"似有不安之色，含涕欲堕"，谢陞"时而夷帽，时而南冠，默然忸怩"，但到了关键时刻，他们还是如冯铨一样，言语粗鲁，毫无礼数，毫不理会故人近乎囚禁在清冷刺骨的鸿胪寺的窘况。

左懋第派人找到吴三桂，希望他出来调解，因为他是明朝的平西伯、清廷的平西王，军功卓著。不料，吴三桂传话："清朝法令甚严，恐致嫌疑，不敢出见。令所亲来致意，终身不忍一矢相加遗。"

左懋第再找人二请吴三桂周旋，得到的回报是：吴大人领兵西征了！

洪承畴、吴三桂们唯恐避之不及，而骆养性却主动出面，在无监督的场合与南明使团面对面地交谈，着实大胆，不知所谓。

无知无畏，大胆则罚。多尔衮虽没有批准吏部的惩罚报告，却直接免了他的天津总督之职。

骆养性兴致勃勃地就任封疆大员，四月而止，只被保留了明朝转过来的太子太傅、左都督的虚衔，一年后被叙迎顺之功，也只是被象征性地给了一个太子太师的荣誉。

级别和待遇没变，只是换了一个响亮的说法。

多尔衮不再重用他，甚至授意人重提他贪婪通闯旧事。正史白纸黑字地写着"养性从贼"（《清史列传·骆养性传》），是多尔衮早早定的调。

当骆养性找多尔衮乞讨新的委任时，多尔衮在报告上径直批示："静候简用。"（《清史列传·骆养性传》）国家用人之际，骆养性却在静候佳音，也是无奈之举。

简用，选拔也，有破格之意。骆养性在家苦苦等候了三年多，等来的却是吏部不用，兵部降用。他被安排到浙江做掌印都司。

都司为明朝传给清朝的中层军官名，正四品，位在参将、游击之下。做了二十多年一品大员的骆养性，最后被安排以一品都督的级别去干四品都司的工作，也算是明清两朝的独一份了。

而他在总督任上趾高气扬地去接见的南明使臣们，命运也是各有不同。左懋第以"生为大明忠臣，死为大明忠鬼"自许，被多尔衮处死，做了"明末文天祥"。而马绍愉、陈洪范自亏降清，成了祸害南明的民族败类。尤其是陈洪范，在自请南归，甘为密探，输送城防机密，为多铎彻底击溃李自成的主力后，突然兵锋南指，进军江南，俘杀朱由崧、史可法和马士英，一举捣毁了请清自退、定鼎紫禁的弘光美梦。

一场与虎谋皮的和谈乱局，看似给南明政权平添了复仇剿闯的希望，却给清廷借力打力、逐个击破创造了机会。清军入关时，将士加壮丁，不过十七八万人，加上王永吉、吴三桂投降的军队，也不过三十万人，却能够很快把李自成、张献忠和南明军近两百万军队追击得如丧家狗，原因不止一二吧。

南明政权始终带着剿灭义军的心理，对义军的联明抗清熟视无睹，结果只能眼看着原本弱势的清廷日益强大。

而堪为南明弘光柱石的史可法，也怀着热切的休战议和心理。休战议和，无疑是一种侥幸和奢望。

顾诚在《南明史》第五章《弘光政权的瓦解》中，谈及扬州失守时，不无感伤地说："明清易代之际激于义而死焉者多如牛毛，把史可法捧为巨星，无非是因为他官大；殊不知官高任重，身系社稷安危，史可法在军国重务上决策几乎全部错误，对于弘光朝廷的土崩瓦解负有不可推卸的责任。"

弘光命短，可法悲哀。

良将史可法死于非命，连遗骸都没有找到。

百姓将史可法的衣冠葬于扬州城外的梅花岭。

红梅怒放。这是当初对与清和谈持乐观态度而壮烈殒命的史可法的人生写照，又何尝不是诸多矢志卫护南明政权的官员士绅难逃的血色宿命呢?

陈名夏：
崇祯探花力劝多尔衮篡位

1

不可否认，顺治朝著名的大学士陈名夏是明清之际典型的政治投机分子。

他于崇祯十六年（1643）历尽艰辛、跋山涉水地赶至京城，参加了大明王朝最后一届国家公务员考试。他没填写报考单位，但只要通过第一关，就有机会进入中央智库——翰林院，或者被安排做县长。一句话，只要过关，就是县处级干部。

然而，这一年的九月，是一个多事之秋。退伍军人出身的张献忠造反，相继攻陷岳州、宝庆、永州；另一个犯事军官李自成做了自封的闯王，又两次大败督师孙传庭。多难不兴邦，朱皇帝的龙兴之地凤阳，地震频仍。

尽管如此，不情愿"国君死社稷"的崇祯帝，还做着重建尧舜盛世的美梦，发布恩科金榜。

崇祯一次性点了四百名进士，还大张旗鼓地举行了一次皇帝面试。

杨廷鉴、宋之绳、陈名夏，名列一甲。他们组成了中央储备干部的第一梯队，成了跳龙门的领军人物，当然更是壮志未已的崇祯帝寄予厚望的政治新星。

杨廷鉴是礼部尚书孙慎行和副都御史张清惠共同的学生，尤以树立品节敦励廉耻为第一义，赴京时绕道河南拜谒父亲的好友，不意被李自成的义军擒获，强留军中，书写"开了大门迎闯王，闯王来了不纳粮""均田免粮"等标语。

写熟了关系，但写不出希望，写不好忠义，于是杨廷鉴寻机脱身，继续进京参加廷试。杨廷鉴不提被俘之事，而是在太和殿回答皇帝提问时，侃侃而言："取士先品行，而后文辞，用人贵朴诚而贱浮，竟论邪正，不论门户……"崇祯帝狂喜，朱笔一挥，钦点状元，授翰林院修撰。

第二名的宋之绳与第三名的陈名夏，都是江南溧阳人。他们也很优秀，有杰出的表现，直接进入翰林院任职。

探花郎陈名夏很幸运，官居翰林院编撰，兼户、兵二科给事中。国家全面用兵，这是一个实缺，有一票否决中央财政和行军方略的特权，可以列席崇祯帝主持的最高国务会议。

但是国家命运危急，还来不及让他们在中央直属机关充分展示自己的才华，闯入紫禁城的李自成就让他们下了岗。

崇祯帝上吊了。

工部尚书兼东阁大学士范景文留下遗书"身为大臣，不能灭贼雪耻，死有余恨"（《明史·范景文传》）后，遂至演象所拜辞阙墓，赴双塔寺旁的古井自杀。

户部尚书倪元璐自缢前，整衣冠拜阙，忏悔自己身为社稷重臣，不能保卫江山，唯有"以死谢国，乃分内之事。死后勿葬，必暴我尸于外，聊表内心之哀痛"（《明史·倪元璐传》）。

像范景文、倪元璐这样选择为国殉节、亦死社稷的忠臣，至少有四十人，其中大部分为南方人。然，计六奇在《明季北略》中说，至少有一百六十七人争先恐后地臣服于李自成的脚下，其中有大名鼎鼎的内阁首辅陈演、魏德藻。

而陈名夏有权监督的兵部尚书张缙彦，成了著名的带路党。

李自成不想重用崇祯帝的旧臣，而他的左辅大学士牛金星却对新科进士们非常的热情。杨廷鉴、宋之绳、陈名夏一度准备藏匿起来，最后仍被大顺军抓获，送至李自成的刑政府论罪。

李自成发话了，不能惩罚他们，而要重用他们。

杨、宋二位不甘受欺辱，即便被吏政府从几千报考新政权公务员的前明降官中，选进了最后的九十二人名单，他们也趁乱逃回了江南老家。但是，陈名夏通过熟人被推荐给牛金星后，很快重返已改名为宏文馆的翰林院，官复原职。

远在江南的南明福王，称帝后要象征性地惩处改投李自成的降官，弄了一个处理不了的从贼案，其中就有陈名夏的大名。

李自成在京城短暂停留了四十二天，最后把富丽堂皇的紫禁城留给了清朝的多尔衮。陈名夏怕再次遭到拘押，于是跟着逃亡的队伍出了城，同时趁乱逃离了牛金星负责的翰林队伍。

清军入关。小皇帝福临被义皇帝多尔衮扛上了紫禁城里的龙椅。

不甘寂寞的陈名夏，不像杨廷鉴、宋之绳那样想尽办法拒绝出仕，而是主动抵达大名府向清廷投诚。

顺治二年（1645）七月，陈名夏找到保定巡抚王文奎，由其举荐给多尔衮，官复原职。

一个人，曾三次出任翰林院编撰，而且是在三个政权中各任一次，也算是一个奇迹。陈名夏就是这个史无前例且后无来者的奇葩人物。

2

《清史稿·陈名夏传》对陈名夏与多尔衮第一次见面的情景，有一个精彩的描述："入谒睿亲王，请正大位。王曰：'本朝自有家法，非尔所知也。'"

可以说，陈名夏是吃了熊心豹子胆，第一次拜见大名鼎鼎的摄政睿亲王，就劝他篡位，取代顺治做皇帝。

这是一句大逆不道的话，在那个皇权专制时代，足以被以图谋不轨的大罪凌迟处死，满门抄斩。新人陈名夏敢冒天下之大不韪，很有冒险精神，但又可以看出，他对太宗暴卒引发的继位之争，以及统兵问鼎中原的多尔衮的心理，还是有充分的研究。

难道他想再次挑起清朝皇室内讧，实现对朱明王朝的曲线复国吗？

多尔衮并未因此责罚他，而是对他说掏心窝子的话，称皇位是家法所定，他有他的难处。

在《多尔衮摄政日记》中，有一句"崇祯皇帝是好的，只是武官虚功冒赏，文官贪赃坏法，所以把天下失了"（顺治元年六月二十九日），很有意思。多尔衮看到了崇祯皇帝之败，而没有看清陈名夏这位清明文官的软骨头，暗中有心计。

或许他把陈名夏定位为"济不得事"的"良臣"，而"崇祯之亡，天数已定！"

那时的陈名夏，只是一个进不了朝堂的小吏，既算不上良臣，也见不得皇帝，而经历两次投诚，却被夺取明朝天下的大清摄政王多尔衮看中了。

多尔衮很感激陈名夏说了一句暖心的话，于是在陈氏任事翰林院没几天，就给他下达了新的任命书：吏部左侍郎，兼翰林院侍读学士。

清朝的翰林院是顺治元年设置的，沿袭明制定为五品。是年十一月，内弘文院大学士冯铨请奏，经多尔衮批准，将翰林院由五品改定为明初所定的正三品衙门，并"定掌院学士为专官，置汉员一人，兼礼部侍郎衔，侍读学士、侍讲学士各二人，十五年各增二人。侍读、侍讲各二人，修撰、编修、检讨、庶吉士，无定员"（《清史稿·职官志二》）。掌院学士秩为正三品，侍读学士正四品，编撰从六品。而清朝新定的吏部左侍郎，秩从二品。

陈名夏被从从六品编撰提拔为从二品侍郎，连升七级。不仅如此，还在翰林院挂职，高了翰林院掌院学士一级。

多尔衮如此破格超授，不无别扭，掌院学士兼礼部侍郎高配，而陈名夏以尊于礼部侍郎的吏部左侍郎兼了一个掌院学士的属官，更可见多尔衮重任心腹职掌人事部门，恐辅政叔王济尔哈朗及其他诸亲王异议，特地给陈名夏弄了一个尴尬匹配的侍讲学士。

《清史稿·陈名夏传》说："名夏劝进虽不用，以此邀峻擢。"多尔衮投桃报李，将陈名夏笼为心腹，倚为重臣。

这为陈名夏下一步入阁建立了基础。从明朝过来的陈名夏，自然熟稔"非进士不入翰林，非翰林不入内阁……而庶吉士始进之时，已群目为储相"（《明史·职官志三》）的官场惯例，在前明一百七十多位宰辅中，出身翰林者十之有九。

他是前朝的翰林修撰，因为国亡而丧失了跻身阁揆的机会，而新朝直接让其做学士，无疑为他晋升大学士搭建了一个更高的跳板。

当豫亲王多铎平定江南后，九卿科道言官联合奏议，像前明一样在陪都南京设置一套相应的职官体系。此议一出，有赞同者，有反对者，有观望者，各种意见汇集到多尔衮那里。

他虽然在太宗朝有统率六部的经验，于顺治朝更是对军政大事负总责，但毕竟没有统治过比原来的关外要大数倍的疆域。

他不想做第二个李自成，也不敢做第二个李自成，更怕形形色色的反清势力对他反戈一击。

在多尔衮犹豫不决时，陈名夏一句"国家定鼎神京，居北制南。不当如前朝称都会，宜去京之名，存设官之实"（《满汉名臣传·陈名夏传》），给他解决了难题。

顺治三年，陈名夏丁父忧，按儒家礼教观念该回籍终制。时清廷刚开始同汉人士大夫进行政治合作，自然要入乡随俗以示尊重。然而，多尔衮给陈名夏下令："在官任事，私居持服"，并命礼部代表国家进行慰问。陈氏怕人说闲话，坚持辞职。多尔衮说，你回家可以，但明年必须回任，同时送了他五百两银子的人情。

《清世祖实录》卷三十九记载：顺治五年七月，"丁丑，设六部汉尚书、都察院汉左都御史各一员，以陈名夏为吏部尚书"。此时顺治帝也在争权，但权力牢牢掌握在多尔衮的手中。多尔衮以陈名夏职掌六部之首的吏部，既是一种对心腹的回报，也是一种对权力的控制。

果然，四个月过去，多尔衮和心腹重臣们暗箱操作，迫使顺治帝在十一月南郊礼成后，敕诏曰："叔父摄政王治安天下，有大勋劳，宜加殊礼，以崇功德，尊为皇父摄政王。"（《清史稿·多尔衮传》）皇父摄政王，虽然可能是新发明的最高爵位，但更像是摄政王被尊为皇父。熟稔汉人历史的陈名夏，自然熟知如此尊崇的特殊含义，说不定其中就有他奉献的政治智慧。

陈名夏在吏部大刀阔斧地进行改革，被加太子太保的虚衔，进行嘉奖。

3

顺治七年十一月，正当陈名夏踌躇满志、如日中天时，他的知遇大恩人多尔衮出猎古北口外，不幸落马。

陈名夏哀痛不已，也彷徨不止。多尔衮不但是围猎落马，而且是政治"落马"！

满是感伤和苍凉的陈名夏，却没有想到少年老成的顺治帝，对多尔衮迅速进行无情清算甚至开棺扬灰的同时，却授自己为内翰林弘文院大学士，同时让他继续兼任吏部尚书。

陈名夏的才干和能耐，仍然得到了青年天子顺治帝的高度赏识。

然而，陈名夏并没有因为有过力劝多尔衮称帝、多次给多尔衮争权出谋划策的隐恶进行收敛，而是顶着顺治严厉追责多尔衮的盛怒，连续向顺治帝公然叫板。

第一次，称投降有功，以死对抗。

顺治八年五月，候外转御史张煊弹劾陈名夏和国史院大学士兼都察院左都御史事洪承畴以及礼部尚书陈之遴甄别御史，处置不公，为陈名夏总结了十罪二不法。

时顺治帝出猎在外，令巽亲王满达海审查。满达海召集诸议政王大臣，逐条审理，查明张煊控告属实，于是将陈名夏、洪承畴羁押，派兵看守，并派人向顺治报告。

陈名夏的密友、满吏部尚书谭泰赶到顺治的驻跸之所，申辩张煊所奏不实，是诬告陈名夏。顺治回京，廷议此案，谭泰挺身而出，咆哮攘臂，为陈名夏开脱，不惜暗箱操作，隐瞒了大臣中的反对意见，结果导致张煊诬告罪名成立，被处死。

三个月后，多尔衮昔日的心腹谭泰，被举报擅权乱政、阿附多尔衮，因此被处死。第二年正月，顺治将张煊一案发送济尔哈朗、硕塞，连同内院、刑部大臣复审。洪承畴老实交代，获得了顺治的宽恕。

陈名夏厉声强辩，闪烁其词，及诘问辞穷，乃哭诉投诚之功，哭天喊地地要寻死。顺治很讨厌他这种死不悔改的卑劣行径，感慨："此辗转矫诈之小人也，罪实难逭！"（《清史稿·陈名夏传》）话音刚落，年轻的顺治帝又来一句"但朕已有旨，凡与谭泰事干连者，皆赦勿问。若复罪名夏，是为不信"，宽免了陈名夏。

顺治憎恨陈名夏很不争气，但因此前有旨不追究与谭泰有牵连的人，宽宥了他，革职罢任，然品级俸禄照旧。顺治赏识陈有学问，书读得好，是一个人才，很快又让他署吏部尚书，入内院复补秘书院大学士。

第二次，顺治认为他带领汉臣与满臣对立。

顺治十年二月，兴安总兵任珍因妻妾与人通奸，私刑将人处死（乾隆朝《钦定国史贰臣表传》称任珍"自治其家属淫乱，擅杀多人"），担心被追责，派人进京向兵、刑二部行贿。事发，顺治下旨惩罚了一批受贿官员，并革除任珍世职一半。

两个月后，任家婢女告发任珍，"家居怨望，出言不轨，并指奸谋陷诸丑行"（《清世祖》卷七十四，顺治十年四月甲辰）。

刑部将任珍判为死罪。顺治强调"任珍曾立大功，所犯情罪亦重大可耻"，要求刑部将此案用满汉文书写清楚后，会集九卿科道会等审议处罚结论。

结果，满汉大臣意见两边倒：

满官一直同意刑部原判，必须以出言不轨等罪处死任珍。他们认为，贰臣心生怨言，意图不轨，就须严惩，以儆效尤。

而以陈名夏、陈之遴、金之俊为首的二十七位汉官纷纷上疏，原告所说事件重大，"任珍俱不承认，若以此定案，反开展辩之端，不若坐以应得之罪"。

顺治不太明白汉官们的意思，询问："是谁展辩？应得何罪？"

陈名夏等回答，任珍不承认婢女的指控，若据此讼词定罪，他肯定不服，这就是我们所说恐开展辩之端。如果他确实负恩犯法，刑部拟定死罪，这就是应得之罪。可是又律无正条，似乎应该勒令他自尽。

顺治被这种模棱两可的言辞激怒了：你们既说处死任珍，是应得之罪，又说律无正条，似应勒令自尽。勒令自尽是哪个盛世典例？你们欲致君尧舜者，岂有进此言之理？"凡人自知有过即从实引咎，乃大臣之道。若执为己是，以巧生事，又欲以巧止事，甚属不合，尔群臣当副朕期望至意！"

顺治命陈名夏再明白回奏。这次，陈名夏等只是说他们知道改为勒令自尽，不是盛世典例，又不是按婢女讼词定罪。陈名夏说来说去，始终没有说到点子上，同时承认自己有罪，等待皇上发落。

顺治本想通过大臣重审，调动满汉大臣参与廷议的积极性，哪知陈名夏们的回答："词语全是朦混支吾，竟不身任咎过，更巧为遮饰，将有心之事，佯作误失。"本来，任珍私定刑罚，擅杀多人，顺治已是网开一面，但是婢女却想仅凭片面讼词，而无其他人证、物证为据，借着专制时代无证的狂言能定罪的可能，将任珍置之死地。府中婢女，为何这样做？难道她也是"家属淫乱"的参与者，任珍擅杀的脱网者，要为被妄杀的同道复仇？或者是她受过任家妻妾或通奸者的恩惠，要为恩人出头，对已被处罚的家主落井下石？或者是当时的清廷对前明降将严重设防，仅凭一种声音就可定罪？

定罪当有证据。

顺治如果想将任珍处死，完全没有必要大费周章地弄进朝堂提议。满臣看不起汉人降将，但汉臣不但不能有效反驳，还为顺治表演了一场拉帮结派、欺君妄为、文过饰非的闹剧。

顺治命大学士范文程、洪承畴、额色黑召集陈名夏等二十八人于午门训话，说：你们的获罪，都是自陷其身、朦混议事，不与满官和衷共济，"满洲官议内无一汉官，汉官议内无一满洲官，此皆尔等心志未协之故也！"

内三院、九卿满汉官员、六科十四道、翰林七品以上、六部郎中奉旨齐集午门外，马上议罪，讨论的结果是将陈名夏、陈之遴和金之俊处死，其他一干人等定为流徙、革职、免职和降调。

讨论的结果报上去后，顺治又是朱笔一挥：陈名夏等深负朕恩，本当论死，姑从宽处理，只削去官衔二级，罚俸一年。纷争的朝堂，迷乱的君臣，陈名夏又逃过了一劫，只被罢免了组织部长的代职，但保留了他的内阁辅臣。

顺治帝痛心陈名夏的胶柱鼓瑟，恼怒他的首鼠两端，怜惜他的德薄才厚，但还是借着任珍投清的带头大哥、陕西总督孟乔芳之死，警告陈名夏再负皇恩即严惩。

第三次，被大学士宁完我、刘正宗联手致命一击。

陈名夏是当时清廷中南方籍汉官集群的盟主，与以汉军旗官宁完我为首的"辽东旧人"和以北方籍汉官刘正宗为首的"北人"集团，倾轧不止，缠斗不休。

同样，历史也并没有因为顺治钟爱陈名夏，就隐去他曾与多尔衮、谭泰穿一条裤子的往事。

《满汉名臣传·陈名夏传》云："初，睿亲王多尔衮专擅威福，尚书公刚愎揽权，名夏既掌铨衡，徇私植党，揣摩执政意指，越格滥用匪人，以迎合固宠。"

多尔衮死了，谭泰死了，但是他们的政敌把明枪暗箭瞄准了陈名夏。

顺治十一年三月初一日，太宗亲信旧臣、国史院大学士兼议政大臣宁完我，疏劾陈名夏结党怀奸，涂抹票拟稿簿，私自涂抹一百十四字，删改谕旨，庇护同党，纵子为害乡里等，凡七事。

宁完我重点说，陈名夏曾对他说，"要天下太平，只依我一两事"，"留头发，复衣冠，天下即太平……是第一要紧事"（《清世祖实录》卷八十二，顺治十一年三月辛卯）。

第二天中午，顺治帝亲自讯问。侍臣当众宣读宁完我的劾奏，不等侍臣读毕，陈名夏就极力辩白。

顺治大怒：你即使要辩解，为何不等宣读完毕？

于是，命陈名夏跪着与宁完我对质。顺治帝命廷臣审查陈名夏，陈氏说宁完我诬告他不少罪行，但承认是说了留发复衣冠之事。

其他诸事再大，不过奸臣之举，是内部矛盾。而如果要一改清朝既定的剃发国策，恢复明朝的长发衣帽，便是逆臣包藏祸心，光凭这一条，就足以抄家灭族。

顺治盛怒未息之际，宁完我和内翰林弘文院大学士兼吏部尚书刘正宗联袂的弹劾，就被送到了顺治的办公桌上。

他们共证陈名夏揽权、市恩、欺罔诸罪。

顺治决定不再保陈。此子表面上很固执己见、很食古不化、很胶柱鼓瑟，实际上尽最大可能躲在皇帝的钟爱下大肆攫取利益。

顺治年轻，最恨大臣狐假虎威欺骗他，于是命将陈名夏转押吏部。吏部等部门会鞫，认为宁完我劾奏陈氏诸罪成立，报议政诸王贝勒大臣核议，主张将其论斩，籍没家产，妻子流放盛京为奴。报告提交内廷，顺治还是决定，将陈名夏砍头改为绞刑，算作一种从宽。

陈名夏是否算得上一代名臣？不好说，但他是一个著名的贰臣。

历史上，他服务过崇祯帝，跪拜过李自成，最后匍匐在多尔衮和顺治帝的脚下，官越做越大，秩越来越高，但他究竟有哪些政绩，是乏善可陈，还是罪行遮掩，只有历史知道。

他为了利益，心甘情愿地跪拜这个主子、劝进那个主子，甚至恬不知耻地把自亏投降当作一份荣耀，到头来还是在权力场上恶名昭彰。即便年轻的顺治帝再爱他的学问，他也是一条滑溜溜的鲶鱼，迟早少不了挨上那毙命的一刀。

4

顺治十一年三月，陈名夏见顺治帝将前明朝服从内廷带入内院，狂喜过后，认为清朝皇帝有意恢复汉人习俗，于是倡言"留发复衣冠，天下即太平"。

说者太欢心，听者别有心。陈名夏在朝的头号政敌、内国史院大学士宁完我套话，借机上了一章《劾大学士陈名夏结党怀私情事叵测疏》：

"陈名夏屡蒙皇上赦宥擢用，眷顾优隆，即宜洗心易行，效忠于我朝。执意性生奸回，习成矫诈，痛恨我朝剃发，鄙陋我国衣冠。蛊惑故绅，号召南党，布假局以行私，藏祸心而倡乱，何以明其然也。"（《清世祖实录》卷八十二，顺治十一年三月辛卯）

宁完我称，陈名夏跟他说：如果要想天下太平，只需依他一两事，立就太平。

宁氏谦说不解，愿闻其详，只见"名夏推帽摩其首云：只需留头发、复衣冠，天下即太平矣"。

宁完我把自己扮成正臣模样，称治平天下，关键在于法度严明，官吏廉洁，乡绅爱人，兵马众强，只有如此，才能使民心皆悦服，天下致太平。天下太平，与剃发无关，崇祯不剃发不也亡了国嘛。

陈名夏冥顽不灵，继续说"留头发复衣冠是第一要紧事"。宁完我大肆渲染，以给满洲大唱赞歌为铺垫："我国臣民之众，不敌明朝十分之一，而能统一天下者，以衣服便于骑射，士马精强故也"，直指陈名夏"欲宽衣博带、变清为明，是计弱我国也"。

宁完我揭发陈同事十二宗罪，陈各有说辞。

唯有"留发复衣冠",陈大学士供认不讳。

清军入关伊始,强行推行剃发、易服等恶政,执行民族征服和歧视政策,遭到了被统治者汉人大范围的拼死抵制。

当时在北京的张怡,曾在《谀闻续笔》卷一中记载:"剃发令下,有言其不便者曰:'南人剃发,不得归。远近闻风惊畏,非一统之策也。'九王曰:'何言一统?但得寸则寸,得尺则尺耳。'"

"九王"即代行皇权、统兵入关的摄政睿亲王多尔衮。

这"有言其不便者",是不是力劝多尔衮取代顺治帝的陈名夏?史料不载,且不好说。但有一点,多尔衮进驻紫禁城时,京师民众传闻他们不久就会东迁。因为他们此时并无明确的一统天下的计划,还不知道怎么经略广大的关内和繁多的汉人,弄得多尔衮赶紧发布定鼎中原的安民告示。

多尔衮已死,顺治帝亲政。顺治帝虽然在政治上对曾经威福自专的摄政王做了褫夺追尊、平毁墓葬的彻底清算,但仍继承了他摄政期间制定的大政方略,积极改善满汉关系,缓和满汉矛盾。

年轻的顺治帝,表现出对汉俗、汉文化的浓厚兴趣,躲在深宫穿戴前明的龙袍和皇冠,还说比满人的漂亮。

天下没有不透风的墙。顺治的皇宫,皆是前明留下的太监。

沾沾自喜的陈名夏,似乎再次看到了希望。

难道陈名夏是偷生图报,志在复明,正为此而努力?

但他却是一个缺乏原则、丧失气节的三姓家奴,或曰四姓家奴(除了前明和李闯王,他还在多尔衮与顺治帝之间恃强凌弱)。即便他的"留发复衣冠"方略是为了帮助青年天子顺治帝集中和强化皇权,他也应该深知,此时的顺治帝推行改制,已同以孝庄太后为首的满洲贵族保守势力发生了激烈的冲突和尖锐的矛盾。

顺治帝在权力顶层,支持者并不多。汉大学士虽有不少,但在满洲权贵的压制下，也只能噤若寒蝉。尤其是顺治帝决绝废后，已经将太祖、太宗朝制定践行，孝庄太后和王公们极力维护的满蒙政治联姻关系推至破裂的境地。而此时陈名夏鼓吹"留发复衣冠"论，只能彻底激怒与汉文化格格不入的孝庄领导的老一辈贵族集团，让他们更加猛烈地围攻顺治帝。

来自蒙古草原的孝庄太后，深爱"满洲旧俗"，而"甚厌汉语，或有儿孙习汉俗者，则认为汉俗盛而胡运衰，辄加禁抑"（吴晗辑《朝鲜李朝实录中的中国史料》第九册，显宗七年九月改修实录）。陈名夏此举，无疑是促使顺治帝触犯孝庄太后的底线。

皇太后与两黄旗勋旧大臣的强大阻力，是顺治帝无法抵御的。陈名夏明明知道他们的政见分歧已导致顺治帝失望、痛苦地哀悼前明亡国之君崇祯帝，他却仍提出"留发复衣冠"的建议，这样一来，不仅招不来已有强烈仇满情绪的广大汉人的支持，反而会导致保守贵族集团对顺治帝发起更严厉的反扑和围剿。

他在为汉人情感争取减负的空间的同时，却在为皇室权力斗争添加速燃的油料。

顺治帝将其绞杀。

其不得善终，真是志在复明吗？我看未必！

他向顺治帝倡言留发复衣冠，和十一年前劝多尔衮自立正大位如出一辙，只能激起内乱，不会获得太平。

顺治帝虽然有志进行政治改良，但支持者少，皇亲国戚里唯有堂兄安郡王岳乐是他的心腹重臣，朝中汉大学士虽多，皆为附和画诺、噤若寒蝉之辈，除了为内院出谋划策外，缺乏行之有效的执行力度。在顺治帝势单力薄的情势下，陈名夏意图推行复兴汉俗计划，只会挑起满洲统治集团更无情的杀戮。

更何况，他的翻覆决定了他是一个典型的政治投机主义者，身上早没了儒家誓死不屈的道德英雄主义。

"不死英雄"
二掌兵部却三次投敌

1

崇祯十七年（1644）三月十九日清晨，紫禁城迎来了新的一天。它要换主人了！

明朝兵部尚书张缙彦和太监曹化淳打开彰义门（一说正阳门），迎进了大顺军李闯王麾下刘宗敏的先头部队。

中午时分，威武的永昌皇帝李自成，头戴毡笠，身披缥衣，骑着乌驳马，率领着浩浩荡荡的农民军，由承天门进北京内城，再由德胜门入紫禁城内殿。

司礼太监王德化献上了皇帝印玺，换得继续总管后廷的要职。

张缙彦和崇祯皇帝的首辅大学士魏德藻率文武大臣进表称贺。

李自成望着跪在他脚下的大臣太监，兴奋之余有些感伤。他痛恨前明降官"背主当斩"，质问他们为何不去殉死？恬不知耻的太监杜勋说"知天命"，而魏德藻的回答更无耻，说"我"正准备效力陛下的新朝，哪敢去死？

张缙彦满怀欣喜地等待新主子的犒赏，最起码官封原职吧，好歹他也是大明王朝的兵部一号。

但是，李皇帝的兵部，不，兵政府，早已明确尚书喻上猷。他与张缙彦是同年，都是崇祯四年辛未科进士，但他比张缙彦降闯早，这就是资历，这就是身份。

让张缙彦更没有想到的是，李自成找到了崇祯皇帝的尸体。接下来三件事，让他感到了失望和恐惧。

崇祯帝"以发覆面"而死，却留下一份触目惊心的遗诏："朕自登极十七年，逆贼直逼京师。虽朕薄德藐躬，上干天咎，然皆诸臣之误朕也。朕死无面目见祖宗于地下，去朕冠冕，以发覆面，任贼分裂朕尸，文武可杀，但勿劫掠帝陵，勿伤百姓一人。"（赵士锦《甲申纪事》）

张缙彦闻讯，惊诧不已。若按崇祯的心思，他也是"误朕"的"诸臣"之一。崇祯帝死了，一了百了，但留下遗言，警示李自成"文武可杀"，他张缙彦就是以文官节制武将的兵部尚书，自在其中。况明亡，他也有着不可推卸的责任。

此为其一。

继而，李自成凭吊崇祯，伏尸痛哭："我来与汝共享江山，如何寻此短见？"（赵宗复《李自成叛乱史略》）

李自成是什么意思？难道他自立为帝，统兵东进，攻陷京师，只是想和崇祯帝"共享江山"？言下之意很微妙。不论李自成是说出真心话，还是猫哭耗子，作为崇祯的奸臣和明朝的叛徒，张缙彦很难找到好果子吃。

再是，新政府要对前明官员进行籍录，重新挑选中层干部。三千多人报名，纷纷找先降的大顺高官攀老乡故交和同年，幸运者抱上了左辅牛金星和吏政府尚书宋企郊的大腿。

张缙彦的老部下、兵部职方司主事秦汧带着一帮无锡籍士大夫，如翰林院学士赵玉森，礼部主事张琦、王孙蕙，钻营投机，手段用尽，声名狼藉。

曾在李自成进城前对崇祯帝信誓旦旦要以身殉国的王孙蕙，在城破日摇身一变，打出一竿旗幡欢庆"大顺永昌皇帝万万岁"。新政府遴选官员，这位被崇祯狂赞的"大忠臣"又写出一纸口号"臣王孙蕙进表"，终于被宋企郊相中，选进了吏政府做监察官。

牛金星喜欢复社领袖、翰林院庶吉士周钟，授意他撰写劝进表。周钟不负其望，写出了很牛气的"独夫授首，四海归心，比尧舜而多武功，迈汤武而无惭德"（徐鼒《小腆纪传》卷十九《周钟传》）。虽文采一般，皆是抄来的套话，但把草莽皇帝李自成抬到胜过尧舜、远迈汤武的高度，少不了获得牛大人的一连串点赞。

兵科给事中陈名夏，曾建议崇祯帝召集山东义勇进京勤王。远水救不了近火，明朝亡了，陈名夏也想学崇祯帝上吊，结果被家人救下，四处隐匿，还是被大顺军抓获，送至刑政府论罪。一位曾游学江南、得陈家款待的山西秀才，劝陈识时务，参加新政权，几经辗转，攀上了牛金星，被安排进入改名的宏文馆，继续干他的翰林学士。

张缙彦不是小人物，不愿意屈尊做小官员。所以，新政府安排的九十二名官员名单上，没有他的大名。

好在张缙彦开城有功，没有被义军骚扰，也没被追赃助饷。但他还没来得及被重用，就随着李自成的仓皇而逃，逃回了河南新乡老家。

2

张缙彦少年有文才，崇祯四年中进士，做过两任县令，有治绩，被召回京待考选。一年后，他入选吏部尚书田维嘉推荐的二十二人名单，被安排到户部做主事。

吏科给事中吴麟征举报田维嘉假公济私。于是，朝廷重新考察那些被田维嘉推荐到各部任职的官员，将张缙彦转入翰林院做编修。

正六品降为正七品，且有肥缺与清水之别。正在张缙彦怨天尤人之际，有人向崇祯帝推荐，说他在户部时，闲谈熟悉陕西义军，说："贼长技在分，穷技在合。请分设两军，一追一驻，则官兵不受牵制，而贼可尽灭。"

在朝廷补给和兵饷严重跟不上的情势下拉长战线，张缙彦无疑是纸上乱谈兵，却被推荐者说懂军事。军事门外汉崇祯帝听到"贼可尽灭"，似乎看到了希望。他下谕吏部，张缙彦是军事人才，赶紧调入兵部做都给事中。

兵部都给事中，品级没变，但有单独发表意见的发言权，有驳回尚书决定的封驳权，还有权列席廷议、廷推和廷鞫。张缙彦就任后，就开始攻击已失势的前大学士兼兵部尚书杨嗣昌对义军的主剿策略。他猜测是杨把他贬到了翰林院。

张缙彦假公济私的报复，却被崇祯帝认为是秉公直言。杨嗣昌在追讨张献忠的前线，名曰督师，却督战不利，导致崇祯帝对这位曾经的爱臣怒其不争，彻底失望。

崇祯十六年八月，河南、湖广尽陷，山海关、宁远告警，兵部尚书冯元飙见大势已去，借机卸职，推荐做过南京兵部尚书的李邦华、史可法接任。崇祯帝拒绝了，他要破格提拔张缙彦掌兵部，让他连升十级。

张缙彦成了崇祯帝寄予厚望的大明王朝拯救者。

张缙彦在兵部锻炼了一年，还是不知兵，且很自负。崇祯十七年二月，李自成打到昌平，占据埋葬了十二位大明皇帝的陵寝之地，朝廷危急。副都御史施邦曜建议兵部急招士兵固守，传令天下勤王，本是正确建议，却被张打了一个哈哈，拒绝了。

他还隐匿军情不报。前线催讨兵饷，崇祯帝召集内阁和张缙彦问情况，无人应答。崇祯帝如梦初醒，张缙彦不仅不懂业务，而且无能负国，但已来不及让他下课了。

崇祯绝对想不到，后来有人揭秘，他的黄金稻草张缙彦，背地里同李自成有联系。

张缙彦不仅没有抱住李自成的泥腿，而且在大顺军拷掠助饷运动中吓了个半死。两个月后，张缙彦听说福王朱由崧在南京组建了弘光政权，于是去信说自聚义兵，如何忠勇，抓住了几个投降者，收复了几座城池。

他在给福王的《举义疏》中，说自己于五月下旬逃离大顺，进入太行山，联络当地地主武装，反击李自成。

《明季遗闻》中，也写到他"联络寨勇，鼓励进取"，联手前明官员王之纲、许定国，和地方豪强刘洪起、李际遇等，擒获了不少大顺"伪官"，斩杀了数以千计的"贼"。

福王闻讯，龙颜大悦，赶紧下诏恢复张的兵部尚书，并给他送去了总督河北、山西、河南军务的大印。

马士英主政南明政权，将懂军事的史可法排挤出局，安排不谙军务的张缙彦主管军事。有人举报张缙彦不懂军事、贻误战机，"逆贼入宫，青衣候点。及贼西走，乃鼠窜狼奔，伏草求活，逃散余魂，安能收复河北？"（《清史列传·张缙彦传》）马士英压住不报，让张缙彦瞎指挥、乱作为。张也约束不了诸总兵。

3

马士英擅权狡诈，但有气节，而张缙彦则是投效唯利益、行节甘自亏的混蛋。

顺治元年（1644）九月，清军镶红旗都统叶臣征战山西，过境河北，躲在河南新乡老家的张缙彦马上跑到叶臣的营地递降表。

张缙彦自称前明兵部尚书。河南巡抚罗绣锦催他赶紧去京师报到，称摄政睿亲王下令，要对前明降官按原职任用。张缙彦就称脚疾痊愈后就去，还报告了进京路线。

此时的张缙彦，属于明末典型的两面派，同时对大清、南明称臣，企图左右逢源、骑墙观望。

张缙彦为这种暗通南北、投效二主的做法，做了一个解释："但知清、明为一家，不知其有异视也；但知清、明为一事，不觉其为两界也。"（张缙彦《依水园文集》）

像这样投机的两面人，在明清之际不在少数。

南明史上有名的山东巡按凌駉，就同时接受清命招抚河南，并以"钦命招抚河南等处地方兵科给事中臣凌駉"之名，为清军镇压农民军献计献策。

前明真定知府丘茂华，降清后受任署理保定巡抚事，围剿山西境内的大顺军，却背地里给南明弘光帝写信，称自己固守臣节。

纸包不住火。

南明或许因为他们助清剿灭农民军，而认为他们像吴三桂一般"壮节孤忠……至割父子之亲，甘夷狄之俗，反仇作援，辱身报主，卒挫狂锋，逐凶逆"（弘光朝刊本《时务权书》，兵部刘泌疏），但是，已计划对南明用兵的清廷绝不容许这样的骑墙派侥幸存在。

凌駉就因在为清廷监军山东、巡抚河南时，暗中为南明谋划"曲线救国"，结果在清廷多铎大军南下时，不得不自缢，殉了自己两难的使命。

他留下了两份遗疏，一份给清廷，一份寄南明。

多铎看到一个大义凛然的凌駉："世受国恩，不能济，报之以死，駉义尽矣。愿贵国无负初心，永敦邻好。大江以南，不必进窥。否则扬子江头凌御史，即昔日钱塘江上之伍相国也！承贵国隆礼，人臣义无私交，谨附缴上。"（计六奇《明季南略》卷三《凌駉自缢济馆》）他只是还在为南明争取活路。

凌駉给南京的遗疏却是很无奈："身不能捍蔽江淮，辱使命，徒一死塞责，无益国家事。臣负罪于九原。"（郑廉《豫变纪略》卷三）死了，他还把自己定为有罪于故国。

凌駉身在清营心在明，是间谍窃取机密，还是忍辱为母国求生计？姑且不论，但其所为，使多铎感叹唏嘘，令在衙门举葬，且送去百两白银及上好棺具治丧。对凌駉差人渡江送信，不了了之。

臣下忍辱，然天子荒唐。

三十七岁的南明弘光皇帝朱由崧，为了推行"联虏剿寇"计划，欣然接受首辅马士英的建议"彼主尚幼，与皇上为叔侄可也"（李清《三垣笔记》卷下），派出一支庞大的使北团，"以两淮为界"或"界河间"，割让统治疆域，企图换取不到七岁的清廷顺治帝承认他这个侄皇帝。最终清廷也没有接受。

代行皇权的摄政睿亲王多尔衮，更不想收一个比自己还年长六岁的昏庸皇帝做孙子，所以，他的答复很强硬："无多言，我国不日发兵下江南。"（《薛谐孟文集》卷一）他一旦表明要对南明用兵，平定东南残局，就断然不会给张缙彦这类软骨头虚与委蛇的空间。

4

脚踩两只船的张缙彦，在清军压境时，还准备玩虚与委蛇的把戏，但是清廷派给其老家河南的父母官罗绣锦，可不是好欺瞒的。

罗绣锦行事强硬，又长于谋略。他是辽阳人，以诸生归附太宗，获授工部启心郎，后通过考试获举人身份，入值文馆。

崇德元年（1636），皇太极改汗称帝，改文馆为内三院，直接服务于皇权的集中与强化。罗绣锦任内国史院学士，成为皇太极帝办的大秘。他只是学士，在大学士刚林之下，但从内国史院的职掌"记注皇上起居、诏令，收藏御制文字，凡皇上用兵、行政事宜、编纂史书，撰拟郊天告庙祝文及升殿宣读庆贺表文，纂修历代祖宗实录，撰拟矿志文，编纂一切机密文移及各官章奏。掌记官员升降文册，撰拟功臣母妻诰命印文，追赠诸贝勒册文；凡六部所办事宜，可入史册者，选择记载；一应邻国远方往来书札，俱编为史册"（《清太宗实录》卷二十八，天聪十年三月辛亥）来看，罗绣锦练就了一手好文字功夫，而且深得皇太极倚信。他参与编修太祖实录，就受到了皇太极的嘉奖。

崇德七年，皇太极建置汉军八旗，罗绣锦被安排隶属镶蓝旗，兼牛录额真。

清兵入关之际，他以右副都御史，巡抚河南。他是清廷主剿派代表，很早就盯上了张缙彦。

他上疏奏报："自成之众二万余，攻怀庆甚急。明尚书张缙彦等拥兵河上，副将郭光辅、参将郝尚周不应征调，叛而为寇。明兵在南，流寇在西，请发兵靖乱。"（《清史稿·罗绣锦传》）

他觉察张缙彦对他隐瞒了南明兵部尚书兼三省总督的事实，于是抄没其家产，他没有逮住他下狱，于是对他发出了通缉令。

当然，张缙彦虽曾掌前明兵马，但能力很有限，胆识更虚无。此时的罗绣锦，并没有把前明大司马张缙彦放在眼里，其重点追击的对象还是李自成的侄儿、榆林制将军李过。

清军入关，首战是与占领紫禁城的大顺国永昌皇帝李自成打的。多尔衮还未统兵入关时，就接受了大学士范文程、洪承畴的建议，将已占领大半个中国且实力最强的李自成，定为首要进攻的目标。

顺治元年四月三十日，东征失败的李自成仓皇逃往西安。清军分两路进击，将李自成打出西安，经蓝田、商州，走武关，向南溃逃。

一路为和硕英亲王阿济格，以靖远大将军的身份率吴三桂、尚可喜，沿长城入陕西，又自陕西出河南、湖广、江西，屡败李自成，杀死刘宗敏，俘获宋献策。另一路由和硕豫亲王多铎统领，授正南大将军，率孔有德、耿仲明，原计划进取南京，中途因大顺军迅速集结实施怀庆反击战，于是改变路线，先救怀庆，攻取潼关，与阿济格会师后拿下西安。

顺治二年五月初，流亡的李自成在湖北通城九宫山登山探路时，惨遭当地乡兵程九百杀死。

虽然此时的大顺军已发展成百万之众，但李自成在流亡途中，听信牛金星之言杀李岩，激怒刘宗敏、宋献策出走，大顺军并没恢复统一的指挥体系李自成死后，余部群龙无首，四分五裂，互不买账。

像后来大顺军余部被南明督师何腾蛟、堵胤锡纷纷招抚后，在"联明抗清"的旗帜下，刘体纯、袁宗第所率右营，刘芳亮、刘希尧所率左营，刘汝魁所率前营，以及田见秀、张鼐、吴汝义等李自成的直属部队，曾一度并入李过与李自成内兄高一功所统的忠贞营，但是忠贞营很快分裂，他们独立成军，反目出走，甚至直接降清。

而非李自成嫡系的马进忠、王进才、张光翠、牛万才四部，是李自成在崇祯十六年为统一指挥权，杀罗汝才、贺一龙，兼并"革左五营"时强迫归附的，与老闯营心有嫌隙。他们被南明隆武帝命为"忠武营"后，连同在战乱中接管原大顺军白旺部、由偏裨发展为主将的郝摇旗部，直接投效何腾蛟、堵胤锡。当忠武营与忠贞营矛盾激化时，刘体纯等甚至支持马进忠等，置同李过、高一功的老战友情义于不顾。

李过、高一功都是李自成的近亲，一个是侄儿，一个是内兄，在李自成没有指定继承人的情势下，他们掌握了大顺军精锐，又在军营奉李自成遗孀高夫人为"太后"，不免以继承人自居，故而遭到了其他将领的群起攻之。

当时，清廷有一"主抚派"，以湖广总督佟养和为首，想对大顺军余部进行招抚。领导大顺军后营精锐的李过，对佟养和派出的差官"待以优礼，似有招抚意"，提出了"请讨安插地方""请旨封爵"和"不肯剃头"等条件，并释放了所擒获的总兵郝效忠等清方要员战将，以示友好。（《明清史料》丙编第六本《梅勒章京屯代揭帖》）

但是，在李自成逃难途中降清的荆州总兵郑四维，正遭大顺军余部围攻，损失惨重，于是上疏劾斥顶头上司佟养和："为左右蒙蔽，以致土寇猖狂，不思进剿。尚议招抚，差官一入贼营，私带弓箭刀枪等物，肆行市利。今荆属人民，伤掠殆尽。我军内乏刍糗，外无救援，势诚危迫。岂可用此奸党，贻误封疆？"（《清世祖实录》卷二十二，顺治二年十二月乙卯）

降将的一纸劾章，使清廷将佟养和撤职，急调河南巡抚罗绣锦，擢为兵部任右侍郎，总督湖广、四川，全力追剿李过改投南明隆武政权后所率的大顺军。于是，罗绣锦既要出兵援助郑四维，又要督战湖广新战局，集中力量攻击李过扩充的忠贞营与何腾蛟督师的南明军，让几近丧家狗的张缙彦有了稍微喘息的机会。

就在张缙彦四处逃窜时，豫亲王多铎平定河南，张缙彦只好逃匿到安徽六安商麻山中。

顺治三年二月，招抚江南大学士洪承畴奉命替代多铎，派人到商麻山中找到张缙彦。张跑到南京找到老领导洪承畴，第二次向清廷投降，并上交了三省总督印。

5

有洪承畴的推荐，多尔衮卖个人情，说考核后酌情任命张缙彦，但还是不用。张缙彦有前明尚书原官衔不假，但他有巨大隐瞒，两次降清更是严重的问题。

张缙彦肠子都悔青了。不少比他级别低的前明降官，也向李自成跪过，如金之俊、陈名夏，降清后都高官厚禄，甚至成了多尔衮的红人、顺治帝的大学士。

清朝的大学士，虽与明朝的大学士职权相当，但品秩却拔高了八级，不但不用兼尚书就站在前列，还管部院长官事，按制度正轨论是实至名归的宰相。张缙彦无比羡慕。按清廷对前明原官录用制度，他的兵部尚书，可以在品级上升一个等。

然而，清廷就是不用他。他好不容易攀上前明同事、户部尚书陈之遴和大学士管吏部尚书事陈名夏，在顺治十年二月得个实缺，授山东右布政使，却很快遭山东道监察御史王秉乾弹劾，被顺治帝以其参与二陈"植党徇私"而严重警告。张缙彦被调往远离京城的浙江任左布政使，四年后才被擢升工部右侍郎。

他的屁股刚把副部长的椅子坐热，厄运又来了。有人举报他在工部慵懒无为，不能实心任事，沉迷诗酒，呼朋唤友，沽名钓誉。顺治帝发火了，称他"殊失人臣靖共之义"（《清史列传·张缙彦传》），降四级调江南省，补徽宁道。

张缙彦二降清廷，仕途一直不顺。不作为是一方面，政治污点也是主要原因。

著名的"乌头宰相"魏裔介几次弹劾他。顺治九年，河南巡抚吴景道与巡按王亮教联名援恩诏举荐他，还是吏科给事中的魏裔介说，张缙彦养敌误国，"有卢杞、贾似道之奸，而庸劣过之"，"于贼为功首，于明为罪魁"，请求朝廷不要重用这样"不忠于昔日，岂能效用于我朝"的"魑魅魍魉"（《清史列传·张缙彦传》）。

顺治十七年，已是左都御史的魏裔介，弹劾文华殿大学士兼管吏部尚书刘正宗打击同僚、贩卖私盐等罪，揪出张缙彦与其是莫逆之交。《清世祖实录》卷一百三十六有云："缙彦序正宗诗曰'将明之才'，其诡谲尤不可解。"（顺治十七年六月壬辰）

魏裔介认为他们别有用心，玩了一次文字狱的游戏攻击政敌。

御史萧震说，张缙彦在浙江任职时，刊刻《无声戏》二集，称自己是"不死英雄"。

几次投敌"不死"，当"英雄"！

顺治帝在宣布刘正宗罪行时，希望他承认错误，以图和解，却不料他暴跳如雷，竭力争辩，于是将恭维刘正宗是"将明之才"的"不死英雄"张缙彦革职查办。

议政王大臣会议拟将张缙彦斩立决。顺治帝不解恨，下旨将他流放宁古塔，要在肉体上和精神上折磨他，看他能不能将狂言"吊死在朝堂，为隔壁人救活"换作一个流徙不死的版本。

流放的张缙彦，带去了歌姬十人。他与同被流放的一些文人组织七人诗会，"朝夕相对，欢若一家"，还写出了黑龙江第一本地名学专著《宁古塔山水记》

与第一篇论述中俄关系的《苍头街移镇记》。

一个无能误国以自污为荣的狡黠之徒，就是被贬到荒凉的边地，也知道如何娱乐。

一百年后，乾隆帝钦定《贰臣传》乙编，并没因张缙彦最后死于宁古塔，而放弃丑化他对明清两不忠的论定。

书生许国当竭虑，唯利亏节是骂名。即便得过一时的侥幸富贵，也躲不过遗臭千年的耻辱。

贰臣出身的吴三桂
为何进不了贰臣榜？

1

顺治八年（1651）辛卯初，诗人吴伟业写了一首著名的《圆圆曲》，其中一句"恸哭六军俱缟素，冲冠一怒为红颜"，堪为经典。

诗是以一个女人的名字命名，但此句却在说一个男人为她发起了一场战争。也真是陈圆圆色艺双绝，倾倒了朱明的总兵吴三桂，诱惑着大顺的将军刘宗敏。

虽然写了鸿篇巨制《李自成》的小说家姚雪垠，曾经在《文学遗产》1980年第1期发表《论圆圆曲》，认定李自成攻破北京城时，陈圆圆早就到了宁远，不久病死。当时的陈圆圆年长色衰，与吴三桂正妻不和，吴三桂妻妾成群，陈圆圆未必还有多受宠爱，但大多数观点还是受《明史》影响，认为李自成破城时，刘宗敏掳走了陈圆圆，故而有了吴三桂的冲冠一怒，领着清军入关报夺妾之仇。

不料，久远的历史一旦被引入有趣的文学，就有了颠覆式的加花。

李自成爱上了陈圆圆。

陈圆圆为李自成生了一个女儿。

电视剧《谁主中原》（《明末风雨》第二部）中的陈圆圆，不单是来自秦淮八艳的绝色美人，还是崇祯深爱的中书舍人。杀猪的刘宗敏睡了崇祯的袁妃后，遭李岩举报，干脆把陈圆圆推进了李自成的龙榻。

李自成欲罢不能，半夜摆棋局，输赢定陪睡，哪晓得被此剧定调为有治国理政大才的御前中书女舍人，不但人长得漂亮，而且机智过人，三下两下地把李自成弄成了一个臭棋手。

李自成想睡陈圆圆不成，断臂的长平公主主动送上门。长平原为报仇。陈圆圆为救人，再次上门，宽衣解带，要用身体保住前明公主，李自成却不干了。

李自成虽是一个草莽英雄，但也有几分可爱，也懂得人性和民生。他为吊死在煤山的崇祯帝叫屈，他要以皇子和公主的待遇恩养崇祯的子女，而不是赶尽杀绝，而不是嗜血杀人。面对陈圆圆，他最想干的，不仅是得到她的身体，还要得到她的心。

金庸更直接，在《鹿鼎记》中，让陈圆圆不但爱上了李自成，还给他生了一个漂亮的女儿——阿珂，即后来韦小宝的七个老婆之一。

2

让李自成和陈圆圆发生情感戏，并非违背情理。

《明史·流贼传》记载："初，三桂奉诏入援，至山海关，京师陷，犹豫不进。自成劫其父襄，作书招之，三桂欲降，至滦州，闻爱姬陈沅被刘宗敏掠去，愤甚，疾归山海，袭破贼将。自成怒，亲部贼十余万，执吴襄于军，东攻山海关，以别将从一片石越关外。三桂惧，乞降于我。"

刘宗敏掳走陈圆圆不假，但是供自己享乐，还是敬献主公呢？正史并未载明。

看来是一笔糊涂账，也留给了后来文学创作无限发挥的空间。

吴伟业《鹿樵纪闻》中说"其将刘宗敏者，蓝田锻工也，最骁勇"，到了电视剧中成了李自成第一次见到陈圆圆，就拿"咱们都是贫苦的三兄妹"来拉拢关系，说刘宗敏是杀猪的，还特地强调是"屠夫"。

《明史·流贼传》记载：李自成进宫后，发现被崇祯砍掉一条臂膀的"长公主绝而复苏，异至，令贼刘宗敏疗治"，到了电视剧中，长平公主不但臂伤愈合，还能玩美人计，独臂藏刀复仇。这完全无视了医学常识。

《明史》记载，李自成"不好酒色"，曾下令"妻子外不得携他妇人"，对于手下战将妻妾成群很是鄙夷。虽然传言李自成入住紫禁城后，疯狂睡女人，一夜高兴了就封宫女窦美仪为妃，但这些并未写进正史。

注意："宫女"二字，似可说明此女不是崇祯的后妃，也可证明李自成不是饥不择食。而陈圆圆，虽然出身烟花之地，遇到过不少男人，但她在当时是吴三桂有名分的女人。

刘宗敏是李自成的第一打手，他是靠拼军功成为大顺政权的二号人物的，并不需要拿一个女人去向李自成邀宠。他主持对明朝官吏拷掠索饷，何其凶狠，掠夺了美艳女人，自然不会送到他人的床上。其实，《谁主中原》中，他就是这种性格，率先进宫就率先睡前朝皇妃，哪还顾什么僭越没僭越李自成。

3

《清史稿·吴三桂传》记载了吴三桂与李自成、刘宗敏及清朝睿亲王多尔衮的纠葛："顺治元年，李自成自西安东犯，太原、宁武、大同皆陷，又分兵破真定。庄烈帝封三桂平西伯，并起襄提督京营，征三桂入卫。宁远兵号五十万，三桂简阅步骑遣入关，而留精锐自将为殿。三月甲辰，入关，戊申，次丰润。而自成已以乙巳破明都，遣降将唐通、白广恩将兵东攻滦州。三桂击破之，降其兵八千，引兵还保山海关。自成胁襄以书招之，令通以银四万犒师，遣别将率二万人代三桂守关。三桂引兵西，至滦州，闻其妾陈为自成将刘宗敏掠去，怒，还击破自成所遣守关将；遣副将杨坤、游击郭云龙上书睿亲王乞师。王方西征，次翁后，三桂使至，明日，进次西拉塔拉，报三桂书，许之。"

李自成曾多次招降，吴三桂再三犹豫，一度有投降李自成的念头。后来听说爱妾陈圆圆被李自成大将刘宗敏掳去而作罢。

两面受敌的吴三桂，对内不敌李自成，对外难挡多尔衮。陈圆圆和吴家亲人都成了李自成的人质。为保全家人性命，吴答应与李自成议和，为防李自成有诈，又私下以黄河南北分治为条件向多尔衮求助。

他最后倒向多尔衮，联军攻击李自成，也不是为了什么陈圆圆，最大的目的不过裂土自立。

只是，在民族主义的旗帜下，苦命的陈圆圆成了吴三桂复仇的响亮旗号，成了民族矛盾的红颜祸水。

《清史列传》把吴三桂列为首席"逆臣"，对于陈圆圆被劫、吴三桂复仇一事说得多些：吴三桂带兵"至山海关，闻流贼李自成陷京师，入卫兵已溃，不敢前。自成胁襄，以书招之，乃进次涿州。先是，三桂尝就嘉定伯周奎饮，悦歌女陈沅，以千金购之。闻边警，遄行，奎送沅于襄所。至是，为贼将刘宗敏掠去。三桂闻之，做书绝父，驰归山海关，遣副将杨坤、游击郭云龙来我朝借师，时顺治元年四月"。

吴三桂可以为儿女私情，而不顾父子亲情。明王朝封其为伯，领兵数十万精锐，防守辽东日益强大的八旗兵。父亲吴襄被抓，他还想投李；宠妾圆圆被掠，他干脆向敌借兵。

4

《明史》是清人写的，而《清史稿》与《清史列传》都是根据清朝留下来的史料编撰而成的。

清军入关时，首战面对的强敌，不是前明残留的爱国将士，而是李自成的数十万义军。甚至到了康熙年间，史家还拿商纣失德、微子归周的事例，来礼赞清军入关。

杨陆荣在《三藩纪事本末叙》中说："昔殷辛失德，微子抱器归周，夫子删《书》，不以微子之不正位号为罪，而亟称之曰仁。当是时，取殷之天下者周也，视圣朝之取天下于闯，而且为明之子孙臣庶复不共之仇也。"

在杨陆荣等清文人史官看来，清军入关，并非从朱明王朝手中夺取了天下，而是给前明复仇，从李自成手中夺得的江山。在他看来南明诸藩自立抗清，是不"诚思复仇之大德"。

虽然这样的立论和叙事，完全站在清朝统治者的角度。但是从这样的史论中也可以看出，清朝统治者最恨的，还是李自成的义军。

出于政治需要，清初的史官将李自成义军视为流贼草寇，肆虐叛逆。如果李自成真的与陈圆圆有这样那样的情感纠葛，清代的史官是绝对不会让一个刘宗敏来背黑锅的。

如果陈圆圆真与李自成有什么床戏，史官文人断然不会只说她被刘宗敏掠走，而没了后续情节。

如果李自成真的爱上了陈圆圆，那么他在被吴三桂和八旗兵夹击下仓皇出逃时，断然不会将新宠留给敌人。《十美词纪》记载，吴三桂在兵火中找到了陈圆圆，一直带在身边辗转征战。吴三桂平定云南后，圆圆进入平西王府，一度"宠冠后宫"。

5

成书于乾隆初年的《明史》，虽把李自成和张献忠都归为流贼，"盗贼之祸，历代恒有，至明末李自成、张献忠极矣。史册所载，未有若斯之酷者也"，但对于二人是臧否分明的，李自成较之于张献忠，还算得上是一个伟大的农民义军领袖带领着一支仁义之师。

史学大家吕思勉在《中国通史·明朝的兴亡》中写道："明末的流寇，是一六二八年起于陕西的，正值思宗的元年。旋流入山西，又流入河北，蔓衍于四川、湖广之境。以李自成和张献忠为两个最大的首领。献忠系粗才，一味好杀，自成则颇有大略。"

对于吴三桂在这个历史拐点的选择，吕先生也有论述："山海关守将吴三桂入援，至丰润，京城已陷。自成招三桂降，三桂业经允许了。旋闻爱妾陈沅被掠，大怒，遂走关外降清。'痛哭六军俱缟素，冲冠一怒为红颜'，民族战争时惟一重要的据点，竟因此兵不血刃而失陷，武人不知礼义的危险，真令人言之而色变了。"

最无奈的女人，也在这一场民族战争中，成了一个最悲催的女人。

6

吴三桂降清，最初的想法是借兵，最后为形势所迫。

本来，皇太极在清崇德七年（明崇祯十五年，1642）三月第二次迫降祖大寿后，就命祖大寿等利用私交劝降明宁远总兵吴三桂。吴三桂严词拒绝。

崇祯十七年三月，李自成攻陷京师，派降将唐通招降吴三桂。吴三桂准备降闯，并谈判欲画地而治，没想到中途收到消息：其父吴襄被刘宗敏严刑拷掠助饷，其妾陈圆圆被迫上了刘宗敏的床；家人被拘禁。于是，吴三桂改变主意，向大清摄政王多尔衮借兵，进攻李自成，并承诺与多尔衮裂土分疆。此时的吴三桂，与陈兵山海关外的多尔衮议和，主要是借兵复仇，他以复君父仇、复立明太子为名，也想做明朝的摄政王。

吴三桂拒降，李自成率兵东征，在山海关展开大战。吴三桂不敌，催促多尔衮参战，而多尔衮作壁上观，直到吴三桂明显处于下风。李自成将吴襄阵前斩首，悬于长杆，吴三桂不得不对多尔衮屈膝臣服，故而有了多尔衮派出精锐偷袭李自成左翼的一幕。闯军溃逃，仓皇退至京师。

吴三桂降清，不但遵从多尔衮令旨，按满洲习俗剃发，还带动一千多前明官员和三万多乡勇降清。

多尔衮对吴三桂招降的承诺是，封以故土，晋以藩王，使之子孙世代永享富贵。这是多尔衮招降吴三桂的承诺，多尔衮还开导他这样能报国仇、保住身家。但是，吴三桂投降得封平西王，又协助清军灭掉李自成后，多尔衮对他采取了防患的态度，担心他复明，故命其还镇锦州，使之不再考虑复君父仇，两年后因为李自成的大顺军余部、张献忠的大西军余部和南明军联合抗清，才命其入关南进。吴三桂还不得不将长子吴应熊留在京师作为质子。

清朝统治者派遣吴三桂等率兵南下，进攻尚为南明势力范围的云贵两广地区时，准其留镇一方，世袭罔替，并清楚写着清王朝的殷殷期待："益励忠勤，奉公守义，以报特恩，尚其钦哉，勿负朕命！"（《清世祖实录》卷四十四，顺治六年五月丁丑）

多尔衮虽然派出孔有德、耿仲明、尚可喜和吴三桂诸路异姓王大军南下，并辅以清朝王公所率大军进剿，为的就是剿灭南明势力。为了防范异姓王，清廷给他们的兵力，最多不过两万，却准其居家驻防，这是画饼式的利益诱惑。

当然，在命他们奔赴前线抢占地盘时，清廷也会给他们一些现实些的物质奖励："定平西、定南、靖南、平南诸王帽顶、服色、仪从。帽顶下座嵌东珠四颗，上座嵌东珠三颗。上下节，各嵌东珠一颗，金佛上嵌东珠五颗。后金花，上嵌东珠四颗，金镶玉带每板嵌猫睛石一颗，东珠三颗。坐褥冬用猞狸狲，镶以貂皮，夏用蟒缎俱红毡下，衬一白毡。仪仗，用红罗曲柄绣伞一，红罗销金绣伞二，红罗绣圆伞一，红罗绣圆扇二，青罗绣孔雀圆扇二，立瓜二对，卧瓜一对，骨朵一对，吾杖二对，大纛一杆，条纛二面，小旗八面，大刀二把，马六匹。各设三品长史一员，头等护卫六员，四品典仪一员，二等护卫五员，五品典仪二员，三等护卫六员，六品典仪二员。"（《清世祖实录》卷四十四，顺治六年五月丁丑）

很是威风，也很威武。

顺治九年（1652），南明大将李定国二斩孔有德和清宗室、敬谨亲王尼堪后，顺治帝一度想放弃南方，与李定国分天下讲和。然吴三桂等利用南明内讧，奋起反击，才成功拿下两广和云贵。虽然南明永乐帝被吴三桂绞杀，但是南明残余势力，如郑成功集团，仍在反清，清廷以吴三桂们留镇，也是为了彻底解决南明问题，却不意导致了康熙朝的三藩之乱。

吴三桂虽然在俘获永历帝后被封亲王，但在贰臣榜上名字无法靠前，索性为大清王朝新开一个逆臣榜。

7

三藩席卷大半个中国，康熙为何要发起最危险的挑战？

康熙十二年（1673）三月，平南王尚可喜上疏请求归老辽东。这是他第十一次请辞了。

第一次是在十八年前的顺治十二年十月，尚可喜以"痰疾时作"请归，顺治帝以"全粤未定"挽留。而尚可喜最后请辞，却请留其长子尚之信继续镇守广东。

尚之信十九岁时，曾奉父命入侍顺治，深得顺治赏识，封俺答公（意即皇帝的朋友）。康熙十年，尚可喜以年老多病，奏请顺治批准尚之信回广东管理王事。

康熙即位十年，尚之信一直在京城，可以肯定他们不但认识，而且熟识。

尚之信回到广东后，酗酒恶习未除，还常凌虐藩下人员，令尚可喜很厌恶。谋士金光进言尚可喜改立次子尚之孝为嗣。尚可喜也怕尚之信拥兵权重，招惹灾祸，决定把王爵传给尚之孝，引起尚之信的极大愤懑。兄弟间矛盾尖锐。尚之孝知道其兄不满后，不敢承袭王爵，要求辞掉。

故而尚可喜请求让尚之信袭爵。老尚请求归老，平西王吴三桂、靖南王耿精忠随即附和，假意要告老还乡。

康熙帝收到三大藩王的请辞报告，立即召集议政王大臣、九卿紧急会商。

反对者多，中和殿大学士图海、保和殿大学士索额图，以及康熙帝师、翰林院掌院学士熊赐履，力劝撤藩必会招致反叛。

赞成者也不示弱，兵部尚书纳兰明珠、户部尚书米思翰、刑部尚书莫洛坚决支持撤藩。

曾助力康熙铲除鳌拜的第一帮手索额图请求处死倡议撤藩的人。康熙严词拒绝，并在胜利后说："吴逆倡乱，有谓撤藩所致，请诛建议之人，朕若从之，则皆含冤泉壤也。"（《清史列传·索额图传》）

有了几大尚书的支持，年轻气盛的康熙帝决意撤藩，因为"藩镇久握重兵，势成尾大，非国家利"。

撤藩令一出，吴三桂自称"天下都招讨兵马大元帅"，蓄发，易衣冠，在云南打出"兴明讨虏"的旗帜，并于次年派大将率军进攻湖南，攻陷常德、长沙、岳州、澧州、衡州等地，派人四处散布檄文，声讨清朝。

广西将军孙延龄、四川巡抚罗森等地方大员纷纷反清。

耿精忠将福建总督范承谟囚禁，诱降巡抚刘秉政，自称"总统兵马大将军"，亦蓄发易衣冠，分兵出击。短短数月，滇、黔、湘、桂、闽、川六省丢失。一时间，清帝国危在旦夕。

随后，陕西提督王辅臣，寻机以鸟枪射杀前来经略川陕的新任武英殿大学士管兵部尚书事莫洛，响应吴三桂。

广东的尚之信，一边收了吴三桂的辅德亲王印，一边袭封清朝的平南亲王爵，跟老朋友康熙帝玩灯下黑，将叛乱扩大到广东、江西和陕西、甘肃等省。

大半个中国，都成了三藩造反的范围。

战争初期，吴三桂显露了战略眼光和胆识气魄的不足，一心想划江而治，结果失去了决胜的机会。

吴三桂想的，更多的是自己如何问鼎天下，而忘了自己当初复仇背后自亏投效的骂名。耿精忠、尚之信等，也未必不想改王为帝。

汉人百姓虽然仍有强烈的仇清情绪，但他们已经对战争深恶痛绝了。

8

康熙帝坚定地要打一场持久的平藩大战。他要捍卫清朝的皇权，同时给自己创造在天下立威的机遇。

他要集中搞臭吴三桂，让这个前明罪人，成为新朝的反贼。

他的对策是坚决打击三藩最强者吴三桂，决不给予妥协讲和的机会，而对其他的叛变者大开招抚之门，以此分化敌军，削弱吴三桂羽翼，从而孤立吴三桂。

康熙帝把湖南作为军事进攻的重点，命顺承郡王勒尔锦为宁南靖寇大将军，统领大军至荆州、武昌，正面抵住吴三桂，并进击湖南；命贝勒尚善为安远靖寇大将军，进军岳州。继而命安亲王岳乐为定远平寇大将军，由江西赴长沙，以夹攻湖南。

此外，康熙帝又放手重用汉将汉兵作战。与此同时，抚远大将军图海进军陕西，奉命大将军杰书奔赴浙江，定西大将军洞鄂挺进四川。

历时八年的三藩之乱，以吴三桂的孙子吴世璠自杀而告平定。吴三桂仓皇做了五个月的皇帝，也病逝了。耿精忠、尚之信等被迫降后，皆死于非命。

三藩只是清军入关，对前明降将妥协利用，借力合剿反抗势力时所出现的特殊的政治合作产物。这种封异姓王的制度，并不符合清朝统治的终极需求。

故而，对于以弱胜强除去鳌拜后的康熙帝来说，裁撤三藩是迟早的政治事件。

一、三藩独立自专，不断坐大，足以与朝廷抗衡。

1.三藩在帮助清军肃清反抗势力时，练就了一大批属于自己的精兵猛将，待到天下平定，他们在驻地貌似清朝藩镇，实际自立为王，在兵力配置、人事任免及财赋征收上，形成了只知藩王而不知朝廷的特殊政治统治体系，严重地威胁到刚刚巩固的清廷。

2. 三藩掌管地方财政、赋税，控制地方各种行业生产，又伸手向中央财政索要大量兵饷，拿朝廷的钱养自己的兵，打国家的旗壮自己的势，极大地加重了刚刚步入正轨的中央财政的负担。

3. 三藩治下的兵将，主要是前明官兵和义军残余。在他们的骨子里，降清还是民族矛盾下的人生污点，难免有跟随三大藩王"曲线救国"的初衷，当自立稳定之后，自然会产生反清复明的念头。三藩坐大，除了自己有完全自立的打算，也会因民间的愤怒而打另一种小算盘。而他们本身久受儒家礼教观念影响，投敌卖国的叛逃者罪名，定是一个很重的思想包袱。

4. 顺治八年，多尔衮身后荣辱巨变，自然会影响到迎接多尔衮入关，并与之协同作战、有着千丝万缕联系的三大藩王：兔死狗烹是迟早的事，只是因为他们手握重兵，朝廷暂时无可奈何。

二、清廷肃清敌对，腾出手来，自然要对付坐大的三藩。

1. 清廷虽然定鼎燕京、入主中原，但长期的征战已严重破坏了国民生产，朝廷要建立自己的统治，就必然要花大价钱恢复生产，而三藩的不断的巨大的财政索取，更给朝廷财政带来了严重的负担。

2. 三藩坐拥重兵，不断坐大，人事任免、财赋严控以及向北扩展，成了好不容易打下明朝疆域之后的清政府的最大毒瘤。继续养虎为患，危机不容小觑。早在索尼领衔的四辅臣时期，朝廷就已经对割据云南的吴三桂动手了。康熙二年（1663）即以云贵军事行动已经停止为理由，收缴了他的平西大将军印信，接着又将他的地方官员人事任免之权收缴到吏部。康熙六年，吴三桂疏辞总管云贵两省事务，擅权的鳌拜下令两省督抚听命于中央，同时剥夺了他的司法特权，命令平西王辖区逃亡事件，都必须归有司审理，王府属官不得干预。

3．康熙铲除朝廷最大对手鳌拜之后，清除内忧，真正亲政，信心满满，就会再次积蓄举国力量，来肃清外患。三藩步步紧逼，小看幼主，开战只会提前。康熙帝认为，吴三桂"蓄异志久，撤亦反，不撤亦反。不若及今先发，犹可制也"（《清史稿·吴三桂传》）。康熙帝要先发制人！

4．此时的朝廷亲贵，多为清初开国王公将帅之后的少壮派，与三大藩王并无实质性交集，自然和血气方刚的康熙帝一样，并不待见，也不容忍三藩的存在。

图书在版编目（CIP）数据

明清破局 / 向敬之著. —上海：上海三联书店，2021.5
ISBN 978-7-5426-7363-3

Ⅰ.①明… Ⅱ.①向… Ⅲ.①中国历史－明清时代－通
俗读物 Ⅳ.① K248.09

中国版本图书馆 CIP 数据核字（2021）第 043053 号

明清破局

著　　者 / 向敬之
责任编辑 / 程　力
特约编辑 / 汤　成
装帧设计 / 鹏飞艺术
监　　制 / 姚　军
出版发行 / 上海三联书店
　　　　　（200030）中国上海市漕溪北路331号A座6楼
邮购电话 / 021-22895540
印　　刷 / 三河市延风印装有限公司
版　　次 / 2021年5月第1版
印　　次 / 2021年5月第1次印刷
开　　本 / 710×1000　1/16
字　　数 / 247千字
印　　张 / 25.5

ISBN 978-7-5426-7363-3/K · 631

定　价：52.80元